한국생물공학회 총서 6

천년의 술, 우리 막걸리

막걸리학

MAKGEOLLI STUDY

유대식 저

월드사이언스
WORLD SCIENCE
worldscience.co.kr

Makgeolli Study

written by Tae Shick Yu

The Korean Society for Biotechnology and Bioengineering

WORLD SCIENCE

막걸리학 _ 천년의 술, 우리 막걸리

인 쇄 | 2015년 12월 16일
발 행 | 2015년 12월 26일

저 자 | 유대식
발행인 | 박선진
발행처 | 도서출판 월드사이언스

주 소 | 서울특별시 서초구 방배4동 864-31 월드빌딩 1층
등록일자 | 1988년 2월 12일
등록번호 | 제16-1601호
대표전화 | (02) 581-5811~3
팩스 | (02) 521-6418
E-mail | worldscience@hanmail.net
URL | http://www.worldscience.co.kr

정가 | 24,000원
ISBN | 978-89-5881-250-0

이 도서의 국립중앙도서관 출판시도서목록(CIP)은 서지정보유통지원시스템 홈페이지(http://seoji.nl.go.kr)와 국가자료공동목록시스템(http://www.nl.go.kr/kolisnet)에서 이용하실 수 있습니다.
(CIP제어번호 : CIP2015033905)

서 문

이 책을 쓰는 시간이 나에게는 정말로 기쁘고 행복하다.

책을 쓴다는 것은 결코 쉬운 일이 아니다. 하물며 자연과학도인 내가 글을 쓴다는 것은 더욱 힘든 일로 여겨져 왔다. 잘 써야 한다는 강박감과 속내를 보여주는 것이 부담스러웠기 때문이다. 비록 자랑할 만한 글 솜씨는 아니지만 이 시대에 이러한 내용의 책이 꼭 출판되어야 한다는 책임감이 강했기에 즐거운 마음으로 쓸 수 있었다. 그래서 지금은 마냥 즐겁고 행복하다.

나는 누룩공장에서 태어나서 유년기를 보내고, 대구의 칠성 양조장에서 소년기를 보냈다. 대학 재학 중 발효화학 분야에 깊은 관심을 가졌고, 대학원에서도 2년 동안 이 분야를 연구하면서 술 빚는 일에 관심을 가졌다. 대학 4학년부터 대학원 졸업 때까지 대구시 동촌에 있었던 파라다이스 에풀와인(주)에서 사과주 효모의 분리, 육종에 일했으며, 청도 약주회사에서 국(麴) 띄우기와 약주 발효에 흥미를 느끼며 청년기를 보냈다.

양조학에 많은 흥미를 느끼게 되어 1970년 일본 야마나시(山梨)공과대학 발효생산학과에서 연구원 생활 1년간을 포도주 효모의 육종에 종사하면서 마루키 포도주 회사에서 포도주 빚는 일을 하기도 하였다. 박사과정은 오오사카부립(大阪府立)대학 농예화학과(農藝化學科)에서 양조학과 다른 핵산 염기 대사계(鹽基 代謝系) 효소에 관한 연구를 수행하게 되었다.

1976년 2월 일본에서 박사학위를 취득하고 바로 귀국하여 계명대학교 생물학과와 미생물학과에서 발효화학을 30년간 강의하였다. 발효에 관한 강의를 계속하는 중 1994년 과학기술부로부터 "전통주에 관한 연구"의 일환으로 "전통누룩의 미생물에 관한 연구"를 수행하게 되었다. 이때부터 본격적인 누룩 미생물에 관한 연구를 진행하였고, 2007년 정년퇴임에 이어 오늘에 이르고 있다. 발효화학 강의에서 막걸리에 관한 강의시간은 학기당 고작 1시간 정도였으며, 이러한 시간적 한계 때문에 우리 전통 막걸리를 정확히 알리기에는 역부족이었다. 누룩으로 빚은 우리 전통술 중에 가장 으뜸인 막걸리의 우수성이 입증되고 2010년경부터 막걸리가 광풍(狂風)에 가깝도록 인기가 있고 사랑을 받고 있지만 정작 막걸리에 관한 학술 서적이 아직 없다는 사실에 놀라지 않을 수 없었다.

나는 정년퇴임으로 대학 재직 중에 못다한 막걸리에 관한 연구를 좀 더 상세히 정리하여 많은 사람들에게 누룩과 막걸리의 우수성을 인식하게 할 시간적 여유를 가지게 되어 이 책을 쓰게 되었다. 저자는 2011년 1월 첫째 결과물로 **『우리 누룩의 정통성과 우수성』**이란 책을 출판하였고 그 과정에서 전국으로 누룩 제조장과 막걸리 양조장을 직접 찾아다니면서 많은 자료를 모으고, 이들을 분석 · 정리하였다.

이번에 내가 이 책을 쓸 수 있게 된 또 다른 동기는 한국생물공학회에서 출판지원사업으로 1차에 이어 2차 지원에서도 **『막걸리학』**이란 저서를 출판할 수 있도록 해 주었고, 이에 자신감을 크게 얻는 데에 있다.

막걸리학(Makgeolliology)이란, 막걸리 제조에 직접적으로 관여하는 미생물, 발효공정, 제품의 성분뿐 아니라 원료의 생산과 유통, 막걸리의 어원과 법적 지위, 막걸리의 '막'자의 해석을 다루는 등의 인문사회학을 포함한 모든 분야를 연구하는 학문으로 규정하고자 한다. 따라서 막걸리의 연구가 자연과학과 인문사회과학을 접목시켜 우리나라의 고유한 전통 식문화로서의 자리매김을 해야 한다고 생각하며 이 책이 그 단초를 제공하는 계기가 되기를 바란다.

이 책의 출판에 한국생물공학회로부터 경제적 도움을 받은 데 대하여 감사드리고 아울러 이 책의 교정을 맡아 주신 계명대학교 홍순성 교수님과 출판에 수고해 주신 모든 분에게도 감사드린다. 특히, 처음부터 이 책을 쓸 수 있도록 독려해 준 아내 남태숙(南泰淑)과 아들 현영(炫榮), 딸 주경(周瓊)과 현수(炫秀)에게도 지면을 통해 감사드린다.

끝으로 이 책이 후학과 양조업에 종사하는 많은 사람들에게 조금이라도 도움이 된다면 영광스럽고 보람된 일이며 부족한 부분이나 잘못된 부분에 대해서 질책을 해 주시면 최대한 빠른 시일 내에 수정 보완하여 보다 완성도가 높은 내용의 책이 되도록 하고자 한다.

2014. 7. 15.

청도군 각북면 유유당(兪兪堂)에서

교산(敎山) 유대식(兪大植)

책의 구성과 내용

이 책의 내용에 저자의 의견 제시는 가능한 최소화 하도록 했으며, 고문헌과 연구 논문의 내용에 대해서는 최대한으로 서술하고자 했다. 참고문헌은 각 장마다 제시하지 않고 지면을 줄이고 모든 문헌을 총체적으로 볼 수 있도록 제7장에 모두 모아 연도순으로 정리함으로써 막걸리의 연구 역사까지 한꺼번에 찾아 볼 수 있도록 했다.

이 책은 총 7장으로 구성되어 있는데 각 장의 내용을 약술하면 다음과 같다.

제1장에는 막걸리가 '마구잡이로 거른 술'이 아니라 '정성스럽게 빚어 통째로 지금 거른 술'임을 강조하고, 누룩과 막걸리의 법적 지위, 그리고 막걸리가 빚어지는 발효화학에 대하여 설명했다. 막걸리의 향미 성분의 생성 메커니즘도 기술하고 마지막으로 막걸리의 영문 표기에 대한 의견을 제시하여 외국인이 막걸리를 바로 인식하도록 하였다.

제2장에는 막걸리를 제조하기 위한 여러 종류의 물료(物料)를 모두 나열하여 기술했다.

막걸리의 중요한 재료인 용수(用水)를 다루었으며, 전분질 원료의 종류와 당화제인 누룩과 국(麴, koji)의 제조 방법과 막걸리의 일반적이고 기본적인 담금 방법에 대하여 기술하고, 최근 각 양조장에서 사용되고 있는 제조 방법을 쌀 전용제조 예시, 밀가루 전용 예시와 쌀과 밀가루 혼용제조 예시에 상세히 기술했다.

제3장에는 막걸리에 직간접적으로 관여하는 미생물의 종류와 막걸리를 부패시키는 부패 세균에 대하여 기술했다. 막걸리에 관여하는 곰팡이와 알코올 발효에 직접 관여하는 효모와 막걸리를 부패시키는 초산 세균에 대하여 기술했다. 그리고 최근 연구가 시작되는 막걸리 젖산 세균에 대해서도 기술했으며, 막걸리 중에 생균으로 존재하는 효모와 젖산 세균에 대한 연구 결과물도 기술했다.

제4장에는 우리나라의 전통 막걸리의 우수성을 피상적인 내용이 아니라 구체적이고 학술적인 연구 결과물을 제시하므로 그 우수성을 확인하도록 기술했다.

특히, 생리 의약성(醫藥性) 성분에 대한 연구 결과물을 참고문헌을 제시하면서 구체적으로 입증되도록 기술했으며, 특히 막걸리로부터 강력한 항암 물질인 파네졸의 효과에 대한 이야기도 기술했다. 막걸리뿐 아니라 막걸리의 찌꺼기인 주박(酒粕)의 변비 예방 효과 등의 기능성과 이용 가치에 대하여도 함께 기술했다.

제5장에는 여러 종류의 막걸리와 최근에 많은 연구가 진행되고 있는 인삼 막걸리, 구기자 막걸리, 더덕 막걸리, 대추 막걸리 등의 기능성 막걸리를 소개했다. 또한 막걸리가 단순한 술이 아니라 회무침의 식재료로, 정원수의 부영양제로서, 육계의 사료 첨가제로서 사용되고 있음을 기술하기도 했다. 그리고 앞으로 막걸리의 연구 방향과 막걸리를 단순한 알코올 음료로 머무를 것이 아니라 새로운 기능성 음료로 거듭나야 할 뿐 아니라 축산사료의 첨가물로서의 가능성 등 새로운 용도로서의 막걸리가 나아가야 할 방향성에 대하여 저자의 의견을 제시했다.

제6장에는 막걸리와 관련이 있는 대통령의 이야기를 간단히 기술하고, 막걸리를 예찬한 천상병 시인뿐 아니라 여러 문인들의 예찬시를 모았으며, 옛 그림 속에 비친 막걸리에 관한 이야기도 상상할 수 있도록 기술했다.

제7장에는 막걸리에 관한 연구 업적으로부터 누룩과 막걸리의 연구 약사를 살펴보면 각 시기 별로 특징적인 시기로 구분할 수 있어서 막걸리에 관한 이해를 더욱 도와 줄 수 있다고 생각된다. 그리고 막걸리와 관련된 특허 등록도 막걸리의 연구 약사의 시기와 같은 시기 별 특성이 잘 나타난다고 볼 수 있어서 그 결과물을 연도순으로 정리하여 다음 연구자들의 연구 색인에 도움이 되도록 기술했다. 막걸리의 연구 약사를 좀 더 상세히 기술하고 싶지만 지면 관계로 최소화하고 참고문헌은 최대한 찾아 정리했다.

차 례

제1장

서론

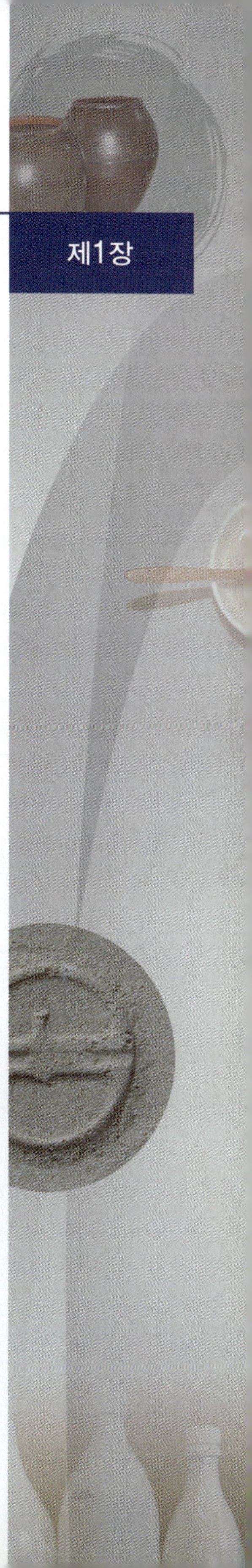

대구의 중·장년층쯤 되면 대부분 1960~70년대 대구의 향촌동 막걸리 골목의 추억을 간직하는 사람이 많다. 찌그러진 주전자에 생고구마와 번데기 안주, 호탕하고 텁텁했던 주당들, 사람 냄새와 젊음이 넘쳐나는 곳이었다. 낭만적 분위기에 흠뻑 젖어 몇 명만 모이면 말술도 금방 동이 나곤 했다. 한국전쟁(6·25) 중에 서울과 경향 각지에서 피란 온 많은 시인·묵객들이 젊음과 인생을 논하던 곳이 바로 향촌동 골목이었다. 특히 당시 대구 막걸리의 맛은 전국 최고라는 평판이 부끄럽지 않을 정도로 좋았고, 서울 등 외지에서 온 사람들은 대구 막걸리에 푹 빠지기 일쑤였다.

막걸리가 언제 태어난 지는 정확히 알 수 없으나 탁주의 기원은 우리나라가 농경사회로 정착할 때부터 만들어 마셨을 것이라고 추측할 수 있을 것이다. 즉 『위지(魏志)』 동이전 고구려조(東夷傳 高句麗條)에 의하면 고구려에서는 "사람이 스스로 장양(藏釀)을 잘한다"라 하였는데 이 장양이 바로 음식물을 저장할 때 술을 빚어 저장하는 방법을 말하는데, 이는 그 당시에 이미 술을 빚어 마셨다는 것으로 추론할 수 있다(257).

포도와 머루 같은 과일을 적당한 온도만 유지하면 자연적으로 포도주와 머루주가 되고, 곡물을 적당히 갈아서 물과 혼합하여 두면 자연히 발효가 일어나 걸쭉한 초기 단계의 술이 되어 그대로 떠서 마시게 되는데 이것이 바로 탁주인 막걸리인 것이다. 이 술을 맑게 거르면 청주가 되고, 이것을 다시 증류하면 소주가 되며, 청주 또는 소주에 여러 종류의 한약재나 과일을 넣어 우려내면 약용 재제주가 된다.

옛부터 술은 단순히 마시고 즐기는 것만이 아니고 격식 있는 의식에서는 신에게 드리는 가장 중요한 제물(祭物)로서의 역할도 했다. 때문에 우리나라에서 술을 본격적으로 관리하는 곳을 두어 술을 아주 중요한 음식물로 철저히 관리하게 했었다.

즉, 사옹원(司饔院)은 조선시대에 임금의 식사와 대궐 안의 음식물에 관한 일을 관장하기 위하여 설치되었던 관서로서, 계절에 따라 생산되는 과일이나 농산물을 신주(神主)를 모신 사당이나 제단에 올려 먼저 차례를 지내거나 지방 특산물을 왕에게 올리는 것을 관장하며 세조 13년(1467년)에 정식으로 녹관(祿官)을 두어 철저히 관리하게 하였다. 이 녹관 중, 술을 담당하는 주인(酒人)이 있었으며, 각 고을에는 술을 잘 빚는 여인네를 대모(大母)라고 하기도 했다. 그래서 아직까지 술을 빚는 여인네를 주모(酒母) 또는 대모라 불러 우리 서민과 가까운 술이 있었음을 보여주고 있다.

모든 술의 시원이 되는 막걸리는 오래 전부터 서민의 술로 자리매김하고 있었다. 그러나 이러한 막걸리가 일본의 침략으로 우리 전통문화 말살 정책과 주세 징수 수단으로 술의 제조가 통제됨에 따라 각 지방, 각 고을마다 가양주로 이어오던 전통적인 술이 사라지게 되었다. 즉 1909년 조선에서 일본의 통감부는 "주류를 제조할 시 정부의 면허를 받을 것"과 "주세는 생산되는 주량에 따라 매년 납부한다"라는 내용의 주류 제조 면허제(법률 제 3호)가 도입되고, 1916년 법률 제 30호로 "조선 재래의 방법에 의하여 제성한 탁주, 약주 및 소주를 조선주(朝鮮酒)"라 정의하여 조선에서 빚어지는 모든 술이 주세 납부의 대상이 되었다. 1932년 자가 술 면허자가 단 1명만 남았고, 1934년에는 자가 술 면허자가 완전히 사라지게 되므로 각 가정에서 빚는 제주(祭酒)와 가양주도 사라지게 되었다.

1945년 일본으로부터 우리나라가 독립은 되었으나 극심한 식량난으로 술을 빚는 것을 제한했으며, 특히 막걸리 양조장은 지방에 한 개의 양조장으로 통폐합되어 오늘에 이르고 있다.

2005년부터 일본에서 불기 시작한 막걸리 열풍에 힘입어 우리나라에까지 덮치고 있다. 이러한 현상의 원인에 대해서는 단순한 술로서의 의미 이상으로 우리나라 국력의 신장에서 찾을 수 있을 것이다. 2000년대 일본의 대중문화를 개방하고자 했을 때만 해도 개방과 동시에 우리의 대중문화는 초토화된다고 아우성을 질렀지만, 이제는 우리의 대중문화가 일본을 시작점으로 세계로 진출하고 있으며, 2011년 이래로 K-pop 열풍이 전 세계로 퍼지고 있다. 이러한 현상은 우리의 대중문화의 세계적 확산과 더불어 우리의 전통 막걸리가 일본뿐 아니라 세계로 수출됨으로써 우리나라의 국력이 한층 더 신장되어 졌다고 생각한다.

이러한 현실 속에서 막걸리의 세계화를 위한 국내에서의 광풍을 좀 더 구체적으로 정리하고 체계화하기 위한 노력이 농림수산식품부를 중심으로 이루어지고 있다. 2011년에는 10월의 마지막 목요일(27일)을 "막걸리의 날"로 지정하여 4일간 전국 규모의 행사를 개최하여 다양한 막걸리의 홍보와 판촉전을 펼쳤다. 이 행사는 프랑스의 햇포도로 제조한 햇와인인 보졸레누보 축제를 벤치마킹한 것으로 첫 수확한 우리 쌀로 막걸리를 빚어 담근 막걸리의 날 축제이다.

이상과 같은 시대적 요구에 부응하고자 우리 전통 곡주인 막걸리에 관하여 좀 더 과학적인 접근의 필요성이 대두되었으며, 그 기틀을 마련하고자 자료를 모으고 나의 의견을 첨삭하여 다음과 같이 정리했다.

1 막걸리란?

1.1 막걸리란 무엇인가?

막걸리가 우리나라의 고유한 전통주란 사실을 모르는 사람은 없을 것이다. 그러나 조금 더 깊게 물어보면 정녕 막걸리에 대한 설명이 궁색하게 된다. 이유가 무엇일까?

너무 잘 알고 있다고 생각하기 때문이다. 실은 잘 모르면서.

먼저 신기철과 신용철이 편저한 『새 우리말 큰 사전』에 의하면 막걸리는 "우리나라의 고유의 술의 한 가지, 주로 찹쌀, 멥쌀, 보리, 밀, 감자 등을 찐 뒤에, 수분을 약간 건조시켜 누룩과 물을 배합하여 일정한 온도에서 발효한 것을, 청주를 떠내지 않고 그대로 걸러 짜낸 술. 빛깔이 뜨물처럼 희고 탁하며 맛이 텁텁하고, 알코올 성분이 적음. 찹쌀을 원료로 한 것을 찹쌀 막걸리라 하고, 거르지 않고 그대로 밥알이 담긴 채 뜬 것을 동동주라 함"이라 정의되어 있다.

이희승 편저 『국어대사전』에는 막걸리란 "청주를 뜨지 아니하고 그대로 마구 걸러 짜낸 술, 빛이 맑지 아니하고 맛이 텁텁하며 알코올 성분이 적음. 찹쌀을 원료로 한 것을 찹쌀 막걸리라 함"이라 했다. 그리고 국립국어연구원이 편찬한 『표준국어대사전』에는 "우리나라 고유한 술의 하나, 맑은 술을 떠내지 아니하고 그대로 걸러 짠 술로 빛깔이 흐리고 맛이 텁텁하다"라고 했다.

막걸리가 실제로 몇몇 사전에서 정의한 대로 "맛이 텁텁하고 알코올 성분이 적고 마구 걸러 짜낸 술"인가? 결코 그렇지 않다.

다음 절에서 설명하겠지만 막걸리는 정성들여 담금하고 온갖 정성을 다해 지금 통째로 걸러낸 술이다. 다음에서 막걸리의 어원에 대하여 살펴보고, 우리 주세법에는 막걸리를 어떻게 정의하고 있는지에 관하여 살펴보기로 한다.

1.2 막걸리의 어원

막걸리의 어원에 대하여는 잘 알려져 있지 않지만, 술의 어원은 범어(梵語)에서 쌀로 빚은 술을 뜻하는 수라(sura)에서 비롯됐다고 본다. 따라서 막걸리도 이 수라에 속한다고 볼 수 있다.

막걸리가 술 이외의 속담에서는 소탐대실(小貪大失)의 의미로도 사용되기도 한다. 즉 "막걸리 거르려다 지게미도 못 건진다"란 뜻은 큰 이익을 구하려다가 도리어 손해만 봄을 이르는 말로 쓰이기도 한다.

고문헌에는 막걸리가 박주(薄酒) 등으로 나타나며, 莫乞里로 표기하기도 했으며, 막걸리의 한글 명칭인 목걸리로 표기한 예도 있다.

1935년 조선주조협회가 간행한 조선주조사(朝鮮酒造史)(15)에는 막걸리에 대하여 "중국에서 전래된 막걸리는 처음에는 대동강 일대에서 빚어지기 시작해서 나라의 성쇠를 막론하고 국토의 구석구석까지 전파되어 민족의 고유주가 되었다. 그 진부를 가리기는 어려우나 막걸리가 조선의 역사를 담고 있는 조선의 술임은 틀림이 없다"라고 기술하고 있다. 그리고 "조선술에는 탁주, 약주, 소주의 3종류가 있으나 이들 제조 방법으로 보아 탁주가 제일 오래된 술이라 할 수 있으며 탁주에서 찌꺼기를 제거하여 약주를 만들고 약주나 탁주를 증류하여 소주를 제조했다고 알려져 있다"라고 기술했다.

일본인들은 탁주의 명칭을 일본의 술에서 찾아 볼 수 있다고 하여 그 색체에서 백마(白馬) 또는 그 퍼내는 과정에서의 소리와 탁한 술이라고 하여 とぶろく(도부로쿠, 濁酒, 탁한 술) 즉, 막걸리라 추론하고 조선에서는 이러한 탁주(濁酒)를 막걸리라 한다라고 설명하고 있는데 이는 잘못된 설명이다. 우리의 막걸리는 일본의 とぶろく와 전혀 다른 술이다. とぶろく는 청주를 걸러내고 남는 찌꺼기를 물로 희석하여 만든 잡주(雜酒)에 해당하고 막걸리는 막걸리 그대로 빚은 술이다.

막걸리의 "막"의 의미는 조선총독부에 의하여 "거칠게"라는 부정적 의미로 해석했으며, "걸리"는 "거른다"라는 의미로 해석하게 되어 막걸리란 "거칠게 거른다"라는 의미로서 "거칠게 거른 술"이 되어, 막걸리의 의미가 부정적인 의미로 통용되게 되었다고 생각된다.

저자는 조선총독부가 정의한 대로 막걸리가 결코 "거칠게 거른 술"이 아님을 기술하고자 한다. "막걸리"라는 명사로서 막걸리란 단어가 언제 태어났는지? 그리고 그 의미는 무엇인지 궁금하다. 막걸리란 쉽게 "거칠게 거른 술" 또는 "막 걸러낸 술"이라고 일방적으로 생각할 수 있다. 막걸리에 사용된 "막"이란 접두사의 의미는 무엇인지가 궁금했다. 그래서 찾아보니 "막"이란 의미는 여러 가지로 사용되기도 한다.

즉,

① "이제 곧, 지금 바로"의 의미가 있다.
즉, 차가 막 떠났소. 이제 막 오는 길이요.

② "마구"의 준말의 의미도 있다.
즉, 막 때리다. 막 먹다.

③ "거칠거나 품질이 낮은, 마구 하는, 닥치는 대로 하는"이라는 의미가 일반적으로 많이 사용되고 있다.
즉, 막고추, 막국수, 막사발, 막노동, 막벌이, 막일, 막되다, 막보다.

④ "전체, 모두, 통째로"의 의미로서 사용되기도 한다.
즉, 막걸다. 이 말은 노름판 같은 데서, 각자가 가진 돈을 통틀어 내걸고 단판에 내기를 할 때 사용되는 말이다.

⑤ "나중에, 마지막"이라는 의미도 가진다.
즉, 막차, 막차가 떠났소. 등의 여러 가지 의미가 있음을 알 수 있다.

이상에서 보는 바와 같이, 막걸리의 의미가 더욱 복잡하게 되어 진정 "막"이란 접두사의 의미는 막걸리의 발효 과정과 제성 과정 전체를 고려하여 해석되어야 한다.

막걸리의 "막"은 "지금 바로"의 뜻도 있으며, "막"의 다른 의미로서 "마구, 조잡한, 거칠게"란 의미로도 사용된다. 즉 막일, 막사발, 막노동 등에서 나타난 바와 같이 조잡하든지, 아니면 거친 일 등을 표현하기도 한다. 때문에 막걸리의 의미는 "지금 바로 통째로 걸러낸 술"이란 뜻도 되고, 다른 한편으로는 "거칠게 걸러낸 술"이란 의미로도 해석할 수 있다.

그래서 막걸리의 어원에 관하여 문헌을 찾아보았으나, 찾을 길이 없고 고려대 한국어대사전에 다음과 같이 설명하고 있다.

즉, 명사로서 막걸리는 동사 '거르다'에 '주저 없이, 함부로'의 뜻을 더하는 접두사 '막-'이 덧붙어 '막거르다'가 되고, 여기에 다시 명사 파생 접미사 '-이'가 결합되어 만들어진 말로 볼 수 있다"라고 했다.

그러나 저자 생각으로는 '막'의 의미가 '주저 없이, 함부로'의 뜻으로 해석되지 아니하고 '지금 바로 또는 통째로'라는 의미의 '막'으로 해석하기를 원하여 막걸리란

"지금 통째로 걸러낸 술"이란 좋은 의미로 해석하고 싶다.

왜냐 하면 막걸리란 바로 지금 걸러서 특별히 저장이나 숙성 과정을 거치지 않고 마시는 술이므로 "지금 바로 걸러낸 술" 또는 막걸리는 발효 과정에서 술덧 모두를 통째로 걸러 마시는 "통째로 걸러낸 술"이기 때문이다. 더욱이 우리의 전통술인 막걸리를 빚을 때 정성들여 빚고 제성하므로 결코 함부로 빚는 술이 아니다. 제주(祭酒)로 막걸리가 많이 사용되듯이 술을 빚을 때 모든 정성을 들인다는 것은 누구나 알고 있는 일이다.

저자는 막걸리를 조선총독부가 우리나라의 문화 말살 정책으로 기술한 조선주조사의 해석대로 "거칠게 거른 술"이 아니라 "지금 통째로 걸러낸 술"이란 좋은 의미로 해석하고 싶다. 아직까지 막걸리의 '막'자를 부정적인 의미인 '거칠게'라고 생각하는 많은 사람이 긍정적이고 우리 문화의 우수성을 알 수 있는 기회가 빨리 오기를 바라면서 다른 술에서는 결코 얻을 수 없는 많은 기능성 물질이 함유되어 있기에 술 중에 가장 우수한 고급술임을 밝히고자 한다.

이상에서 기술한 바와 같이, 막걸리는 발효 술덧을 통째로 지금 바로 걸러 마시는 술이지만, 다른 이름으로 불러지기도 한다. 즉, 막걸리는 탁주(濁酒) 또는 농주(農酒)라고 부르기도 한다. 탁주란 말은 술의 색상이 흐리다고 하여 붙여진 이름이며, 농주란 농사일이 매우 바쁠 때 간식으로 마시므로 해서 일의 능률을 높이기도 하고, 식사대용으로도 흔히 마셨기에 붙여진 이름이다.

이때 막걸리는 각 지방에서 생산되는 곡류의 종류에 따라 달랐는데, 호남과 영남 지방에서는 쌀로 빚은 쌀 막걸리를, 강원도 지방에서는 옥수수로 빚은 옥수수 막걸리를, 제주도에서는 좁쌀 막걸리를 즐겨 마셨다.

막걸리는 각 지방에 따라 방언으로 다르게 부르기도 한다.

막걸리의 술 빛깔이 탁하여 북한과 경상도 그리고 제주도 지방에서 탁배기라 부르며, 논산 지방에서는 젖내기술, 부산에서는 탁주배기, 경북 북부지방에서는 탁쭈라고 부르기도 한다. 특히 제주도에서는 막걸리를 모주(母酒)라고 하는데, 조선 제14대 왕 선조의 계비(繼妃)인 인목대비(仁穆大妃, 1584~ 1632)가 1606년에 영창대군(永昌大君)을 낳자 왕위 계승을 둘러싼 문제가 발생했다. 광해군 5년(1613) 세자 책봉 문제로 연산 부원군 김재남이 사화에 연류되어 인목대비는 서궁에 유폐되고 인목대비의 어머니 광산 부부인(光山 府夫人) 노씨(盧氏)는 제주도로 유배되어 궁핍한 생활을 하게 된다. 이때 따라간 시녀가 생활고를 이기기 위하여 술지게미에 물을 타서 재탕하여 막걸리로 만들어 섬사람들에게 팔아 부부인을 봉양했다고 한다. 제주도 섬사람들이 이러한 사연을 듣고 대비(大妃)의 어머니가 내려주신 술이라 하여 모주라고 불렀다고도 한다.

그리고 선술집에서 막걸리를 큰 잔에 부어 준다고 하여 대포(大匏) 또는 왕대포라고 부르기도 한다. 이와 같이 우리 민족의 생활 속에 깊숙이 자리매김한 막걸리는 고려시대 때부터 고문헌에 등장하게 된다. 당시 신돈에게 주색을 삼가라는 직언을 했다가 파직 당했던 유학자 이달충(李達衷)의 시에 "뚝배기 질그릇에 허연 막걸리"라는 대목이 있는 것을 보면 예나 지금이나 서민의 술이라는 이미지는 변함이 없다. 어원 자체도 쌀과 누룩으로 빚어 "막걸러낸 술"이라는 데서 유래됐다는 것도 같은 맥락일 것이다. 또한 이규보(李奎報)의 시에 "나그네 창자를 박주(薄酒)로 푼다"는 대목이 있으며, 더욱이 백주시(白酒詩)에서 막걸리를 현자(賢者)라 하고 청주를 성자(聖者)로 비유적으로 표현하기도 했다. 다산 정약용에게서 직접 배운 이시헌(李時憲, 1803~1860)의 시에 "일곱 사발 차 마시자 막걸리(薄酒)가 생각나고, 삼첩(三疊)의 시를 지은 뒤 길게 노래 부르네(茶七碗餘思薄酒 時三疊後且長歌)"라는 대목에도 막걸리(薄酒)가 나온다. 그리고 윤소종(尹紹宗)의 시에서는 막걸리에 뼈 아픈 가난이 감전(感電)되듯 엄습해 온다. "슬프도다 유월에 심은 조 익으려면 멀었는데/아이들은 병들어 나무뿌리 씹고 있다/천장을 보고 누워 한숨만 쉬고 있는데/아낙은 머리털 잘라 술지게미와 바꿔온다/그나마 쉬어서 먹을 수가 없고녀"라고 가난을 노래하였다.

막걸리의 한자어는 주로 '요(醪)' 또는 '앙(醠)'으로 표기되었으며, 그 후부터는 탁료(濁醪), 탁주(濁酒), 또는 주료(酒醪)라고 할 뿐 아니라, 술의 색상이 희다고 하여 백주(白酒), 맛이 담백하다든지 또는 물탄 술이란 의미로 박주(薄酒), 술을 빚어 술덧을 따로 분리하지 않고 침전물을 모두 술로 마신다고 하여 재주(滓酒), 엷게 거무스름한 빛깔의 술이라 하여 회주(灰酒), 제주도에서 국모(國母)가 빚은 술이라 하여 모주(母酒)라고 했다.

특히 한글의 막걸리를 고문헌에서는 한자로 莫乞里로 표기하기도 했다.

한글 표기로서의 막걸리의 어원은 자세히 알려져 있지 않지만 막걸리는 19세기 말에 간행된 것으로 알려진 춘향전의 "열녀춘향수절가" 중에 이도령이 거지 행세를 하고 변사또 생일잔치에 술을 청하는 대목에서 가장 오래된 막걸리의 한글 표기가 등장한다.

어사도 상을 보니 어찌 아니 통분하랴
모 떨어진 개상판에 닥채 저붐
콩나물 깍때기 목걸리 한사발 나왔구나
상을 발길로 탁 차던지며
운봉의 갈비를 직신 갈비 한 대 먹고지거

여기에 '목걸리' 한사발이 등장하는데, 이는 막걸리로서 고어에서는 자주 "아"를 "오"로 발음하고 있어서 영락 없는 막걸리임을 알 수 있다.

막걸리와 탁주란 명칭이 언제 우리에게 다르게 알려진 것인지 확인되지 않고 있으나, 1916년 조선총독부 주세령에 따르면, 탁주가 초기에는 주막 등에서 팔다가 양곡이 부족하게 되어 탁주에 물을 타서 증량하여 팔게 되었고 주세법에 물 탄 탁주와 물을 타지 않은 탁주를 구별하기 위하여 물을 탄 탁주를 막걸리라 하여 구별하게 되었다고 한다. 그러나 이러한 설명도 우리 문화를 낮은 문화로 해석하고자 하는 일본인들의 속내를 볼 수 있다. 다음에 설명하겠지만, 막걸리는 탁주의 한 종류이며 위에서 설명한 것과 같이 술을 빚고 나서 물을 타는 것과 타지 않는 것이 따로 있는 것이 아니고 처음부터 막걸리를 양조하기 위하여 정성들여 빚은 술이 막걸리다.

1.3 탁주와 막걸리

이상에서와 같이, 막걸리는 탁주와 혼돈하여 사용하고 있어서 탁주와 막걸리는 어떻게 다르고 같은지에 대해 알아보고자 한다.

막걸리는 한글이며, 탁주(濁酒)는 한자(漢字)로 표기한 것으로 탁주는 한자 뜻 그대로 탁(濁)한 술이고, 막걸리는 지금 통째로 거른 술이란 뜻이다. 위에서 설명한 바와 같이, 막이란 "지금, 방금, 통째로"란 의미라서 지금 방금 통째로 걸러 낸 술이다.

탁주는 주세법에 의하면 "곡류와 국(麴, 누룩) 및 물을 원료로 하여 발효시킨 술덧을 여과하지 아니하고 혼탁(混濁)하게 제성(製成)한 것"으로 정의했다. 그러나 주세법에는 막걸리란 단어는 기술되어 있지 않고 있다. 따라서 탁주는 법률 용어이고 막걸리는 비법률 용어이다. 탁주는 막걸리보다 포괄적인 용어이며, 막걸리와 이화주, 동동주 등이 포함된다. 따라서 막걸리는 탁주이지만 탁주는 막걸리가 아니라고 할 수 있다.

1.4 전통주의 특징

우리나라의 전통주는 무엇인가?

우리나라의 술의 기원은 자세히 알 수 없으나, 어떤 형태로든 중국의 문화와 제조방법에 영향을 받았을 것이며 삼국시대 이전부터 술이 전래되어 왔다고 할 수 있다. 오랜 세월 동안 제조된 전통주는 우리 민족의 역사를 대변하여 민족의 흥망성쇠와 같이 하여 왔다.

이 절에서 우리나라의 전통주가 무엇이며 그 제조 방법의 특징이 어떠한가에 대하여 살펴보고자 한다.

이 절에서 우리나라의 전통주가 무엇인지 정의된 것은 없으나, 오래 전부터 전통적으로 제조되어 온 탁주(濁酒, 막걸리)가 그 기원으로 추정될 수 있을 것이며, 탁주를 깨끗하게 걸러 고급스러운 약주(藥酒)를 빚기도 했으며, 이후 이들을 증류하여 전통 증류주(소주)가 되고 소주에 약초와 한약제 등을 첨가한 전통 재제주로 발전했을 것이다.

저자가 탁주를 우리나라의 전통 술의 기원으로 삼는 이유는 다음과 같다.

첫째, 곡주(穀酒)의 당화제로서 누룩을 쉽게 제조할 수 있다. 즉 곡류를 적당히 분쇄하여 물과 혼합하여 적당한 크기로 뭉쳐서 그늘진 곳에 두기만 하면 질 좋은 누룩이 완성되므로 누구나 아주 쉽게 제조할 수 있다.

둘째, 곡류를 쪄서 누룩과 물로 버무려 서늘한 곳에 두기만 해도 쉽게 술이 되고, 이 술을 특별한 처리 없이 걸러 마시면 되기 때문에 그 기원으로 본다.

그러나 아주 옛날에는 사람이 직접 곡물을 씹어 침 속에 있는 소화효소를 이용하여 술을 만들었다는 이야기가 전해지고 있으며, 이수광(李睟光)이 지은 조선시대 최초의 문화백과사전인 『지봉유설(芝峰類說, 1613)』에 "처녀들이 밥을 씹어 항아리에 뱉어 내어 만든 술을 미인주(美人酒)"라 하여 중국에서도 널리 알려진 고급술로 인식되었다. 특히 일본 술인 청주(淸酒)를 '사케'라고 하며, 오래 전 일본에서는 쌀을 입으로 씹어 침과 함께 항아리에 담아 두어 술을 빚었다고 한다. 이 방법으로는 술의 알코올 도수가 낮아 술을 빚는 것은 매우 어려운 일이었다.

백제인이 일본으로 건너가 술을 누룩으로 빚는 방법을 전래하였으며, 술을 빚는 것을 '쌀 등을 삭힌다'라고 하였다. '삭힌다'에서 '사가, 주(酒)'로 변형되었고, 술을 빚는 신(神)을 모시는 일본의 절(寺)인 '사케야신사(酒屋神社)'가 일본 경도(京都)에 있으며, 이에 일본의 술은 한국에서 전래되었음을 유추할 수 있다. 일본의 대표적인 술인 청주(淸酒)를 일본말로 "사케"라고 부르게 된 어원이 되었다고도 한다.

이러한 형태의 술 빚기는 우리나라와 일본이 비슷한 유형을 가지고 있으나, 그 형태나 곰팡이의 종류에서는 큰 차이를 나타내고 있다. 우리나라에서는 여러 가지 곰팡이와 효모가 함께 들어 있는 누룩을 당화제로 사용하여 곡주를 제조했으며, 또한 보리를 발아시킨 맥아(麥芽)의 효소(엿기름)를 당화제로 이용하여 옥수수 술을 제조하기도 하여 전통주의 당화제로서 누룩이 큰 역할을 했음을 추측할 수 있다. 일본에서는 단일 곰팡이인 황국균만을 이용한 국(麴, koji)이라고 하는 입국(粒麴)을 당화제로 사용하여 일본의 전통술을 제조하고 있다.

누룩에는 누룩곰팡이와 누룩효모 뿐 아니라 젖산 세균 등도 많이 증식한 당화제로서 누룩곰팡이는 전분 분해효소와 단백질 분해효소 등을 가지고 있으며, 누룩효모는 알코올 발효력을 가져서 누룩만으로 술을 빚을 수 있다. 그러나 일본식의 누룩이라 할 수 있는 코지는 단일 곰팡이만을 증식시킨 당화제이므로 코지만으로는 술을 빚을 수 없기에 주모(효모를 증식시킨 주모)를 첨가하여 발효시키는 것이 우리나라의 발효법과 크게 다르다.

우리나라의 전통주를 빚는 방법은 매우 특이하여 각 지방, 계절, 용도 및 가정 등에 따라 수백 가지의 방법으로 빚어져 수천 종의 술들이 우리 생활 속의 멋과 풍류를 더해 왔다.

전통주의 양조 방법이 외국의 양조 방법과 비교하여 가장 특이한 것이 전통 누룩의 사용이라 할 수 있다. 전통 누룩의 원료는 생전분을 사용하여 천연의 자연환경에 존재하는 모든 미생물의 접종에 의하여 제조된다.

조선시대에 술의 종류는 매우 다양했으며, 『주방문』에 의하면 술의 색상, 재료, 술 양조 시기, 양조법 등에 따라 분류하기도 했다. 즉 탁주, 홍주와 백주, 감주, 소주, 혼양주, 약용소주와 약용약주로 분류했으며, 그중 탁주에는 쌀누룩으로 빚고 진하며 주도가 높은 탁주를 이화주라 하고, 막누룩으로 빚어 용수를 술덧에 밀어 넣어 맑은 청주를 약간 얻고 나머지 술덧을 걸러 이화주와 비슷하게 만든 술을 사절주라 하며, 연산군 시기에 정희량(鄭希良, 1469-?)이 빚었다고 전해오는 술로서 술을 담금하여 4일 만에 걸러 미발효주로 마시든지 술덧에 소주를 넣어 알코올 도수를 높여 마시는 술을 혼돈주라 하였다. 술덧에서 약주를 뜨지 않고 걸러 바로 마시는 술로서 지금의 막걸리와 비슷한 술을 합주라 하며, 술덧에서 약주나 청주를 떠내고 술지게미에 물을 타서 마시는 모주 등으로 분류하기도 했다. 이런 문헌으로 보면 지금의 막걸리와 매우 같거나 유사한 술, 막걸리를 즐겨 마셨다는 것을 알 수 있다.

최근 급격한 경제 발전과 더불어 식생활 수준의 향상으로 술의 기호도의 다양화와 고급화가 두드러져 술의 소비 성향이 서구화되고 있다.

저자는 서구화라는 것이 반드시 고급화라고는 생각하지 않는다. 우리나라의 기후 풍토와 토양에서 가장 적합하고 합리적이며, 통계적으로 검정된 것이기에 우리의 것이 우리에게는 가장 고급화라고 생각한다.

1.5 전통 민속주의 현주소

정부는 문화재관리국을 통하여 중요무형문화재 지정을 위하여 민속주를 조사하였다. 1985년 5월 민속주로 지정을 신청한 64종 중 13종의 주류를 전통 민속주로 지정하였는데, 13종의 전통 민속주는 다음과 같다(표 1-1). 신청한 64종의 주류별 분포는 소주류가 9품목을 신청하여 4개 품목이 선정되고, 곡주류는 22개 품목을 신청하여 6개, 과실주류는 신청한 3개 품목이 모두 선정되지 못했으며, 약용주류는 12개 품목을 신청하여 3개 주류가 전통 민속주로 선정되었다.

표 1-1 1985년에 지정된 전통 민속주

소주류	곡주류	약용주류
1. 문배주	1. 경기 동동주	1. 서울 송절주
2. 안동 소주	2. 한산 소곡주	2. 면천 두견주
3. 진도 홍주	3. 경주 법주	3. 이리 이강주
4. 제주 소주	4. 김천 과하주	
	5. 김제 송순주	
	6. 중원 청명주	

문화재청, 중요무형문화재 지정조사 보고서.

선정된 주류를 분석하면 신청한 64종의 주류 가운데 대부분이 민속주로 지정되었음을 알 수 있다. 즉 강원도 각 지방에서 옥수수술로 7사람이 지정을 신청했으며, 두견주의 경우도 4명이 신청하고, 진도 홍주도 6명이 신청했으며, 청주 역시 3명이 중복 신청하는 등 같은 술이 여러 명에 의하여 신청되었기 때문에, 조사 대상에서 전통 민속주로서의 보존 가치가 있는 술은 대부분 지정되었다 할 수 있다.

이들 중 3종류의 민속주인 문배주는 제86-1호로, 면천 두견주는 제86-2호로, 경주 교동 법주는 제86-3호로 국가중요무형문화제로 지정되어 있다(표 1-2).

현재 각 시도의 무형문화재로 지정된 주류는 9개의 각 시도에서 25종류의 술이 지정되어 보호받고 있다(표 1-3). 국가중요무형문화재와 각시도 지정 무형문화재로서의 술은 28종류에 속하지만 막걸리 또는 탁주가 무형문화재로 지정된 술은 고작 4종류뿐이다(표 1-4).

표 1-2 국가중요무형문화재

무형문화재명	지정호수	주소	보유자
1. 문배주	제86-1호	성북구 연희동 81-31	이경찬
2. 면천 두견주(沔川 杜鵑酒)	제86-2호	충남 당진군 면천면	면천 두견주 보존회 박승달
3. 경주 교동 법주(慶州 法酒)	제86-3호	경주시 교동 69	배영신

문화재청, 중요무형문화재 지정조사 보고서.

표 1-3 시도 지정 무형문화제

무형문화재명	지정호수	지정일	주소	보유자
1. 송절주(松節酒)	서울 제2호	1989. 9. 30.	서울시 서초구	이성자(李成子)
2. 삼해주(三咳酒)	서울 제8호	1993. 2. 13.	서울시 서초구 방배동 983-23	이동복(李東福), 권희자
3. 향온주(香醞酒)	서울 제9호	1993. 2. 13.	서울시 송파구	박현숙(朴賢淑)
4. 하향주(荷香酒)	대구 제11호	1996. 5. 27.	대구시 달성군 유가면 음리 383	박환희
5. 금정산성 토산주 (金井山城 土産酒)	민속주 1호	1979.	부산시 금정구 금성동 554-1	유청길
6. 계명주(鷄鳴酒)	경기 제1호	1987. 2. 12	경기도 남양주시 수동면 지둔리 279	최옥근
7. 부의주(浮蟻酒)	경기 제2호	1987. 5. 14	경기도 남양주시 향남면 구문천리 540-4	권오수
8. 군포 당정 옥로주	경기 제12호	1994. 12. 24.	경기도 용인시 처인구 청계로 291번지 9-22	유민자
9. 광주산성 소주	경기 제13호	1994. 12. 24	경기도 광주시 곤지암읍 광여로 555-3	강석필
10. 중원 청명주 (中原 清明酒)	충북 제2호	1993. 6. 4	충주시 가금면 창동 243	김영기
11. 보은 송로주 (報恩 松露酒)	충북 제3호	1994. 1. 7	충북 보은군 내속리면 구병리 518	임경순
12. 청원 신선주 (清原 神仙酒)	충북 제4호	1994. 1. 7	청원군 미원면 계원리 435	박남희
13. 한산 소곡주 (素麯酒)	충남 제3호	1979. 7. 3	충남 서천군 한산면 호암리	우희열
14. 계룡 백일주 (鷄龍 百日酒)	충남 제7호	1989. 12. 29	공주시 봉정동 339	
15. 청양 구기자주	충남 제30호	2000. 9. 20	청양군 운곡면 광암리 321	
16. 김천 과하주 (金泉 過夏酒)	경북 제11호	1987. 5. 13	김천시 대항면 향천리 791-1	

무형문화재명	지정호수	지정일	주소	보유자
17. 안동 소주 (安東 燒酎)	경북 제12호	1987. 5. 13	안동시 신안동 276-6	조옥화
18. 문경 호산춘 (聞慶 湖山春)	경북 제18호	1991. 2. 25.	문경시 산북면 대하리 460-5	
19. 안동 송화주 (安東 松花酒)	경북 제20호	1993. 2. 25	안동시 임동면 수곡리 1037	
20. 송순주(松荀酒)	전북 제6-1호	1987. 4. 28	김제시 요촌동 384-24	김복순(金福順)
21. 이강주(梨薑酒)	전북 제6-2호	1987. 4. 28	전주시 덕진구 원동 617	조정형(趙鼎衡)
22. 해남 진양주	전남 제25호	1994. 1. 31	해남군 계곡면 덕정리 439	최옥림
23. 진도 홍주 (珍島 紅酒)	전남 제26호	1994. 12. 4	진도군 진도읍 쌍정리 38	이이자(李二子)
24. 성읍민속마을 오메기술(城邑민속마을 오메기술)	제주 제3호	1990. 5. 30	서귀포시 표면 성읍리 673	김을정(金乙貞)
25. 고소리술	제주 제11호	1995. 4. 20	서귀포시 표면 성읍리 673	김을정(金乙貞)

2014년 각 시도청 홈페이지에서 검색한 결과임.

표 1-4 막걸리의 시도 지정 무형문화제

무형문화재명	지정호수	지정일	주소	보유자
1. 계명주(鷄鳴酒, 탁주)	경기도 제1호	1987. 2. 12	남양주시 수동면 지둔리 279	
2. 부의주(浮蟻酒, 동동주)	경기도 제2호	1987. 5. 14	용인시 향남면 구문천리 540-4	권오수
3. 금정산성 토산주(金井山城 土産酒, 막걸리)	민속주 제1호 대통령령 제9444호	1979. 5. 1	부산시 금정구 금성동 554-1	유청길
4. 성읍민속마을 오메기술 (城邑民俗마을 오메기술, 탁주)	제주도 제3호	1990. 5. 30	서귀포시 표면 성읍리 673	김을정

표 1-3에서 각 시도가 무형문화재로 지정한 막걸리만 정리했음.

(1) 계명주

계명주(鷄鳴酒, 탁주)는 경기도 무형문화제 제1호로 지정되었으며, 술을 담근 다음날 닭이 우는 새벽녘에 벌써 다 익어 마실 수 있는 술이라고 하여 붙여진 이름이다. 따라서 급하게 술을 빚을 필요가 있을 때 만들었던 속성주(速成酒)로 일일주(一日酒), 삼일주(三日酒) 등이 이에 속하고 일명 엿 탁주라고도 한다. 계명주에 관해서는 유원총보, 임원십육지 등에 기록되어 있다.

계명주를 빚는 방법은 옥수수와 수수, 엿기름으로 죽을 쑤고 여기에 누룩과 솔잎을 넣어 1단 담금으로 발효시킨다. 술을 빨리 익히기 위하여 엿기름을 사용하는 것이 특징이며 단맛이 있는 술이다.

또한 임원십육지(林園十六志, 1827경)에 의하면 계명주의 재료는 찹쌀이나 멥쌀을 쓰지 않고 옥수수와 수수 등의 잡곡과 조청 엿기름 등을 사용하며, 일반 곡주가 고두밥으로 밑술을 만드는 것과 달리 죽을 쑤어 빚는 것이 맛을 내는 독특한 비법이다. 우선 누룩을 조청에 담가 골고루 스며들도록 6~7일간 묵혀 두고 그 사이에 옥수수와 수수를 8대 2의 비율로 섞어 10~12시간 정도 물에 담가 충분히 불린다. 이를 맷돌에 간 다음 옥수수와 수수 양의 3배 가량 물을 붓고 엿기름(맥아)을 넣은 후에 가마솥에서 잘 삭을 때까지 시간을 두고 은근히 가온하여 당화시킨다. 이것을 자루에 넣어 걸러낸 뒤 2차로 다시 가온했다가 차게 식힌 후, 조청에 밴 누룩과 솔잎을 잘 배합시켜 항아리에 넣은 다음 섭씨 25~28°C의 실내에서 8일간 발효시켜 걸러내면 계명주가 완성된다. 이때 알코올은 11% 정도이다.

(2) 부의주

부의주(浮蟻酒, 동동주)는 경기도 무형문화제 제2호로 지정되었으며, 지정 당시에는 용인 한국민속촌 안에서만 판매를 하다가 지금은 화성에 제조장을 두고 시중에도 판매하고 있다.

이 술은 고려시대부터 알려진 동동주에 해당하는 술이며, 부의주는 고사촬요, 음식디미방, 산림경제, 증보산림경제, 임원십육지, 양주방 등의 고문헌에 수록되어 있으며 역사가 오래된 술이다.

부의주는 맑은 술에 밥알이 동동 뜨게 빚어져 개미가 물에 떠있는 것과 같다고 해서 부의주라는 이름이 붙었다. 술의 색깔은 약간 불투명한 담황갈색으로 맛과 색이 일반 약주와 유사하다. 또한 약주는 탁주에 용수를 넣어서 걸러 만드는데, 부의주도 같은 방법으로 만든다. 조선시대의 전통적인 제조방법은 끓여서 식힌 물 세 병을 누룩 가루 한 되와 섞어 하루를 재우고, 찹쌀 한 말로 고두밥을 지은 후 항아리에 넣어 식힌다. 누룩 가루를 물로 혼합하여 반나절 두었다가 채로 걸러 고두밥과 섞는다. 항아리에 담아 따뜻한 곳에 두어 3일이면 맑게 익어 밥알이 개미알 같이 뜨니 그 맛이 달고 독하여 여름에 먹기 좋다고 하였다. 기능보유자인 권오수 씨는 그의 조모로부터 전수받은 전통적인 제조법을 현재 주세법의 약주(藥酒)의 기준에 맞게 바꾸어 생산하고 있다. 제조 용기도 현대식으로 바뀌어 술이 익어 쌀알이 동동 뜨면 용수를 받아서 맑은 술을 떠내던 것을 지금은 발효가 끝난 것을 압착기로 압착 여과하여 맑은 술을 얻는다. 알코올 농도는 13～14% 정도이나 동동주로서 알코올 농도를 11%로 낮추어 제성한다. 부의주는 방부제를 쓰지 않고 열처리를 하지 않는 술이라 냉장유통 판매를 하고 있으며, 냉장보관하면 약 5～6개월간 보관이 가능하다.

또한 음식디미방(1670년경) 등의 고문헌에 의한 부의주 빚는 방법은 찹쌀 다섯 되, 누룩 한 되, 엿기름 두 홉, 물엿 한 되로 1차 담금만으로 빚는다. 원료 찹쌀을 하룻밤 재워 고두밥을 지어 짚불로 미리 소독한 항아리에 모든 원료를 넣은 후 20°C 정도의 실온에서 2～3일 이불로 감싸서 보온하다가 품온이 30°C 이상 오르면 이불을 제거한다. 5일이 지나면 맑게 익는데 15일 정도 경과하면 술덧이 잠잠해지고 쌀알이 동동 뜨며 헤치면 맑은 술이 고여 있다.

(3) 금정산성 토산주

부산시 금정구 금정산성 막걸리는 1979년 대통령령 제9444호로 우리나라 민속주 1호로 지정된 전통 막걸리로서 금정산성 토산주(金井山城 土産酒, 막걸리)이다.

산성 막걸리의 유래는 정확하지 않지만 임진왜란 이전까지 올라가며, 화전민(火田民)들이 생계 수단으로 누룩을 만들고 술을 빚어 생계를 삼아 온 데서 시작했다고 전해진다. 1706년(숙종 32년) 왜구의 침략을 막기 위해 금정산성 개축과 1808년(순조 8년) 동문 신축 등을 통해 외지인에게 산성 막걸리의 맛이 알려졌다고 한다. 거대한 성을 쌓는 데 동원된 인부와 군졸은 새참으로 나오는 산성 막걸리를 마시며 갈증과 배고픔과 피로를 덜었다. 인부들은 공사가 끝나 고향으로 돌아간 뒤에도 새큼하면서도 구수한 그 술맛을 그리워했다고 한다.

산성 막걸리는 인공 재료를 사용하지 않고 누룩과 쌀, 물만을 사용하여 막걸리의 전통제조 방법대로 만드는 자연 발효주이며, 알코올 도수는 보통 막걸리(6도)보다 높은 8도로서 독특한 맛의 비결은 금정산의 맑고 잡내(雜臭)가 전혀 없는 물과 자가 제조 누룩의 사용과 유청길(54세) 사장과 좋은 술을 빚겠다는 종사자들의 정성이 비결이라 할 수 있다. 금정산성 막걸리는 누룩향이 진하고 구수하며, 알코올 취를 느끼게 하고, 신맛이 강하면서 약간의 감미를 느끼게 하고, 톡 쏘는 청량미가 강하며 목구멍으로 넘어가는 무게감이 있으며, 묵직한 감칠맛을 느끼게 하는 기분 좋은 술이다.

산성 막걸리 양조장에서는 국이나 다른 발효제를 전혀 사용하지 않고 자가 누룩만을 사용하는 것이 특징이며, 누룩의 제조 방법은 일반적인 누룩 제조방법과 거의 같으나, 성형 과정에서 누룩 틀에 넣어 밟아 성형하지 않고 물로 반죽한 밀가루 반죽을 보자기에 싸서 여인들이 직접 발로 밟아 성형하는 것이 특징이다.

(4) 성읍민속마을 오메기술

성읍민속마을 오메기술(城邑民俗마을 오메기술, 탁주)은 제주도에서 재배되는 좁쌀로 만든 막걸리로서 제주도 무형문화재 제3호로 지정된 술이다.

제주도는 논이 매우 귀한 섬이라 쌀로 술을 빚지 않았으며, 밭곡식인 좁쌀로 술을 빚었다. 제주도에서는 현재까지도 좁쌀로 청주나 소주를 빚는 것으로 보아 좁쌀로 술을 빚어 온 역사는 좁쌀의 경작만큼 오래되었다고 할 수 있다. 제주도에서는 좁쌀로 탁주와 청주 등을 빚어 왔는데 탁주를 두고 '오메기술'이라고 한다. 오메기술은 탁주를 만드는 술떡의 이름인 '오메기'에서 비롯된 것으로 이 떡으로 만든 술이라는 의미를 갖는다. 오메기술을 만드는 데는 여러 단계를 거쳐야 한다. 보통 40되들이 밑술을 담는 데에 메좁쌀

12되와 누룩을 만들 밀과 보리 10되가 든다. 술은 언제라도 빚을 수 있지만 24절기 중 상강(음력 10월 24일)이 지나서 새 좁쌀로 빚는 것이 가장 좋다고 한다.

이상에서 살펴본 바와 같이, 우리나라 전통주 뿐만 아니라 무형문화재로서의 막걸리는 시대적 환경에 잘 적응해 왔으며, 최근에는 농민들이 직접 생산한 농산물을 이용하여 술을 제조할 수 있도록 법령 개정의 필요성이 대두되었다. 이러한 시대적 요구에 부응하기 위하여 1999년부터 농민들이 직접 수확한 곡류를 이용한 술의 제조가 허용되어 농민주와 민속주로 탄생하게 되었다.

표 1-5 농민주 제조면허 현황 (국세청 통계)

연도	탁주	약주	청주	과실주	증류식소주	일반증류주	리큐르	기타 주류	합계
2008	12	33	1	117	5	26	59	22	275
2009	20	40	1	134	11	30	57	20	318

(5) 농민주

농민주란 농림수산식품부 장관이 추천한 주류로서 농업·농촌 및 식품산업 기본법 제3조의 규정에 의한 농업인, 농업경영체, 또는 생산자 단체로서 제조하고자 하는 주류의 주원료 50% 이상을 스스로 생산한 농산물을 원료로 하여 제조하는 주류를 일컫는다. 농업경영체, 생산자 단체, 또는 식품산업진흥법 제14조 규정에 의하여 주류 부문의 전통식품 명인으로 지정된 자에게 농민주 제조를 허가한다.

2008년 농민주 중 탁주는 12곳에서 지정 받고 있으며, 구체적으로 경기도 1곳, 강원도 2곳, 충북 3곳, 충남 4곳, 전남 1곳, 경북 1곳이나, 2010년도 농민주로서의 막걸리는 충북에서 289kl를, 충남에서 47kl를 출고했을 뿐 어느 곳에서도 생산 판매하지 못하는 실정이다.

표 1-6 민속주 제조면허 현황 (국세청 통계)

연도	탁주	약주	과실주	증류식소주	일반증류주	리큐르	기타주류	합계
2008	4	24	2	8	7	7	4	56
2009	2	21	1	7	6	6	3	46

(6) 민속주

민속주란 규정 제2조 21호에 의해 다음 각 목의 규정에 의하여 면허한 주류를 말한다.

가. 전통문화의 전수, 보존에 필요하다고 인정하여 문화재청장 또는 특별시장, 광역시장, 도지사가 추천한 주류(특별시, 광역시, 도지정문화재에 한한다.)

나. 농수산물가공산업육성법 제6조의 규정에 의하여 농림부장관이 주류부문의 전통식품명으로 지정하고 국세청장에게 추천한 주류

다. "제주도개발특별법"에 의거 1999. 2. 5 이전에 제주도지사가 국세청장과 협의하여 제조 허가를 한 주류

라. 관광진흥을 위하여 1991. 6. 30 이전에 건설교통부장관이 추천하여 주류심의회 심의를 거친 주류

2008년 민속주 중 탁주는 4곳에서 지정되어 있으며, 구체적으로 경기도 1곳, 강원도 1곳, 부산 1곳, 제주 1곳이나 2010년도 민속주로서의 막걸리의 출고량은 부산시에서 326kl를 출고했을 뿐이다.

농민주로서 탁주의 제조 면허 허가자는 2008년에 12개소에서 2009년 20개소로 증가하였으며(표 1-5), 민속주로서 탁주는 4개소에서 2개소로 오히려 감소했다(표 1-6). 그리고 2009년 이후, 농민주와 민속주의 통계자료가 국세청 통계연보에 나타나지 않아서 2014년과 비교 관찰할 수 없는 아쉬움이 있다.

1.6 막걸리의 변천

1900년대 초기의 우리나라 주류 산업의 현황을 살펴보면, 1917년 조선주(전통주) 제조장 수는 121,823개소였으나, 양조장의 통폐합(합리화, 과학화라는 일제의 미명 아래)으로 1927년에는 28,304개소로 1/4.3으로 급격히 감소되었다(57). 1930년대 가양주로 술을 담는 사람은 420,000명으로서 조선의 전 가구 수가 3,000,000호였으니까 7집 건너 1집이 술을 빚고 있다는 통계이며, 이 숫자는 다른 나라에 비하여 술을 빚을 수 있는 사람의 수가 기형적으로 많았음을 의미한다(58). 특히 함경북도에서는 전 가구 수가 79,170호에 비하여 술을 빚

을 수 있는 사람의 수는 14,147명으로 전 가구 수의 17.9%에 해당되었다. 따라서 술을 빚을 수 있는 사람의 과잉으로 비경제적이고 관습 혹은 불완전한 양조법의 전수로 말미암아 불량한 술이 범람하게 되어 양조법의 개량 및 양조법의 지도가 필요하다는 일본인 학자의 의견도 있었다. 이런 당위성과 일본의 조선 침략 야욕의 일환으로 1909년 7월에 조선총독부에 의하여 주세법이 신설되고 자가 술 제조가 면허제로 바뀌게 되어 모두 등록 신고하도록 함으로써 정부의 면허 없이는 술을 빚을 수 없게 되었다. 또한 그 이전까지는 세금을 납부하지 않았는데 주세법 시행으로 각 양조장에서는 주조량에 따라 세금(주세)을 내게 되었다.

1910년 양조장 수는 156,000곳이었고, 1916년 상업적인 양조장 수는 121,800곳으로 약간 감소했으며, 자가 술 제조면허를 받은 사람은 366,700명이었으나, 1926년 자가 술 제조면허자 수는 131,700명으로 줄어들었다. 1929년에는 265명으로 급격히 감소하여 1932년에는 단 한 명도 남지 않았으며, 1934년 자가 술의 제조면허제가 폐지됨으로써 각 가정에서 빚던 가양주는 밀주(密酒)로 단속의 대상이 되어 우리의 전통주의 맥은 완전히 끊어지게 되었다.

1945년 일본으로부터 해방된 이후, 전국의 약주 양조장 수는 218개소이던 것이 1990년에는 28개소로 감소했으며 탁주 양조장 수도 1,400개소로 엄청나게 감소되었다(274). 양조장 수의 감소는 해방과 6. 25 동란을 거치면서 식량 부족으로 인한 양곡 정책과 무관하지 않다. 특히 막걸리의 제조 원료가 쌀에서 밀가루로, 밀가루에서 쌀과 겸용으로, 현재는 다시 쌀과 밀가루 등을 자유롭게 선택할 수 있는 길이 열려 있다.

이상과 같이 시대적, 사회적 환경에 따라 주류제조업은 변화되어 왔다. 양조장 수의 감소로 전통 주류의 특성도 많은 변화를 가져오게 되었을 뿐 아니라 단순화, 획일화로 이어지게 되었다.

또한 막걸리의 알코올 도수도 시대적 요구에 의하여 많은 변화를 거듭하고 있다.

표 1-7에 표시된 바와 같이, 막걸리의 알코올 도수는 1949년 이전에는 제한이 없었으나 1949년부터 약주와 청주 등의 발효주에 따라 알코올 함유량을 규정할 필요가 발생하여 막걸리인 탁주의 알코올 도수를 8도 이하로

규정하게 되었다.

1961년부터 6도로 규정하다가 탁주 양조업체의 요구를 받아들여 1982년부터 8도로 알코올 도수가 상향조정되게 되었다. 그러나 8도 알코올 탁주가 시판되면서 사회적 물의가 발생하게 되었다. 즉 1980년대는 우리나라가 경제 발전의 중흥기에 접어들어 많은 노동자들이 일하게 되었는데 특히, 서울시 지하철 1호선 노동자들이 점심 식사 중에 탁주를 반주로 마시고 공사장으로 돌아와서 취중(醉中) 안전사고가 많이 발생함에 따라 사회적 문제로 대두되자 근로자의 안전을 위하여 탁주의 알코올 도수가 다시 6도로 복귀하게 되었다. 현재는 1999년 12월에 공포된 법률에 의하여 막걸리의 알코올 도수는 3도 이상으로 규정되었고 일반적으로 6도 막걸리가 보편화되고 있으며, 5도 막걸리도 시판되고 있을 뿐 아니라 12.5도의 막걸리도 시판되고 있다.

표 1-8에 표시된 바와 같이, 막걸리의 원료는 1965년 이전에는 백미 100% 사용이 허용되었으나 이후 양곡의 부족으로 백미 사용이 제한되어 잡곡과 혼용되었으며, 1966년부터 백미 사용이 전면 금지되고 밀가루로만 막걸리를 제조하도록 했다. 그 이후부터 밀가루와 옥수수, 보리쌀 등을 혼합하여 사용할 수 있게 되었다. 1977년부터 통일벼가 증산되고 밀가루를 일반적으로 많이 먹게 되므로 해서 우리나라의 양곡 수급이 원활하게 됨에 따라 백미의 사용이 전면 허용되었다. 1990년부터 막걸리의 전분질 주원료인 밀가루와 백미 이외에 전분당이나 올리고당 등을 사용하게 되었다. 특히 1998년부터 한약제의 사용도 허용되면서 복분자, 인삼, 더덕, 구기자 등을 첨가한 한약제 막걸리가 탄생하게 되었으며, 2003년부터 1% 이하의 알코올을 생산하지 않는 범위 내에서 과실의 사용도 허용되어 많은 종류의 과실 막걸리가 생산되게 되었다.

1960년대는 막걸리가 “국민술”로서 술 소비량의 70% 이상 차지하고 있었는데 식량 부족을 해결하기 위한 가장 쉬운 방법인 양곡으로 술을 빚지 못하게 한 “양곡관리법”의 시행으로 막걸리의 참맛은 서서히 잃어가고 있었다. 막걸리 대신에 소주와 맥주로 대치하게 되어 막걸리는 사양길에 접어들게 되었으며, 쌀 대신 밀가루로 빚은 밀가루 막걸리가 탄생하게 되었다.

표 1-7 탁주의 알코올 함량의 변천사

년도	알코올 함량	법령
1949. 11. 11. 이전	제한 없었음	
1949. 11. 11. 부터	8도 이하	대통령령 제213호
1961. 12. 31. 부터	6도	각령 제325호
1963. 4. 1. 부터	7도	각령 제1243호
1965. 12. 30. 부터	6도	대통령령 제2347호
1979. 5. 1. 부터	6도(민속주는 8도)	대통령령 제9444호
1982. 5. 1. 부터	8도	대통령령 제10928호
1988. 12. 31. 부터	6~8도 이하	대통령령 제12570호
1990. 12. 31. 부터	6도 이상	법률 제4284호
1999. 12. 31. 부터	3도 이상	법률 제6055호
1999.	알코올 도수 제한 완화	
2003.	알코올 도수 제한 폐지	

표 1-7의 작성은 『막걸리, 넌 누구냐』(23)의 내용을 중심으로 정리.

표 1-8 막걸리 원료 변천사

년도	원료 배합비
1965. 3. 31. 이전	백미 100%
1965. 3. 31. 부터	백미 80%, 잡곡 20%
1966. 5. 15. 부터	백미 20% 이상, 잡곡 60% 이상, 고구마전분 20% 이상
1966. 8. 28. 부터	밀가루 100%
1972. 1. 1. 부터	밀가루 95%, 옥수수가루 5% 이상
1974. 1. 1. 부터	밀가루 50%, 보리쌀 50% 이상
1974. 6. 1. 부터	밀가루 70%, 옥수수가루 30% 이상
1975. 1. 1. 부터	밀가루 60%, 옥수수가루 40% 이상
1975. 11. 1. 부터	밀가루 70%, 옥수수가루 30% 이상
1077. 1. 1. 부터	밀가루 80%, 옥수수가루 20% 이상
1977. 12. 1. 부터	백미 100% 사용가능
1979. 11. 1. 부터	밀가루 100% 사용가능
1990. 12. 31. 부터	곡류, 전분함유 물료, 전분당
1999.	식물 약재 사용 가능(탁주에 인삼 첨가 허용)
2003.	과실 첨가 가능
2004.	탁주 등 주류에 대한 첨가물료 확대 허용

표 1-8의 작성은 『막걸리, 넌 누구냐』(23)의 내용을 중심으로 정리.

주식인 쌀의 소비가 줄고 다른 곡류의 소비가 증가되던 1990년대부터 쌀이 남아돌기 시작하면서 다시 쌀로 막걸리를 빚게 되어 쌀 막걸리가 다시 생산되지만, 이미 밀가루 막걸리에 길들어진 우리의 입맛에 쌀 막걸리는 싱겁다는 불만이 제기되기도 했다. 그러나 다행한 것은 전통적인 방법으로 쌀 막걸리를 제조하여 옛 막걸리의 향취를 즐길 수 있게 되었을 뿐 아니라 다양한 색상의 막걸리가 생산되고, 기능성을 보충한 기능성 막걸리까지 생산하게 된 일이다.

그러나 막걸리의 소비가 약간 증가했다고 하지만 1980년대의 술 소비와 비교하면 아직 갈 길이 멀다는 것을 알 수 있다.

전통주를 생산하는 양조장의 감소는 전통주의 출고량의 감소로 이어지고 있다. 즉 표 1-9에 나타난 바와 같이, 1980년부터 1994년까지 15년간 주류 출고 실적에서 가장 신장된 주류가 위스키로서 5배 증가했으며, 그 다음으로 맥주가 3배 증가했다. 이에 비하여 과실주는 2.5배 증가했으며, 청주는 2배 증가했고, 희석식 소주는 1.5배 증가하여 주류 출고 실적에 대한 증가분 평균치인 2.7배 이하의 증가치를 나타내었다. 전통주라 할 수 있는 탁주와 약주는 15년간 매년 감소하여 1980년을 기준으로 하여 1994에는 약주의 출고 실적이 1/2로 감소했으며, 탁주는 1/5로 감소하여 전통주의 위치가 송두리째 위협을 받고 있다. 정부에서 1996년 탁주의 공급 구역 제한을 폐지함으로써 공급 구역이 생산지 인근에서 전국으로 공급이 가능하게 되었는데, 이는 지역의 영세 막걸리 양조장의 경영난을 초래하는 결과로 나타나게 되었다.

특히, 1980년도의 주류 출고량(kl) 기준으로 탁주는 1980년에 1,428,258 kl를 출고했으나 2002년도에는 131,717kl를 출고하여 1980년의 탁주 출고량의 90%가 감소하는 최악의 상황을 맞이하게 되었다. 그 이후 서서히 증가하여 2008년도에는 176,398kl의 탁주를 출고하여 2002년도와 비교하면 약 34%의 출고량이 회복되고 있다. 약주는 1980년에 6,715kl를 출고했으며 서서히 감소하다 2003년에 51,046kl로 최고치를 나타냈으나 그 이후 서서히 감소하여 2012년에는 16,544kl를 출고하면서 1980년에 비하여 약주의 소비가 계속 감소세로 접어들고 있음을 나타낸다. 청주는 1980년에 27,873kl를 출고했으며 1995년에 43,302kl를 출고하면서 최고치를 달성했으나, 서서히 감소하여 2008년에는 1980년에 비하여 반 이하(19,296kl)로 감소했다.

표 1-9 우리나라의 주류의 출고량(kl)

연도	탁주	약주	맥주	청주	과실주	희석식소주	위스키
1980	1,428,258	6,715	579,601	27,873	2,867	494,948	3,328
1985	871,697	4,301	722,256	18,787	4,972	586,949	4,033
1990	562,012	4,078	1,307,672	34,859	8,943	701,566	8,559
1995	224,360	24,928	1,850,334	43,302	7,930	761,839	16,488
2000	158,080	22,927	1,730,790	28,477	6,622	866,967	12,572
2001	137,611	32,592	1,755,232	23,214	7,924	784,873	14,296
2002	131,717	44,173	1,935,200	23,736	12,236	866,340	17,211
2003	138,162	51,046	1,896,302	23,650	16,052	928,492	12,110
2004	161,666	49,919	1,991,549	23,249	18,128	927,919	9,919
2005	166,319	45,033	1,837,655	23,412	39,412	929,414	32,705
2006	170,165	42,873	1,880,049	20,638	45,046	959,061	31,513
2007	172,342	33,289	1,947,984	19,164	28,872	961,585	34,741
2008	176,398	27,374	2,058,550	19,296	56,015	1,004,099	31,059
2009	260,694	22,116	1,961,568	18,517	22,633	929,926	4,351
2010	412,269	18,841	1,909,923	18,841	21,519	930,605	3,417
2011	458,198	18,975	1,963,170	19,301	19,866	923,024	1,954
2012	448,406	16,544	2,031,271	18,969	16,359	950,884	1,196

1994년까지의 자료는 주류공업, 15(2), p.85, (1995)를 참고했음.
1995년 이후 실적은 국세청 홈페이지 참고했음.

맥주는 1980년에 579,601kl를 출고했으며, 1990년에 폭발적인 증가세를 나타내고 그 이후 서서히 증가하여 2008년도의 출고량은 1980년에 비하여 3.4배(2,058,550kl)로 증가하고 있다. 과실주는 1980년에 2,867kl를 출고했으며 매년 2배 이상 신장세를 유지하다가 서서히 증가하여 1990년에 8,943kl를 출고하였고, 2008년에는 56,015kl를 출고하여 최고치에 도달한 후, 서서히 감소하는 경향을 나타내고 있다.

최근에 막걸리가 광풍이라고 하지만 우리나라 술 소비 형태로 보면 아직 극히 미미한 상태에 놓여 있다.

즉, 2008년도 주류 점유율에서 맥주, 소주와 탁주가 전체 점유율의 87.1%를 차지하고 있지만, 맥주가 55.4%, 소주가 27.0%인 데에 반해 탁주는 4.7%만 차지하고 있어서 아직까지 탁주가 전체 주류 소비에 5%에도 미치지 못하는 실정이다.

이런 현상이 2012년도까지 변화가 없이 진행되고 있어 최근에 불고 있다고 하는 막걸리의 광풍이 실재하는 지 의심스럽다.

2012년도 주세(酒稅) 신고 현황에 따르면 탁주의 주세가 전체 주세의 5.93%를 차지하며, 약주는 1.07%, 맥주는 47.65%, 희석식 소주가 35.67%를 차지하고 있다. 탁주가 국세인 주세에 이바지하는 역할이 5.93%라는 것은 실제적으로 국세로서의 의미가 거의 없다고 할 수 있다. 이에 반해 맥주와 희석식 소주는 전체 주세의 83.32%를 차지하므로 국세 중에서 주세로서의 의미가 크다고 할 수 있다(표 1-10).

표 1-10 2012년도 주세 신고 현황(신고액 단위; 백만 원)

	탁주	약주	맥주	희석식소주	기타	합계
신고액	498,152	90,271	4,001,215	2,994,793	811,336	8,395,767
점유율	5.93%	1.07%	47.65%	35.67%	9.68%	100%

이러한 현상은 단순한 술의 고급화 및 서구화만의 요인은 아니라고 생각되며, 서구 주류에 비해 전통주의 개선, 고급화 등에 대한 주류 관계자의 무관심도 중요한 요인이라 생각된다. 그러나 국민소득 $23,000 시대에 접어든 지금, 전통문화로의 희귀 현상이 두드러지게 나타나고 있어서 다행한 일이다.

이런 시점에서 전통 주류의 여러 가지 문제점을 점검하고 재고하여 새롭게 정립하지 않으면 안 된다. 따라서 UR 협정과 FTA 협정에 따른 외국 주류의 수입 개방에 의한 국내 주류 산업의 경쟁력의 강화와 민족 고유의 전통 식문화를 계승시키기 위하여 전통 주류의 품질 향상과 규격화, 산업화 기술의 개발이 절실히 요구되는 시점이다.

위기의 시점이 발전의 첫 시점인 것이다.

이러한 시대적 요구에 의하여 전통 주류에 대한 관심이 고조되고 전통 주류의 양조에 가장 기본이 되는 전통 누룩과 막걸리에 관한 재인식과 기술적, 학술적 재정립이 필연적으로 이루어져야 한다.

막걸리의 주세

막걸리에는 어느 정도의 주세를 물고 있는지 일반인들은 별 관심이 없는 것 같다. 예를 들면 4% 알코올 함유 맥주에는 4%의 탄산가스가 포함되어 있지만 우리가 마실 때는 4%의 가스는 목구멍으로 넘어가지 않고 바로 발산되므로 실제로는 96%의 맥주만 마시는 경우가 된다. 그러나 우리는 4%의 가스를 포함한 전 용량에 대하여 세금을 내고 있다는 사실을 모르고 있다. 정말 정당한 세금인지?

주류에 부가하는 세금을 주세(酒稅)라 하고 주세 부가 방법에는 종량세와 종가세가 있다.

즉,

가) 종량세 ; 주정(알코올 95%) 1kl당 57,000원 (알코올1% 초과마다 600원 가산)

나) 종가세 ; 발효주류

탁주(5%), 약주, 청주, 과실주(3%), 맥주(72%)

발효주류

증류식 소주, 희석식 소주, 위스키, 브랜드, 일반 증류주, 리큐르(72%)

다) 기타주류(10~72%)

막걸리는 종가세에 해당하는 술이므로 5%의 아주 적은 세금을 내고 있다. 이 세금은 간접세이므로 소비자가 직접 지불하는 것이 아니고 주류 제조장에서 이미 지불하고 술값에 이 세금을 포함한 요금을 간접적으로 지불하고 있다.

애주가 입장에서는 다행한 일이 아닌가! 술 마실 때마다 주세 얼마를 더 내는 청구서를 받을 때를 생각하면 행복하지 않은가?

2010년 10월 14일 기획재정부와 도내 막걸리업계에 따르면 2011년 4월 1일부터 살균하지 않은 생탁주와 약주의 제조 과정에서 과실과 채소류를 20% 이내로 사용할 수 있도록 하는 주세법 개정안이 시행되었다. 전통주 산업육성 정책에 따라 다양한 소비자 취향을 고려한 다양한 탁주와 약주 생산이 가능해지면서 감, 오렌지, 레몬, 대추, 바나나, 망고, 밤, 부추, 오이, 토마토, 수박 등 과일류와 채소류를 이용한 탁주와 약주가 선보이게 됐다. 현재는 탁주와 약주 발효 과정에 과실 및 채소류를 사용하거나, 약주에 주정 및 증류식 소주를 첨가하는 경우, 기타 주류로 분류돼 각각 30%와 72%의 주세율이 부과된다. 그러나 이번 개정안으로 기타 주류가 아닌 탁주와 약주는 5%와 30%의 세율을 각각 적용받아 생산자 부담이 크게 덜게 됐다. 또한 앞으로는 지역 특산주에 한해 농어업경영체 및 생산자 단체가 직접 생산하거나 제조장 소재지에서 생산된 농산물을 주된 원료로 제조하는 술도 포함될 전망이다.

따라서 이번 개정안에 막걸리업계가 거는 기대도 매우 크다. 이번 기회로 막걸리가 전 국민에게 사랑받을 수 있는 좋은 기회로 재도약할 것을 기대한다.

1.7 막걸리의 수출

우리나라의 막걸리의 수출은 1998년 시작으로 날로 증가하는 추세이다.

관세청에 따르면 막걸리의 수출액은 2009년에 6백만$에서 2010년 19백만$로 316.6% 증가했으며, 2011년도는 53백만$을 수출하여 2010년 대비 278.9% 대폭 증가하여 매년 막걸리의 수출은 증가추세를 이어가고 있다. 그러나 2011년 1월부터 11월까지의 수출액의 실적과 2012년 1월부터 11월까지의 수출액의 실적을 비교하면 49백만$에서 35백만$로 28.7% 감소함으로써 막걸리의 수출 피로 현상이 나타나는 것이 아닌지 촉각을 세우고 있는 것이 현실이다.

막걸리의 수출량에서는 2009년에 7백만L에서 2010년 19백만L로서 271.46% 증가했고, 2011년도는 41백만L를 수출하여 2010년 대비 215.8% 증가하여 매년 막걸리의 수출량도 증가세를 이어가고 있다. 그러나 2011년 1월부터 11월까지의 수출액의 실적과 2012년 1월부터 11월까지의 수출액의 실적을 비교하면 38백만L에서 27백만L로 29.5% 감소하여 막걸리의 수출액과 수출량에서 모두 감소세를 나타내었다.

막걸리의 수출액과 수출량에서는 전반적으로 증가하지만 2012년도 1월부터 11월까지의 실적은 감소세를 나타내었고 2011년과 2012년 막걸리의 수출단가는 1.28$/L에서 1.30$/L로 1.2% 상승하여 막걸리의 고급화가 이루어지고 있다는 사실을 조심스럽게 추정할 수 있을 것이다.

2011년도 막걸리의 수출 대상국은 일본이 90.7%로 절대적인 수출국으로 인정되며 다음은 미국(4.1%), 중국(2.9%), 호주(0.7%), 베트남(0.5%)의 순이며, 2012년도에서도 2011년도의 실적과 같아서 일본(84.5%)이 절대적인 1등 수출국으로 인정되며 다음은 미국(6.2%), 중국(5.1%), 호주(0.9%), 베트남(0.8%)의 순이며 기타 국가들은 2.6%였다. 막걸리의 대일본 수출의 비중이 2011년도는 90.7%에서 2012년도는 84.5%로 감소하는 경향이지만 대신 다른 나라로의 수출은 증가하여 막걸리의 수출국이 일본 중심에서 서서히 미국과 중국 등 14개국으로 수출이 진행되고 있음을 알 수 있다(표 1-12).

표 1-11 탁주 수출 동향(2009-2012. 11)

(단위 : 백만$, 백만L, $/L)

	2009	2010	2011	증감률	'11.1-11	'12.1-11	증감률
수 출 액	6	19	53	176.2	49	35	△28.7
수 출 량	7	19	41	111.6	38	27	△29.5
수출단가	0.90	0.98	1.28	30.5	1.28	1.30	1.2

(관세청 2013년도 홈페이지 자료)

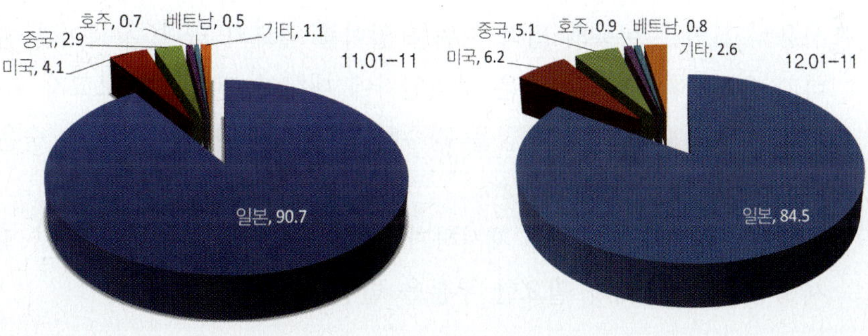

(관세청 2013년도 홈페이지 자료)

그림 1-1 탁주 수출대상국(수출량 기준, 비중 %).

표 1-12 국가별 탁주 수출량 기준

국가	2011. 1-11.	2012. 1-11.	비중(%)
일본	90.7%	84.5%	6.8% 감소
미국	4.1%	6.2%	51.2% 증가
중국	2.9%	5.1%	75.8% 증가
호주	0.7%	0.9%	12.5% 증가
베트남	0.5%	0.8%	60.0% 증가
기타	1.1%	2.6%	136.3% 증가

결과적으로 2011년도에 비하여 2012년도의 탁주의 수출액과 수출량의 실적은 전년도 대비 29% 가량 감소하는 반면 수출단가는 1.2% 소폭 상승하는 결과로서 수출 실적은 감소하지만 수출 단가가 증가했다. 이는 막걸리가 국제적으로 고급화하는 경향을 보이는 것으로 추정할 수 있으며, 수출국에서도 일본을 중심으로 수출했으나 수출 국가의 다변화가 이루어지고 있어서 막걸리의 수출은 긍정적이라 판단된다.

2 막걸리의 법적 지위

우리나라에서 전통적으로 양조주 특히, 막걸리와 민속주에서 필수적으로 사용되고 있는 누룩의 법적 지위를 알아볼 필요가 있다. 누룩이란 술을 양조하기 위한 재료이므로 술은 무엇인가에 대하여 먼저 살펴보고자 한다. 우리나라에서도 술에 대한 세금을 징수하기 위한 주세법이 있으며, 술은 주세법에 의하여 규정되고 있다(21).

막걸리의 법적 근거를 제시하기 위하여 주세법, 주세법 시행령 및 주세법 시행령 규칙 중에서 필요한 부분을 발취하면 다음과 같다.

"주세법 제3조(정의). 이 법에서 사용하는 용어의 정의는 다음과 같다.

1. '주류(酒類)'라 함은 주정(酒精)과 알콜분(分) 1도 이상의 음료를 말한다.
2. 주류의 규격
3. 알콜분

4. 불휘발분(不揮發分)

5. 주조년도(酒造年度)

6. '밑술'이라 함은 효모(酵母)를 배양, 증식한 것으로서 당분이 포함되어 있는 물질을 알콜 발효시킬 수 있는 물료(物料)를 말한다.

7. '술덧'이라 함은 주류의 원료가 되는 물료(物料)를 발효시킬 수 있는 수단을 가한 때부터 주류를 제성하거나 증류하기 직전까지의 상태에 있는 물료를 말한다.

8. '국(麴)'이라 함은 전분물질(澱粉物質) 또는 전분물질(澱粉物質)과 기타 물료(物料)를 섞은 것에 곰팡이류(類)를 번식시킨 것 또는 효소(酵素)로서 전분물질(澱粉物質)을 당화(糖化)시킬 수 있는 것을 말한다.

9. 포탈(逋脫)

주세법 제4조(주류의 종류). 주류의 종류는 다음과 같다.

1. 주정(酒精)
2. 발효주류
   가. 탁주
   나. 약주
   다. 청주
   라. 맥주
   마. 과실주
3. 증류주류
   가. 소주
      (1) 증류식 소주
      (2) 희석식 소주
   나. 위스키
   다. 브랜디
   라. 일반 증류주
   마. 리큐르
4. 기타주류

   제1항의 규정에 의한 주류의 종류별 세부 내용은 별표와 같다

별표. 주류의 종류별 세부 내용.

1. 주정
2. 발효주류
   가. 탁주(濁酒)
      곡류와 국 및 물을 원료로 하여 발효시킨 술덧을 여과하지 아니하고 혼탁(混濁)하게 제성(製成)한 것
   나. 약주(藥酒)
      곡류와 국 및 물을 원료로 하여 발효시킨 술덧을 여과, 제성(製成)한 것
   다. 청주(淸酒)
      곡류 중 쌀, 국 및 물을 원료로 하여 발효시킨 술덧을 여과, 제성(製成)한 것 또는 그 발효, 제성과정에 대통령령이 정하는 물료를 첨가한 것
   라. 맥주(麥酒)
   마. 과실주(果實酒)
3. 증류주(蒸溜酒)
4. 기타주류(酒類)

막걸리는 주세법에 의해 탁주로 정의되어 있으며, 주세법 4조 2항에 관련된 세부 내용을 별표로 설명하고 있다.

즉, 별표 2항 가 항에 탁주란 "곡류와 국 및 물을 원료로 하여 발효시킨 술덧을 여과하지 아니하고 혼탁(混濁)하게 제성(製成)한 것"으로 정의했다.

약주는 "곡류와 국 및 물을 원료로 하여 발효시킨 술덧을 여과, 제성(製成)한 것"으로 정의하며, 청주는 "곡류 중 쌀, 국 및 물을 원료로 하여 발효시킨 술덧을 여과, 제성(製成)한 것 또는 그 발효, 제성 과정에 대통령령이 정하는 물료를 첨가한 것"이라 정의했다.

그러나 우리나라의 전통 주류의 양조에 사용되고 있는 전통 발효제인 누룩에 관한 설명은 주세법에는 물론이고, 주세법 시행령과 주세법 시행규칙, 주세법 기본통칙에도 설명되어 있지 않다. 그러면 탁주와 약주 양조에서 실제적으로 사용되고 있는 것은 어느 법의 구속을 받는지 궁금할 수밖에 없다.

다만 주세법 3조 8항에 명기된 국(麴)을 누룩의 넓은 의미로 해석할 수는 있지만 엄격히 누룩과 국은 분명히 다르다는 것을 누룩의 특징(제2장 6. 당화제)에서 상세히 설명하고자 한다. 누룩은 생전분을 사용하고 공기 중에 있는 많은 미생물을 자연적으로 접종하는 자연접종법으로 띄워 사용하므로 당화 작용과 알코올 발효 작용이 겸비하여 누룩으로 양조되는 술에는 다량의 다양한 기능성 올리고당이 매우 많이 함유된다. 그러나 국은 증자 전분을 사용하므로 술에 기능성 올리고당이 전무하게 되며, 황국균이란 단일 곰팡이만을 인공 접종법으로 띄우기 때문에 당화 작용만을 가지므로 양조학적으로 전혀 다른 알코올 발효제이다. 더욱이 누룩은 당화 작용과 알코올 발효 작용을 모두 가지나, 국은 당화 작용만 가지는 것 등이 커다란 차이점이다.

주세법에는 누룩에 관한 근거를 찾아 볼 수 없으며 주세법 시행령 제3조(주류 원료의 사용량, 여과 방법 등) 2항(21) 중에 "약주 원료 곡류 중 쌀이 포함된 경우에는 전분질 원료의 중량을 기준으로 하여 누룩을 100분의 2 이상 사용하여야 한다."와 3항(4)에 "청주의 제조에 있어서 전분질 원료의 합계 중량을 기준으로 하여 누룩을 100분의 2 미만 사용하여야 한다"라고 되어 있다. 우리나라의 전통 누룩의 사용에 대해서는 주세법 시행령에 명기하고 있으나, 실제적으로 많이 사용하고 있는 탁주(막걸리)의 제조 부분에서는 전혀 언급하지 않고 있다. 더욱이 청주 제조에서는 누룩을 사용하지 않고 있으며 당화제로서 국(koji)만을 사용하고 있어서 누룩 대신 국의 사용량을 명기하는 것이 타당하다고 생각되며 오히려 탁주의 제조에 명기하는 것이 타당하다고 생각된다.

주세법에 누룩의 용어 해설이 빠져 있는 것도 문제점으로 남아 있다.

3 누룩의 법적 지위

주세법이나 주세법 시행령에는 명확한 누룩의 정의가 없으며, 식품첨가물 공전에 누룩이란 용어는 나타나지 않고 일본인에 의하여 사용된 곡자(麯子)가 국(麴, koji) 항에 나타나므로 살펴보기로 한다.

2009년 7월에 개정된 식품첨가물 공전(22) 제4조 품목별 규격 및 기준에는
가. 효소적 첨가제
나. 천연 첨가제 중, 6번 국(麴, koji) 항에
“이 품목에는 곡자, 입국, 조효소제 및 정제효소가 있다.

곡자(麯子)는 날곡류에 *Aspergillus*속, *Rhizopus*속 등 곰팡이류, 효모 및 기타 미생물이 자연적으로 번식하여 효소를 함유하는 것이고, 입국(粒麴)은 곡류를 증자한 후, *Aspergillus*속, *Rhizopus*속 등의 곰팡이를 번식시켜 효소를 함유하는 것”이라고 정의했다.

그리고 “이 품목을 정량할 때 당화력(saccharogenic power, SP)으로서 표시량의 100-130SP를 함유한다. 다만 곡자는 300SP 이상, 입국은 60SP 이상을 함유한다”라고 그의 당화력을 표기하고 있다.

식품첨가물 공전에 의하면 곡자란 전통적인 누룩의 제조법과 같아서 합당하다고 하나, 곡자를 누룩으로 명기하여도 전통적인 누룩으로 볼 수 있다고 생각된다.

또한 주세법 시행령에 명기된 청주 항에서의 누룩을 식품첨가물 공정에 명기된 국(麴, koji)으로 표기하고 탁주와 약주 항에 누룩의 사용량을 명기하는 것이 바람직하다고 생각된다.

결론적으로 주세법, 주세법 시행령 및 식품첨가물 공정에서 국과 누룩의 단어 사용을 통일시켜야 할 뿐 아니라 국(koji)과 누룩의 사용을 분명히 구별하여 사용하여야 한다. 특히 주세법 시행령에서 청주에는 누룩을 일반적으로 사용하지 않으므로 삭제하고, 전통 민속주인 탁주(막걸리)와 약주에서 누룩의 사용량에 대하여 그 사용량을 명기하도록 해야 한다.

또한 누룩이 주세법에서 언급되지 않으므로 누룩이 양조에 사용되는 발효제로서의 위치가 없어지며, 식품첨가물 공전에 언급되므로 누룩이 술을 제조할 때 단순히 첨가되는 첨가물로 인정됨으로써 더욱 누룩의 본질적인 기능이 인정받지 못하고 있는 안타까운 현실이다.

앞으로는 누룩이 주세법 시행령에 식품첨가물 공전에서 규정한 사항이 명기됨으로써 전통 누룩의 본질적 기능이 인정되어야 한다.

4 막걸리의 발효화학

4.1 전분의 분해

막걸리를 제조할 때 가장 중요한 첫 단계가 미생물 중 곰팡이를 전분질 원료에서 배양하므로 당화효소를 생성시킨 누룩 또는 국(麴, koji)을 사용하여 당화효소로 전분을 포도당으로 당화시키는 것이다. 다음으로 효모를 이용하여 생성된 포도당을 알코올로 전환시키는 두 번째 단계가 있다.

첫째 단계에서 가장 중요한 효소의 작용은 전분의 분해이며 단백질이나 핵산 등을 분해하여 맛 성분을 생성시키는 효소 반응도 따르게 된다. 먼저 쌀, 보리, 밀 등의 곡류가 막걸리의 기본적인 원료로서 이들 곡류는 전분질로 구성되어 있다. 곡류 중의 전분으로부터 포도당을 생성시키는 전분 분해효소와 단백질 분해효소 등의 효소에 관하여 살펴보기로 한다.

막걸리의 발효에는 전분 분해효소(amylase, 당화효소), 단백질 분해효소(protease, polypeptidase), 핵산분해효소 등 여러 종류의 효소가 작용한다.

전분 분해효소는 세균과 누룩곰팡이에 널리 분포되어 있다. 세균에서는 *Bacillus subtilis*에, 곰팡이에는 *Aspergillus*속의 균주가 대표적으로 당화효소를 많이 생성한다. 특히 *Aspergillus niger*의 효소는 pH 2.5에서도 활성을 나타내는 내산성 α-amylase를 생성하며, *Asp. oryzae*의 효소는 pH 3.5에서도 활성을 나타내기도 한다. *Bacillus subtilis*의 α-amylase는 pH 5.6~6.0에서 활성을 나타내며 강력한 내열성을 가지고 있어서 90°C에서도 효소 활성이 안정하여 이용 면이 매우 넓은 효소이나 막걸리 제조에서는 사용할 수 없는 효소이며 세균의 당화효소는 막걸리 제조 과정에서 거의 작용하지 않는다. 그 이유는 막걸리의 술덧의 pH가 산성이며 발효 온도 역시 25~30°C 정도이므로 세균의 효소 활성의 최적 조건이 아니므로 작용하지 못하고 오히려 곰팡이의 당화효소가 많이 작용한다.

전분 분해효소인 amylase는 α-Amylase, β-amylase, glucoamylase, maltase 등이 복합적으로 전분분자에 작용하여 전분으로부터 포도당(glucose)을 생성시켜 효모에 의하여 알코올을 생성시키는 물질을 생성하는 일차적인 중요한 일을 담당하게 되는데, 이 분해 과정을 당화 과정 또는 당화 작용이라고 한다.

α-Amylase는 포도당의 복합체인 전분분자의 α-1,4 결합을 임의의 위치에서 가수분해시켜 dextrin, maltose, 포도당 등을 생성시키는 효소로서 이 효소의 작용을 받는 전분은 급속도로 저 분자화(低 分子化)하여 전분의 점도가 갑자기 저하된다. 이 처럼 α-amylase는 전분의 점성을 낮추는 역할을 하기에 액화효소(液化酵素)라고도 부른다.

β-Amylase는 전분 분자의 비환원성 말단으로부터 β-maltose(맥아당, 포도당 2개가 결합한 당)를 생성시키면서 차례차례로 가수분해하여 α-1,6 결합의 분기점에 도달하면 효소 작용을 멈추게 된다. 때문에 이 효소는 다량의 맥아당을 생성시키고 환원성당을 많이 생성시키므로 당화효소(糖化酵素)라고도 부른다. 이 효소는 최적 반응 pH는 4.0~4.5이며 산성에서 안정하여 pH 2.5에서도 거의 실활(失活)되지 않고, 누룩곰팡이에서 많은 양이 생성되며 세균과 효모에서도 생성된다.

Glucoamylase는 포도당이 2분자 α-1,4 결합한 맥아당을 가수분해하여 포도당을 생성시키는 전분의 마지막 당화효소의 역할을 하는 효소이다.

전분 —(α-amylase)→ Dextrin —(β-amylase)→ 맥아당 —(glucoamylase와 maltase)→ 포도당

그림 1-2 당화효소에 의하여 전분이 포도당으로 분해되는 과정.

막걸리 발효 과정에서 1단 담금 술덧의 α-amylase 활성은 71.76 DP(dextrinizing power)/ml이고 2단 담금 술덧에는 45.36DP/ml의 효소 활성을 나타내며, β-amylase 활성은 1단 담금 술덧에서 초기에는 0.273unit/ml/min이며 시간이 경과하면서 서서히 증기하여 24시간에서는 0.447unit/ml/min이었다. 2단 담금 술덧의 초기에는 0.549unit/ml/min의 강한 효소 활성을 나타내었으나 본 발효가 진행되면서 급격히 감소하여 발효 60시간 이후에는 0.068unit/ml/min의 낮은 효소 활성을 나타내어 β-amylase 평균 활성은 0.345unit/ml/min이며, 2단 담금의 술덧의 효소 평균 활성의 0.169unit/ml/min

를 나타내어 1단 담금 술덧의 효소 활성이 2단 담금 술덧의 효소 활성보다 약 2배 이상 높게 나타났다. 그리고 α-amylase의 평균 활성도 β-amylase 평균 활성과 비슷한 경향을 나타냈다(202).

단백질 분해효소(protease)에는 polypeptidase, peptidase 등의 효소가 작용하여 단백질의 peptide 결합을 순차적으로 가수분해하여 아미노산을 생성시키는 효소로서, 단백질이나 polypeptide의 말단 peptide 결합으로부터 순차적으로 작용하여, 아미노산을 유리시키는 exopeptidase와 단백질의 분자 내부에 존재하는 peptide 결합을 가수분해하는 endopeptidase로 나뉜다. 그리고 단백질 효소의 반응 최적 pH에 따라 pH가 3.0 부근에서 효소반응 최적 pH를 나타내는 산성 protease, pH 6~7의 중성 protease, pH 8~10의 알칼리성 protease로 분류된다. 곰팡이의 경우, protease의 생성은 C/N비에 의하여 크게 영향을 받는데 C/N비가 비교적 크고 곰팡이의 배양 중 배지의 pH가 산성으로 기울어지기 쉬운 쌀 배지에서는 산성 protease가 많이 생성되며, C/N비가 적은 밀기울과 콩 등의 배지에서는 중성 내지는 약알칼리성 protease가 많이 생성된다. *Aspergillus niger*, *Aspergillus awamori*, *Aspergillus saitoi* 등의 흑국균(黑麴菌)에서 효소력가는 황국균보다 낮지만 산성 protease를 생성한다. 쌀 배지나 밀가루 배지에서 고체배양법으로 protease의 생산은 *Aspergillus oryzae*와 *Aspergillus awamori* 등을 사용하는데, 배지 중의 수분 함량이 많으면 균의 증식이 저해되어 효소 생성도 나빠진다. 일반적으로 국균으로 산성 protease를 생산할 경우, 수분 함량은 15% 정도가 양호하며 30~35°C에서 36~40시간 정도의 배양이 적당하다. 이 조건은 누룩이나 코지의 제조 조건과 거의 같은 조건에 해당한다.

막걸리 제조에는 산성 protease가 작용하여 아미노산을 생성하는데 아미노산은 그 자체로 막걸리의 감칠맛을 나타내기도 하고, 효모에 의하여 분해되어 막걸리의 향기 성분인 고급 알코올을 생성시키는 원인 물질이 되기도 한다. 산성 protease는 누룩곰팡이가 많은 양을 생성하며 누룩의 제조 과정이나 코지 제조 과정에서 생성된다.

단백질 —polypeptidase→ Polypeptide —peptidase→ Peptide —peptidase→ 아미노산

그림 1-3 단백질 분해효소에 의하여 단백질이 아미노산으로 분해되는 과정.

막걸리 발효 과정에서 산성 protease 활성은 1단 담금 발효에서 2단 담금 발효 과정에서보다 높게 나타나며, 본 발효 과정에서는 발효 시간이 경과하면서 서서히 감소한다. 막걸리 발효 과정에서 유리 아미노산의 함량은 protease 활성이 높은 1단 담금 발효에서 0.36mg/ml로 2단 담금한 본 발효에서의 0.24mg/ml보다 많았으며, 발효가 진행됨에 따라 증가되어 발효가 종료되는 시점에서는 0.95mg/ml였다(215).

막걸리의 원료 중에 미량이지만 존재하는 핵산, 특히 RNA 핵산을 핵산 분해효소(nuclease)에 의하여 아미노산의 감칠맛을 증가시키는 핵산 조미료 성분인 guanosine monophosphate(GMP), inosine monophosphate(IMP)나 xanthine monophosphate(XMP) 등이 생성되기도 한다. 핵산 분해효소는 ribonuclease, phosphodiesterase, phosphomonoesterase 등이 있으며, 막걸리 발효 중 ribonuclease 활성은 담금 3일까지 증가하다가 그 이후부터 활성이 감소한다. Phosphodiesterase와 phosphomonoesterase 활성은 담금했을 때 가장 높았으나 발효가 진행되면서 발효가 끝날 때까지 서서히 감소한다. 이러한 효소 활성으로 인해 담금 4일까지 IMP는 증가하나 UMP와 GMP, AMP는 감소한다(252).

핵산 —Nuclease→ **Nucleotide**

RNA → AMP, GMP, CMP, UMP, IMP, XMP

DNA → deoxy-AMP, deoxy-GMP, deoxy-CMP, deoxy-TMP

그림 1-4 핵산 분해효소에 의하여 핵산이 nucleotide로 분해되는 과정.

4.2 포도당의 알코올 전환

막걸리를 양조한다는 것은 미생물 중 곰팡이 당화효소로 전분을 포도당으로 당화시키고 다음 단계로 효모의 생리 작용을 통해 우리의 목적인 알코올을 생성하도록 유도하는 것이다. 효모는 통성혐기성 미생물이므로 산소가 많으면 증식을 하고, 산소가 적으면 증식보다 혐기적 호흡에 의하여 대사 중간 생성물인 알코올을 생성하는 특성이 있다.

즉, 효모가 섭취하는 에너지원(포도당)을 효모 세포 체내에서 분해하므로, 유리되는 에너지를 생물 자신의 원동력으로 이용하는 현상을 호흡(respiration)이라 한다. 호흡 과정은 생체가 최대한 에너지를 생성하기 위하여 호기적 상태를 유지하여 에너지원을 완전히 산화하여 CO_2 가스와 물(H_2O)로 분해하므로 가장 많은 에너지(688Kcal)를 얻는 과정을 호기적 호흡(aerobic respiration)이라 하는데 동물, 식물과 호기성 미생물에서 일어나는 현상이다. 이때 생성되는 많은 에너지는 효모 자신의 증식에만 사용하므로 효모의 수가 급격히 증가하게 된다. 이런 현상을 이용하여 주모(酒母, 밑술)의 담금 목적인 효모의 수를 최대한 증가시켜야 하므로 주모의 담금이 혐기적 상태가 아니고 호기적 상태를 유지하도록 하루에 여러 번 부드럽게 교반(가이질)을 해 주어야 한다.

$$C_6H_{12}O_6 \xrightarrow{\text{호기적 조건}(+ 6O_2)} 6CO_2 + 6H_2O + 688\text{Kcal}$$

효모는 호기적 상태에서는 위와 같이 에너지원을 완전히 산화시켜 많은 에너지를 생성함으로써 성장과 증식을 하지만 산소(O_2)가 부족하거나 없는 상태인 혐기적 조건에서는 에너지원이 불완전 산화되어 산화의 중간 생성물인 에틸 알코올(C_2H_5OH)을 생성하게 되고, 에너지는 완전 산화될 때보다 적은 에너지(56Kcal)만을 생성하여 성장과 증식이 거의 정지된 상태로 된다. 이런 화학 과정을 혐기적 호흡(anaerobic respiration) 또는 발효(fermentation)라고 한다. 효모는 산소가 있어도 생육하고 없는 상태에서도 생육할 수 있는 통성 혐기성 미생물이지만, 산소의 존재에 따라 다른 생성물을 생성하게 되고 에너지 생성량도 매우 다르게 나타난다.

미생물은 대부분 발효에 의해서만 에너지를 얻기 때문에 호흡에 의한 녹색 식물과 고등 동물보다 비교적 적은 에너지를 얻는다. 그러므로 미생물은 생존하는 데 필요한 에너지를 공급받기 위해 많은 에너지원을 섭취하여 발효한다. 이러한 점은 인간에게는 오히려 필요한 물질을 고등 생물보다 더 많은 중간 생성물을 생산할 수 있다는 이점이 있다.

$$C_6H_{12}O_6 \xrightarrow{\text{혐기적 조건}} 2CO_2 + 2C_2H_5OH + 56Kcal$$

술을 빚을 때 술덧을 혐기적 상태를 유지시켜야 하는 이유는 술덧에 공기가 유입되면 호기적 상태가 유지되고 당이 탄산가스와 물로 완전 산화됨에 따라 알코올이 생성되지 않기 때문이다.

술을 양조할 때 사용되는 에너지원은 기본적으로 당(糖)이며, glucose(포도당), fructose(과당), mannose 등의 hexsose(6탄당)가 사용되며, 탄소 수가 3개인 3탄당(triose), 탄소수가 5개인 오탄당(pentose)과 탄소 수가 9개인 9탄당(nonnose)도 이용된다. 또한 당이 여러 개 결합한 복잡한 다당류인 di-polysaccharide, tri-polysaccharide, 전분 등도 곰팡이와 세균 등이 생성하는 당 분해효소(당화효소)에 의하여 6탄당으로 분해되면 바로 알코올 발효의 기질(원료)로 이용된다.

알코올의 생성 화학방정식은 1815년 Gay와 Lussac에 의하여 발견된 다음의 식으로 표현되는데 포도당 1분자로부터 2분자의 알코올과 2분자의 탄산가스가 생성되며, 알코올 발효 과정에서 생성되는 기포(氣泡)는 생성된 탄산가스가 술덧 위로 방출되기 때문이다.

1815년 Gay-Lussac equation

$$\underset{180g}{C_6H_{12}O_6} \longrightarrow \underset{92g}{2C_2H_5OH} + \underset{88g}{2CO_2}$$

이론치 : 51%의 알코올 생성

실험치 : 이론치의 95%(48.45%)만 알코올 생성
5%는 미생물의 영양원과 미량의 성분생성에 소비됨.

이 방정식에 의하면 이론적으로 소비 당량 51%의 알코올이 생성되지만 실제 발효수율은 이론치의 95%인 48.45%의 알코올이 생성된다. 이론치의 나머지 5%는 발효 과정에 관여하는 효모와 젖산 세균의 생육에 필요한 에너지원으로 대부분 소비되고 막걸리의 맛과 향기 성분인 glycerol, 고급 알코올과 유기산 등 미량의 성분 생성에 소비된다.

그리고 Gay-Lussac의 화학 방정식의 알코올 발효는 Neuberg의 발효 제1형식에서만 일어난다. 즉, 발효액(술덧)의 발효 조건은 혐기적 조건으로 술덧의 pH가 약산성(5.0)인 조건에서만 이루어진다. 더욱이 술덧의 조건을 다르게 하면 알코올 대신에 glycerol 등 여러 종류의 부산물을 생성할 수도 있다. 술덧의 조건을 Neuberg의 발효 제1형식의 조건에서 아황산염($NaHSO_3$) 또는 아황산소다(Na_2SO_3)를 첨가하여 발효시키면 알코올은 생성되며 않고 glycerol과 아세트알데하이드(CH_3CHO)와 탄산가스가 생성되며 이런 발효 형식을 제2형식이라 한다. 혐기적 조건에서 술덧의 pH를 알칼리성(8.0 이상)의 조건에서 발효시키면 glycerol과 식초산(CH_3COOH), 알코올과 탄산가스가 생성되는데 이런 발효 형식을 제3형식이라 한다. 혐기적 조건에서 술덧의 pH를 약산성(5.0)의 조건에서 40°C 이상의 고온 발효시키면 glycerol과 피르빈산($CH_3COCOOH$)이 생성되며 이런 발효 형식을 제4형식이라 한다. 특히 Neuberg의 발효 제1형식의 주생성물이 알코올이므로 제1형식을 알코올 발효 형식이라 부르고, Neuberg의 발효 제2형식, 제3형식과 제4형식의 주생성물은 glycerol이므로 glycerol 발효 형식이라 부른다.

이상에서 기술한 바와 같이, 술덧의 발효 조건을 다르게 하면 알코올을 주 생산물로 할 수 있을 수도 있고, 다이너마이트의 원료와 화장품 및 식품 산업에서 유연제로 사용되는 glycerol을 다량 생산할 수도 있다.

Neuberg의 발효 형식

1형식 ; $C_6H_{12}O_6 \longrightarrow 2C_2H_5OH + 2CO_2$
2형식 ; $C_6H_{12}O_6 \longrightarrow C_3H_5(OH)_3 + CH_3CHO + CO_2 + H_2O$
3형식 ; $2C_6H_{12}O_6 \longrightarrow 2C_3H_5(OH)_3 + CH_3COOH + C_2H_5OH + 2CO_2$
4형식 ; $C_6H_{12}O_6 \longrightarrow C_3H_5(OH)_3 + CH_3COCOOH$

술덧의 발효 조건은 다음과 같다.

1형식 ; 혐기적 조건, pH = 약산성(5.0)
2형식 ; 혐기적 조건, pH = 약산성(5.0)
아황산염($NaHSO_3$) 또는 아황산소다(Na_2SO_3) 첨가
3형식 ; 혐기적 조건, pH = 알칼리성(8.0 이상)
4형식 ; 혐기적 조건, pH = 약산성(5.0),
고온 발효(40°C 이상 온도 유지)

우리가 관심을 가지는 발효 형식은 알코올 발효 형식인 Neuberg의 제1형식이다.

제1형식의 발효 조건은 혐기적 조건에서 술덧의 pH가 약산성(5.0)인 조건에서만 알코올이 생성된다. 이런 조건에서 glycerol이 생성되지 않고 알코올만 생성되는 이유를 알아보자.

Neuberg의 발효 제1형식에서 알코올 발효가 일어나는 이유는 포도당이 분해되어 피브르산(pyruvic acid, $CH_3COCOOH$)이 되고, 이 산은 호기적 조건에서는 TCA Cycle로 유입된 후 탄산가스와 물로 완전히 산화되어 고에너지를 생성하지만, 혐기적 조건에서는 불완전 산화되므로 아세트알데하이드(CH_3CHO)를 거쳐 알코올과 탄산가스를 생성한다. 저에너지를 생성하는 EMP 대사계에서 그 이유를 찾아 볼 수 있다.

각 분해 단계를 순차적으로 상세히 설명하면 다음과 같다.

① 발효액의 상태가 혐기적 조건이므로 pyruvic acid는 호기적 대사인 TCA cycle로의 유입이 차단되며,
② Pyruvic acid는 lactic acid로 대사되든지 알코올로 대사되어야 하지만, 효모를 알코올 발효 미생물로 사용하므로 알코올로 대사되게 되며,

③ 발효액의 pH가 약산성(5.0)을 유지하고 효모의 생육 최적 조건을 유지함으로써 효모의 생육을 최대한 촉진시켜 알코올 생성을 최대로 유지하기 때문이며,

④ 효모는 lactate dehydrogenase를 갖지 않기 때문에 pyruvic acid를 젖산으로 대사시킬 수 없고, pyruvic acid를 pyruvate decarboxylase와 alcohol dehydrogenase로 pyruvic acid를 알코올로만 대사시키기 때문이며,

⑤ Acetaldehyde를 알코올로 환원시키는 효소인 alcohol dehydrogense에 의하여 생성된 NAD는 glyceroaldehyde 3-phosphate를 산화하는 데 소비하므로 알코올 대사는 혐기적 조건을 요구하게 된다.

알코올 발효에서 피브르산이 젖산으로 분해되지 않는 이유는 알코올 효모는 젖산을 생성시킬 수 있는 젖산 탈수소효소(lactate dehydrogenase)를 가지지 않기 때뮤이다. 효모는 피브르산을 탈탄산효소(pyruvate decarboxylase)를 가지고 있기 때문에 같은 발효 제1형식의 조건에서도 이 효소에 의하여 아세트알테하이드를 거쳐 알코올만을 생성시킨다.

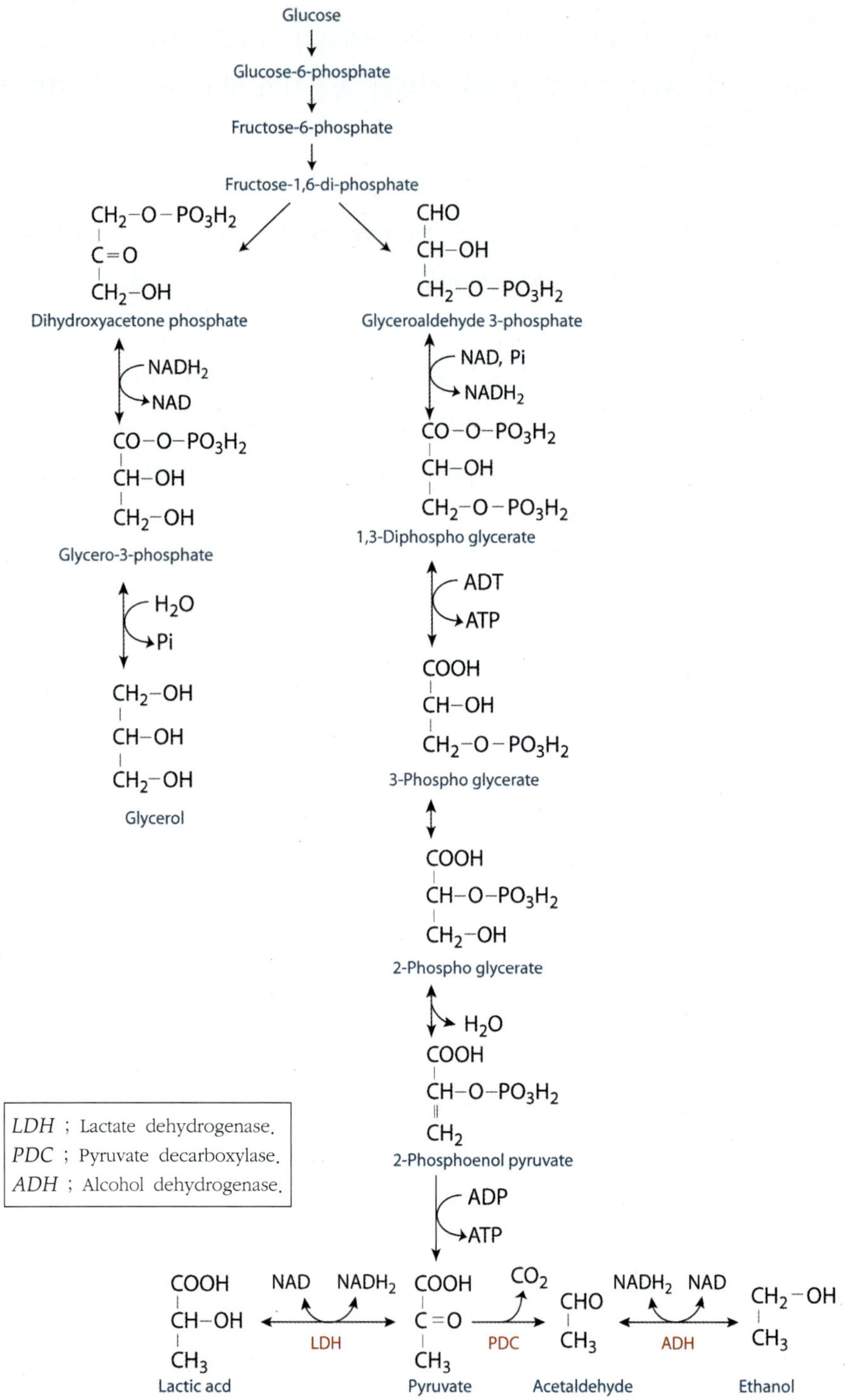

그림 1-5 포도당으로부터 알코올 생성 대사계.

4.3 맛 성분 생성

막걸리의 맛을 결정짓는 성분은 어느 하나의 성분에 의하여 결정되는 것이 아니라 여러 종류의 성분이 복합적으로 이루어지므로 어느 성분인지를 결정지을 수는 없다. 음식의 맛을 결정하는 요인은 여러 성분의 조화뿐 아니라 음식의 색감(色感)과 식감(食感) 또한 중요하게 작용한다. 이 절에서는 일반적이고 보편적으로 인식되는 맛의 화학성분들이 막걸리의 맛에 어떤 영향을 미치는지를 살펴보고자 한다.

각 화학 성분 함량은 제4장의 일반 성분에서 상세히 기술하고, 이 장에서는 이들 성분의 생성 과정에 대하여 기술하고자 한다.

막걸리의 감미(甘味)는 원료 전분질이 누룩곰팡이의 당화효소에 의하여 당류로 분해됨으로써 생성되며, 누룩곰팡이가 생성한 단백질 분해효소(protease)에 의하여 원료 중의 소량의 단백질을 아미노산으로 생성시켜 막걸리의 감칠맛을 제공하기도 한다. 그리고 당류로부터 효모에 의하여 에틸 알코올(ethyl alcohol)뿐 아니라 여러 종류의 알코올이 생성되어 알코올 취(臭)를 제공한다.

효모는 알코올 발효에 의하여 알코올을 생성시키기도 하지만, 아미노산을 분해하여 맛과 향기 성분인 고급 알코올을 생성시키는 능력이 탁월하기에 막걸리의 맛을 결정짓는 중요한 물질을 생성시킨다.

효모에 의하여 막걸리의 맛과 향기 성분이 생성되는 과정은 다음과 같다.

① 효모는 아미노산의 탄소 수보다 탄소 수가 하나 적은 고급 알코올을 생성시킨다. 효모는 단백질로부터 분해 생성된 아미노산인 valine으로부터 *iso*-butanol을 생성시키고, leucine으로부터 *iso*-amyl alcohol을 생성시키기도 하며, phenyl alanine으로부터 phenyl ethanol을 생성시킨다.

$$(CH_3)_2-CH_2-\underset{\displaystyle NH_2}{\underset{|}{CH}}-COOH \xrightarrow{+H_2O} (CH_3)_2-CH_2-\underset{\displaystyle OH}{\underset{|}{CH_2}} + NH_3 + CO_2$$

valine　　　　　　*iso*-butanol

$$(CH_3)_2-CH_2-CH_2-\underset{\displaystyle NH_2}{\underset{|}{CH}}-COOH \xrightarrow{+H_2O} (CH_3)_2 - CH_2 - CH_2 - \underset{\displaystyle OH}{\underset{|}{CH_2}} + NH_3 + CO_2$$

leucine　　　　　　*iso*-amyl alcohol

$$\text{phenyl}-CH_2-\underset{\displaystyle NH_2}{\underset{|}{CH}}-COOH \xrightarrow{+H_2O} \text{phenyl}-CH_2-\underset{\displaystyle OH}{\underset{|}{CH_2}} + NH_3 + CO_2$$

phenyl alanine　　　　　　pheny ethanol

② 효모는 aldehyde도 생성시킨다.

효모는 당으로부터 pyruvic acid와 같은 keto acid를 생성시켜 이 keto acid로부터 여러 종류의 aldehyde류를 생성시킨다. 즉 효모는 pyruvic acid로부터 탈탄산 효소(pyruvate decarboxylase)에 의하여 acetaldehyde를 가장 많이 생성시키며, formaldehyde도 생성시킨다.

$$CH_3-CO-COOH \longrightarrow CH_3-CHO + CO_2$$

pyruvic acid(keto acid)　　　actaldehyde

③ 효모는 keton도 생성시킨다.

효모는 당으로부터 keton 화합물도 생성시킨다.

④ 효모는 식초산, 젖산과 butylate 등과 같은 여러 종류의 유기산을 생성시킨다.

효모는 당류로부터 알코올 발효 과정 중에서 여러 종류의 유기산을 생성시키기도 하며, 젖산 세균에 의하여 점성을 띠며 식감을 좋게 하는 젖산을 생성시키고, 식초산 세균에 의하여 알코올을 산화(분해)시켜 식감에서 식초의 향기와 맛을 내어 입안에서 휘발성 신맛을 느끼게 하는 식초산을 생성시키기도 한다.

CH_3-COOH	$CH_3-CHOH-COOH$	$CH_3-CH_2-CH_2-COOH$
acetic acid	lactic acid	butyric acid

⑤ 효모는 ester류의 생성 능력도 가지고 있다.

효모는 알코올로부터 ethyl acetate, ethyl formate, *iso*-amyl acetate 등의 여러 종류의 ester 화합물을 생성시킨다. Ester 화합물은 술의 중요한 향기 성분이다.

⑥ 효모는 알코올 생성 과정에서 포도당으로부터 술의 점성을 높이고 막걸리의 촉감을 부드럽게 하는 알코올성 당류인 glycerol도 생성시킨다.

$$\text{Glucose} \longrightarrow \begin{array}{l} CH_2-OH \\ \;| \\ CH-OH \\ \;| \\ CH_2-OH \end{array}$$

glycerol

4.4 발효법

술을 빚을 때 사용되는 에너지원인 원료에는 크게 두 가지 종류가 있는데, 과실 등에 함유된 당으로부터 바로 발효시키는 단발효법과 곡류의 전분을 이용하여 전분을 당화시키고 알코올로 발효시키는 복발효법이 있다.

(1) 단발효법

단발효법(單醱酵法)은 포도, 복분자 등의 과일에 들어 있는 포도당으로부터 알코올로 발효시켜 술을 빚는 방법이다.

이 방법은 알코올 발효 전과정에 관여하는 zymase라는 효소군(酵素群)에 의한 알코올 발효 과정만 거치면 술이 빚어진다. 복수의 화학 과정 없이 한 번의 화학 과정을 거치므로 단발효법이라 한다. 이 방법으로 빚은 술을 단발효주라 하고 포도주, 사과주, 복분자주, 머루주 등이 여기에 속한다.

포도당 ⟶ Alcohol(술)

알코올 발효 과정 (한 과정만)

그림 1-6 포도주 발효의 단발효법.

(2) 복발효법

쌀, 보리, 밀 등의 곡류에 들어 있는 전분을 포도당으로 분해하고, 분해된 포도당을 효모의 zymase에 의하여 알코올로 발효시켜 술이 되는 방법을 복발효법(復醱酵法)이라 한다.

즉, 이 발효법에는 전분을 분해하는 당화 과정과 알코올 발효 과정의 두 화학 과정이 작용하므로 복발효법이라 한다. 여기에 속하는 술은 막걸리, 약주, 청주, 맥주 등이 있다.

복발효법은 두 종류의 화학 과정을 동시에 진행시키는지 아니면 완전히 분리하여 진행시키는지에 따라 다시 단행 복발효법과 병행 복발효법으로 나눌 수 있다. 단행 복발효법이란 당화 과정과 알코올 발효 과정을 완전히 분리하여 진행시키는 발효법으로 맥주 발효법이 여기에 속한다. 그리고 당화 과정과 발효 과정을 동시에 진행시키는 발효법을 병행 복발효법이라 하며 막걸리, 약주, 청주 등의 발효법이 여기에 속한다.

단행(單行) 복발효법은 맥주에서 볼 수 있는데, 보리를 발아시켜 맥아(麥芽)를 만들고 맥아의 당화효소를 이용하여 보리의 전분을 당화시킨 다음, 당화액을 끓여 맥아의 당화효소와 공정 중에서 오염되는 모든 미생물을 완전히 살균한다. 당화 과정을 마친 원액에 맥주의 고유한 맛과 향기 성분을 부여하기 위하여 hop를 넣고 다시 끓여 hop의 유효 성분을 추출한다. 이 당화액에 맥주 효모를 첨가하여 저온에서 알코올 발효만 진행시킨다.

전분 ——————→ 포도당 ——————→ Alcohol(술)

당화 과정　　　　알코올 발효 과정　(두 과정 별도로)

그림 1-7 맥주 발효의 단행 복발효법.

병행(倂行) 복발효법은 막걸리와 약주 발효에서 볼 수 있는 방법으로, 쌀이나 밀에 들어 있는 생전분을 호화(糊化) 전분으로 전환시키기 위하여 증자하고 물과 누룩 또는 국(koji)과 주모(酒母, 효모)를 넣어 혼합한 후 적당한 온도에 두면, 당화 작용과 알코올 발효 작용이 동시에 서서히 일어나 술이 빚어지게 된다. 특히 전통술에서는 누룩만 첨가하여도 발효가 일어나는데, 그 이유는 누룩 속에는 누룩곰팡이에 의하여 생성된 당화효소와 함께 많은 수의 효모가 존재하므로 주모를 따로 넣지 않아도 술이 빚어진다. 이와 같이 알코올 발효를 시킬 때 어느 방법으로 술을 빚든지, 산소의 공급을 가능한 저지시키기 위하여, 교반하거나 흔드는 일은 삼가야 한다. 그래서 옛날 어른들께서는 술을 빚을 때 부정(不淨) 탄다고 하여 술 항아리를 흔들거나 옮기는 일을 해서는 안 된다고 했었다.

막걸리는 병행 복발효주(倂行 復醱酵酒)이다.

전분 ——————→ 포도당 ——————→ Alcohol(술)

당화 과정　　　　알코올 발효 과정　(두 과정 동시에)

그림 1-8 막걸리와 약주 발효의 병행 복발효법.

5 막걸리의 영문 표기의 문제점

영문 표기를 하는 것은 외국인에게 우리의 것을 설명하고자 하기 위함이다.

2010년 10월 10일 미국 시카고에 있는 H. Mart에 4종의 막걸리가 전시되어 있었으며, 이들 전시 막걸리의 영문 표기가 제각각이었다.

전시된 막걸리는 포천 일동 쌀막걸리, 포천 쌀막걸리, 이동 막걸리와 배상면주가의 오미자 막걸리였으며, 이들 막걸리 용기에 표기된 영문이 모두 다르게 명기되어 있어서 혼란을 가져올 뿐 아니라 막걸리의 설명문 역시 모두 다르게 실명하고 있었다.

즉, 포천 일동 쌀막걸리에는 Makgeolli로 표기하고, 설명문에서 Thousand years of Korean traditional rice wine으로 하였으며, 포천 쌀막걸리는 병 앞면에 Korean traditional rice wine으로 표기하고 뒷면의 설명문에는 Nigori sake, Pure unfilted sake로 하였다. 이동 막걸리는 Korean traditional wine과 Premium Makkoli로 표기했으며, 배상면주가의 오미자 막걸리는 Omija Makgeolli로 표기하고 있었다.

이 처럼 우리나라의 대표적인 전통주인 막걸리의 영문 표기가 각 회사마다 다르게 표기되어 외국인의 입장에서는 무엇이 정말 한국의 막걸리인지 그리고 막걸리란 무엇인지 의아해하고 있었다.

그림 1-9 2010년 10월 미국 시카고 H. Mart의 막걸리 전시장 모습.

학자들에 따라 막걸리의 영문 표기가 제각각이며 한 학회지, 같은 권, 같은 호수의 논문지에서도 같은 대학 교수의 논문 임에도 불구하고 하나는 Makgeolli로 표기하고, 또 다른 하나는 Makgeoly로 표기하였다.

인터넷 상에서의 경우는 더욱 다양한 표기가 사용되고 있다. 즉 엘리트 한영대사전, (주)시사영어사, 1993. 3. 30에는 막걸리를 Makkoli로 표기하고 있으며, Yahoo의 Internet에서의 영어 사전에 Makgeolri로 표기되어 있으며, Raw(unrefined) rice wine으로 표기되기도 한다.

막걸리의 홈페이지인 www.makuly.com은 막걸리를 Makuly로 표기하기도 하며, 그 외에 Makgeolli, Makkoli, Makgeolri, Makuly, Korean Traditional Rice-Wine, Korean Rice-Wine, Turbid Rice-Wine, Raw(unrefined) rice wine 등 아주 여러 종류의 영문 표기가 난무하고 있다.

이상에서 보는 바와 같이, 한 매장에서 막걸리의 표기가 다르고, 인터넷 상에서도 다르게 표기하고 있으며, 더욱이 연구 논문집에서도 각기 다른 막걸리의 영문명을 사용하고 있다.

영문명을 사용하는 것은 외국인에게 설명하기 위한 수단이지만, 우리의 무관심과 어떤 면에서는 무지에서 적당히 하면 된다고 생각하지 않았나 하는 생각이 든다. 특히 학문을 하는 학자까지도 자기 마음대로 표기함으로써 논문의 질을 떨어뜨리는 결과를 초래하기도 하였다. 연구 결과를 여러 사람에게 공지하여 그 결과를 공유하고 조금이나마 자신의 연구 결과를 자랑하는 의미도 숨어 있다면 작은 일에도 신경을 써야 할 일이다.

외국인이 우리에게 이렇게 다르게 사용되는 막걸리를 보고 놀라지 않는 것이 이상하며, 이것(Makgeolli)은 무엇이고 저것(Makgeoly)은 무엇이냐고 물을 때 우리는 어떻게 답할 것인가? 가슴이 답답하다.

다른 예를 하나 더 보면, 우리 쌀로 빚은 국순당 생막걸리의 용기에 영문명이 2개로 표기되어 있다. 즉 Makgeolli의 영문명과 韓國マッコリ의 일본어 표기명이 있으며, 이들 밑에 영문으로 Korean Traditional Rice-Wine의 영문명도 병기되어 있다.

그리고 농협에서 생산하는 농협 우리쌀 막걸리를 전국적으로 판매하기 위한 대리점 모집 광고(조선경제, 2011. 08. 08)의 홈페이시에 www.nhkoreawine.

com으로 되어 있어 막걸리를 koreawine으로 표기하고 있으며, 2011년 11월 14일 신라대학교가 주관하는 부산전통주산업 통합지원 사업의 홈페이지에는 www.busanmakgeolli.co.kr로 표기하여 막걸리를 Makgeolli로 표기했다. 2009. 12. 12. 농수산식품부 주최 전통주 품평회 post에는 막걸리를 Makgeolli로 표기하고 있었다.

그리고 연구 논문에서 영문명이 다르게 표기하는 예도 흔히 찾아볼 수 있다. 2010년도 생명과학회지 20권 5호에 발표된 2개의 논문에서 하나의 논문에서는 Makgeolli(358)로 표기하고, 다른 하나는 Makgeoly(359)로 다르게 표기하고 있어서 우리를 난처하게 하고 있다.

우리의 전통 문화적 자산인 막걸리의 영문 표기가 사용하는 사람과 인터넷 상에서 제각각으로 사용되고 있어서 이를 해결하기 위하여 하루 빨리 방법을 찾아 나서야 한다. 해결 방법을 찾기 위해서는 우리가 막걸리와 탁주를 영문으로 어떻게 표기하는지를 먼저 살펴볼 필요가 있다.

우리의 탁주와 막걸리를 어떻게 영문으로 표기해 왔는지 연구 논문 제목에서 살펴 볼 필요가 있기에 학자들의 연구 논문의 제목에서 연도별로 정리하고자 한다.

먼저 탁주의 경우를 보면, 1968년 탁주를 Takjoo로 표기하며(202), 1969년 탁주를 Tak Joo로 표기하고(214), 1970년 탁주를 Takju로 표기하기도 하여(218), 일반적으로 많이 사용하고 있으나, 1993년 탁주를 Tackjoo로 표기한 예도 찾아 볼 수 있다(270). 2009년 탁주를 Tagju로 표기한 예도 있으나(349), 최근에는 많은 연구자들이 탁주의 영문명을 *Takju*로 표기하는 것이 일반화되어 있다.

막걸리의 경우를 보면, 1969년 막걸리를 Maggerley로 표기하며(211), 1973년 막걸리를 Makguly로 표기하고(235), 1979년 막걸리를 Makkulli로 표기하기도 했다(249). 1983년 막걸리를 Makgeoly로 표기한 논문도 있다(252). 1994년 막걸리를 Makkoli로 표기하며(273), 1996년 막걸리를 Makkolli로 표기하고(282), 2006년 막걸리를 Makgeolli로 표기하였으나(323), 최근에는 막걸리의 영문명을 *Makgeolli*로 대부분의 논문에서 사용하고 있기에 일반화된 영문명이라 할 수 있다. 그러나 아직까지 막걸리를 Makoli(407)로 표기하는 예가 있어서 마음 한구석에 허전함을 느낀다.

더욱이 국문 논문 제목과 영문 논문 제목에서의 탁주와 막걸리를 다르게 표기한 예도 찾아 볼 수 있다. 즉, 1996년도 한국식품과학회지 28권 4호에 발표된 논문에서 한글 논문 제목에서는 막걸리로 표기하고 영문명은 Takju (280)로 표기하고 있다. 막걸리와 탁주는 다른 종류로 인식해야 하는데 혼돈하고 있는 경우이다.

또한 국문 제목에서는 탁주로 표기하면서 영문 제목에서 탁주를 Korean rice wine(311), 또는 wine으로 표기하기도 하며(311), Traditional rice wine으로 표기하기도 했다(321). 더욱이 국문 제목에서는 막걸리가 영문 제목에서는 Korean turbid wine(Takju)로 표기한 예도 있다(351).

이런 일이 왜 일어나고 있는 것일까?

저자는 탁주나 막걸리를 영문명으로 사용하는 사람의 잘못이 첫째라고 생각한다. 그 다음으로 관계당국의 책임도 벗어날 수 없다.

영문 표기법이 자주 바뀌므로 이런 혼란을 자초하게 되었다.

그 예를 살펴보면 쉽게 이해되리라 본다.

최근에 부산을 Pusan에서 Busan으로, 대구를 Taegu에서 Daegu로, 김포공항을 Kimpo공항에서 Gimpo공항으로, 봉은사를 Pong-ŭnsa에서 Bong-eunsa로 바뀌었다.

이렇게 영문 표기가 변경되는 것을 살펴보면 아주 다양하게 변경되었다는 사실에 우리는 놀라게 된다. 우리나라의 영문 표기법은 1937년 평양 숭실전문학교의 조지 매큔 교장과 하버드대학 에드윈 라이샤워 교수에 의하여 만들어진 매큔-라이샤워(McCune–Reischauer System, MR) 영문 표기법을 고안하여 우리 정부가 1948년 정식으로 사용하기 시작함에 따라 Pusan으로 표기했으나 2000년부터 국어의 로마자 표기법(MOE)을 영문 표기법으로 채택함으로써 Busan으로 표기하게 되었다.

이러는 사이 MR법도 문제가 있어서 1959년 정부는 한글 소리와 관계 없이 글자대로 표기하는 전자법(轉字法)을 채택하기도 하여 독립문이 Dogribmun, Dog-rib-mun(개 갈비 문)이 된 적도 있다. 더 가관인 영문 표기를 보면 서울시의 구로역(구로역)을 Nine Olds Station으로 표기한 적도 있다. 서울 사람도 이런 영문 표기를 알 사람은 없을 것이며, 외국인이 보면 늙은 사람 9명이 역을 만들었다고 생각할 지도 모르겠다.

1984년 다시 MR법을 채택했다가 2000년 국어연구원에서 새 표기법으로 MOE법을 발표하게 되었다. 새 표기법은 특수부호 없이 26개 로마자만으로 우리 표준발음에 가장 가까운 표기를 사용하여, 국어연구원은 "한국어의 특성을 살려 우리말을 편리하게 로마자로 옮길 수 있다"고 설명하고 있다. 주요 내용은 (ㅓ)와 (ㅡ) 발음 표기에 사용되던 반달표인 (˘)와 격음(激音)에 쓰이던 어깻점(')을 없앴고, 그 전까지 사용하던 유무성 차이점을 철저히 차별하던 것을 일반인도 쉽게 알 수 있도록 하였다.

MOE법이 일반화되기는 했으나 아직까지 옛 것을 그대로 쓰는 곳이 있어서 혼란은 완전히 사라지지 않고 있다. Busan에 가면 Pusan national university가 있고, Bucheon시에 가면 Puchon fantastic international film festival이 그대로 사용되고 있다.

우리의 이름은 어떻게 표기해야 하는지도 궁금하여 여러 곳을 찾아보니 답이 있었다. 2012년 런던올림픽부터 선수들의 영문 표기를 '성 이름' 순으로 통일하기로 하여 사용했었다. 홍길동을 HONG Gildong 또는 HONG Gil-dong으로 표기하기로 국립국어원과 대한체육회가 동의하는 영문 표기법으로 사용한 것이다. 2013년부터 문화재청은 문화재의 영문 표기 기준을 마련하여 경복궁을 Gyeongbokgung에서 Gyeongbokgung Palace로 표기하고, 한강도 Hangang River로 표기하기로 하고 있다.

우리나라에서는 우리의 국어를 로마자로 표기하는 이른바 '국어의 로마자 표기법'이 제정되어 있다. 즉 문화관광부 고시 제2000-8호(2000. 7. 7)로 공포된 '국어의 로마자 표기법' 제1장 제1항은 "국어의 로마자 표기는 국어의 표준 발음법에 따라 적는 것을 원칙으로 한다"라고 되어 있으며 이 표기법에 따르면 '막걸리'는 'Makgeolli'로 표기해야 한다. 이에 따라 이제 막걸리를 **Makgeolli**로 통일하여 사용하며 정확히 표기하여야 하겠다.

막걸리의 영문 설명문에서도 문제점이 드러나고 있다.

막걸리의 영문 설명문을 보면 Korean traditional rice wine, Korean traditional wine, Thousand years of Korean traditional rice wine, Korean rice wine으로 표기하여 막걸리가 우리나라의 전통 술이라고 설명하기도 한다.

위에서 보는 바와 같은 설명은 크게 두 가지 점을 강조하고자 했다. 막걸리는 한국의 전통 술이며 쌀로 빚은 술이라고 한 것이다. 이런 설명은 크게 문제는 없지만 막걸리를 술이라고 설명하는 데 wine으로 표기한 것이 아주 잘못되었다고 생각된다. 막걸리는 쌀이나 밀가루의 전분질을 당화하고 발효시켜 빚은 복발효주(復發酵酒)이다. 일반적으로 wine이라 하면, 과일의 당분을 발효시킨 단발효주(單發酵酒)이므로 막걸리가 과일주로 인식될 위험성이 높다. 포도로 빚은 술을 포도주(wine)라 하고, 사과로 빚은 술을 사과주(cider)라 하는데 이들은 막걸리의 발효 과정과 전혀 달라서 막걸리를 wine이라 설명해서는 안 된다. 때문에 막걸리를 Korean traditional alcohol 또는 Korean traditional liquor라 하든지, 막걸리가 양조주(釀造酒)임을 강조하기 위하여 Korean traditional fermented liquor라고 하면 될 것이다.

더욱이 막걸리가 탁도(濁度)가 있는 술이라고 설명하기 위하여 Turbid rice wine, Raw(unrefined) rice wine, Pure unfilted sake, Nigori sake로 설명하고 있다. 저자로서는 이 설명문은 막걸리에 대하여 오히려 좋지 않은 인상을 주는 설명문이라 생각한다. 막걸리가 탁도가 있는 것은 미발효성 당과 기능성 식이섬유질 등으로 구성되어 이 탁도 물질이 오히려 막걸리의 커다란 장점인 것을 위와 같이 설명하므로 해서 오히려 막걸리의 품격을 떨어뜨리는 설명문이 된다. 한국의 전통술이라는 설명으로 충분하지 굳이 막걸리를 탁한 술(turbid, nigori)이라고 설명할 필요가 없으며, 정제되지 않은 술(unrefined) 또는 여과하지 않은 술(unfilted)이란 설명으로 좋지 못한 술이란 인상을 심어 줄 필요 또한 없다.

결론적으로 막걸리의 영문 표기를 Makgeolli로 통일하면 정부가 권장하는 국어의 로마자 표기법에도 맞을 것이며, 막걸리의 영문 설명문도 Korean traditional rice wine, Turbid rice wine, Korean traditional fermented liquor로 설명할 필요가 전혀 없다. 왜냐 하면 우리의 막걸리는 막걸리이지 다른 설명을 하면 오히려 이상한 설명이 된다. 일본의 스시(sushi, 壽司, すし, 우리나라의 초밥의 일종)는 처음부터 스시로 외국에서도 불러지도록 하였다. 또한 일본 음식문화임을 심어 주어 일본의 음식 '스시'로 인식하고 있으며, 서양인들처럼 생선회를 먹지 않던 민족이 이제는 생선회 스시를 먹음으로 해서 오히려 상류층에 진입했다는 자부심을 느끼게 했다.

막걸리는 **Makgeolli**다. 새삼 강조하고 싶다.

일본식 표현

일본에서는 막걸리를 어떻게 표기하는지도 살펴보고자 한다.

일본에는 우리나라의 탁주와 같은 술이 있는데 이 술을 濁酒 즉, 일본말로 니고리사케(にごりざけ)라 하며, 우리의 막걸리와 비슷한 술도 있는데 도부로쿠(とぶろく)라는 술이다. 하지만 이들 술은 우리나라의 막걸리와는 전혀 다르다. 제성 과정이 막걸리와 다를 뿐 아니라 발효 과정이 전혀 다르게 양조되고 있다.

일본의 도부로쿠(とぶろく)는 일본 주세법에 잡주(雜酒)로서 "쌀과 입국(koji)을 물과 혼합하여 발효시킨 후, 여과하지 않은 술"을 지칭하며 청주와 같이 완전히 청등시키지 않아서 약간의 탁도가 있는 술이다. 니고리사케(にごりざけ, 濁酒)는 일본의 기후현(岐阜縣) 오가키시(大垣市) 등에서 양조되는 혼탁된 술의 일종으로 일본 술인 청주(清酒, sake)를 제성할 때 완전히 청등시키지 않고 약간 혼탁된 상태 즉, 뿌연 상태의 청주를 칭하며 일본 주세법에 의하면 청주에 속한다.

일본에서 우리나라의 막걸리를 マッコリ라 표기하고, 일본사람들은 "막고리"라 발음하고 있는데, 막걸리의 발음 중 'L' 발음이 없는 일본사람으로는 이렇게 밖에 할 수 없다.

중국식 표현

중국에서도 막걸리의 인기가 높아지고 있으며, 2010년을 기점으로 중국으로의 막걸리 수출이 엄청나게 증가하고 있다.

중국은 인구 면에서 엄청나게 큰 나라이면서 동양권의 문화로서 우리의 정서와 맞아 양조주를 선호할 뿐 아니라 저도주(알코올 6%)인 막걸리가 일반 서민이 애음할 수 있는 술로서 자리매김할 수 있을 것으로 생각된다. 그러나 막걸리를 중국인에게 소개하는 중국어 표기가 영어 표기와 같이 각 회사마다 제각각이다. 중국에서 막걸리는 3종류의 이름으로 사용되고 있다. 뜻과는 맞지 않는 중국어 발음을 음차해서 쓰고 있는 경우인데, 국순당의 막걸리는 '마커리(瑪克麗)'라 하고, 이동주조의 막걸리는 중국어 발음과 비슷하지만 '마커리(瑪可利)'로 다르게 쓰고 있다. 이 두 가지 표현은 모두 상표 등록이 되어 있다. 그러나 우리나라의 막걸리 회사의 상표와 상관 없이 중국인들은 우리의 막걸리를 '마거리(瑪格利)'로 번역하여 일반적으로 사용되고 있어서 혼란을 초래하고 있다. 그리고 고문헌에 따르면 막걸리를 한문으로 莫乞里라고 적기도 했다.

막걸리의 영문표기와 같이, 문화관광부는 막걸리의 중국어 표기를 '마거리(瑪格利)'로 통일 시켰다.

이상과 같이 영문 표기뿐 아니라 일본어, 중국어의 막걸리 표기도 통일되어 하루 빨리 정리되기를 기대한다.

제2장

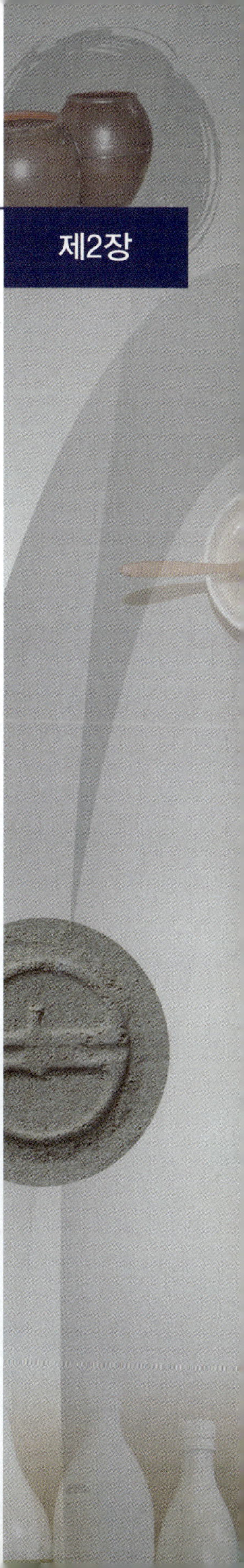

막걸리 제조

막걸리를 양조하기 위한 가장 기본적인 원료는 전분질 원료로서 쌀, 밀, 옥수수, 보리 등의 곡류와 감자, 고구마 등의 서류(薯類)이다. 여기에 전분질 원료 속에 함유된 전분을 포도당으로 당화시키기 위한 당화제가 필요하며, 생성된 포도당을 알코올로 전환시킬 수 있는 효모가 있어야 한다.

이들은 최상품이어야 하며 그렇지 못하면 좋은 막걸리를 빚을 수 없다. 옛부터 술을 빚을 때 가장 좋은 맛물을 사용하여 온갖 정성을 다했음을 우리는 기억하고 있다.

탁주의 양조법을 조선주조사(15)에서는 다음과 같이 기술하고 있다.

조선탁주는 일본탁주에 비하여 밥풀이 으깨진 것 같은 유백색의 탁한 액체로서 신맛의 냄새가 매우 강하며 주정분 6~7%를 함유함이 보통이다. 그 제조방법은 여러 가지가 있으나 대표적인 것은 멥쌀, 조곡(粗麯) 및 물로 술덧을 담가 10일 내외에 제성하게 된다. 이 외에 멥쌀 대신에 찹쌀을 사용하는 것, 약주를 뜨고 난 나머지 술덧에서 제성하는 것 등이 있다. 근래에는 점차 개량된 약주와 같이 주모를 사용하여 술을 담그는 것이 증가되고 있다. 이 담금법은 증미에 5할 정도의 곡자와 10할 정도의 물을 가한 다음 잘 혼합하여 20°C 내외로 담금한 후에는 전혀 교반하지 않고 방치하였다가 5일 내지 10일 만에 술덧이 숙성되면 독에 채반침을 얹고 위에 채를 얹어서 바가지로 술덧을 떠서 채 속에 부어 손바닥으로 비비고 으깨면서 여과하여 대부분 걸러지면 후수(後水)라 하여 물을 첨가하여 즙을 잘 걸러낸다. 물을 가하지 않는 여과 술을 전주(全酒)라 한다.

1950년대 막걸리 제조 방법은 재래식 방법으로 누룩과 담금하기 전에 전분질 원료를 유기산으로 처리하여 가압 증기로 전분질을 가수분해시켜 담금하는 방법이 개발(특1)되기도 했는데, 이는 좋은 방법은 아니다.

1960년대 잡곡류 등을 산 당화(酸 糖化)시키고 효소원을 첨가하고 효모를 넣어 발효시키는 개량 막걸리 양조법을 소개하기도 했으나, 이 방법 역시 좋은 방법은 아니다(특2, 특3). 이 시기에 식량 부족으로 많은 어려움이 있어 술 양조용 곡류 사용을 최대한 억제하는 양곡 정책의 시행으로 고구마 전분 또는 절간 고구마(고구마를 엷게 쓸어 건조시킨 고구마)가 술의 전분질 원료로 보편화됨에 따라 절간 고구마를 특수 처리하여 막걸리를 제조하는 방법이 제시되기도 했다(특4, 특5, 특6, 특7, 특11).

막걸리 양조 방법은 전분질 원료에 따라 제조법이 다르지만, 1990년부터 쌀의 사용이 허용되어 최근에는 밀가루 또는 쌀로 막걸리를 빚게 되었다. 이제 수입쌀이 아닌 국내산 쌀로만 막걸리를 빚게 되는 날이 현실로 다가왔다.

이처럼, 막걸리 양조는 양곡 정책에 따라 전분질 원료 사용이 제한되기도 하고 막걸리의 제조량이 통제를 받기도 했었다.

막걸리 양조에서 젖산 첨가만으로는 술덧의 산도 조절이 어려운 경우도 있어서 항생물질을 첨가하여 발효 과정 중 오염될 가능성이 있는 세균의 오염을 방지하고자 한 연구도 있었지만, 이런 방법은 막걸리 양조에 적용할 수 없는 방법이다. 그러나 학술적으로 흥미 있는 연구이므로 아래에 소개한다.

시판 페니실린(penicillin)을 다른 농도로 막걸리 담금액에 첨가하여 발효시키면서 산도, 세균 수 및 효모 수를 측정한 결과, 페니실린의 농도의 증가에 따라 효모 수는 증가하면서 세균 수는 감소되었으며, 페니실린의 농도에 따라 효모 수와 산도는 반비례적 관계이며, 세균 수와는 비례적 관계에 있었다. 페니실린을 막걸리 양조에 사용하는 양은 25unit/cc가 적당하다고 했다(182).

막걸리 양조에서 효소원의 첨가 방법에 관하여 전 국세청 시험소장인 이성범(186)의 연구 결과에 의하면, 곡자(누룩)는 호정화력(60)과 당화력(860)이 낮고, 효소제는 호정화력(600)과 당화력(1,300)이 강하므로 양자의 사용량을 적당히 조절하여 효율적으로 발효함이 유익하다고 하였다. 실제 양조에 있어서 우리나라 고유의 누룩을 사용할 때에 첨가비율을 대 원료당 20%가 가장 적당하고, 소맥분국은 25%가 적당하다. 분리한 A3 균주의 효소제를 대 원료당 5% 사용할 때 발효속도(CO_2-gas 생성으로 환산하여 2.5g/24 hours)가 가장 빨랐으며, 소맥 단독 사용할 때 산의 생성이 너무 많기 때문에(산도 3.3) 단독 사용은 적당하지 못했다. 효소제(*Aspergillus usami* sp. 및 *Rhizopus* sp.)는 대체로 산의 생성이 낮았다. 발효 과정에서는 단일 사용 및 3자 혼용에서 혼용구가 단일 사용구보다 발효속도가 높았으며 후 발효에 있어서는 모두 동일한 결과를 나타내었다. 발효 과정 중 아미노산도는 효소제 단독 사용구에서 후 발효 후기에 많이 나타났으며, 곡자 단독 사용구에서도 후 발효 후기에 아미노산도가 높았다. 또한 탁약주의 제조에 있어서 산도가 높을수록, 아미노산도도 높을수록 주질이 좋아진다. 호정화력과 당화력이 강할수록 좋으며, 알코올 발효력도 높으면 높을수록 좋다. 이와 같은 조건을 충족시켜주는 단독적 효소제가 현재로서는 없다. 따라서 곡자(누룩)와 효소제(분국)의 혼용으로 양자의 장점을 최대한 이용하는 방법이 최선의 방법이다. 누룩은 호정화력(α-amylase)과 당화력(β-amylase)이 낮고, 분국은 호정화력과 당화력이 비교적 강하므로 양자의 적당한 양을 혼용 사용함으로써 발효작용을 효율적으로 유도할 수 있다.

막걸리 양조에 사용되는 국균은 황국균(*Aspergillus oryzae*)이나 백국균(*Aspergillus kawachii*)을 사용하여 국을 제조하고 담금하고 있으나, 최근에는 백국균을 많이 사용하고 있다. 백국균은 유기산 생산능력과 당화효소 생산능력이 우수하여 여름철의 이상 발효 방지와 발효기간의 단축 및 발효 수율의 향상에 도움이 되나, 독특한 향이 없으므로 탁주의 주질에는 오히려 좋은 국균이라 할 수 없다. 이러한 단점을 보완하기 위한 연구가 있었다. 황국균과 *Rhizopus japonicus*로 각각 밀가루 누룩을 제조하여 탁주를 제조한 결과(281), *Rhizopus japonicus* 누룩 사용 비율이 높을수록 술덧의 산도와 유리당이 높았고, 제성주의 부유물 함량과 부유물의 현탁 안정성도 높았다. 그러나 *Aspergillus oryzae* 누룩의 사용 비율이 높을수록 술덧의 산도와 유리당이 낮았고, 제성주의 부유물 함량과 부유물의 탁도의 안정성도 낮았다. 두 균주의 단점을 보완하고자 두 종류의 누룩 사용 비율을 2:1~5:1의 비율로 병행하였을 때 주박의 양이 크게 줄었고, 아미노산 함량이 증가하였으며, 기호성도 좋았다. 탁주의 전반적인 특성으로 보아 *Rhizopus japonicus* 누룩의 사용이 황국균의 누룩 사용보다 좋았다. 그러나 *Rhizopus japonicus* 누룩과 황국균의 누룩을 병용했을 때에는 탁주의 전반적인 주질이 개선되었으며 두 누룩의 최적 혼합 비율은 5:1이었다.

누룩곰팡이뿐 아니라 알코올 발효에 관여하는 효모의 종류에 따라 탁주의 품질에 미치는 영향 등을 연구하기도 했다. 이흥숙 등(357)은 2010년 우리 전통주로부터 분리한 전통 효모인 *Saccharomyces coreanus*와 포도주 제조에 사용되는 포도주 효모인 *Saccharomyces ellipsoideus*, 전통적인 하면 발효 맥주 효모인 *Saccharomyces carsbergensis*, 빵 효모이자 청주 제조용 효모인 *Saccharomyces cerevisiae* 및 내염성 효모인 *Saccharomyces rouxii*로 담금한 주모를 사용하여 탁주를 제조한 후에 미량 알코올 성분을 조사했다. 그 결과, *Saccharomyces cerevisiae*로 담금한 탁주에서 미량 알코올의 총량이 가장 높았으며, 모든 탁주에서 ethyl alcohol, *n*-propyl alcohol, *iso*-butyl alcohol, 1,3-butyl alcohol, 2-butyl alcohol, *iso*-amyl alcohol, *n*-hexyl alcohol, heptyl alcohol, phenyl alcohol 등 8종류의 미량 알코올이 검출되었다. 그리고 *Saccharomyces coreanus*로 담금한 탁주에서 미량 알코올의 총량은 0.556~0.780mg/ml이며, *Saccharomyces cerevisiae*로 담금한 탁주에서 미량 알코올의 총량은 0.729~0.831mg/ml의 범위를 나타내었다. 탁주 제조용 효모로서 *Saccharomyces cerevisiae*가 발효 12일에 13.4%의 에틸 알코올을 생산하여 미량 알코올과 에틸 알코올 생산성면에서 실험에 사용한 다른 효모보다 우수했다.

일반적으로 막걸리 제조 방법은 원료 전분질을 증자하여 호화전분으로 술덧을 담금하여 발효시키지만, 손순기 등(263)은 전분질 원료인 쌀을 증자하지 않는 방법인 무증자(無蒸煮) 쌀 탁주를 제조했다. *Rhizopus*속 균주를 증자하지 않은 생쌀에 접종하여 국을 제조하고, 원료 쌀을 분쇄하여 증자하지 않은 상태로 1단 담금하고 24시간 후에 2단 담금을 하여 28°C에서 120시간 발효시킨 무증자 탁주와 *Aspergillus kawachii* 국으로 담금한 증자 탁주를 비교한 결과, 무증자 탁주는 증자 탁주보다 알코올 함량이 1.8% 높았고, 유기산 생성도 높아서 2단 담금 시 pH의 조정이 필요 없었다. 술덧 중 효모의 수는 두 탁주 간에 차이가 없었으며, 세균은 무증자 탁주의 2단 담금 후 24시간까지는 증자 탁주보다 많았으나 발효가 종료되는 시점에서는 비슷한 수였다. 무증자 제성 탁주에서는 fusel oil 함량이 증자 제성 탁주보다 적었고, 아미노산 함량은 약 2배 높았으며, 원료 쌀로부터 유래된 생취(生臭, raw flavor)가 유지되었다. 막걸리의 양조법은 시대에 따라 변화되었으며, 양곡정책에 따라 원료의 사용이 제한되기도 하여 그 대안으로 여러 방법이 연구되기도 했었다. 그러나 막걸리를 제조하기 위한 기본 방법은 크게 변화되지 않았으므로 막걸리의 양조에 따른 원료와 양조법을 상세히 살펴보고자 한다.

1 막걸리 제조 공정

막걸리 제조 공정은 하나로 통일해서 설명할 수 없다. 전분질 원료의 종류에 따라 다르고, 발효제의 종류, 양조장의 제조 환경 등에 따라 다르기 때문이다. 그러나 일반적으로 5단계의 공정으로 정리할 수는 있다.

① 원료 전처리 공정 : 전분질 원료를 증자 또는 액화(液化)하는 일, 누룩 또는 입국을 제조하는 일, 용기 등을 소독하는 일 등이 있다.

② 담금 공정 : 담금 용기에 양조용수를 먼저 넣고, 증자한 전분질 원료, 주모, 누룩과 입국을 넣어 혼합하는 공정으로서, 이 공정에서는 전분질 원료에 충분한 수분을 함수시키며 누룩과 입국의 효소를 용출시키고 주모의 효모를 영양 증식할 수 있는 환경을 만들어 주어 알코올 발효가 일어날 수 있도록 하는 중요한 공정이다.

③ 발효 공정 : 담금한 술덧을 적정한 온도와 시간을 통해 당화와 알코올 발효가 동시에 일어나는 공정으로서, 이 시기에 알코올과 맛과 향기 성분이 조화롭게 생성되는 시기이다.

④ 제성 및 숙성 공정 : 균질화, 알코올 도수 조정, 첨가물 첨가 등을 하여 막걸리 발효를 정지시키고 완성하는 공정이다.

⑤ 포장 공정 : 제성된 막걸리를 용기에 넣어 라벨 부착, 제조 일자 및 유통 기한 표시 등의 작업이 끝나면 바로 완제품 검사를 하는 마지막 공정이다.

우리나라 전통주의 제조법과 같이 전통적인 막걸리의 제조법은 누룩을 발효제로 사용하고 단(1단 담금) 담금법으로 제조하는 방법이었다. 그러나 과학 기술의 발달로 누룩곰팡이와 막걸리 효모가 순수 분리되고 이들을 순수 배양하는 기술과 육종 기술 등이 발전함에 따라 여러 종류의 발효제와 효모제 등이 나타나게 되었다. 막걸리의 제조법은 과학 기술의 발전과 함께 담금법도 단 담금법에서 2단 담금법으로 발전하게 되었다. 단 담금법은 가양주 제조와 소량의 막걸리 제조법으로 사용되고, 2단 담금법은 양조장에서 일반적으로 사용되고 있다. 발효제에 있어서도 누룩 단독 사용에서 누룩과 입국의 혼용 사용뿐 아니라 입국만으로 제조하기도 한다.

특히, 막걸리의 전분질 원료는 국가의 미곡 정책에 따라 쌀 사용이 금지되어 밀가루를 사용하다가 쌀 사용이 허용되면서 쌀 막걸리와 밀가루 막걸리뿐 아니라 여러 종류의 과실과 한약제 등을 첨가한 기능성 막걸리 등도 시판되게 되었다.

이상에서와 같이 막걸리의 제조는 시대적 환경에 따라 많은 변화가 있었으며, 양조장과 각 가정의 환경에 따라 각각의 특성을 지니므로 하나로 통일된 제조법의 제시가 매우 어렵다. 그러나 일반적으로 그림 2-1과 같은 제조 공정으로 요약할 수 있다.

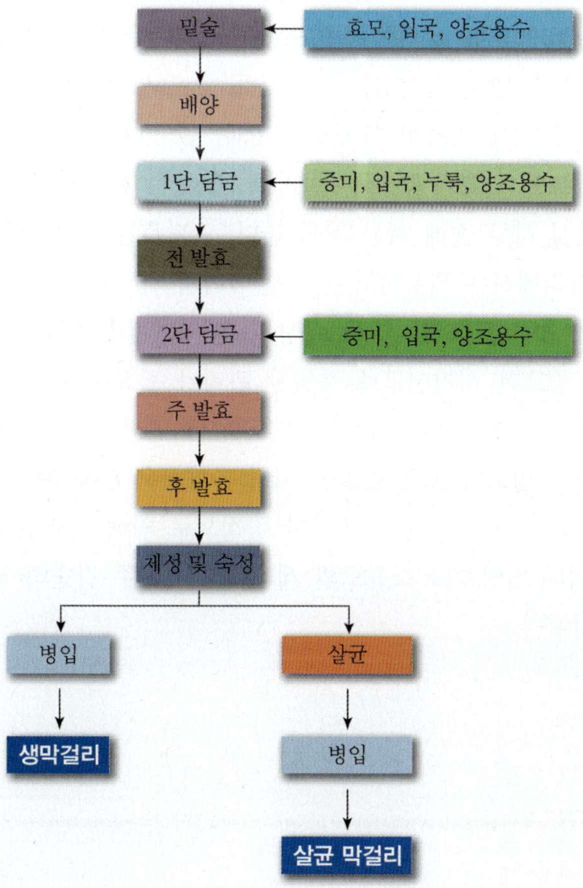

그림 2-1 막걸리의 제조 공정도.

막걸리를 빚기 위해서는 가장 먼저 밑술(주모, 酒母)을 만들어야 하는데 밑술은 막걸리 효모를 확대 배양하여 발효가 안정적으로 이루어 질 수 있도록 하는 물료이다. 밑술이 완성되면 용기에 양조 용수를 넣고 냉각시킨 증자 전분질과 누룩, 입국을 넣고 혼합하여 발효제의 효소가 용출되도록 하며 휴민 상태의 막걸리 효모를 건강한 영양세포로 유도하는 공정이 1단 담금의 목적이다. 그래서 1단 담금의 술덧을 수국(水麴)이라고도 한다. 전 발효는 수국에서 용해된 발효제의 효소에 의하여 전분으로부터 포도당이 생성되고 효모의 증식이 서서히 일어나게 되는 공정이다. 2단 담금은 본격적인 발효가 이루어지도록 다량의 양조 용수, 증자 전분질 원료와 입국을 첨가하는 공정이다. 주 발효는 당화 과정으로 전분으로부터 많은 양의 포도당이 생성됨과 동시에 많은 수의 효모에 의하여 알코올 발효가 왕성하게 일어나서 술덧 위에 거품이 최고로 많이 생성되는 시기이다. 후 발효는 알코올 발효가 서서히 감소되어 술덧 위에 거품이 사라지고 맛과 향기 성분이 생성되는 시기이다. 막걸리의 알코올 발효가 끝나는 시기를 제성 시기라 하고 일반적으로 첨가물 첨가는 제성 하루 전에 하는 것이 좋다. 포도주는 저온에서 장기간 숙성시키지만, 막걸리에서는 제성하고 판매될 때까지 하루 정도의 기간을 일반적으로 숙성 기간이라 할 수 있다. 이 숙성 기간은 막걸리의 맛과 향기의 조화가 이루어지는 중요한 시기이므로 특별한 관리가 필요하다.

이상에서 기술한 바와 같이, 막걸리는 복잡한 공정을 거칠 뿐 아니라 다른 술의 제조법보다 고온 발효를 시키기 때문에 온도 관리가 어려우며, 비위생적인 관리가 될 수 있고, 복잡한 공정으로 인해 특별한 공정 관리가 필요하다. 그러나 가양주나 소규모의 제조에서는 아주 간단히 제조할 수 있는 술이 막걸리이다.

2 용수

막걸리의 성분 중 가장 많이 차지하는 원료가 물이다. 때문에 막걸리 양조에서 물은 매우 중요한 요소로 막걸리의 맛과 향기에 미치는 영향은 매우 크다.

막걸리의 80% 이상이 물이며, 담금 용수뿐 아니라 막걸리를 제조하기 위하여 백미를 씻을 때도 사용되고, 침미할 때나 용기의 세척 등에 많은 물이 사용된다. 여기에 사용되는 모든 물의 수질이 막걸리의 맛을 결정한다. 특히 담금 용수에는 경도 300 ppm 이하의 연수(軟水)를 사용해야 하며, 무색, 무취, 무미한 물로서, pH는 중성 또는 미 알카리성(pH 6.0~7.5)으로, 철, 암모니아, 아질산, 유기물질 등이 적으며, 효모의 생육에 미량이지만 필요한 인산(P), 칼륨(K), 칼슘(Ca), 마그네슘(Mg) 등의 유효성분이 적당히 함유되어야 하고, 이들 성분은 발효 과정 중 미생물의 영양물질과 생육 촉진제로 작용하며 발효작용의 촉진제로서도 작용한다. 그러나 이들 성분은 원료 중에 적당한 양이 함유되어 있기 때문에 따로 첨가할 필요는 없다. 철 성분이 0.3 ppm 이상 함유된 용수를 사용하면 막걸리 중의 아미노산의 아미노기와 산(酸)의 카보닐기가 반응하는 amino-carbonyl 반응을 촉진하여 막걸리의 색상을 연흑갈색으로 변색시키며 향미를 나쁘게 하므로 막걸리 양조 용수로 사용해서는 안 된다. 그리고 용수 중의 철은 세미와 침미 중에 쌀 입자에 흡착되어 막걸리 제조과정과 유통과정에서 용출되므로 특별히 주의해야 하며, 효모의 생육에 필요한 극미량의 철 성분은 쌀에 함유되어 있으므로 용수에 0.3 ppm 이상 함유되어 있을 경우 다른 용수를 사용하거나 0.3 ppm 이하로 철 성분을 철저히 제거한 용수를 사용해야 한다.

실제로 양조 용수로서 철 성분이 적은 지하수가 많이 사용되고 있으며, 수돗물을 사용하기도 한다. 수돗물을 사용할 때 염소(Cl)의 냄새가 주질에 어떤 영향을 미치는지 염려되겠지만, 염소는 발효 과정 중에 증발되므로 주질에는 큰 영향을 미치지 않는다.

그리고 대장균과 병원 미생물에 오염되지 않은 물을 사용해야 하며, 여름철은 온도가 높아 미생물의 생육 최적 온도에 도달하므로 주의를 게을리 하면 막걸리 제조과정 중에 병원성 세균에 쉽게 오염되므로 특별히 주의를 기울여야 한다.

용수가 미생물에 오염될 가능성이 있어 지하수를 오존 처리하기 위한 연구 결과가 있다. 박 등(316)은 지하수를 오존 처리함으로써 오존의 산화반응으로 탁주의 주질에 긍정적인 효과를 나타냈다고 하며, 오존/UV를 동시에 처리하므로 해서 오존 단독 처리보다 알코올 생성량이 10~20% 증가하기에 탁주의 보존성도 높을 것으로 추론했다.

3 전분질 원료

막걸리 제조에 있어서 전분질 원료는 알코올을 생성시키는 기본 원료로서 전분질은 누룩곰팡이에 의하여 포도당으로 당화되고 생성된 포도당은 효모에 의하여 알코올로 발효되어 막걸리를 양조하게 된다. 그리고 막걸리 원료 중에 적은 양이지만 단백질을 누룩곰팡이에 의하여 가수분해하여 생성된 아미노산과 원료 중에 존재하던 아미노산이 발효 과정 중에 효모에 의하여 향미 성분인 고급 알코올로 전환되어 막걸리의 향미 성분을 생성하게 된다. 이처럼 원료 중의 전분과 단백질의 함량에 따라 주질이 다르게 나타나므로 원료는 매우 중요한 요인이다.

알코올은 전분질 원료로부터 백미에서는 14.9%, 현미로부터는 12.7%, 옥수수로부터는 9.8%, 소맥분 원료로부터는 9.2%가 생성된다(189). 막걸리를 양조하기 위한 전분질 원료로서는 백미가 가장 우수하며, 소맥분 원료 전분이 가장 낮다. 백미는 막걸리의 맛을 담백하게 하지만 탁도가 낮은 편이며, 소맥분은 막걸리의 맛을 감칠나게 하면서 탁도를 백미보다 높게 하는 경향이 있다. 막걸리의 양조용 전분질 원료에 따라 여러 종류의 맛과 탁도가 결정되므로 이들 원료를 다양하게 사용하고 있다. 최근 시판되고 있는 막걸리의 전분질 원료는 아주 다양하게 사용되고 있으며, 전분질 원료를 혼합하기도 하고 비율도 다양하게 혼합하여 양조하기도 한다. 즉, 쌀 또는 밀가루를 100% 사용하기도 하며 쌀과 밀가루에 전분당을 첨가하여 담금하기도 한다 (표 2-1).

표 2-1 시판되고 있는 막걸리의 원료 사용비율

종류	백미	소맥분(밀가루)	전분당(올리고당)	옥수수	감자
경주법주 쌀막걸리	100%				
배다리 쌀막걸리	90%	10%			
덕산 생막걸리	80%	10%	10%		
쌀막걸리	80%	20%			
쌀막걸리	80%		20%		
참탁주 우리쌀 생막걸리	81%	8%	11%		
참탁주 생쌀막걸리	70%	20%	10%		
대구불로 막걸리		100%			
밀가루 막걸리	20%	80%			
밀가루 막걸리		80%	20%		
거금도 신선 생막걸리	50%	50%			
사임당 옥수수 생막걸리	50%	15%	10%	25%	
감자 막걸리	30%				70%

저자가 직접 시장에서 판매되는 막걸리를 구입하여 조사 정리한 것.

3.1 백미

막걸리 양조에 사용되는 기본적인 원료는 쌀로서 잘 도정된 백미를 사용한다.

백미의 표면에는 무기질뿐 아니라 단백질과 약간의 지방질이 포함되어 있어서 7분도미(7分搗米) 이상으로 도정한 백미를 사용해야 한다.

백미를 물에 충분히 침지한 후, 물을 완전히 빼고 증기로 충분히 찐 증미를 냉각시켜 사용한다. 즉, 백미의 침지 시간은 정미 비율과 물의 온도에 따라 결정되며, 일반적으로 하룻밤 침지하여 물을 빼고 난 후 사용하며, 백미의 흡수비율은 25~28% 정도가 적당하다. 수분이 충분히 흡수된 백미를 100°C 이상의 수증기로 40~60분 정도 증자하고 20~30분 정도 뜸을 들이면 백미 중의 생전분(β-starch)은 호화전분(α-starch)으로 되어 여러 종류의 효소가 작용하기 쉬운 전분으로 변하게 된다. 증자와 뜸들임을 마친 증미는 중량이 35~42% 정도 증가된다.

막걸리 양조에 사용된 전분질 원료는 1962년까지는 백미(멥쌀)를 주원료로 사용하였으나 1963년부터 양곡의 부족으로 백미는 식용으로만 사용하게 하

고 막걸리의 원료로 밀가루 혹은 옥수수 등을 사용하게 했다. 이때부터 대체 원료의 연구가 진행되었으며, 위에서 설명한 바와 같이, 서류(薯類)인 고구마와 감자를 원료로 사용하는 것에 대한 연구가 진행되어 현재 서류도 전분질 원료로 사용하기도 한다.

1996년 멥쌀, 찹쌀, 보리쌀과 밀가루를 원료로, 주모의 사용과 주모를 사용하지 않고 일단 담금하여 원료에 따른 막걸리의 품질 특성을 검토한 결과(285), 막걸리의 에탄올 함량은 발효 16일에 9.8~11.6%를 나타냈으며, 주모 첨가의 멥쌀 막걸리가 다른 막걸리에 비해 높게 나타났다. 총산은 밀가루 막걸리와 주모 무첨가의 멥쌀 막걸리가 다소 높게 나타나며, 색도는 원료에 따라 차이를 나타내었고, 보리쌀 막걸리가 가장 낮게 나타내어 좋지 않은 것으로 추측했다.

3.2 소맥분

전분질이 풍부한 밀을 분쇄한 소맥분이 막걸리의 전분질 원료로 이용되며, 밀가루 중 글루텐 함량이 8% 이하인 박력분에 속하는 1급품(제분비율 70%) 밀가루가 가장 적당하다. 강력분(글루텐 함량 12% 정도)을 사용하면 막걸리에 단백질 함량이 너무 많기 때문에 오히려 주질을 나쁘게 한다.

원료 밀가루 중량에 대하여 25~30%의 물로 잘 혼합한 다음 1~2시간 정도 두어 물기가 밀가루에 충분히 흡수되도록 한 후, 제국용 밀가루일 때는 체로 0.5cm^2 정도의 크기로 치고, 술덧용 밀가루일 때는 10~15cm^2 정도의 크기로 쳐서 바로 증자한다. 선별된 밀가루는 바로 100°C 이상의 수증기로 1시간 정도 증자하여 냉각하여 사용한다.

3.3 옥수수

옥수수는 껍질이 다른 곡류보다 경질(硬質)이므로 원료 처리에 특별히 신경을 써서 사용해야 한다. 옥수수의 껍질과 배아를 제거하여 배유부(胚乳部)만을 입상(粒狀) 또는 분말로 만든 옥수수를 사용한다.

입상 옥수수의 중량에 대하여 50~55% 정도의 물로 혼합하여 약 2시간 정도 두었다가 수증기로 1시간 30분 정도로 충분히 찐 다음, 증자기에서 1시간 이상 뜸을 들인 후 냉각하여 사용한다. 특히 옥수수는 잘 쪄지지 않기 때문에 주의하여 충분히 찌고 뜸을 충분히 들여야 한다.

현재 100% 옥수수로 제조되는 막걸리는 가정이나 작은 양조장에서 제조하고, 시판되고 있는 옥수수 막걸리는 옥수수와 부재료인 전분질과 당질을 함께 첨가하여 옥수수 막걸리를 제조하고 있다. 예로서 강원도 원주에서 생산되는 사임당 옥수수 생막걸리의 원료 배합은 백미 50%, 옥수수 25%, 소맥분 15%와 옥수수 전분당 10%로 담금하여 알코올 6%의 옥수수 생막걸리로 시판하고 있다.

3.4 고구마

감자나 고구마를 쌀과 함께 빚은 술을 서주(薯酒)라 하고 원료에 따라 전자를 감자술, 후자를 고구마술이라고 한다. 예로부터 강원도 산간 지방에서는 쌀보다 감자나, 고구마, 옥수수 등을 분쇄하여 막걸리의 원료로 사용하거나 당화시켜 이들 원료로부터 전분당(조청)을 만든 다음 누룩과 함께 담금한 후 발효시켜 좋은 서주를 빚어 왔다.

고구마를 직접 막걸리 양조에 사용하지 않고 고구마로부터 전분을 만들어 사용한다. 잘 씻은 고구마를 분쇄하여 고구마 박(粕)을 분리하고 원심분리로 탈수한 다음 건조시켜 고구마 전분을 제조하게 된다. 고구마 전분으로 막걸리를 양조하기 전에 전분을 액화시키는 공정이 필요하다. 즉, 고구마 전분의 중량에 대하여 180%의 급수에 액화효소(원료대당 0.5% 정도)를 넣어 잘 혼합해서 액화효소가 잘 침출되도록 하고, 고구마 전분을 혼합해서 고구마 전분유(澱粉乳)를 만든다. 전분유를 증기로 가열하여 80°C에서 1시간 정도 액화시키고 다시 온도를 95~100°C로 올려 30분간 살균하면 고구마 전분 액화액이 된다. 이 액을 막걸리 담금 온도까지 냉각시켜 양조에 사용한다.

위와 같은 방법으로 고구마 막걸리를 양조하는 방법이 있지만 상품화되고 있지 않다. 그러나 1970년대 초까지 양곡 이외의 대체(代替) 전분으로부터 막걸리를 제조하기 위한 방법이 몇 종류의 특허와 연구보고가 있어 소개하고자 한다. 고구마에는 chlorogen산, tannin 등의 polyphenol류 뿐 아니라

jalapin 등의 성분을 함유하고, 고구마를 증자하므로 특수한 냄새와 흑갈색으로 착색되어 막걸리 양조용 전분질로서는 많은 문제점이 있어 이들 문제점을 해결하기 위한 연구가 있었다. 고구마 막걸리의 제조에 관한 특허로서 절간(切干) 건조 고구마 중의 jalapin과 carotin 등을 2~3%의 산(酸)으로 용출시킨 후 담금하는 방법(특6), 고구마 전분을 물로 팽윤시킨 후 저온에서 당화효소제로 액화 및 당화시켜 막걸리를 제조하는 방법(특8), 고구마를 thiourea 및 소명 반응액으로 처리하여 그 정제 전분으로 막걸리를 제조하는 방법(특9), 잘 분쇄한 생 고구마를 tannase 및 pectinase 등의 효소로 처리한 후 양조하는 방법(특13), 고구마 전분유(澱粉乳)에 질산칼슘 등 팽윤제를 첨가하여 급격히 가열하여 호화시키면서 동시에 증발 건조시켜 얻은 전분 분말로 양조하는 방법(특10), 고구마 전분을 당화시킨 고구마 전분 당화액에 사과즙, 대두 단백질 등의 부 원료를 첨가시켜 양조하는 방법(특12) 등이 있다. 그리고 정과 유(192)의 연구 보고에 의하면, 고구마 전분을 pH 7.5에서 $Ca(ClO)_2$ 및 H_2O_2 용액으로 정제하여 물엿을 제조하여 밀가루와 혼용으로 막걸리를 양조하는 방법이 발표되기도 했다. 고구마를 직접 막걸리 양조에 사용하기 위한 방법으로 김 등(229)이 여러 가지 방법을 연구했으나 좋은 결과를 얻지 못했다. 즉 생고구마 또는 절간 고구마분으로 양조하거나 이를 제국하여 막걸리를 직접 양조하는 데는 일반적인 담금법으로서 좋은 결과를 얻을 수 없었으며, 여러 가지 전 처리에 의한 고구마 원료의 탈색 효과도 기대할 수 없으므로, 생고구마 또는 절간 고구마분을 직접 막걸리의 원료로 사용하려면 여기에 적당한 효모와 고구마 착색 물질을 용해 또는 분해하여 제거하는 미생물의 검색이 필요하기에 여러 연구자들의 공통된 의견으로서 고구마로 직접 막걸리를 제조한다는 것은 많은 어려움이 있다고 지적했다.

3.5 감자

감자는 고구마와 비교하여 국내 생산량도 적고 전분 함유량도 적을 뿐 아니라 부식으로의 이용성이 고구마보다 우수하고 고가(高價)이므로 탁주의 전분질 원료인 쌀과 밀가루의 대체 원료로는 상품성이 낮다. 그러나 탁주의 전분질 원료로서의 사용가능성은 충분하기 때문에 김 등(237)은 감자 막걸리의 양조를 시도했다. 즉, 소맥분과 증자한 감자가루의 비율을 4 : 5 또는 3.5 : 7.5가 되도록 하여 양조한 감자 탁주를 관능검사한 결과, 소맥분 전용 탁주와 유의성이 인정되지 않았으며, 소맥분과 증자한 감자가루의 비율을 1 : 1 또는 3 : 7의 비율이 되도록 하여 양조한 감자 탁주는 소맥분 전용 탁주와 유의성이 인정되어 고구마와 다르게 감자는 탁주의 전분질 원료로 이용 가능성이 입증되었다.

현재 전분질 원료 중 감자 70%와 쌀 30%로 알코올 13%의 약주인 감자술을 오대서주양조장(평창군)에서 생산, 판매하고 있다. 이 술은 13도의 알코올인데도 알코올 취가 없고 생감자의 독특한 비린내도 없으며 은은한 누룩향이 입안을 감싸 흐르듯 부드러운 술이었다.

3.6 율무

율무(*Coix lachryma-jobi L.* var. *ma-yuen Stapf*)는 식용과 약용으로 사용되는 곡류이다. 율무의 일반성분은 가식부분 100g 당 수분 13.0g, 탄수화물 51.6g, 단백질 14.2g, 지방 5.9g, 섬유질 0.8g, 회분 1.3g, 칼슘 11mg, 인 300mg, 칼륨 47mg으로 약효가 있는 많은 식물 중에서 쌀이나 보리와 같이 주식으로 먹을 수 있는 좋은 곡류이다. 율무에는 탄수화물이 전체 무게의 51.6%를 차지하므로 주류의 좋은 전분질 원료라 할 수 있으며, 단백질과 지방 함량이 다른 곡류에 비교하여 많다는 단점에도 불구하고 생리 기능성 물질이 많이 함유하여 기능성 주류 개발에 주목할 수 있는 곡류이다. 율무의 생리 기능성 물질로는 항암 성분인 코익스노라이드(coixnolide)와 혈당 강하 성분인 그리칸(glycan)인 코익산(coixans)과 항보혈 활성 성분인 그루칸(glucan) 및 헤테로그루칸(heteroglucan) 등이 알려져 있다.

2003년 신 등(311)은 율무를 탁주 양조에 사용하기 위하여 멥쌀에 율무의 첨가 비율을 15%, 30%, 60%와 100% 율무로 양조한 결과, 전분질 원료로서 관능적으로 큰 차이가 없다고 평가했다. 그러나 저자의 생각으로 율무의 가격 측면이나 율무 탁주의 색상에서 문제점이 해결되지 않고는 율무보다 값싼 멥쌀 대용으로서 탁주 양조는 어렵다고 추측되지만, 기능성 탁주 양조라는 측면에서는 앞으로 연구 대상이 될 수 있다고 본다.

3.7 좁쌀(차조)

좁쌀은 벼과에 속하는 식물로서 주로 쌀과 섞어 먹는 잡곡으로 사용되며, 고량주의 원료 전분질로 잘 알려져 있을 뿐 아니라 제주도에서는 좁쌀을 주원료로 하여 오메기술을 제조하기도 한다. 좁쌀은 알갱이가 작고 껍질이 단단하여 증자 후에도 전분층의 노출이 잘 되지 않아 당화효소가 작용하기 어렵기 때문에 양조 원료로 바로 사용하기에 부적합하다. 팽화 좁쌀은 좁쌀과 쌀을 3 : 1의 비율로 혼합하여 증자한 후, 압출 성형시킨 호화전분(α-starch)이므로 직접 양조 원료로의 사용이 가능하다. 좁쌀의 이용성을 높이기 위하여 팽화차조를 이용한 막걸리 제조를 시도한 연구가 있다.

김과 이(361)는 좁쌀과 팽화좁쌀을 혼합한 막걸리 담금에서 좁쌀에 대한 팽화좁쌀의 비율을 각각 25%, 50% 및 75% 첨가한 막걸리를 제조하여 좁쌀 막걸리의 이화학적 특성을 검토했다. 팽화좁쌀은 팽화좁쌀 함량이 높을수록 적색도는 높았으며 아미노산 함량은 낮게 나타났다. 그리고 좁쌀만으로 제조한 좁쌀 막걸리의 알코올 농도는 7.5%였으며, 25% 팽화좁쌀을 첨가한 막걸리는 9.4%, 50% 팽화좁쌀을 첨가한 막걸리는 10.4%, 75% 팽화좁쌀을 첨가한 막걸리의 알코올 함량은 12.6%를 나타내어 팽화좁쌀의 첨가량이 높을수록 알코올 함량도 높게 나타났으며 발효 속도도 빠르게 진행되었다. 이상의 결과로 좁쌀을 가공함으로써 막걸리 제조의 주원료로서의 이용 가능성이 증명되었다.

4 당화제

막걸리 양조는 전분질 원료를 이용하여 병행 복발효(竝行 復醱酵)시키므로 전분을 포도당(glucose)으로 당화시켜야 한다. 당화제로서는 누룩, 입국(粒麴)과 분국(粉麴) 등이 있으며, 이들은 모두 곰팡이의 당화효소(amylase)를 생성시킨 것이며, 당화제에는 당화효소 뿐 아니라 단백질 분해효소(protease)도 함유되어 있어서 원료 중의 단백질을 분해하여 맛과 향기 성분의 전구물질인 아미노산(amino acid)을 생성한다.

4.1 누룩

누룩은 오래 전부터 우리나라의 술 양조에서 당화제로 사용되어 오고 있었으나 일제 강점기 초기부터 누룩을 규격화하면서 곡자(麯子)라는 이름으로 부르게 되었다. 현재 산업적으로는 아직까지 곡자회사라는 용어를 사용하지만 일반 재래시장이나 농촌에서는 누룩이란 용어가 일반화된 용어로 사용되고 있다.

누룩이란 단어가 언제, 어떻게 생겼는지는 전혀 알 수 없다.

한자의 국(麴)을 1466년의 구급방(救急方)(1)에서 누룩이라 한글로 번역하기는 했지만 누룩이란 단어의 탄생은 언제 어떻게 태어났는지 아무도 모르고 있는 것이 현실이다. 왜 麴을 누룩이라 번역했는지 정말 궁금하다.

누룩이란 단어의 의미도 어떻게 태어났는지도 알 수 없으나 누룩은 눌러서 성형하여 만들어지므로 "누룩 = 누르- + 욱(접미사)"로 태어난 것으로 추측할 수 있다.

누룩이란 "약 · 탁주제조방법"(14)에 의하면 "곡자란 날곡류(生穀類) 자체가 함유하고 있는 효소와 날곡류에 리조프스(거미줄곰팡이)속, 아스페루기루스(麴菌)속, 아부시데아속, 무코올(털곰팡이)속 등의 사상균과 효모 및 기타 균류가 번식하여 효소류를 생성 · 분비하고 있는 발효제이며 다량의 효모를 지니고 있으므로 주모(酒母)의 역할을 겸한 발효제의 일종이다"라고 국세청 기술연구소는 정의하고 있다.

누룩은 삼국시대부터 신라주(新羅酒)와 지주(旨酒) 등의 술 양조에 사용되었을 것으로 추측하고 있으며, 각 지방에 따라 다양한 누룩의 종류가 있으며 누룩의 원료는 그 지방에서 생산되는 곡류를 사용하고 제조자에 따라서 여러 형태의 누룩들이 제조되고 있다(그림 2-2).

그림 2-2 저자가 2011년 발행한 누룩의 종합학술서적.

누룩은 사용목적에 따라 약주용 누룩, 탁주용 누룩과 소주용 누룩이 있으며, 누룩의 전분질 원료에 따라 소맥누룩(小麥麯), 쌀누룩(米麯), 수수로 제조한 고량누룩(高粱麯), 호밀로 제조한 연맥누룩(燕麥麯) 등이 있다.

누룩에는 원료의 분쇄 정도에 따라 밀을 곱게 분쇄한 분말로 만든 분곡(粉麯), 밀을 거칠게 분쇄한 분말로 만든 조곡(粗麯)과 밀을 분쇄하여 밀기울을 분리하여 밀가루로 만든 백곡(白麯)이 있으며, 한약제 첨가에 따라 쑥 누룩, 여귀 누룩, 녹두 누룩, 도꼬마리 누룩, 천초 누룩, 생강 누룩, 연꽃 누룩, 매화꽃 누룩, 복합 한약제 누룩 등이 있고, 누룩의 제조시기에 따라 1~3월 사이의 봄에 제조한 춘곡(春麯), 4~6월 사이의 여름에 제조한 하곡(夏麯), 8~10월 사이의 가을에 제조한 절곡(節麯)과 11월에서 12월 사이의 겨울에 제조한 동곡(冬麯)이 있다.

고문헌에 의하면 누룩은 다음과 같이 정성들여 띄워서 사용했다.

즉, 사시찬요초(四時纂要抄)(3)에는 "누룩은 초복 직후에 빚는 것이 가장 좋으며, 초복 직후에 빚지 못하면 중복에서 말복 사이에 빚어야 한다. 누룩이 잘 뜨지 않으면 주질이 좋지 못하니 특별히 술 담그는 일에 조심해야 한다. 누룩은 보리 가루 10말에 밀가루 2말로 혼합하고 녹두즙과 여뀌를 함께 혼합하여 반죽하고 틀에 넣어 발로 강하게 꼭꼭 밟아 성형하여 연잎이나 도꼬마리 잎으로 싸서 바람이 잘 통하는 그늘진 곳에 널어 띄운다"라 했다. 그리고 주국방문(酒麴方文)에는 일반적으로 사용되는 밀 누룩이며 "누룩은 유월에 디디면 좋고 칠월 초승도 좋다. 더울 때거든 마루에 두 둘레씩 개워 놓고 자주 서로 뒤슬러 놓으며 석에 가시가 나거든 한 둘레씩 섞어 아주 많이 디디되 비 오거든 물 데워서 디디라. 날이 서늘하거든 배병을 깔고 서너 둘레씩 개여 놓고 위를 배병으로 덮어 두고 자주 뒤집어 썩지 않게 고루 띄운다. 띄운 후에 하루 볕을 뵈어서 들어 놓고 재어 두면 다시 잘 뜨거든 밤낮 이슬 맞히기를 여러 날 하되 비가 올까 싶거든 들여 놓는다. 봉상사는 유월에 두 둘레씩 한 데 매어 달아 띄우다가 또 두 둘레씩 달아서 말린다"라고 했다.

옛날에는 각 가정에서 가양주를 빚기 위하여 누룩을 제조하기도 하며 각 지방의 양조장(술도가)에서 직접 제조하여 사용했으나, 일제 강점기부터 가양주와 술도가에서 빚던 막걸리를 현대화한다는 명분으로 통폐합하여 조선총독부의 세원 마련에 주세가 동원되었다. 이때부터 우리나라의 전통주는 서서히 사라지게 되었으며 누룩 역시 단속의 대상이 되어 가정에서 제조되던 누룩까지 제조가 금지되었고 곡자제조주식회사로 전국이 통폐합되어 1970년대 중반까지 명맥을 유지했었다. 현재 공식적으로 누룩을 제조하여 판매하는 곡자주식회사는 상주시의 상주곡자주식회사, 진주시의 진주곡자주식회사와 광주시의 송학곡자주식회사의 3곳만 남아 있다.

일반적으로 누룩을 빚는 방법은

① 원료를 정선하고,
② 원료를 조 분쇄하여,
③ 물로 밀가루를 반죽하고,
④ 반죽을 누룩 틀에 넣어 일정한 모양으로 성형하고,
⑤ 생누룩을 누룩방(발효실)에서 자연 발효시켜 잘 띄우고(발효시키고),
⑥ 잘 띄워진 누룩을 약간 건조시켜,
⑦ 건조된 누룩을 숙성시켜 술을 빚는 데 사용한다.

누룩의 재료로 날곡류인 쌀, 밀, 보리 등을 바로 사용할 수 있으나, 일반적으로 밀을 많이 사용하고 있으며 현재 시판되고 있는 누룩은 대부분 밀을 사용하고 있다.

현재 시판되고 있는 상주곡자의 제조방법에 준하여 좀 더 자세히 설명하면 다음과 같다.

(1) 정선

일반적으로 수입 밀을 사용하며, 밀이 굵고 내용이 충실한 것을 사용하며 분쇄 과정 전에 돌맹이와 밀알을 선별기로 잘 분리한다. 더 좋은 방법은 정선된 소맥을 물에 12시간 정도 침지한 후, 물을 완전히 제거하여 세척하는 방법이 사용되기도 한다. 이 방법은 밀알에 붙어 있는 오염물질을 제거하고 비중이 무거운 돌을 분리해 낼 수 있다. 밀알에 붙어 있는 물질의 다소에 따라 누룩의 품질이 좌우될 수 있다. 누룩을 대량으로 제조할 때는 밀을 물에 침지하지 않고 생밀을 정선하여 그대로 사용하기도 한다.

(2) 분쇄

누룩의 용도에 따라 밀의 분쇄도를 결정해야 한다.

일반적으로 사용하는 누룩은 분곡으로 곱게 빻아서 제조하고, 탁주와 소주에 사용되는 누룩은 조곡으로 거칠게 빻아서 사용한다.

(3) 반죽

조 분쇄한 밀가루는 물과 혼합하여 반죽하는데 원료 대비 20~25%의 지하수를 사용하고 겨울철에는 물을 약간 데워 사용하면 좋다.

밀과 물을 잘 혼합하여 성형하기 전, 반죽을 수분 간 방치하는 것은 물이 밀가루에 고르게 흡수되도록 하며, 만약 그대로 성형할 경우 물이 많이 뿌려진 곳은 발효 도중에 썩을 염려가 있고, 반대로 적게 뿌려진 곳은 성형이 잘되지 않아서 부서지거나 성형이 되어도 유익한 미생물이 증식할 수 없으므로 좋은 누룩을 제조할 수 없게 된다. 작업은 1조가 5명으로 모두 아낙네들이 작업하며, 한 명이 용기로 밀가루를 담아 양쪽에 앉아 있는 밀가루를 반죽하는 2명에게 주고, 이를 받아 작은 물 용기에 물로 혼합하며, 잘 혼합된 밀가루 반죽을 2명의 성형하는 아낙네에게 주어 보자기로 싸서 발로 성형하게 된다.

(4) 성형

수분 간의 방치가 끝나면 일반적으로 반죽의 무게 1,000~1,200g 정도로를 달아 밀가루 반죽을 누룩보자기에 싸서 보자기의 묶은 부분을 누룩 틀에 넣고 3~4번 정도 발로 디디고, 들어내어 반죽을 싼 부분이 누룩 틀 위로 향하도록 다시 넣어 완전히 성형되도록 흰 고무신을 신은 발로 꼭꼭 디딘다. 성형된 생누룩은 누룩 틀로부터 분리하여 발효실에 넣기 전까지 쌓아 둔다. 누룩을 단단히 밟지 않으면 내부에 공기층이 생겨 발효 도중에 누룩이 부풀어 오르게 되며 공간이 생겨 유해 세균이 증식하게 되어 누룩의 품질이 좋지 않게 된다.

(5) 발효(띄움)

생누룩을 실내온도 25°C 정도의 발효실에 넣어 띄우게 된다. 발효실은 양쪽에 6단의 단상으로 구성되며, 각 단상은 30cm의 간격으로 깊이는 90cm 정도로서 발효실 높이는 2.5m 정도이다.

발효실의 단상에 깔아 놓은 볏짚 가마니는 해어질 때까지 사용하며, 해어지면 새 것으로 교체한다. 발효실 소독은 연간 3~4회 정도 유황 훈증으로 소독하며, 여름철에는 1~2개월에 1번 정도 살충제를 사용하여 벌레가 생기지 않도록 소독해야 한다.

가마니를 깔아 놓은 발효실의 단상에 생누룩을 1장씩 놓고 실온 25~37°C에서 7~10일 간 띄우게 된다. 누룩이 발효하기 시작하여 입실한 2~3일째부터 누룩의 품온이 상승하기 시작하고 40°C 정도까지 도달하게 된다. 이때 위아래의 누룩을 갈아쌓기를 하여 누룩의 최고 품온이 37°C를 넘지 않게 잘 조절해야 한다. 온도 관리는 연탄난로를 사용하며 입구 반대편에 있는 작은 창을 이용하기도 한다. 발효가 완성된 시기에는 발효실 내의 습도도 매우 높아서 작업하기가 힘들다. 약 10일간 발효시킨 후, 실내 온도를 약간 내려 품온을 35~37°C로 유지하면서 약 7~8일간 재발효시킨다. 만약 품온이 상승하지 않는 겨울철에는 실내온도를 약간 높여 주어야 한다.

잘 띄워진 누룩은 표면이 깨끗하고 고유의 밀가루 형태를 나타내며 황회색 또는 회백색을 띈다. 곰팡이 균사를 약간 볼 수 있고, 거미줄 곰팡이(*Rhizopus*)의 균사가 기균사(氣菌絲)로 성장한 것이 나타나기도 한다. 곰팡이의 균사가 누룩의 중앙 부위로 충분히 파고들어 누룩 내부까지 증식했음을 확인할 수 있다.

상주곡자의 누룩의 표면은 깨끗하며 누룩 고유의 향기가 가득하고, 황국균 계통의 균사와 털곰팡이 계통의 균사가 몇 장의 누룩에서 나타나 우리나라의 전통적 누룩 형태를 보이며, 누룩 내부 단면도 밀의 고유의 색상과 회백색을 띠어 양호한 상태였다.

(6) 건조

잘 띄워진 누룩은 30~35°C 정도의 건조실에서 여러 장을 옆으로 포개고 쌓아서 7~10일간 수분이 12% 정도가 되도록 서서히 건조시켜 발효를 정지하게 한다. 누룩을 너무 빨리 건조시키면 누룩의 표면은 말라도 내부는 수분이 많아 썩을 염려가 있다. 잘 건조된 누룩은 800~900g 정도되고, 당화력이 300~390 SP로 양호한 누룩이 탄생하게 된다.

(7) 숙성

상주곡자에서는 숙성 과정을 생략하고 있으나, 일반적으로 건조가 끝난 누룩을 약 1~2개월 숙성시켜 사용하는 것이 누룩 특유의 풍미를 술에서 느껴지게 한다. 이 숙성 과정에서 누룩곰팡이의 독특한 냄새를 없애 주고, 발효 과정 중에 생성된 효소 특히, 당화효소(amylase)가 전분질에 고정화되어 효소의 안정성을 높일 수 있다. 뿐만 아니라 숙성 과정에서 누룩을 완전히 건조시켜 누룩의 저장성을 높인다.

상주곡자에서는 누룩을 숙성시키기 위하여 누룩을 저장 창고에 1~2개월간 보관하는 것이 누룩의 단가면(單價面)에서 불리하기에 생략할 수밖에 없는 현실을 아쉬워하고 있었다.

그림 2-3 원반형의 상주곡자. 20cm × 3.5cm(H), 800g).

그림 2-4 약간 원뿔형의 진주곡자. (밑지름 22cm, 윗지름 20cm × 5cm(H), 1,450g).

그림 2-5 원반형의 송학곡자. (20.5 × 2.5(H)cm, 750g).

누룩이란 날곡류를 조분쇄하여 물로 반죽한 다음 일정한 크기로 성형하여 자연 상태에서 띄운 당화제이다. 누룩에는 여러 종류의 미생물들이 번식하고 있으며, 당화효소(전분 분해효소)와 단백질 분해효소 등을 많이 생성하는 *Aspergillus*속, *Rhizopus*속 등 곰팡이류와 포도당을 알코올로 전환시키는 *Saccharomyces*속과 향기 성분 생성 능력이 우수한 *Hansenula*속 등의 효모류 및 젖산 세균과 *Bacillus*속 세균 등도 많이 번식해 있다. 우리나라의 전통 누룩에는 다양한 당화효소와 여러 종류의 미생물 번식으로 인해 다양한 기능성 물질이 함유되어 있다는 연구 보고가 계속적으로 발표되고 있다. 그중에는 고혈압을 예방할 수 있는 물질인 lovastatin K가 있으며(128), *Rhizopus oryzae* KSD-815로 제조한 누룩에는 ergosterol peroxide, stigmast-5-en-3β,7β-diol, ergosta-7,22-dien-3β,5α,6β,9α-tetraol과 daucosterol이라는 신물질이 들어 있고(154), 이들 물질 중 ergosterol peroxide와 daucosterol은 암세포의 이동을 억제하는 효과를 나타낸다고 보고되어 누룩곰팡이의 새로운 기능성이 주목받고 있다. 이에 더해 누룩에는 유익한 젖산 세균도 많이 증식하고 있다.

전통누룩은 자연 상태에서 띄우므로 비위생적이라는 지적이 있었지만, 여러 검사에서 병원 미생물이나 대장균이 발견되지 않았다. 날곡류를 누룩의 원료로 사용하므로서 생전분 환경에서는 이들 병원성 세균이 번식할 수 없다는 것이 입증되었기에 전통 누룩은 매우 위생적이라고 할 수 있다.

누룩을 개량하기 위해 백국균(白麴菌, *Aspergillus kawachii*)을 일반적으로 종균으로 사용하고자 노력하였고, 현재에는 백국균으로 국을 제조하여 막걸리의 당화제로 많이 사용하고 있다. 백국균은 구연산과 내산성 당화효소를 생산하기 때문에 백국균으로 제조한 국을 사용하면 술덧의 pH를 산성으로 유지할 수 있다. 이는 막걸리의 발효를 안전하게 할 뿐 아니라 발효 시간도 어느 정도 단축할 수 있어서 알코올 수율도 높아진다. 그러나 백국균으로 제조한 막걸리는 맛과 향이 부족한 단점도 있다.

1999년 누룩으로부터 분리한 *Rhizopus japonicus* T2, *Aspergillus oryzae* L2 및 *Hansenula* sp. BC26으로 제조한 개량 누룩과 시판 누룩 그리고 백국균으로 제조한 입국을 각각의 당화제로 사용하고, *Saccharomyces coreanus*로 담금한 주모로 탁주를 담금하여 그 품질을 검토한 결과(296), 알코올 함량은 개량 누룩 막걸리 술덧이 15.5%, 쌀입국이 15.1%, 시판 누룩의 경우 9.0%로 가장 낮게 나타났다. 주박량은 시판 누룩이 4.14%, 쌀입국이 0.23%이며 개량 누룩이 1.51%였다. 개량 누룩 막걸리와 시판 누룩 막걸리는 부유물이 매우 천천히 침전되었지만 쌀입국 막걸리는 비교적 빨리 침전되었다. 색상의 순위는 개량 누룩 막걸리, 시판 누룩 막걸리, 쌀입국 막걸리이었고, 관능검사에 따른 맛과 향이 좋은 순위는 개량 누룩 막걸리, 쌀입국 막걸리, 시판 누룩 막걸리의 순위였다. 따라서 시판 누룩 막걸리나 쌀입국 막걸리보다 개량 누룩 막걸리가 품질이 양호하다.

막걸리 제조에서 누룩은 당화제 뿐 아니라 막걸리의 독특한 풍미를 내는 중요한 원재료이다. 이러한 누룩의 사용이 최근에 서서히 줄어들고 있으며 전혀 사용하지 않고 막걸리를 제조하는 양조장도 있다. 2012년 박찬우 등(401)에서 누룩의 사용이 막걸리의 발효와 막걸리의 관능적 특성이 우수하다는 연구 결과가 있어 소개하고자 한다.

쌀 막걸리의 제조 방법을 보면 여러 종류의 당화제를 사용하고 다른 농도로 담금을 했다. 즉, 쌀 막걸리의 밑술은 입국 30g에 효모 배양액 20ml와 용수 48ml을 혼합하여 25°C에서 36시간 담금했다. 1단 담금은 각각의 밑술에 입국 320g과 물 512ml을 혼합하여 25°C에서 36시간 담금한 후 2단 담금을 했다. 2단 담금은 1단 담금 술덧에 고두밥 650g과 물 1,040ml, 정제효소제와 누룩, 조 효소제의 사용 등을 각각 혼합하여 25°C에서 5일 간 발효시키면서 품질 특성을 조사했다. 여러 종류의 담금 유형에서 고두밥과 입국을 합산한 양을 1kg으로 하여, 고두밥 650g, 입국 320g과 누룩 20g으로 담금한 막걸리가 알코올 함량이 13.6%로 가장 높았다. 누룩의 사용량은 전체 전분질 사용량의 2%의 사용이 가장 양호했으며, 총 유리 아미노산 함량도 703.2mg%로 비교적 높게 나타났다. 전체적인 기호도 조사에서도 높게 나타나 누룩의 사용이 단순한 당화제로서의 의미뿐만 아니라 막걸리의 주질을 높이는 효과가 있음이 입증되었다.

소명환은 대표적인 누룩곰팡이인 *Asp. oryzae*(96), *Rhi. japonicus*(97)와 *Asp. usamii*(100)로 밀가루 누룩을 제조하여 amylase와 protease의 효소 생성 조건을 연구하였으며, 그 결과에 따라 탁주를 제조하여 각 누룩곰팡이에 따른 탁주의 양조 특성을 검토했다. *Asp. oryzae* 밀가루 누룩은 amylase 활성이 높았으며, *Rhi. japonicus* 밀가루 누룩은 protease 활성이 높았다. *Asp. oryzae* 밀가루 누룩의 술덧은 산도와 아미노산도가 높았으며, *Rhi. japonicus* 밀가루 누룩의 술덧은 유리당의 함량이 높았던 반면에, *Asp. usamii* 밀가루 누룩의 술덧은 아미노산도, 유리당 및 에탄올의 함량이 모두 낮았다. *Asp. oryzae* 밀가루 누룩과 *Rhi. japonicus* 밀가루 누룩을 병용하여 제조한 탁주에서 맛 성분의 조성이 더욱 균형을 유지했으며, 부유물의 침강 속도도 느려 관능검사에서도 좋은 평가가 있었다(281).

4.2 입국(粒麴)

막걸리 제조에 사용되는 당화제로서 누룩은 생전분에 공기 중의 미생물이 자연접종되고 다양한 종류의 미생물이 증식하여 당화효소를 생성시킨 것이다. 그러나 입국은 증자한(살균된) 호화(糊化)전분에 황국균이나 백국균의 인위적 접종을 통해 단일 누룩곰팡이만을 증식시켜 당화효소를 생성시킨 것이다.

입국이란 일반적으로 곡류를 분쇄하지 않고 입자 상태의 쌀을 증자한 후, *Aspergillus*속 또는 *Rhizopus*속 등의 단일 곰팡이만을 번식시켜 효소를 생성시킨 당화제이며, 대표적으로 일본식 누룩인 코지(麴, koji)가 있다. 코지를 제조할 때는 원료를 증자 살균하며 종국(種麴)이라는 씨 누룩(種 누룩)을 사용하는데 황국균(黃麴菌, *Aspergillus oryzae*), 백국균(白麴菌, *Aspergillus kawachii*)이나 털곰팡이(*Rhizopus delemar*)의 종국을 인위적으로 접종하므로 누룩과 달리 입국(koji)에는 여러 종류의 미생물이 번식하지 않고 종국으로 사용한 황국균이나 털곰팡이만이 단일로 번식한다.

백국균인 *Aspergillus kawachii*로 쌀입국을 제조할 때의 배양 조건은 발아 최적 온도가 36°C였으며 발아 소요 시간은 8시간 정도다. 증미의 수분 함량이 40% 이상일 때 발아가 잘 이루어진다. 유기산 생산의 최적 온도는 32°C이며, 입국의 배양 후 20~25시간까지 36°C로 배양하고 그 이후부터 32°C로 배양하면, 유기산과 당화효소의 생산량이 높았다. 종국의 접종량이 적을 때에는 배양 초기의 유기산의 생산력이 낮았으나 배양 후기에는 차이가 나지 않으므로, 종국의 사용량을 0.25%의 2~5배 정도로 접종하더라도 유기산과 당화효소의 생산에는 문제가 없다. 입국의 두께가 두꺼울수록 유기산의 생산은 현저히 억제되므로 1~2cm 정도가 적당하다(98). 위의 조건에서 당화효소의 생성 최적 온도는 36°C이며, 배양 시간은 36시간이다. 입국의 두께가 3cm 이상일 때는 당화효소의 생성이 현저히 억제되므로 3cm 이하로 배양해야 한다는 연구도 있다(99).

예전에는 막걸리 제조에 황국균을 종균으로 사용했으나, 황국균은 당화효소 활성은 높지만 산(酸) 생성력이 약하므로, 최근에는 산 생성력이 우수한 백국균을 많이 사용하므로 술덧이 다른 입국을 사용할 때보다 산도(酸度)가 높으며, 발효 과정 중에 잡균의 오염을 방지할 수 있는 장점이 있어서 막걸리 제조에 많이 사용하고 있다.

입국의 제조 방법에 대하여 다음과 같이 간단히 기술하고자 한다.

입국의 대표적인 원료는 백미(쌀)이다.

① 침미(沈米)하고 물기를 완전히 제거한다.
② 증자(蒸煮)하고 적당한 온도로 냉각시킨다.
③ 제국실에서 종국으로 국균의 포자를 파종한다.
④ 띄움 공정으로 파종된 고두밥을 보쌈하고, 보쌈 고두밥을 엷게 펴며 뒤집기를 반복하면서 곰팡이를 증식시켜 제국한다.
⑤ 출국(出麴)하여 냉각시켜 제국을 완료한다.

입국의 제조 시에는 누룩곰팡이를 원료인 백미에 증식시켜 곰팡이의 당화효소가 최고로 많이 생성하도록 조건을 맞추어 주어야 한다. 이런 관점에서 침미부터 출국까지 효소생성 조건에 맞도록 온도 관리와 습도 관리를 철저히 해야 한다.

(1) 침미

7분도로 도정한 백미를 물로 씻고 침미한 후 물기를 완전히 뺀다. 이 공정은 백미에 붙어 있는 이물질이나 작은 쌀겨 등을 제거하고 곰팡이가 증식할 수 있도록 적당한 수분이 함유되도록 하는 공정이다. 침미는 일반적으로 실온의 지하수나 수돗물을 사용하여 하룻밤 정도하고 물을 뺀 백미의 함수율은 25~30% 정도가 적당하다.

(2) 증자

증자 방법은 수증기의 온도, 백미의 도정도(搗精度)와 수분 함량, 증자설비 내의 압력, 백미의 양 등에 따라 차이가 있지만, 일반적으로 상압에서 40~60분 정도로 증자하며, 증자 시점은 고두밥이 흰색 또는 연한 아이보리색의 우윳빛으로 투명하게 바뀌는 것으로 쉽게 확인할 수 있다. 최근 인건비 상승으로 솥 형태의 드럼형 자동 증자기를 사용하는 양조장이 서서히 늘어나고 있다. 자동 증자기는 원통형 드럼에 수분을 충분히 함유시킨 침미를 넣고 드럼통을 서서히 회전시키면서 일정한 수증기 압력을 가하여 증자하는 장치이다(그림 2-6).

그림 2-6 둥근 원통형인 드럼식 자동 증자기. 왼쪽에는 자동 제국기.

그림 2-7 자동 제국기를 통제할 수 있는 컨트롤 장치.

그림 2-8 국실에 놓여 있는 국 상자(50 × 30 × 4(H)cm)를 사용하여 수작업으로 제국하는 국실.

증자의 목적은 백미를 열처리함으로써 백미의 생전분(β-starch)을 호화전분(α-starch)으로 전환시켜 띄움 공정에서 누룩곰팡이의 증식을 유도하여 당화효소 생성을 촉진시키기 위함이며, 원료를 살균하는 목적도 있다. 일반적으로 곰팡이는 생전분에서 보다 호화전분을 에너지원으로 잘 이용하기 때문에 전분을 열처리하게 되며, 에너지원으로 잘 이용한다는 의미는 호화전분에서 더 잘 자란다는 것이다. 최근에는 다른 곰팡이보다 생전분을 에너지원으로 이용할 수 있는 능력이 탁월한 *Rhizopus* sp. BH256균주(263) 등의 거미줄곰팡이(*Rhizopus*속)들이 많이 분리되고 있다.

증자한 쌀을 바로 38°C까지 냉각시키면서 고두밥의 덩어리를 부숴 한 알씩 분리되도록 하는 것이 좋다.

(3) 파종

파종이란 식물의 씨앗을 파종하는 것과 같은 의미로 종국(種麴)을 고두밥에 살포하여 접종시키는 공정이다.

증자된 고두밥은 제국실에서 띄우게 되는데, 최근에는 자동 제국기를 이용하여 국을 제조하는 경우가 많지만, 소규모 막걸리 양조장에서는 아직까지 손작업으로 제국하기도 한다. 손작업으로 제국하는 방법은 고두밥에 종국을 뿌려 고르게 파종하고 종국의 포자가 균일하게 분산되도록 손으로 고두밥을 비벼준다. 종국의 사용량은 원료 100kg 당 150～200g 정도가 적당하며 자동 제국기의 경우에는 100g으로도 충분하다. 종국의 사용량을 많게 하면 국이 빨리 생성되어 당화효소의 생성에 필요한 시간이 부족해져서 효소 생성이 나빠지며, 반대로 적게 사용하면 균의 증식이 늦게 일어나 당화효소의 생성이 낮게 된다. 파종 후의 품온은 34°C 정도가 적당하며 파종이 끝나면 광목 등으로 보쌈하여 12～15시간 정도 덮어둔다. 보쌈 과정에서 종균의 누룩곰팡이 포자는 영양세포로 발아하여 증식하게 된다.

(4) 제국

제국 공정은 파종한 종균의 영양세포가 증식하여 각종 효소를 최대로 생성시키게 하는 가장 중요한 공정이다.

파종한 고두밥(국미)은 34°C까지 냉각시키고 광목 보자기로 싸서 품온을 잘 관리해야 한다. 고두밥에 접종된 국균은 시간이 경과함에 따라 포자가 발아하여 균사 증식이 시작되고 파종 후 10시간이 지나면 증미는 표면이 뿌여스럼하게 된다. 국균의 호흡에 의하여 품온이 4~5°C 상승하게 되어 보쌈한 국미의 내부 온도와 표면 온도에 차이가 생기므로 일정한 온도를 유지시키기 위해서는 보쌈을 펴고 뒤집기를 하여 다시 보쌈을 하여야 한다. 이러한 작업을 반복하다가 국미를 보자기에 엷게 펴서 국미의 최고 품온을 40°C 이하로 관리하고 36~40 시간 정도에서 출국한다. 제국 과정 중에 국미의 온도가 상승하면 보쌈 표면이 건조되기 쉬우므로 제국실의 습도를 75~80% 정도로 유지하여야 한다. 국미를 40°C 이상으로 오랫동안 두면 국균이 너무 많이 증식하고 산 생성과 효소생성이 약화되어 좋지 못한 입국이 만들어진다.

자동 제국기는 자동 프로그래밍에 의해 자동으로 국미를 뒤집으므로 수작업보다 편리하게 입국을 제국할 수 있다(그림 2-7). 자동 제국기를 사용할 때 대량으로 제국하므로 잡균 오염과 위생 관리를 철저히 해야 한다.

(5) 출국

제국의 완료 시기는 국미 표면의 색상, 곰팡이의 균사(菌絲)가 국미(麴米)의 심층부로 어느 정도 침투했는지, 그리고 입국의 향미 등을 종합하여 판단한다.

그림 2-9 쌀입국

출국할 수 있는 입국은 고두밥에서 표면의 윤택성이 없어진 상태의 뿌연 우유빛 색상이며, 육안으로도 균사가 입국 표면에 증식되어 있음을 확인할 수 있으며, 입국의 입자를 잘라보면 가장자리에는 균사의 침투로 보슬보슬한 느낌이 나며 중심부는 단단하고 반지르한 느낌이 나서 쉽게 균사의 침투 정도를 확인할 수 있다. 균사가 국미 속으로 많이 침투하여 증식하면 할수록 양호한 입국이라 할 수 있다. 그리고 입국을 씹어 보면 강한 산미와 약간의 쓴맛을 느낄 수가 있다. 입국의 출국 시기를 놓쳐서 입국 표면에 기균사가 생겨나 포자가 발생하기 시작하면 노국(老麴)이 되어 입국의 당화력은 급격히 낮아지게 된다. 출국한 입국은 가능한 빨리 냉각시켜 균사의 성장을 정지시켜야 하며 냉각 시간을 놓치면 노국이 될 수 있다. 자동 제국의 경우, 총 제국 시간이 38~40시간이며 입국의 수분 함량은 20% 정도가 된다.

출국 시점의 결정은 효소 생성량과 육안 검사 방법 등이 있는데, 육안 검사방법을 살펴보면 다음과 같다.

① 입국 표면이 흰 뿌연 색상이며,

② 표면이 부서질 것 같은 카스테라의 형태,

③ 입국을 반으로 절단했을 때 중심부까지 균사의 침입이 확인될 때,

④ 입국을 씹을 때 산미가 강할수록 양호하며,

⑤ 약간 쓴 맛이 돌 때,

이런 시기의 입국에서 효소 역가가 가장 높다.

현재 일반적으로 막걸리 양조장에서는 쌀입국을 사용하고 있으므로 누룩곰팡이 백국균인 *Asp. kawachii*를 사용한 쌀입국에 관한 연구를 소개하고자 한다. 백국균의 입국 제조 조건은 당화효소 생산의 최적 온도가 36°C이었고, 이 온도에서 40시간 배양하였을 때 최고의 효소 활성을 나타내었다. 배양 20~25시간까지는 36°C로 배양하고 이후에는 32°C로 배양하는 방법이 입국의 유기산과 당화효소의 생산에 유리했다. 증미의 수분 함량이 35% 이하일 때는 당화효소의 생산이 낮았으나 40~60%일 때는 높았다. 입국의 두께가 3cm 이상일 때 당화효소의 생산이 현저히 억제되므로 3cm 이하로 제국하는 것이 바람직하다(99).

4.3 분국(粉麴)

분국의 제조 방법은 입국과 비슷하며, 가루를 원료로 사용하므로 물의 사용량, 국의 발효 시간, 발효 온도 등에서 차이를 나타내고 있으나 입국과 비슷한 당화제이다. 분국에서도 종국을 사용하므로 분국에는 종국의 곰팡이만이 번식해 있다.

분국은 밀가루를 제조하고 남은 소맥피(小麥皮)로 국을 제조한 것이지만, 일반적으로 가루 형태로 당화제를 제조한 것을 모두 분국이라 한다. 막걸리 양조에서는 밀가루 분국은 사용하지만 소맥피 분국은 사용하지 않는다.

생밀기울과 증자한 밀기울에 누룩곰팡이를 접종하여 효소제를 제조한 결과(212), 효소제의 총 효소력가(SP)는 생밀기울로 제조한 것이 증자한 밀기울 효소제보다 높았으며, *Rhizopus*균을 단독으로 접종한 효소제가 가장 양호했다. α-Amylase 활성은 증자한 밀기울에 *Asp. oryzae*로 제조한 효소제가 가장 높은 값을 나타내었으며, 산성 protease 활성은 생밀기울에 *Asp. usamii*로 제조한 효소제에서 가장 높은 값을 나타내었다. 연구자는 막걸리 제조에 사용할 수 있는 탄수화물 분해효소력과 단백질 분해효소력 등을 검토한 결과, 생밀기울에 *Rhizopus*균과 *Asp. usamii*균으로 제조한 효소제가 바람직하다는 결과를 얻었다.

밀가루 분국의 경우는 분말 상태이므로 글루텐(glutein) 함량이 적은 연질 밀가루(중력분)에 물을 뿌린 후 혼합하는 과정을 거친 다음 증자를 해야 한다. 밀가루에 27~30% 물을 균일하게 뿌려 물을 충분히 고르게 흡수시킨 다음 반죽기를 사용하여 반죽한다. 이를 다시 균일한 크기로 잘게 부순 다음 증자하게 된다. 밀가루를 증자할 때 밀가루 입자를 고르게 부수지 않으면 물이 밀가루에 고르게 흡수되지 않아 증자가 안 되거나 크게 덩어리진 부분은 호화(糊化)가 잘되지 않기도 하며(잘 쪄지지 않게 되며), 술덧에서 밀가루 덩어리가 잘 용해되지 않아서 주질이 나빠지거나 제조 수율이 감소하게 된다.

밀가루 증자는 100°C 이상의 수증기를 가하여 전분을 호화(糊化)시킴으로써 각종 효소의 작용을 용이하게 하고, 최종적으로 당화(糖化)와 발효를 쉽게 하도록 하기 위함이다. 증자는 수증기의 온도, 전분질 원료의 종류와 수분 함량, 증자 설비내의 압력, 증자 용량 등에 따라 차이가 있지만 일반적으로

40～60분 정도 걸리며, 증자 정도의 판단 여부는 흰색 또는 우유빛 색상으로 불투명한 원료가 투명하게 바뀌는 시점으로 판단한다. 증자된 밀가루는 바로 냉각하여 1.0cm^2 크기의 채로 쳐서 분국의 원료로 사용한다.

분국의 제국 방법은 입국 제조 방법과 유사하므로 생략한다.

4.4 누룩과 입국의 차이점

누룩은 당화제로서뿐 아니라 주모의 역할도 수행하여 전통 주류의 양조에 있어서 필수불가결한 원료이다.

1945년 이전에 일본 학자에 의하여 수행된 곡자에 관한 연구가 많이 있으나 연구내용으로 미루어 보아 이 곡자는 우리의 전통 누룩과는 다르다는 것을 쉽게 알 수 있다.

우리나라가 일본으로부터 해방되기 전에 수행된 연구로부터 누룩의 제조, 양조학상 역할 등을 살펴보면 다음과 같다.

1911년 일본인 澁川鑛藏(30)은 누룩은 "전분의 당화제로서 국(麴, Koji)의 기능을 가짐과 동시에 어느 정도의 주모(酒母)로서의 기능도 가지고 있다"라고 했으며, 小原巖(71)도 "곡자는 전분의 당화제로서 국의 기능을 가짐과 동시에 어느 정도의 주모로서의 기능도 가지고 있다"라고 정의했다.

1929년 일본인 A · S 生(50)은 누룩이란 "생소맥을 적당히 분쇄하여 20% 내외의 물을 넣고 1되 혹은 2되 정도의 크기로 원반형으로 성형하고, 30°C 전후의 국실에서 12～13일간 자연적으로 *Aspergillus*, *Rhizopus*와 *Absidia*라는 곰팡이를 번식시키고, 제조된 누룩을 일정 기간 숙성시켜 사용했는데 판매할 때까지 약 60일 정도의 일수를 필요로 한다"라고 피력했다. 또한 곡자제조강본(麯子製造講本)(73)에는 "조선주(朝鮮酒) 양조에 있어서 곡자는 주모(酒母)를 사용하지 않고 당화와 발효의 양 작용이 일어나는 것이므로 누룩의 위대한 기능을 나타내어 국(麴)과 주모(酒母)의 양 기능(兩 機能)을 구비한 누룩이 조선주(朝鮮酒) 양조에 미치는 영향은 실로 중대한 것"이라고 일본인 학자인 佐藤喜吉(56)도 일본에서는 찾아볼 수 없는 독특한 발효제라고 하여 우리 전통 누룩의 우수성을 극찬했다.

이상에서 보는 바와 같이, 전통 조선곡자(누룩)는 당화제뿐 아니라 발효제로서의 역할을 충분히 발휘하는 것이었음을 알 수 있다. 누룩의 원료는 주로 밀을 사용했으며, 지방에 따라 생산되는 곡류를 사용하기도 했다. 더욱이 꽃이나 한약제 등의 부원료를 첨가하여 누룩을 제조하기도 하여 누룩에 다양한 기능성을 부여하기도 했다.

전통적인 누룩은 곡류를 조분쇄하여 살균하지 않은 생전분을 물로 반죽하여 일정한 형태로 성형하여 공기 중의 미생물과의 자연 접종으로 제조한다는 것이 일본의 코지(koji, 麴)와 가장 큰 차이점이라 할 수 있다. 일본의 코지는 살균한 곡류에 순수 배양한 미생물을 살포하여 만들기 때문에 그 미생물의 조성이 매우 단순하지만, 누룩은 생전분을 원료로 하여 자연 상태에서 띄우기 때문에 사상균, 효모뿐 아니라 세균까지 다양한 종류의 미생물의 조성을 볼 수 있다.

이와 같이 일본의 코지는 당화제의 역할만 할 뿐이나, 전통 누룩은 생전분이 갖는 당화력과 자연적으로 접종된 다양한 사상균이 증식하므로 생성된 사상균의 당화력과 효모에 의한 알코올 발효력을 겸비하여 전통주의 양조에 있어서 주모(酒母)를 사용하지 않고 누룩만을 사용하여 전통주의 양조가 가능하다(표 2-2).

더욱이 누룩은 생전분으로 띄우므로 술의 양조 과정에서 많은 종류의 미발효성 당과 많은 양의 기능성 올리고당이 술에 함유되어 있을 뿐 아니라 미발효성당과 함께 식이성 섬유질을 풍부하게 함유하고 있어 웰빙(well being) 술의 양조가 가능하다. 코지로 양조하면 전 양조과정에 증자전분만을 사용하므로 올리고당과 식이성 섬유질이 존재할 수 없게 된다. 한편, 누룩은 미생물을 자연적으로 접종, 증식시킨 것이므로 당화력이 낮고 발효력이 다소 낮다는 단점이 있다. 우리 조상은 이러한 단점을 보완하기 위하여 저온 담금법으로 제조하였으며, 다양한 미생물에 의한 다양한 술의 향미를 음미했었다.

표 2-2 전통 누룩과 입국과 분국의 차이점

	전통 누룩	입국	분국
전분 원료	생전분질	증자 전분질	-
원료 형태	조분쇄 생밀	입상	가루 형태
접종법	자연 접종법	인공 접종법	-
누룩 중의 미생물 종류	매우 다양한 종류	단일 종	-
누룩 중에 효모 존재	존재	존재 안함	-
누룩의 기능성	당화력, 알코올 발효력	당화력, 알코올 발효력 없음	-
술의 올리고당	존재	존재 안함	-
술의 식이성 섬유질	존재	존재 안함	-
주모의 필요성	필요 없음	필요함	-

입국은 입상 형태이고, 분국은 가루 형태로서 기능면에서는 차이점이 없다.

이상과 같이 누룩은 생전분 원료에 다양한 미생물로 만들어지지만 일본식 누룩이라 할 수 있는 코지는 증자 전분 원료에 단일 균만으로 만들기 때문에 누룩에서와 같이 여러 종류의 기능성 물질을 함유할 수 없다.

4.5 조 효소제

조 효소제는 소맥피(小麥皮) 또는 전분질이 함유된 곡류를 증자하여 당화균을 파종하고 증식시켜 효소역가를 높인 제품을 말한다. 조효소제의 규격은 수분 함유량이 10% 이하로서 당화력이 600SP 이상이며 내산성 당화력은 당화력가의 50% 이상이다. 이 제품은 양조장에서 자가 제조 입국의 당화력이 부족할 때 보강제로 사용하며 막걸리의 발효를 안전하게 하고자 할 때 사용된다. 그러나 많이 사용하면 막걸리의 주질에 나쁜 영향을 미치므로 사용에 특별히 주의해야 한다.

4.6 정제 효소제

정제 효소제는 말 그대로 효소를 고체 배지 또는 액체 배지에서 생산하여 당화효소를 분리 · 추출하여 주류 제조에 사용할 수 있도록 농축 · 정제한 제품을 밀힌다.

정제 효소제의 규격은 수분 함유량이 8% 이하(분말 정제 효소제만)이고, 액상 당화력은 10,000SP 이상, 분말 당화력은 15,000SP 이상이며, 내산성 당화력은 당화력가의 50% 이상이다.

이 제품의 사용은 일반적으로 막걸리의 2단 담금을 할 때 사용되며, 많이 사용하면 막걸리의 주질에 나쁜 영향을 미치므로 사용에 특별히 주의해야 한다.

4.7 종국(種麴)

종균(種菌)은 입국 제조에 사용되는 곰팡이(*Aspergillus oryzae*, *Aspergillus kawachii*, *Rhizopus* spp. 등)를 말하며, 종국을 제조할 때 종균은 일반적으로 무균적으로 증식시켜 곰팡이의 포자(胞子, spore, seed)가 충분히 형성되도록 증식시킨 것이다. 종국은 종균이 당화효소 생성을 가급적 억제시키고 종균의 포자를 최대한 형성시킨 것이며, 입국은 종국의 제조 방법과 반대로 종균의 포자 형성을 최대한 억제하고 당화효소의 생성을 최대한 유도한 것이다.

종국의 원료로 쌀, 밀, 좁쌀 등을 사용할 수 있으나 쌀을 많이 사용하고 있다.

쌀을 물에 침지하여 물을 완전히 뺀 후, 충분히 증자한 고두밥 쌀에 포자가 형성된 백국균의 종균을 접종하고, 원료 대비 3~5%의 목회(木灰)를 잘 혼합시켜 30°C 이하에서 배양하여 충분히 포자가 형성되도록 긴 배양 시간으로 종균을 배양시켜 종국을 제조한다. 이 종국을 40°C 이하의 온도에서 충분히 건조시켜 사용하는데 건조가 불충분하면 습기에 의하여 형성된 포자가 발아할 수 있으므로 주의해야 한다.

종국 제조 때 목회를 첨가하는 이유는 다음과 같다.

① 목회는 강한 알칼리성 물질이므로 종국 제조 때 오염되는 잡균의 오염을 방지할 수 있다.

② 국균인 종균이 증식할 때 요구되는 인산(P)과 칼슘(K) 등의 무기질을 공급하므로 종균이 충분히 증식할 수 있도록 하는 무기질의 공급원이 된다.

그림 2-10 백국균 종국.

그림 2-11 황국균 종국.

③ 국균이 증식하면서 생성되는 산성(酸性) 물질에 의하여 국균의 증식이 억제되는데 이 산성 물질을 알칼리성 목회가 중화시켜 준다.

④ 목회가 국균의 포자 형성을 촉진시켜 주는 역할을 한다.

백국균일 경우 종국의 접종량이 지나치게 적을 때는 배양 초기의 당화효소의 생산이 낮으나, 입국의 배양 시간이 길어지면 당화효소의 생성에는 종국의 접종량과는 별다른 차이를 나타내지 않는다(99). 따라서 시판 종국으로 0.25%의 종국을 접종하는 것이 바람직하나 통상 접종하는 양보다 2~4배 많이 접종하는 것이 바람직하며, 입국의 배양 초기의 균 증식량이 많아지므로 보쌈 작업에서 뒤집기 작업까지의 시간이 단축될 수 있다.

한국에서 생산되는 종국은 단일 종(種, species)에 단일 균주(菌株, strain)로 된 곰팡이로 이루어져 있으나 일본에서 생산되는 종국은 서로 다른 두 종의 혼합 또는 같은 종 내의 서로 다른 2~4개의 균주의 혼합 균종으로 이루어져 있다. 전분 분해력과 단백질 분해력을 기준으로 하여 종 별로 판단하면 *Asp. awamori* var. *kawachii*, *Asp. oryzae* 및 *Asp. usamii* mut. *shirousamii*가 양호했으며, *Asp. awamori* var. *kawachii*는 산생성력은 강하나 전분 분해력과 단백질 분해력이 약하고, *Asp. oryzae*는 전분 분해력이 강하고 향이 좋으나 산생성력이 좋지 못하며, *Asp. usamii* var. *shirousamii*는 단백질 분해력이 강하나 향이 좋지 않은 특징을 가진다(95).

5 주모(酒母)

막걸리뿐 아니라 곡류를 이용한 양조주 제조에서 술덧을 담금할 때, 미생물이나 맥아를 이용한 당화효소로 전분을 포도당으로 분해시키고, 포도당을 알코올로 전환시키기 위해서는 발효효모가 필요하다. 이때 사용되는 많은 수의 발효효모를 증식시킨 물료를 주모(酒母) 또는 밑술이라고 한다.

예전에는 막걸리를 제조할 때 주모를 사용하지 않고 바로 본 담금을 하기도 하였지만, 최근에는 건전한 주모가 제조됨에 따라 안전한 막걸리 제조가 가능해짐으로써 대부분의 양조장에서 주모의 사용을 당연하게 받아들이고 있다.

막걸리의 제조 과정은 병행 복발효이므로 막걸리의 담금으로 누룩과 입국의 당화효소에 의하여 포도당이 생성되면 주모 중의 효모의 수가 극대화되면서 발효의 진행과 병행하여 알코올의 생성도 극대화된다. 따라서 주모의 역할은 술의 양조에서 중요한 물료이다. 또한 주모는 본 담금할 때 담금에 적당한 pH를 맞추기 위해서는 알맞은 산도를 유지하도록 해야 하므로 효모의 수뿐 아니라 산도의 조절 기능도 중요한 요인이 된다. 주모의 산도는 발효 과정 중 오염될 수 있는 잡균의 오염을 방지할 수 있는 역할도 한다.

표 2-3 1925년도 주모의 담금 비율

	하절기 이외의 시기	하절기
증미	100홉	100홉
누룩(곡자)	40홉	40~50홉
물	100홉	85~90홉
젖산	100cc	100~120cc

1925년 우리나라에서 사용된 주모 제조 방법을 보면 현재의 누룩 사용 주모의 담금 비율에서 주모의 발효 과정은 속양주모의 발효 과정을 거치고 있다(178). 옛날에는 국을 사용하지 않고 누룩만으로 술을 빚었기 때문에 누룩으로 주모를 만들고 있음을 알 수 있다.

1920년대 막걸리의 제조 방법은 주모를 사용하지 않고 누룩만을 사용하여 제조하는 방법이 주로 이용되었으나 주모를 사용하지 않는 방법은 여러 측면에서 단점이 많았다. 이런 단점을 보완하고자 약주 담금 방법을 이용하여 주모를 담금하여 막걸리를 제조하기 시작했다. 주모 담금은 깨끗한 독에 물을 넣고 젖산을 넣어 잘 혼합하여 냉각된 증미를 첨가한 후 잘 교반한다. 담금 후 6~7시간 지나서 첫 교반을 하며, 24시간 동안에는 자주 교반하여 충분히 누룩의 효소와 증미의 연화를 촉진시켜 주어야 한다. 주모 제조는 20°C 정도에서 5~6일 간 발효시켜 사용했다(표 2-3).

현재 사용되고 있는 주모의 종류는 빨리 만드는 속양(速釀)주모와 속양주모보다 높은 온도에서 주모를 제조하는 고온 당화주모, 증미를 사용하지 않고 입국만으로 제조하는 수국(水麴)주모와 곡자만으로 주모를 제조하는 곡자(麯子) 사용 주모 등이 있다. 속양주모와 수국주모가 가장 보편적이고 안전한 주모로서 일반적으로 많이 사용하는 주모이며, 고온 당화주모는 사용해야 할 주모가 없을 때 고온 당화주모를 제조하여 사용하기도 하지만, 이 방법은 여름철과 같이 기온이 높은 계절에는 막걸리 제조에 있어서 위험한 방법이다.

5.1 속양주모

속양주모((速釀酒母)는 청주 양조에 사용되며 우리나라의 막걸리 제조에도 사용되는 주모 제조법으로 비교적 안전한 방법이다. 그러나 속양주모는 청주 효모인 *Saccharomyces sake*(정확히는 *Saccharomyces cerevisiae* var. *sake*)를 주모 효모로 사용하고, 전통 막걸리 제조용 주모 제조에는 전통주 효모인 *Saccharomyces coreanus*를 사용해야 하지만, 전통주 효모가 일반적으로 사용되지 않고 일본의 청주효모를 사용하고 있어서 우리의 전통주 효모의 육성이 시급한 상태이다.

표 2-4 속양(速釀)주모의 담금 비율

	방법 1	방법 2
입국	6.0kg	1.8kg
종 효모(種 酵母)	100ml	30ml
젖산(乳酸)	35~55ml	12~15ml
급수	6.6L 정도 (급수 비율; 110%)	2.0L 정도 (급수 비율; 110%)

속양주모에 사용할 용기를 잘 소독하여 급수를 먼저 넣고, 젖산을 넣어 잘 혼합하여 pH가 3.0~3.5가 되도록 보산하고, 종 효모(배양효모)를 넣어 부드럽게 저어주면서 입국을 넣는다. 주모의 담금 온도는 20°C 정도가 적당하다(표 2-4). 담금 후 2~3시간 정도가 되면 입국이 수분을 충분히 흡수하며, 입국의 당화효소가 충분히 용해되면 아주 부드럽게 잘 저어주어 입국과 효소가 잘 분산되도록 해야 한다. 담금 후 6~7시간 이후부터 담금액이 부풀어 오르게 되면 잘 저어주어 주모 담금액이 호기적 조건이 되도록 함으로써 주모 효모의 증식을 촉진시켜야 한다.

주모 발효 온도는 20~25°C 정도가 적당하며 4~5일간 주모 발효를 시킨다. 주모 담금에서 숙성될 때까지 5~6시간 간격으로 매일 3~4회 나무 교반 막대로 상하와 좌우로 충분히 교반해 주어야 하는데, 이 작업은 교반함으로써 주모가 호기적 상태를 유지하도록 하여 알코올 생성을 억제하고 주모 중의 효모의 증식을 왕성하게 하기 위한 매우 중요한 조작이다. 주모 제조에서 품온은 20°C 이하를 유지해야 하며 담금한 후 4~5일 정도에서 주모 제조가 끝나게 된다. 막걸리 양조에서 주모의 사용은 담금 원료 대비 2~3%가 적당하다. 주모의 발효 과정에서 교반은 대단히 중요하며 막걸리의 본 담금의 전 과정에서의 교반과 전혀 다른 목적을 가진다.

주모 발효 과정에서 교반의 목적은 다음과 같다.

① 주모 효모의 증식에 필요한 산소를 공급하여 주모 술덧을 호기적 상태로 유지하도록 한다.

② 효모의 증식으로 생성된 많은 양의 탄산가스를 주모 술덧으로부터 방출시킨다.

③ 주모 술덧이 호기적 상태를 유지시켜 알코올 발효를 억제시킨다.
④ 주모 술덧을 좌우상하로 교반하여 온도차를 균등하게 한다.
⑤ 주모 술덧의 물료를 균질화시킨다.
⑥ 생성된 당류, 텍스트린 등의 점질성 물질에 의한 끓어오름을 방지한다.

이는 최종적으로 주모 효모의 증식을 극대화하기 위한 조작이다.

5.2 수국주모

수국주모(水麴酒母)는 막걸리 제조에 가장 많이 사용되는 주모이며, 젖산을 사용하지 않고 백국균으로 제조한 입국만으로 담금하는 주모이다(표 2-5). 백국균은 제국 과정 중 많은 양의 산을 생성하며 젖산을 첨가하지 않더라도 충분한 산이 첨가되므로 안전한 주모 제조 방법이라 할 수 있다.

표 2-5 수국(水麴)주모의 담금 비율

	방법 1	방법 2
입국	4.5kg	15kg
종 효모(種 酵母)	100ml	300ml
급수	6.3L 정도	20L 정도
	(급수 비율; 140%)	(급수 비율; 130%)

속양주모는 2단 담금을 하지만 수국주모는 1단 담금하므로 조작이 간편하고, 백국균 입국만을 사용하므로 입국에 백국균이 생성한 산(酸)만으로 주모의 산도(酸度)가 충분하기 때문에 주모의 pH를 조정할 필요가 없는 장점이 있어 경제적이며 간편하고 안전적인 주모 제조 방법이다. 그러나 여름철에 건전한 주모 제조의 위험성이 있을 때나 입국 중의 산 생성이 충분하지 못할 때는 방법 1에서는 70~80ml, 방법 2에서는 20~30ml의 젖산을 첨가할 수도 있다. 종 효모의 사용량은 입국 대비 6~7%로서 충분하다.

수국주모의 담금 조작은 속양주모보다 간단하며 살균된 용기에 급수를 넣고 입국과 종 효모를 넣어 잘 교반하고 주모 발효 과정은 속양주모와 같이 한다.

5.3 누룩사용주모

최근 누룩만으로 주모를 담금하는 양조장이 늘어나는 경향이라 누룩사용주모를 소개하고자 한다. 누룩사용주모는 수국주모와 다르게 여러 종류의 미생물이 존재하여 산의 생성이 높지 않기 때문에 젖산을 첨가하여 담금액의 pH를 3.0~3.2 정도로 보산(補酸)하는 것이 특징이다(표 2-6).

표 2-6 누룩사용주모의 담금 비율

담금 비율	
증미	10kg
누룩(곡자)	2kg(1되용 2매)
종 효모(種 酵母)	100ml
젖산	100~120ml
급수	13~15L 정도(급수비; 110~125%)

이 주모에서는 잘 띄워진 곡자(누룩)를 사용해야 하며, 일반적으로 자가 누룩을 사용하고 있어서 전통 양조 기법을 고수하는 자부심을 가진 양조장이 늘어나고 있다.

누룩사용주모의 담금은 살균된 용기에 급수와 젖산을 넣고 다음으로 증미를 넣어 잘 혼합한 후, 누룩과 종 효모를 넣어 혼합하여 담금을 마친다. 누룩사용주모의 발효 과정은 속양주모와 같이 한다. 누룩을 잘 분쇄하여 가루로 만들어 사용해야 누룩 중의 효소가 잘 용해된다.

6 막걸리 양조법

술덧이란 주모, 증자한 쌀 또는 밀가루, 입국과 누룩, 급수를 혼합한 물료를 말하며, 이렇게 혼합하는 조작을 담금이라 한다.

일반적으로 막걸리의 담금은 두 번에 걸쳐 하므로 2단 담금법이라 하고 양조장에 따라 한 번의 담금으로 발효를 시키는 1단 담금법도 있다.

일본 청주는 일반적으로 3단 담금을 하며 막걸리의 발효 온도보다 낮은 온도에서 발효시키므로 발효 기간이 막걸리보다 길다. 막걸리 발효에서 효소원인 누룩 또는 국의 첨가 방법이나 참가 시기는 매우 중요할 뿐 아니라 가장 기본적인 조작이다.

1967년 이성범(186)은 탁주 양조에 있어서 당화제가 알코올 발효에 미치는 효과와 일반적인 방법인 국류(麴類)와 곡자 등과의 혼용으로 시험한 결과, 곡자는 호정화력(60)과 당화력(660)이 비교적 낮으며, 국류(麴類)는 호정화력(600)과 당화력(1,500)이 곡자보다 강하므로 양자의 사용량을 각각 정당하게 조정하여 효율적으로 알코올을 발효시킬 필요가 있다고 보고했다.

실제 막걸리 양조에 있어서 우리나라의 전통 누룩을 사용할 때에는 첨가비율을 대 원료당 20%로 하는 것이 가장 적당하고, 소맥분국은 25%가 적당하다. 막걸리 양조의 효소제로서 분리한 A_3균주를 대 원료당 5%로 사용했을 때 발효 속도(CO_2 gas 발생으로 환산하여 2.8g/24hours)가 가장 양호했다. 알코올 발효에 있어서 소맥분국을 단독 사용할 때 술덧의 산도(酸度)는 3.3으로 산(酸)의 생성이 너무 많기 때문에 소맥분국의 단독 사용은 좋지 못하다. *Aspergillus usamii* sp. 및 *Rhizopus* sp.를 종균제로 제조한 국의 사용은 산의 생성이 비교적 낮았다.

당화제의 단독 사용 및 곡자와 분국과 종균으로 제조된 국과의 혼용으로 탁주를 담금했을 때 발효 전과정에서 혼용 담금이 단독 담금보다 술덧의 품온이 높았으며, 후 발효에서는 품온이 같게 나타났다. 또한 발효 과정에 있어서 아미노산도의 변화는 단독 사용 담금이 혼용 사용 담금보다 후 발효 후기에 높게 나타났으며, 곡자 단독 사용 담금에서는 후 발효 후기에서 아미노산도가 현저하게 높게 나타나 탁주 발효 과정에서 단백질 분해력이 가장 높게 작용한다고 추측했다. 더욱이 탁주 제조에서 산도는 낮을수록, 아미노산도는 높을수록 탁주의 주질(酒質)이 양호하다. 한편 호정화력과 당화력이 강할수록 양호할 뿐 아니라 알코올 발효력도 양호하다.

이와 같은 조건을 충족시킬 수 있는 단독 사용의 효소제가 현재로서는 없기 때문에 곡자와 분국 등의 효소제의 혼용 담금이 막걸리의 양조법으로 장점만을 최대한으로 이용할 수 있는 방법이라 할 수 있다.

막걸리 발효에서 발효를 자동 관리하고자 하는 연구도 진행되고 있다

(270, 286).

우리나라의 막걸리 제조 방법은 원료에 따라 지방에 따라 전혀 다른 방법으로 제조되므로 하나의 방법이 반드시 전통적인 방법이라 할 수 없다. 따라서 막걸리의 제조법을 설명하기가 매우 어렵기 때문에 이 책에서는 국세청 기술연구소가 발행한 "탁 · 약주제조교본"(발간등록번호; 11-1210104-000013-11)(14)에 따라 설명하고자 한다(그림 2-12).

주모는 건강한 막걸리 효모를 다량 증식시키기 위한 조작이다. 이 절에서는 막걸리를 담금하여 원료인 전분질로부터 다량의 발효성당인 포도당을 생성시키고 아울러 생성된 당으로부터 알코올과 맛과 향기 성분을 생성시키는 조작을 설명하고자 한다.

발효 용기는 양조장의 환경에 따라 많은 차이가 있으나, 전통적으로 독 항아리를 사용했으며 최근까지 소규모 양조장에서는 일반적으로 독 항아리를 사용(그림 2-13)하고 있다. 규모가 큰 양조장에서는 관리가 쉽고 인체에 무해한 스테인레스 스틸(stainless steel)재 발효 탱크를 사용하는 사업장이 늘고 있다(그림 2-14). 발효 용기의 크기와 수량은 전적으로 막걸리의 생산량에 따라 결정된다.

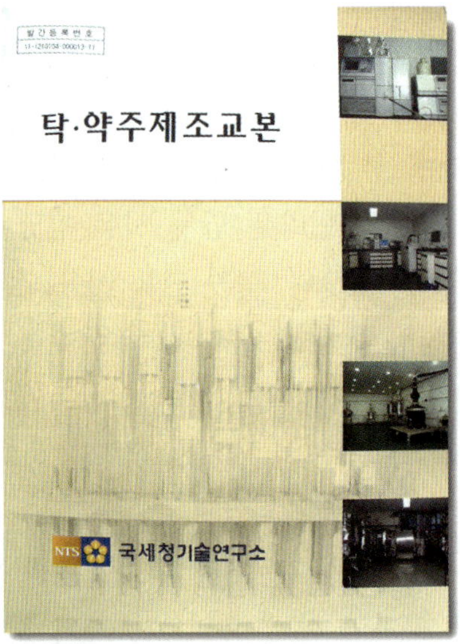

그림 2-12 탁 · 약주제조교본.

그림 2-13 전통 항아리의 발효 용기.

그림 2-14 최신식 스테인레스 스틸 발효 탱크.

6.1 막걸리의 1단 담금

막걸리 양조에서 1단 담금은 발효를 시작하게 하기 위하여 효소제에 함유된 효소를 용해시키고 효소에 의하여 전분을 당화시켜 소량이지만 생성된 포도당을 효모의 생육에 필요한 에너지원으로 사용하여 주모 중의 효모를 확대 증식시키도록 하기 위한 준비 단계이므로, 효소제와 주모를 용기에 넣고 물로 혼합하는 조작을 말한다. 때문에 고체국(固體麴)이 아니며, 물속에 국이 혼합되므로 수국(水麴)이라고도 한다.

1단 담금의 양은 1단 단금과 2단 담금의 전체 술덧 양의 20~30% 정도가 적당하다. 이 1단 담금의 양이 적으면 2단 담금에서 잡균에 의한 오염 가능성이 높고, 많을 때는 1단 담금에 많은 양의 주모가 필요하게 되어 전 발효 과정 중 발효가 빨리 이루어지므로 막걸리의 주질을 나쁘게 할 가능성이 높다.

1단 담금에 필요한 물료를 모두 용기에 넣고 부드럽게 잘 혼합하고, 담금 온도는 22~28°C 정도에서 품온 관리를 해야 하며, 품온이 30°C를 넘지 않게 해야 한다. 이 시기를 전 발효 시기라 한다.

1단 담금한 술덧은 하루 반에서 2일이 지나면 당화제의 당화효소와 효모의 증식이 충분히 이루어져 2단 담금을 할 수 있다. 이 기간 동안 하루에 2~3번 정도 가볍게 교반해 주어 효모의 증식을 촉진시키고 술덧 중에 효모의 증식으로 생성된 탄산가스를 배출해 주어야 한다.

원료 사용 비율은 원료 전체 중량에 대한 증미 비율은 20%, 주모 비율은 2~3%, 국미와 누룩은 효소제이므로 효소제 전체는 18%로 하며, 국미와 누룩의 사용 비율은 각 양조장의 사정에 따라 변동이 가능하며, 급수 비율은 전 원료의 160%로 하는 것이 일반적이고 보편적인 방법이다(표 2-7).

1단 담금 후 발효 기간이 짧으면 효모의 증식이 충분하지 못하게 되어 2단 담금이 충분히 이루어지지 못하는 경우가 있으며, 발효 기간이 너무 길어지면 효모가 노화될뿐 아니라 효모의 활성이 낮아져서 알코올 발효가 충분히 이루어지지 않으므로 좋은 막걸리를 생산할 수 없게 된다. 따라서 1단 담금 기간에 술덧의 발효 상태를 면밀히 관찰하여 2단 담금 시점을 결정해야 한다.

표 2-7 막걸리 술덧의 담금 비율(원료 100kg 쌀)

	1단 담금	2단 담금	합계
증미(蒸米)	-	80kg	80kg
주모(酒母)	2.5kg	-	2.5kg
국미(麴米)	16kg	-	16kg
누룩 또는 국미	-	2kg	2kg
급수(汲水)	30L	130L	160L

증미 비율; 20% 이하
효소제(국과 누룩의 합) 비율; 18%
주모 비율; 2~3%
급수 비율; (쌀의 경우) 160% 이하
밀가루의 경우; 170% 이하

1단 담금하는 목적은

① 국이나 누룩에 함유된 여러 종류의 효소 및 산을 추출하고,
② 추출된 산에 의하여 술덧의 pH를 적정 산도로 조정하며,
③ 누룩에 함유된 (국에는 효모가 없음) 효모의 확대 증식에 필요한 에너지인 포도당을 전분으로부터 당화시켜,
④ 안전한 상태에서 효모를 확대 증식시키는 준비 단계이다.

6.2 막걸리의 2단 담금(본 담금)

1단 담금에서 효소의 작용과 효모의 증식이 완성하게 되면 2단 담금을 한다. 2단 담금에서는 주모를 넣지 않고 효소제인 입국과 원료 증미(蒸米, 고두밥)와 물을 넣어 2단 담금을 마친다. 2단 담금할 때 최근에는 찐쌀 이외에 수입 찐쌀, 올리고당 또는 포도당 등을 첨가하기도 하는데 이는 결코 좋은 방법이라 할 수 없으며, 이런 방법으로는 결코 좋은 막걸리를 양조할 수 없다. 특히 한약제 등을 첨가하는 경우에는 이 시기에 첨가하는 것이 좋으며, 이 때가 기능성 막걸리의 제조뿐 아니라 다양한 색상을 띠는 막걸리를 제조하기 위한 물료의 첨가가 가능한 시기이다.

6.3 발효 관리

2단 담금이 완료된 술덧은 발효가 일어남에 따라 술덧의 품온이 서서히 올라가게 된다. 막걸리의 2단 담금은 알코올 발효 담금이므로 담금 온도는 23~25°C 정도가 적당하며 품온이 30°C를 넘지 않게 온도를 철저히 관리해야 하며 절대로 35°C를 넘지 않아야 한다. 2단 담금 후 5~6시간이 지나면 담금 물료는 물을 충분히 흡수하여 최고로 부풀게 되는데, 이때 당화와 동시에 알코올 발효가 활발히 진행되기 시작하며 발효가 10시간 정도 지나 부풀어 오른 술덧이 약간 낮아지게 되면 약하게 교반을 해준다. 발효가 더욱 진행되면 품온이 급격히 오르게 된다.

발효 후 12시간 정도 진행되면 한 차례 교반을 해준다. 이 시기부터 당화제로부터 용출된 효소의 활성이 빠르고 높아지게 되면 필연적으로 술덧의 품온은 상승하게 된다. 특히 발효 2~3일 차에는 품온이 34~35°C까지 올라 최고 품온에 도달하게 되는데, 이때 이 온도까지 오르지 않도록 적절히 온도 관리를 하지 못하면 주질이 불량하게 되며 알코올 수율도 낮아지게 된다. 과도한 발효가 일어나면 술덧의 팽창이 크게 일어나 담금 용기 밖으로 술덧이 끓어 넘치는 현상이 발생되어 제조장을 오염시키는 경우도 발생하므로 주의하여야 한다.

최고 품온이 32°C 이상 오르게 되면 열에 의해 효모의 효소 활성이 급속도로 손상되고 효모 자신의 노화가 급격히 이루어지므로 발효 속도가 오히려 떨어지게 된다. 술덧의 교반 작업은 매일 2~3회 정도 부드럽게 해주며 발효가 끝날 때까지 반복해야 한다. 이 작업은 술덧의 물료를 아래위로 교반해 주기 위함과 온도 관리 및 알코올 발효에 의해 생성된 탄산가스를 배출해 주기 위한 작업이다.

2단 담금에서 본격적인 알코올 발효가 시작되면 술덧이 크게 부풀어 오르게 되는데, 이 거품의 오름의 정도가 발효 진행 과정과 같게 나타나므로 거품이 오르기 시작하면 알코올 발효가 진행된다는 의미이고 거품의 높이가 최고에 도달하면 발효가 최고에 도달했다는 것이다. 이 시기에 당화와 알코올 발효가 가장 왕성하게 일어나므로 주 발효 시기라 한다. 발효 시간이 더 진행되면 거품이 서서히 낮아지게 되는데 이는 발효 속도가 낮아져 발효가 서서히 끝나가게 된다는 의미이다. 이 시기를 후 발효 시기라 한다. 막걸리 양조에서 거품의 오름과 내림으로 발효의 정도를 간접적으로 측정할 수 있다.

발효 기간은 일반적으로 발효 온도에 지배되므로 25~26°C에서 4~5일 정도의 발효 기간이 적당하며, 특히 여름철에는 온도 관리를 철저히 해야 한다.

발효의 종료 시점은 일반적으로 술덧의 거품층이 대부분 내려가고 기포 생성이 아주 적을 때라고 하나 술덧의 알코올 농도, 산미뿐 아니라 고유의 막걸리의 향과 색이 나타나는 시기를 경험적으로 본다. 이 시기는 발효가 완전히 종료되기 전이다. 발효의 종료 시기를 발효가 완전히 종료되기 전으로 보는 이유는 막걸리를 제성한 다음, 병입(瓶入)한 후에도 발효가 약하게 일어나서 탄산가스를 술덧 중에 포화시켜 막걸리 특유의 청량감을 부여하기 위함이다.

막걸리 발효에서 발효 종료 시점을 결정하는 것은 막걸리 제조 기술에서 중요한 기술이다. 약주나 동동주의 발효 종료 시점은 발효가 더 진행되지 않는 시점 즉, 발효가 끝난 상태로 보는 것이 일반적인 견해이다. 그리고 청주의 발효 공정은 일반적으로 3단 담금을 하며 막걸리의 발효 온도보다 낮은 18°C 정도 또는 그 이하 온도에서 장기간 발효시키고 종료 시점은 발효가 완전히 끝난 후에도 2~3일 발효 숙성 기간을 두는 것이 일반적이다.

특히 여름철에 막걸리의 술덧의 품온이 35°C 이상 오르게 되면 효모의 알코올 발효 능력이 급격히 감소하게 되어 알코올 발효를 할 수 없게 됨으로써 생성된 포도당을 알코올로 전환할 수 없게 된다. 고온에서는 당화작용이 왕성하게 되어 포도당의 소비 속도보다 포도당의 생성 속도가 높게 되며, 술덧 중에 포도당이 축적되어 감미(甘味)가 높게 되면서 감패 현상(甘敗 現象)이 일어난다. 온도가 높아서 고온에서 잘 증식하는 초산 세균이 이상 증식함에 따라 적게 생성된 알코올이 식초산(acetic acid)으로 산화해 버리기 때문에 산미(酸味)가 나타나게 되어 결국 산패 현상(酸敗 現象)이 일어나서 달고 신맛이 강하면서 알코올의 취기가 없는 부패된 막걸리가 된다.

이와 같은 막걸리의 부패 현상을 감·산패 현상(甘·酸敗 現象)이라 부른다.

막걸리의 발효 과정에서 감·산패 현상을 예방하기 위해서는 온도 관리가 기본이며, 다음과 같이 발효 관리를 철저히 해야 한다.

① 술덧의 품온이 35°C 이상 오르기 전에 품온을 낮추어야 하며,

② 고온 다습한 여름철에는 주모 사용을 최소화하고,

③ 발효실을 소독하여 식초산 세균 등의 유해 세균 오염을 방지해야 하며,

④ 가능한 담금 온도를 낮게 시작해야 한다.

6.4 막걸리의 제성 및 숙성(熟成)

막걸리의 술덧에서 거품의 높이가 완전히 밑으로 내려오면 발효가 거의 끝난 상태이고, 이때 막걸리 술덧의 알코올 농도는 14~18% 정도로 비교적 높은 편이다.

술덧 중의 고두밥이나 밀가루의 덩어리 등과 누룩과 한약재 등의 찌꺼기를 일정 크기의 체를 이용하여 원주(原酒)로부터 제거하기도 하며, 탁주 제성기를 사용하여 고형물을 80~120mesh로 갈아 여과할 수도 있다. 이때 제거된 찌꺼기를 막걸리 주박(酒粕)이라 하며, 이 공정을 제성(製成) 공정이라 한다. 여과된 원주를 막걸리의 적정 알코올 농도(6~8도)로 맞추기 위해 가수(加水), 또는 후수(後水)하면서 식품첨가물 허용 물질과 적정 농도의 조미료를 첨가하여 생막걸리를 제성하여 시판한다. 최근에는 제성하기 하루 전에 후수와 식품첨가물을 첨가하여 하루 동안 숙성시킨 후 제성하기도 한다. 막걸리의 알

코올 도수를 특별히 규제하지 않으므로 표 2-8과 같이 다양한 농도의 알코올 함량(5~12.5%)과 다양한 전분질 원료, 다양한 과실 및 한약제 등을 사용한 막걸리가 생산되고 있다.

표 2-8 시판되고 있는 막걸리의 알코올 도수

도수(%)	상표면	생산 업체	
5%	은자골 탁배기	은척 양조장	상주시 은척면 봉중리 311
6%	청송주산지 막걸리	청송 양조장	청송군 부남면 대전리 121-1
7%	가야산가천 생막걸리	가천탁주합동 양조장	성주군 가천면 가천로 71-2
8%	금정산성 막걸리	금정산성 토산주(유)	부산시 금정구 금성동 554-1
9%			
10%	부자 막걸리	배혜정 도가	화성시 정남면 문학리 674-23
11%			
12.5%	이화주	국순당	서울시 강남구 삼성동 110-3
17%	십칠주	봇뜰	남양주시 진접읍 팔야로 91-41

막걸리의 제성에 사용되는 제성기는 보통 60~80mesh 정도의 크기를 사용하는데 너무 크면 (mesh 숫자가 낮으면) 까칠까칠한 느낌이 들고, 너무 작으면 (mesh 숫자가 높으면) 작업성이 나빠 제성이 잘되지 않는 단점이 있으므로 막걸리의 고형물의 입자 크기(mesh)의 결정에 주의해야 한다. 탁주 제성기에 사용되는 망의 크기는 60~120mesh 정도로 다양한데 mesh의 결정에 따라 막걸리 부유물의 함량이 결정된다. 부유물의 함량에 따라 막걸리가 목구멍으로 넘어갈 때 느끼는 무게감이 가벼워질 수도 있고 무거워질 수도 있다.

제성 공정은 술덧을 개방적으로 처리하는 공정이므로 비위생적으로 처리하면 외부로부터 해충에 오염되기 쉽기에 항상 청결한 상태에서 작업을 해야 한다. 그리고 여름철에 실내 온도가 높으면, 세균의 생육 최적 온도와 비슷하게 되어 일반 세균, 화락(火落) 젖산 세균, 대장균과 초산 세균 등에 쉽게 오염되기도 하고, 술덧의 온도가 급격히 상승할 수도 있으므로 특별히 주의해야 한다.

최근 막걸리가 유행함에 따라 인삼, 오미자, 딸기 등의 과실과 한약재들을 혼합하여 칵테일 형식으로 만들어 마시기도 하는데, 제조장에서 제조하는 과실 막걸리의 경우 전체 중량의 20%만을 술에 혼합할 수 있도록 하고 있다. 이는 과실 특유의 맛을 살리기에는 다소 부족한 측면이 있지만 과실주와 막걸리를 분류하기 위해 제도화한 법규라는 점을 고려해 보면 타당하다고 평가할 수 있다.

한편, 생막걸리의 경우 감미료에 관한 일부 논란이 있다. 바로 아스파탐이다. 얼마 전까지 천연감미료인 스테비오사이드를 일반적으로 사용했으나 최근에는 합성 감미료인 아스파탐을 사용하고 있다. 때문에 많은 소비자들은 '왜 천연 원료에 기원을 두고 있는 감미료인 설탕, 벌꿀, 올리고당, 포도당 등을 사용하지 않고 인공감미료를 사용하는가?'라고 불평을 하기도 한다. 설탕을 포함한 천연감미료는 생막걸리에서는 살아 있는 효모에 의해 이들이 알코올로 전환이 되면서 단맛을 잃게 되어 그 역할을 수행할 수 없다. 따라서 효모가 에너지원으로 이용할 수 없는 감미료를 사용하게 되었고, 이 중에서 관능적으로 가장 우수한 특성을 보이는 것이 아스파탐이라 현재 일반적으로 사용하고 있다.

6.5 포장

제성된 막걸리는 일반적으로 제성한 지 하루가 지나면 맛이 가장 좋다고 한다. 이는 제성하기 위하여 후수하므로 맛 성분이 각각으로 나타나지만 제성한 후, 하루 지나면 여러 종류의 맛 성분이 서로 교잡하기도 하고 서로 독특한 맛과 향기를 나타내면서 막걸리의 숙성이 이루어지기 때문이다. 일반적으로 제성하여 바로 포장하는데, 포장된 막걸리를 바로 소비하든지 하루 지나 소비하든지 한다. 이런 막걸리를 생막걸리라 한다.

포장된 생막걸리에는 제조 중에 용해된 탄산가스와 제성한 후에 새로 생성된 탄산가스에 의하여 일정한 압력이 존재한다. 탄산가스가 막걸리의 청량감을 부여하기도 하지만 이 압력에 의하여 소비자들이 막걸리 병의 캡(cap)을 딸 때 막걸리가 넘쳐흐르게 하는 원인이 된다. 때문에 탄산가스의 압력을 일정하게 유지하는 것이 매우 중요한 포장 방법이다. 일반적으로 막걸리 용기의 내부 압력은 부유물의 양과 종류에 따라 다르지만, 부유물이 많은 밀가루 막걸리는 10~15psi, 부유물이 상대적으로 적은 쌀 막걸리는 15~20psi 정도의 압력이 적당하다. 내부 압력이 20psi 이상일 때 막걸리 용기를 개봉하면 대부분 부유물이 끓어 넘치게 된다.

(1) 용기

생막걸리는 잔당(殘糖)과 살아 있는 효모에 의하여 서서히 발효가 진행되어 탄산가스를 생성하므로 막걸리 용기는 반드시 일정한 압력 이상에서 견딜 수 있는 것을 사용하는 것이 바람직하다. 용기의 재질은 1960년대 중반까지는 나무로 만든 1말 들이 큰 막걸리 나무통을 사용했으나, 나무통이 비위생적인 면이 있어서 1970년부터 1말 들이 플라스틱 막걸리 통(205)이 사용되었고 양조장 또는 막걸리 판매 중개상이나 구멍가게에서 1되 정도씩 주전자에 나누어 소비자에게 판매되었다. 1989년대부터 최근까지 막걸리 용기의 크기가 2리터를 넘지 못하게 규제되어 있어서 주로 작은 750ml, 1,200ml와 1,950ml의 페트(PET)와 플라스틱 재질의 용기를 사용하게 되며, 도자기나 옹기 등이 사용되기도 하여 양조장에서 소비자에게 직접 수송 판매할 수 있게 되었다(그림 2-15). 그러나 이런 규제가 기업체에게는 부담을 주고, 소비자들에게는 선택의 폭을 좁히는 불필요한 규제라고 하여 2012년 9월부터 공정위원회에서 이런 규제를 철폐하기로 하여 지금은 용기의 크기가 다양화되고 있다.

살균 막걸리의 경우, 살균 온도에 의하여 용기의 변형이 일어나지 않아야 하고, 미생물 오염을 방지하기 위해 내열 페트와 유리 용기를 주로 사용하게 된다. 대부분의 막걸리 용기는 밑바닥을 물결 모양으로 요철을 주게 되는데, 이는 막걸리를 흔들었을 때 가라앉은 고형분이 쉽게 풀어지도록 할 뿐 아니라 용기의 내부에서 생성되는 탄산가스의 압력에 의하여 용기의 변형을 방지하기 위한 역할도 하기 때문이다(그림 2-16).

그림 2-15 시판 중인 크기가 다른 막걸리 1,950 ml(플라스틱), 1,200ml(페트), 750ml(페트)의 불투명 용기와 750ml(페트)의 투명 용기.

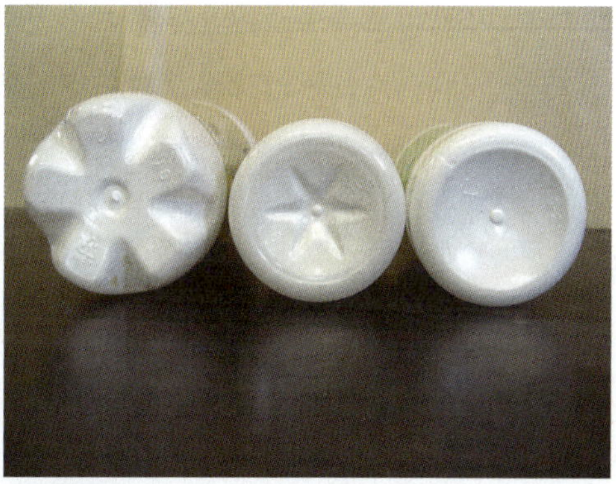

그림 2-16 막걸리 용기의 밑 부분에 물결 모양으로 요철이 심한 용기와 요철이 약한 용기와 요철이 되지 않은 용기.

(2) 캡

페트(PET)와 플라스틱 재질의 용기에 막걸리를 주입한 후 바로 캡으로 밀봉해야 미생물의 오염을 방지할 수 있다. 특히 막걸리 용기의 캡은 여러 가지 목적을 가져야 한다. 즉, 막걸리의 유통기간을 연장시켜야 하고 용기 내부의 압력을 일정 수준으로 유지해야 하며, 용기를 개봉할 때 막걸리가 끓어 넘치는 현상을 방지해야 한다.

이상의 목적을 위한 캡은 막걸리의 유통 과정에서 매우 중요하므로 따로 설명하면 다음과 같다.

① 유통 기간 연장

캡은 막걸리의 신선도를 유지하기 위한 역할이 가장 중요하다. 막걸리의 신선도를 유지하기 위하여 미생물의 오염을 방지해야 할 뿐 아니라 용기 외부에서 유입되는 산소를 효과적으로 차단하여 막걸리의 발효가 빠른 속도로 진행되는 것을 막아야 한다.

생막걸리에는 살아 있는 효모가 존재하여 서서히 발효가 진행되어 탄산가스를 지속적으로 생성하기 때문에 캡으로 완전히 밀봉하면 내부에서 발생하는 가스가 외부로 빠져나가지 못하여 용기나 캡이 폭발할 수도 있다. 이러한 현상을 막기 위하여 캡을 느슨하게 잠그거나, 캡과 용기 사이에 막걸리가 새어나가지 않도록 하는 패킹으로 부직포를 끼워 봉함으로써, 내부 압력이 일정한 수준 이상으로 오르면 내부의 탄산가스가 용기 외부로 배출되어 막걸리가 넘쳐흐르는 것을 방지할 수 있고 신선도도 유지할 수 있다.

② 일정한 내부 압력 유지

막걸리의 맛에서 청량미를 주는 첫째 요인이 내부 탄산가스의 압력에 의하여 이루어진다.

막걸리 중의 탄산가스는 발효에 의하여 생성되어 막걸리 용액 중에 용존(녹아)되어 있으며, 탄산가스의 압력이 일정 수준 이상 오르면 막걸리 용액 외부(병 윗부분)에 모여 기체 압력으로 작동하게 된다. 막걸리의 신선도는 막걸리 용액 중에 용존된 탄산가스가 청량미를 주기 때문에 용기 윗부분의 기체 탄산가스보다 중요하다. 이미 언급한 바와 같이, 일정한 수준 이상의 압력에서 탄산가스를 방출하지만, 막걸리 용액 중의 탄산가스는 최대한 유지하는 것이 청량미를 좋게 한다. 이때 캡을 완전히 밀봉하여 압력이 외부로 방출되지 않으면 병을 딸 때 내부 압력과 외부 압력의 차이로 막걸리가 병 위로 끓어 넘쳐흐르게 된다.

일반적으로 용기의 내부 압력은 병 주입 직후부터 오르기 시작하여 실온에서 2~4일 정도에 최고도에 도달하게 된다.

한 연구 조사 결과에 의하면 막걸리의 탄산가스 압력이 2.5 kgf/cm^2일 때 청량미가 가장 좋다고 한다.

③ 막걸리의 끓어 넘치는 현상 방지

막걸리를 마시기 위해 막걸리 병마개를 개봉할 때 막걸리가 넘쳐흐르는 경우가 종종 발생하게 된다. 특히 여름철에는 기온이 높아 막걸리가 넘치는 경우가 더욱 자주 발생하여 소비자들의 불평을 자주 듣게 된다. 이런 현상이 완전히 해결되지 않고는 막걸리의 대중화와 세계화는 요원하다고 할 수 있다.

막걸리가 넘쳐흐르는 현상은 막걸리의 병을 개봉 이전에 가라앉은 침전물을 섞기 위하여 용기를 흔들면 내용물에 용존되어 있는 탄산가스가 기체

화하면서 용기 내부의 압력이 갑자기 높아진다. 이때 캡을 개봉하게 되면 용기 내부와 외부의 압력차가 크게 되어 탄산가스가 내용물에 거품을 발생시키고 이 거품이 용기 외부로 넘쳐 나오게 되는데, 이 현상은 용기 내부의 압력과 외부의 압력이 같아질 때까지 계속 발생하게 된다. 이런 단점을 개선하기 위하여 새로운 시도가 이루어지고 있다.

가장 쉬운 방법으로 막걸리 병의 캡을 느슨하게 잠그거나, 캡과 용기 사이에 막걸리가 새어나가지 않도록 하는 패킹으로 부직포(특14, 특15, 특16) 등을 끼워 봉함으로써 내부 압력이 일정한 수준 이상으로 올라갈 경우에 내부의 탄산가스가 용기 외부로 배출되도록 하면 막걸리가 넘쳐흐르는 것을 방지할 수 있다.

다른 한 방법은 막걸리 병을 부드럽게 흔들어 압력을 조금 증가시킨 다음, 캡을 개봉하기 전에 잠시 기다리면 용기 내부의 압력이 빠른 속도로 낮추어진다. 이 또한 캡을 개봉할 때 외부와의 압력차가 발생하지 않도록 하는 빙법이다.

또 다른 방법은 용기와 캡 사이에는 막걸리와 탄산가스가 외부로 새어나가지 않도록 하는 패킹이 있는데, 병을 개봉할 때 먼저 패킹에 어느 정도 구멍을 내서 부유물로 형성된 거품이 외부로 새어나가지 않고 아주 작은 구멍으로 탄산가스만 배출되도록 하는 방법이다. 즉, 캡의 위쪽에 잘 눌러질 수 있는 누름 단추 구조를 만들고 이 누름단추 밑에 정확한 크기로 구멍을 손쉽게 낼 수 있는 바늘 모양의 구조물을 부착한다. 이렇게 하여 막걸리를 마시기 전, 아무리 세차게 용기를 흔들어 내부의 압력이 증가해도 캡 위쪽에 있는 누름단추만 살짝 눌러주면, 용기 내부에서 발생한 탄산가스를 외부로 배출시켜 10초 내에 용기 내부의 압력이 용기 외부의 압력과 비슷하게 되고 거품이 가라앉게 되어 캡을 열었을 때 부유물이 끓어 넘치지 않게 된다.

(3) 라벨

막걸리의 용기에 부착하는 라벨(label)은 양조장의 특성에 맞게 디자인하여 사용한다. 그러나 주세법 및 주세법 사무 처리 규정에 의거하여 주류의 종류, 알코올 분, 용량, 원료 및 첨가물 등의 표기를 라벨에 명기해야 하며, 디자인된 라벨은 반드시 관할 세무서에 라벨 디자인 승인 신청을 하여 승인 후에 사용해야 한다.

많은 사람들이 다른 주류에는 납세증지가 첨부되어 있는데 왜 막걸리 병에는 납세 증지가 없는지 궁금해 한다. 막걸리 병에는 납세증지를 부착하지 않아도 된다.

즉, 주세법 시행규칙에 의하면

주세법 시행규칙 제9조(납세증지를 첨부하는 주류).

영 제57조의 규정에 의하며 국세청장이 납세증지의 첨부를 명할 수 있는 주류는 다음 각 호와 같다. 다만, 주류 제조 원료로 출고하는 경우에는 그러하지 아니한다.

① 약주

② 청주

③ 맥주

④ 과실주

⑤ 소주

⑥ 위스키

⑦ 브랜디

⑧ 일반 증류주

⑨ 리큐류

이상에서 보는 바와 같이, 주류에 납세증지를 부착해야 하는 주류 중 막걸리는 빠져 있으므로 납세증지를 부착하지 않아도 법적으로 인증되기에 판매할 수 있다.

최근 다음과 같은 인증 마크(그림 2-17)가 부착된 막걸리 용기를 볼 수 있는데 이 마크는 막걸리의 품질을 국세청에서 인증한다는 보증서인 셈이다.

그림 2-17 주류품질 인증 마크.

7 막걸리의 살균법

막걸리는 제성한 후 바로 생막걸리로 유통되는 것이 일반적이지만 필요에 따라 살균을 통해 장기 저장이 가능한 살균 막걸리로 만들기도 한다.

생막걸리는 여름철(30~35°C)에는 제성 6시간 이후부터 알코올 함량은 감소하고 산도는 증가하기 시작하여 36시간 후에는 8도인 알코올이 7도로 감소하고 pH는 4.0에서 3.7로 낮아져 막걸리가 변질되기 시작한다. 생효모 수는 18시간 후 2.4×10^8로 최고값을 나타내며 그 이후부터 감소하게 되고 세균 수는 급격히 증가한 후 서서히 감소한다. 시판 막걸리는 상온에서 5일간은 마셔도 가능하다고 했다(256).

1969년 비열 살균법으로 탁주를 살균하고자 방사선(gamma-ray) 조사와 열처리 살균법에 대하여 연구한 결과(214), 탁주 및 약주 중의 효모와 세균 수는 70°C, 10분 간 열처리 또는 300 K. rads 이하의 방사선 처리에서 50% 이상의 사멸율을 나타내었다. 그리고 70°C에서 300 K. rads의 방사선으로 10분 간 열처리와 방사선 처리를 병용했을 때 효모와 세균 수는 1.5~10%와 7~10%의 살균 효과를 나타내어 탁주와 약주의 저장 기간을 최대 20일간 연장시킬 수 있었다. 특히 방사선 처리를 위해서는 방사선 양을 240 K. rads 이하로 처리해야 악취 발생과 막걸리의 색상의 변화를 가져오지 않아 막걸리의 관능검사에서 양호하다고 지적하기도 했다.

많은 방사선 양의 조사로 탁주의 물성 변화를 가져올 수 있어서 탁주를 가열 처리한 결과(264), coli형 살균 장치로 탁주를 살균하면 대부분의 탁주 내의 세균 영양세포는 60°C의 가열로 살균되었으며 포자형성세균은 탁주의 저장기간 중 거의 증식하지 못했다. 정치형 cap-tube 가열에서 효모의 D 값은 65°C에서 3.5분, 80°C에서 0.46분이었다. 그러나 연속식 coli형 열교환기를 사용한 경우 효모의 D 값은 65°C에서 7.1초, 80°C에서 2.3초이며 곰팡이의 D 값은 65°C에서 3초, 80°C에서 1초 이하로 크게 낮아졌다. 가장 바람직한 열처리 살균법은 연속식 살균장치에서 80°C에서 탁주 효모를 23초간 살균하는 것이다. 또한 다른 연구에서 탁주 중의 효모는 40°C에서 D 값은 150초, 55°C에서 19초로 나타나며, 50°C에서 10분 간 열처리하면 효모는 완전히 사멸되었다. 탁주 중의 세균은 55°C에서 5분간 열처리하면 포자를 형성하지 않은 세균과 영양세포는 사멸된다고 보고했다(262).

탁주를 열처리 살균으로 인해 탁주의 산화 및 성분의 분해 등으로 화락취(火落臭, 탄 냄새) 등의 이상한 냄새가 발생하여 탁주의 품질이 저하되는 것을 방지하고자 자외선 살균법이 시도되었다.

즉, 탁주를 효과적으로 살균하기 위하여 110가닥의 테프론 투브와 9개의 자외선 램프(1,335 W)로 구성된 허니컴 방식의 자외선 살균기(Hynetcomb type-UV sterilizer)에 탁주를 순환시켜 살균한다. 살균기에서 막걸리의 유속은 2L/min에서 4분 간 탁주를 순환시키며 2~3 log cycle 감소시키는 조건이다. 탁주는 높은 탁도를 갖고 있어 UV 투과율이 낮아 미생물을 완전히 살균하기는 어려운 시료이지만, UV 살균 탁주를 30°C에서 8일간 저장하였을 때 진균은 생육이 억제되었으며 일반 세균은 저장 4일째에 생탁주의 세균수를 나타내어 상온에서의 탁주 살균법으로 효과적이었다고 한다(353).

또한 같은 연구자들은 자외선 살균법을 개량하기 위한 연구도 하였다. 자외선 살균기의 내부는 UV 통과가 가능한 PFA 불소수지로 된 110가닥의 테프론관으로 구성되었으며, 테프론관 사이에는 253nm의 파장을 포함하고 있는 출력 155W의 자외선 램프 9개를 삽입했다. 살균기 내에서의 탁주의 유속은 2L/min에서 1.5분간 살균하는 것이 최적 조건이었다. 자외선으로 살균된 탁주는 30°C에서 8일간 저장이 가능했다(365).

좁쌀 탁주를 초고압(27°C/400MPa/10분)으로 처리한 후 10°C에 30일간 저장한 결과, 젖산 세균과 효모는 완전히 살균되어 나타나지 않았고 신맛과 쓴맛이 약간 적어지며 단맛과 종합적인 기호도가 높아 막걸리의 살균에 유용한 살균법이 될 수 있었다(315).

막걸리 양조장에서는 일반적으로 HTST 살균기를 사용하여 70°C 내외의 온도에서 약 2~3분 간 살균하며, 이 조건에서 막걸리 성분의 변화와 알코올에 의해 막걸리 효모의 세포벽이 손상을 받아 효모는 대부분 사멸하게 된다. 그러나 몇 차례 더 많은 시험으로 막걸리의 살균과 효모의 생육 상태를 현미경으로 검경하여 최적의 살균 조건을 확립할 필요가 있다. 막걸리의 살균에서 살균 온도를 높이든지 혹은 살균 시간을 길게 하면 열취, 화락취, 살균취, 군내 등으로 살균 이취(異臭)가 발생할 수 있으므로 살균 온도와 살균 시간의 설정에 특별히 주의하여야 한다.

그리고 탁주의 저장성 증진을 위해 감초 추출물을 이용하기도 했다(343). 감초의 에탄올 추출물을 탁주에 첨가하여 저장성을 검토한 결과, 감초 추출물 0.5% 첨가 탁주에서 모든 생균수는 저장 3일부터 약간 감소하며 효모 수는 거의 일정하게 유지되다가 저장 9일 이후부터 감소하여 감초 추출물을 첨가하지 않은 탁주보다 최소 3일 이상 저장성이 연장될 수 있었다. 이는 추출물의 항균 및 항진균 효과 때문인 것으로 추측했다.

8 막걸리의 첨가물

막걸리도 주류의 한 종류이므로 주세법 시행령 제2조(첨가물료의 종류)에서 "법 별표의 규정에 의하여 주류에 첨가할 수 있는 물료는 별표. 1과 같다"라고 규정되어 있으며, 이 규정에 따라 막걸리에도 여러 종류의 물료를 법적으로 첨가할 수 있으며, 식품첨가물은 다음과 같다.

감미료로서 아스파탐(aspartame)이 가장 많이 사용되고 있다. 각 막걸리 양조장에 따라 첨가량은 다르게 사용하고 있지만 적게는 0.009%에서 많게는 0.059%까지 사용하고 있으며, 시판 아스파탐에는 감미를 증가시키고 술의 감칠맛을 부여하기 위한 소량의 페닐아라닌(phenylalanine)이 함유되어 있다. 그리고 산미료로서 젖산(lactic acid)을 0.0028% 정도와 구연산(citric acid)을 0.0015 ~0.01% 정도 첨가하기도 한다.

더욱이 막걸리에는 식품첨가물뿐 아니라 여러 종류의 한약재의 추출물이나 과실즙액 등을 첨가할 수 있지만 이 또한 첨가 방법이 엄격히 제한되어 있다. 과실즙액에는 상당한 양의 당이 함유되어 있어 2차 알코올 발효가 일어나 알코올 함유량이 높아질 수 있으며, 첨가 방법에 따라 막걸리가 변질될 수도 있기 때문이다.

별표 1. 주류별 첨가물료

아스파탐, 스테비오사이드, 젖산, 주석산, 구연산, 아미노산류, 수크랄로스, 아세설팜칼륨, 에리스리톨, 자일리톨, 산탄검, 글리세린지방산에스테르, 과실, "식품 위생법"에서 허용하는 식물 약재(물 또는 주정 등으로 추출한 액을 포함한다), 당분, 산분, 조미료, 향료, 색소.

별표 2. 한약재와 과실 첨가 방법

식물 약재를 주정 등으로 추출하는 경우, 그 추출액의 알코올분 총량은 최종 제품의 알코올분 총량의 100분의 5를 초과할 수 없다.

과실의 중량은 전분질 원료, 당분 및 과실의 합계 중량을 기준으로 100분의 20을 초과하지 아니하여야 하며, 과실을 첨가하는 즉시 발효가 일어나지 아니하도록 살균하여야 한다.

9 막걸리 제조 방법 예시

실제 막걸리를 제조할 때 기준이 되는 공식적이고 일반적인 기준은 없다.

각 양조장에서 쉽게 구입할 수 있는 원료와 주 전분질 원료의 가격 등 여러 가지 요인을 고려해야 한다. 더욱이 최근에는 기능성 막걸리와 색깔 있는 막걸리의 요구가 높아지므로써 이런 요구에 부합하기 위한 다양한 부원료가 사용되기 때문에 각 양조장의 실정에 맞게 기준을 정하면 되리라 본다. 기본적인 기준을 하나로 설명할 수 없지만 많이 사용되고 있는 양조 방법을 예시로 기술하고자 한다.

9.1 작성 기준

막걸리의 제조 방법의 예시는 국세청 기술연구소가 발행한 "탁 약주제조 교본(14)"에 따라 기술했다. 막걸리의 제조 방법의 기준은 현재 각 양조장에서 사용하고 있는 제조 방법을 취합한 것으로서, 가장 일반적으로 사용되고 있는 방법의 평균치를 적용하여 예시하면 다음과 같다(표 2-9).

표 2-9 작성 기준의 평균치

구분	탁주
원료	쌀 100% (전분가 72%)
담금 용기 용량	330L
발효제 사용 비율	
입국	35% (조제 종국 사용 비율 ; 25/10,000)
정제 효소제	0.04%
밑술 사용 비율	2%
대 용기 미물 비율	30% 이상
대 용기 담금 즉시 비율	80% 이상
술 지게미 비율	4%
급수 비율	160%
숙성 술덧 알코올분	15%
제성주 알코올 비율	6%
대 원료 제성 비율	640%

참고문헌(14)의 내용을 평균값으로 정리하여 제시.

표 2-9에 예시된 방법의 특징은 원료 쌀에 대하여 급수 비율이 160%이며, 밑술(주모) 사용량은 전체 술덧 양의 2%로 사용하고 있고, 입국 사용 비율은 35%를 사용하면서 정제 효소의 사용 비율도 0.04% 사용한다는 것이 특징이다.

9.2 수량 및 비율 계산 방법

1. 1단 담금에서의 총 원료 사용량을 100kg의 쌀을 기준으로 하여 원료의 사용 비율과 사용량을 표기했다.
2. 발효제의 사용량
   (1) 입국 원료 쌀의 사용량 ; 35kg
   담금 총 원료의 양(100kg) × 입국 사용 비율 35/100 = 35kg
   조제 종국의 사용량 ; 87.5g
   입국의 원료 쌀의 양(35kg) × 조제 종국 사용 비율 25/100 = 87.5g
   (2) 정제 효소제의 사용량 ; 40g
   담금 총 원료의 양(100kg) × 정세 효소제 사용 비율 0.4/100 = 40g

3. 밑술(주모) 제조

(1) 밑술 원료 쌀의 사용량 ; 2kg

(2) 배양 효모의 사용량 ; 50ml

- 액체 배양 효모는 일반적으로 밑술 원료 쌀 100kg 당 200~300ml
- 밑술 원료 쌀 2kg에 대하여 40~60ml이므로 50ml로 사용한다.
- 고체 효모는 밑술 원료 쌀 100kg 당 40~60g을 사용하나 고체 효모는 대부분 식빵용 효모이므로, 이를 사용하는 것은 바람직하지 못하다.
- 배양 효모의 양은 급수량에 포함시켜 계산하는 것이 일반적이다.

(3) 젖산의 사용량 ; 15ml

- 젖산은 입국의 산도에 따라 다르지만 입국 산도가 5일 때 밑술 원료 쌀
- 10kg 당 80ml를 사용하며, 밑술 원료 쌀 2kg에 대하여 15ml 정도가 적당하다.

(4) 밑술의 급수량 ; 2.8L

- 일반적으로 밑술 급수 비율은 밑술 원료 쌀의 140%로 한다.
- 밑술 원료 쌀(2kg) × 급수 비율 140/100 = 2.8ml

4. 막걸리의 1단 담금 제조

(1) 막걸리 담금 ; 위의 밑술 담금 제조와 같이 하는 것이 일반적이다.

(2) 1단 담금

① 1단 담금 원료량 ; 33kg

총 입국의 사용량(35kg) − 밑술 원료로 사용한 입국량(2kg) = 33kg

② 1단 담금의 급수량 ; 53.2L

[밑술 및 1단 담금 원료량(35kg) × 급수 비율(160/100)] − 밑술 급수의 양(2.8L) = 53.2L

(3) 2단 담금

① 2단 담금의 원료 쌀의 양 ; 65kg

총 담금 원료량(100kg) − 밑술 및 1단 담금 원료량(35kg) = 65kg

② 2단 담금 급수량 ; 104L

2단 담금 원료량(65kg) × 급수 비율(160/100) = 104L

③ 밑술 담금 숙성 술덧의 수량 ; 4.8L

[밑술 원료 사용량(2kg) × 원료의 숙성 비율(100/100)] + 밑술 급수량(2.8L) = 4.8L

④ 1단 담금 숙성 술덧의 양 ; 91L

밑술 담금 숙성 술덧수량(4.8L) + [1단 담금 사용 원료량(33kg) × 원료의 숙성 비율(100/100)] + 1단 담금 급수량(53.2L) = 91L

⑤ 2단 담금 즉시 술덧의 예정수량 ; 266.5L

1단 담금 숙성 술덧량(91L) + [2단 담금 사용 원료량(65kg) × 원료의 담금 즉시 비율(110/100)] + 2단 담금 급수량(104L) = 266.5L

⑥ 대 용기 담금 즉시 비율 ; 80.76%

2단 담금 즉시 술덧수량(266.5L) + 담금 용기의 용량(330L)] × 100 = 80.7%

⑦ 대 용기 미물 비율 ; 32.27%

[{2단 담금 즉시 술덧수량(266.5L) − 2단 담금 급수량(160L)} ÷ 담금 용기 용량(330L)] × 100 = 32.27%

⑧ 2단 담금 숙성 술덧의 예정수량 ; 260L

1단 담금 숙성 술덧의 량(91L) + [(2단 담금 사용 원료량(65kg) × 원료의 숙성 비율(100/100)] + 2단 담금 급수량(104L) = 260L

(4) 막걸리의 제성

① 숙성 술덧의 알코올분 ; 15%

② 술 지게미의 수량 ; 4L

담금 총 원료량(100kg) × 술 지게미 비율(4/100) = 4L

③ 제성 수량 ; 640L

[숙성 술덧의 알코올분(15/100) × {숙성 술덧량(260L) − 술 지게미량(4L)}] ÷ 제성주 알코올분(6/100) = 640L

④ 대 술덧 추가 급수량 ; 384L

제성 수량(640L) – [(숙성 술덧 용량(260L) – 술 지게미량(4L)] = 384L

⑤ 대 술덧 추가 급수 비율 ; 147.69%

[대 술덧 추가 급수량(384L) ÷ 숙성 술덧 용량(260L)] × 100 = 147.69%

⑥ 대 원료 제성 비율 ; 640%

[제성 수량(640L) ÷ 총 원료쌀(100kg)] × 100 = 640%

일반적으로 대부분의 막걸리의 알코올분이 6%로 가정했을 때 제성 비율은 640% 정도가 적당한 제성 비율이다.

9.3 원료별 탁주 제조 방법 예시

실제 한 양조장에서는 쌀 100%를 사용하기도 하며(표 2-10), 밀가루만 100% 사용하는 양조장도 있고(표 2-15), 쌀과 밀가루를 혼용하여 사용하는 곳도 있어서 쌀 전용, 밀가루 전용, 쌀 80%와 밀가루 20% 혼용(표 2-20)과 쌀 70%와 밀가루 30% 혼용(표 2-18)의 4종류의 원료를 사용하는 양조장의 실제 사용 방법을 예시하고자 한다.

(1) 쌀 전용의 예시

표 2-10 쌀일 경우의 발효제 사용량

발효제	각 회사 방법(회사 별)								
	A	B	C	D	E	F	G	H	I
입국 (kg)	35	35	35	35	35	25	25	25	25
정제 효소제 (g)	40	-	-	20	-	80	-	-	-
조 효소제 (g)	-	1,000	-	-	500	-	2,000	-	1,500
누룩(곡자) (kg)	-	-	2.0	1.0	1.0	-	-	4.0	1.0

표 2-11 쌀 전용 밑술의 담금 예시

용기용량(L)	입국(kg)	효모(g)	누룩(g)	젖산(ml)	급수(L)	밑술 제조 예상 수량(L)
6	2	50		15	2.8	4.8

표 2-12 쌀 술덧의 담금 예시

원료 명	밑술	1단 담금	2담 담금	합계
입국 (쌀)	2	33	-	35 (kg)
증미 (쌀)	-	-	65	65 (kg)
정제 효소제	-	-	40	40 (g)
급수	2.8	53.2	104	160 (L)

표 2-12의 쌀 전용 술덧의 담금 예시는 실제 막걸리를 양조하고 있는 어느 회사의 예를 명기한 것이다.

① 총 원료 사용량 ; 쌀 100kg

② 밑술 사용 비율 ; 2%

③ 급수 비율 ; 160%

④ 입국을 제조할 때 사용되는 종국의 사용 비율 ; 0.25%

⑤ 발효제 역가 기준 설정

입국 60, 정제 효소제 15,000, 조 효소제 600, 누룩 300.

역가가 1,200인 조 효소제를 사용할 때는 절반인 600을 사용하면 된다.

⑥ 원료 사용 쌀의 양이 100kg일 때는 담금 제조 방법에 따라 모든 수치(비율 제외)에 원료 100kg에 대하여 실제 사용 원료 쌀 사용 비율(실제 사용 원료의 양 ÷ 100)을 곱하여 원료의 양을 계산하여 사용하면 된다.

(2) 밀가루 전용의 예시

표 2-13 밀가루일 경우의 발효제 사용량

발효제	각 회사 방법 (회사 별)									
	A	B	C	D	E	F	G	H	I	J
입국 (kg)	30	30	30	30	30	20	20	20	20	20
정제 효소제 (g)	40	-	-	20	-	80	-	-	-	40
조 효소제 (g)	-	1,000	-	-	500	-	2,000	-	1,000	-
누룩(곡자) (kg)	-	-	2.0	1.0	1.0	-	-	4.0	2.0	2.0

표 2-14 밑가루 전용 밑술의 담금 예시

용기용량(L)	밀가루 입국 (kg)	효모(g)	누룩(g)	젖산(ml)	급수(L)	밑술 제조 예상 수량(L)
6	2	50	-	15	2.8	4.6

표 2-15 밀가루 술덧의 담금 예시

원료 명	밑술	1단 담금	2담 담금	합계
입국 (밀가루)	2	28	-	30 (kg)
증미 (밀가루)	-	-	70	70 (kg)
정제 효소제	-	-	40	40 (g)
급수	2.8	48.2	119	170 (L)

표 2-15의 밀가루 전용 술덧의 담금 예시는 실제 막걸리를 양조하고 있는 어느 회사의 예를 명기한 것이다.

① 총 원료 사용량 ; 밀가루 100kg

② 밑술 사용 비율 ; 2%

③ 급수 비율 ; 170%

④ 입국을 제조할 때 사용되는 종국의 사용 비율 ; 0.25%

⑤ 발효제 역가 기준 설정은 입국 60, 정제 효소제 15,000, 조 효소제 600, 누룩 300으로 하며, 역가가 1,200인 조 효소제를 사용할 때는 절반인 600을 사용하면 된다.

⑥ 원료 사용 밀가루의 양이 100kg일 때는 담금 제조 방법에 따라 모든 수치(비율 제외)에 원료 100kg에 대하여 실제 사용 원료 밀가루 사용 비율(실제 사용 원료의 양 ÷ 100)을 곱하여 원료의 양을 계산하여 사용하면 된다.

(3) 쌀과 밀가루 혼용의 예시

표 2-16 쌀과 밀가루 혼용일 경우의 발효제 사용량

발효제	각 회사 방법 (회사 별)								
	A	B	C	D	E	F	G	H	I
입국 (kg)	30	30	30	30	30	20	20	20	20
정제 효소제 (g)	40	-	-	20	-	80	-	-	-
조 효소제 (g)	-	1,000	-	-	500	-	2,000	-	1,500
누룩(곡자) (kg)	-	-	2.0	1.0	1.0	-	-	4.0	1.0

표 2-17 쌀(70%)과 밀가루(30%) 혼용 밑술의 담금 예시

용기용량(L)	쌀입국(kg)	효모(g)	누룩(g)	젖산(ml)	급수(L)	밑술 제조 예상 수량 (L)
6	2	50	-	15	2.8	4.6

표 2-18 쌀(70%)과 밀가루(30%) 혼용 술덧의 담금 예시

원료 명	밑술	1단 담금	2담 담금	합계
입국 (밀가루)	2	28	-	30 (kg)
증미 (쌀)	-	-	70	70 (kg)
정제 효소제	-	-	40	40 (g)
급수	2.8	45.2	114	162 (L)

표 2-18은 쌀 70%와 밀가루 30%를 혼용하여 술덧의 담금 비율을 예시한 것으로 실제 막걸리를 양조하고 있는 어느 회사의 예를 명기한 것이다.

① 총 원료 사용량 ; 100kg
쌀 70kg과 밀가루 30kg으로 혼용하여 담금한 예시임.

② 밑술 사용 비율 ; 2%

③ 급수 비율 ; 162%

④ 입국을 제조할 때 사용되는 종국의 사용 비율 ; 0.25%

⑤ 발효제 역가 기준 설정은 입국 60, 정제 효소제 15,000, 조 효소제 600, 누룩 300으로 하며, 역가가 1,200인 조 효소제를 사용할 때는 질반인 600을 사용하면 된다.

⑥ 원료 사용 밀가루의 양이 100kg일 때는 담금 제조 방법에 따라 모든 수치(비율 제외)에 원료 100kg에 대하여 실제 사용 원료 밀가루 사용 비율(실제 사용 원료의 양 ÷ 100)을 곱하여 원료의 양을 계산하여 사용하면 된다.

표 2-19 쌀(80%)과 밀가루(20%) 혼용 밑술의 담금 예시

용기용량(L)	쌀입국(kg)	효모(g)	누룩(g)	젖산(ml)	급수(L)	밑술 제조 예상 수량(L)
6	2	50	-	15	2.8	4.6

표 2-20 쌀(80%)과 밀가루(20%) 혼용 술덧의 담금 예시

원료 명	밑술	1단 담금	2담 담금	합계
입국 (밀가루)	2	18	-	20 (kg)
증미 (쌀)	-	-	80	80 (kg)
정제 효소제	-	-	80	80 (g)
급수	2.8	29.2	130	162 (L)

표 2-20은 쌀 80%와 밀가루 20%를 혼용하여 술덧의 담금 비율을 예시한 것으로 실제 막걸리를 양조하고 있는 어느 회사의 예를 명기한 것이다.

① 총 원료 사용량 ; 100kg
쌀 80kg과 밀가루 20kg으로 혼용하여 담금한 예시임.

② 밑술 사용 비율 ; 2%

③ 급수 비율 ; 162%

④ 입국을 제조할 때 사용되는 종국의 사용 비율 ; 0.25%

⑤ 발효제 역가 기준 설정은 입국 60, 정제 효소제 15,000, 조 효소제 600, 누룩 300으로 하며, 역가가 1,200인 조 효소제를 사용할 때는 절반인 600을 사용하면 된다.

⑥ 원료 사용 밀가루의 양이 100kg일 때는 담금 제조 방법에 따라 모든 수치(비율 제외)에 원료 100kg에 대하여 실제 사용 원료 밀가루 사용 비율(실제 사용 원료의 양 ÷ 100)을 곱하여 원료의 양을 계산하여 사용하면 된다.

제3장

막걸리의 미생물

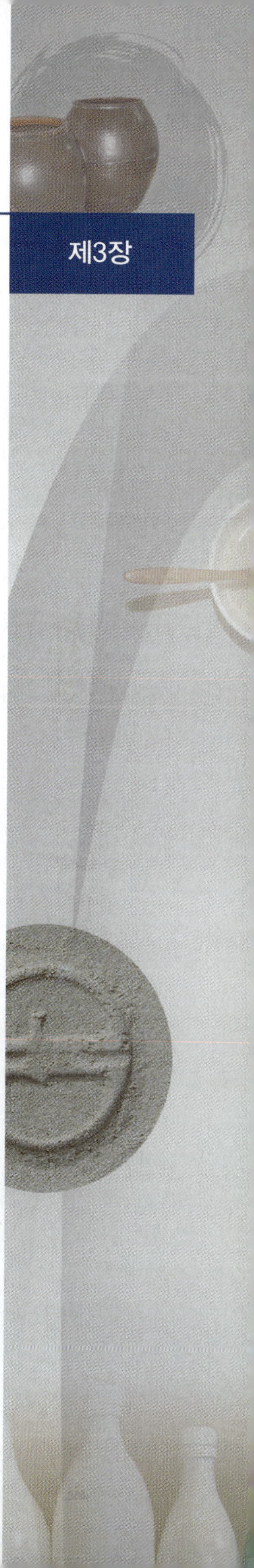

1. 곰팡이
2. 효모
3. 세균
4. 막걸리의 위생
5. 부패 미생물
6. 막걸리의 부패
    6.1 막걸리의 변패
    6.2 막걸리의 부패
    6.3 HACCP

막걸리 양조에 관여하는 미생물은 여러 종류이다.

첫째, 막걸리의 원료인 곡류와 서류의 저장 중에 서식하는 미생물로서 이들 원료를 부패시키는 미생물들이 있을 수 있다. 그 대표적인 미생물은 곡류의 저장 중에 오염되어 곰팡이독(mycotoxine)을 생성시키는 *Fusarium*속이 대표적이다.

저장 중인 곡류에 *Fusarium nivale*이 오염되면 trichothecene이란 fusarium 독소를 생성하여 식중독의 원인이 되기도 한다. 수입쌀에서는 *Penicillium*이나 *Aspergillus*속의 곰팡이가 검출되며, *Aspergillus citrinum*으로 오염된 쌀은 급성 신장 장애를 일으키는 독성물질인 citrinin에 의하여 황색으로 변색[황변미(黃變米)] 되는데 이는 식용으로의 사용이 엄격히 금지되어 있다.

서류 중 특히 고구마는 *Rhizopus nigricans*에 오염되면 연부병(軟腐病)을 일으켜 고구마가 물러져서 저장할 수 없게 되므로 수확할 때 특별히 주의하여야 한다.

둘째, 막걸리의 전분질 원료에 곰팡이 등을 증식시켜 당화효소를 생성시킨 누룩에서는 자연 환경 중에 서식하는 여러 종류의 미생물이 증식하기 때문에 특별히 중요한 미생물을 설명하기는 매우 어려우나 곰팡이가 가장 중요한 당화효소 생성 미생물이라 할 수 있다. 누룩미생물 중 *Aspergillus*속과 *Rhizopus*속 곰팡이가 가장 중요한 당화효소 생성 곰팡이이며, 누룩 중에는 알코올 발효를 영위하는 *Saccharomyces*속 효모도 많이 서식한다. 누룩미생물에 대한 설명은 2011년에 출판된 저자의 **"우리 누룩의 정체성과 우수성"**에서 볼 수 있으므로 여기에서는 생략하고자 한다.

셋째, 막걸리를 제조할 때 알코올 발효에 직접 관여하는 효모는 *Saccharomyces*속으로 *Saccharomyces coreanus*와 *Saccharomyces cerevisiae*일 것이다. 그리고 막걸리의 향미 성분을 생성하는 데는 *Saccharomyces*속 효모뿐 아니라 *Hansenula*속 효모도 깊이 관여하는 미생물이다.

넷째, 막걸리의 유통 과정이나 저장 중에 여러 종류의 유해 미생물에 오염되어 막걸리가 부패 또는 변패될 수 있다.

막걸리의 제조에 관여하는 미생물을 모두 설명할 수 없으므로 다음에서 막걸리 제조에 직접 관여하는 미생물만을 간단히 설명하고자 한다.

1 곰팡이

곰팡이는 미생물의 계통분류학상 진균류(眞菌類, Eumycota)에 속하며, 영양세대(榮養世代)의 대부분을 사상(絲狀, mycelium)의 긴 세포, 즉 균사(菌絲)를 형성하여 생육하는 미생물을 총칭한다(그림 3-2). 균사는 주위의 환경으로부터 영양분을 흡수하기 위하여 기질(基質)의 내부에 파고 들어가거나 기질 표면에 부착되어 있는 영양균사(榮養菌絲, vegetative mycelium)라 하며, 이 균사가 공기 중으로 뻗어 증식하는 균사를 기균사(氣菌絲, aerial mycelium)라 하는데, 이들 균사 위에 식물의 씨앗과 같은 포자(胞子, spore)를 만들어 이 포자가 하나씩 분리되면서 하나의 개체가 많은 곰팡이로 증식하게 된다. 곰팡이는 생육에 있어 반드시 공기 중의 산소를 필수적으로 요구하는 절대호기성(絕對呼氣性) 생물이다.

누룩곰팡이는 pH가 미산성이나 산성인 조건에서 잘 자라며, 25~30°C의 온도에서 잘 자라는 중온(中溫) 미생물에 속한다. 이들이 생성한 당화효소의 최적 반응 온도와 pH가 막걸리 제조 조건과 일치하므로 누룩곰팡이는 막걸리 제조용 곰팡이에 아주 적합하다.

일반적으로 누룩곰팡이 또는 입국의 종균이 생성하는 당화효소는 막걸리의 담금 시 전분을 가수분해하여 발효성 당류(포도당)를 생성시키는 역할을 하며, 생성된 효모에 의하여 알코올을 발효하여 막걸리를 제조하게 된다. 곰팡이는 막걸리 제조에서 아주 중요한 역할을 담당하는 미생물이다(그림 3-1).

곰팡이의 당화효소

전분 ⟶ 포도당 생성
당류 ⟶ 감미 부여

그림 3-1 곰팡이의 역할.

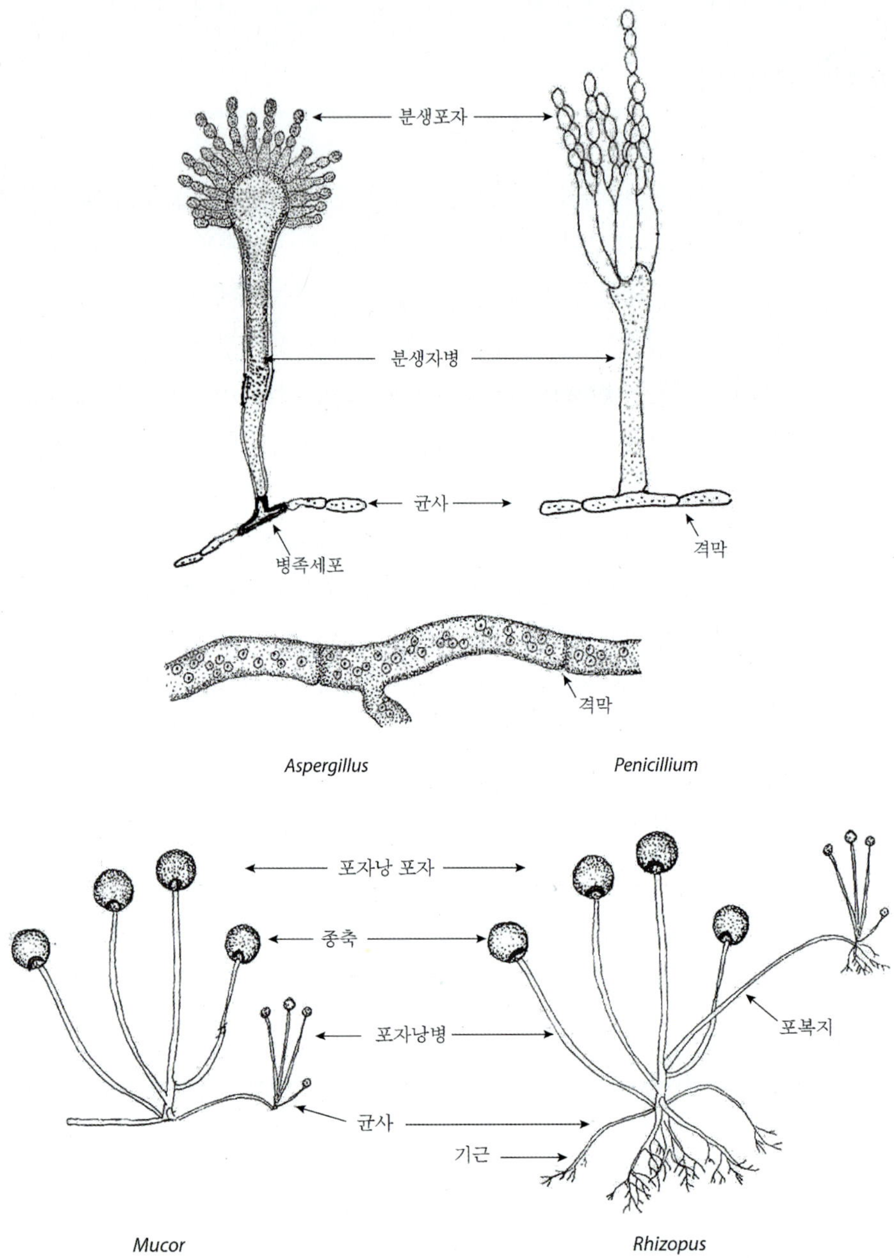

그림 3-2 대표적인 누룩곰팡이인 *Aspergillus*, *Penicillium*, *Mucor*와 *Rhizopus*속의 일반적인 형태 및 각 기관의 명칭(24).

막걸리 양조에서 곰팡이는 전분을 포도당으로 당화시키는 역할을 담당하며, 포도당으로부터 알코올을 생산하는 미생물은 효모에 의하여 이루어지지만 곰팡이인 *Mucor*속 등도 알코올을 생산할 수 있는 능력을 가지고 있다. 곰팡이는 효모보다 알코올 생산 능력이 매우 약하여 알코올 발효에 직접 이용되지는 않고 있으나 곰팡이를 개량하여 알코올 생산 능력을 향상시키면 당화와 알코올 발효를 하나의 균주로 술을 제조할 수 있는 방법이 되므로 연구의 대상이 되고 있다.

누룩곰팡이는 당화작용에 기여한다. 당화작용으로 생성된 당류는 알코올로 전환되고, 적은 양이지만 남은 당류는 막걸리에 감미를 부여하는 중요한 역할도 담당하므로 막걸리 발효 과정 중 곰팡이 수의 변화는 매우 중요하다.

탁주 발효 과정 중 미생물의 변화를 검토한 결과에 의하면(235), 막걸리의 담금 초기에는 많은 수의 *Aspergillus kawachii*와 *Bacillus* sp.를 볼 수 있으며, *Aspergillus kawachii*는 담금 2일에 최고치를 나타내어 4.8×10^6이었고, *Bacillus* sp.는 담금 1일에 4.5×10^6이었으며, 두 균주 모두 담금 3~4일부터 빠른 속도로 감소했다.

그리고 국내에서 유일하게 전통적 방식에 의해 생산되는 부산시의 금정산성 막걸리의 발효 과정에 따른 사상성 진균의 특성을 16s와 28s RNA 유전자를 이용한 PCR-DGGE 분석으로 조사했다(392). 산성 막걸리의 발효 초기에 5.67×10^5 CFU/ml에서 발효 2일째에는 2.90×10^7 CFU/ml을 유지하였으며, 이후 5일째에는 1×10^5 CFU/ml 이하의 균수로 급격히 감소했다. 이런 현상은 곰팡이균은 일반적으로 알코올 내성이 약하므로 막걸리 발효로 생성된 알코올에 의하여 생육이 강하게 억제된 것이라 할 수 있다. 산성 막걸리 발효에서 나타나는 사상성 진균은 *Absidia idahoensis*, *Rhizopus microspores*, *Rhizopus azygosporus*, *Lichtheimia corymbifera*, *Mucor racemosus* 그리고 *Aspergillus oryzae* 등 6종의 곰팡이균이 확인되어 전분 당화에 기여하는 것으로 판단했다. 산성 막걸리의 발효 과정 중 곰팡이의 우점종은 *Absidia idahoensis*었으며, 당화를 주도하는 균도 *Absidia idahoensis*로 추정했다.

배꽃 필 때 제조하는 요구르트형의 막걸리인 이화주는 멥쌀 2되와 찹쌀 반 되를 수침·증자하여, 누룩가루 800g과 엿기름 가루 250g을 뿌리면서 잘 혼합하여 26°C 정도의 실온에서 7일간 발효시킨 후 1년간 숙성시킨다. 술덧 중의 효소활성을 측정한 결과(268), 담금 직후 α-amylase 효소 활성은 19.3이었으며, 숙성 100일에 21.2, 1년 숙성된 이화주는 20.3이었다. 그리고 β-amylase 효소 활성은 이화주 담금 직후 18.8이었으며, 숙성 100일에 19.8을, 1년간 숙성된 이화주는 19.9를 나타내어 장기 저장에서도 amylase의 효소 활성은 상당히 높은 수준을 유지하고 있었다.

막걸리의 발효를 위하여 입국만의 발효제로 사용할 때 곰팡이의 균총(菌叢)은 단순하고 적은 양이지만, 누룩을 발효제로 함께 사용한다면 누룩으로부터 혼입되는 여러 종류의 미생물이 발효 과정에 나타날 수 있다. 그러나 막걸리 발효에서는 이들 여러 종류의 미생물이 생육할 수 없는 환경 때문에 사라지고 만다. 그러나 일반 미생물이 생육하기 어려운 환경에서도 분리되는 곰팡이가 존재하며, 이들 곰팡이를 정리하면 표 3-1과 같다.

막걸리 제조에서 곰팡이의 직접적인 역할은 매우 미미하다. 즉, 막걸리 제조에 필요한 당화효소와 단백질 분해효소 등의 효소는 이미 누룩이나 국을 제조하는 과정에서 곰팡이에 의하여 생성되었으며, 이들 당화제를 담금할 때 사용하여 술덧 중에 용출되어 전분이나 단백질을 분해하는 데 사용되기 때문에 술덧의 발효 과정 중에는 곰팡이에 의하여 필요한 효소를 생성시키지는 않는다. 때문에 막걸리 제조 과정에서의 곰팡이의 연구는 아주 적을 수밖에 없다.

막걸리 발효 과정이나 제품으로서의 막걸리 중에 곰팡이의 균사 또는 포자가 존재할 수 있으며, 현재까지 연구된 곰팡이는 5속 11종이 분리되고 있다.

막걸리 제조에 사용되는 중요한 곰팡이를 보다 자세히 보면 다음과 같다.

표 3-1 막걸리로부터 분리된 곰팡이

곰팡이 종류	참고문헌
Absidia idahoensis	392
Aspergillus oryzae	212, 392
Aspergillus kawachii	212, 235
Aspergillus usamii	212, 211, 252
Lichtheimia corymbifera	392
Mucor racemosus	392
Rhizopus sp.	212
Rhizopus azygosporus	392
Rhizopus microspores	392
Rhizopus japonicus	211
Rhizopus javanicus	211

1.1 *Aspergillus oryzae*

된장, 간장, 술 등을 양조 공업에 이용하는 곰팡이는 대부분 *Aspergillus* 속에 속하며, 누룩을 만드는 데 사용되므로 누룩곰팡이 또는 국균(麴菌)이라고 한다. 특히 이 균은 강력한 당화효소(amylase)와 단백질 분해효소(protease) 등을 분비하므로 소화제로서도 사용되기도 한다.

*Aspergillus*속은 균종에 따라 집락(colony)의 색상은 흑색, 황색, 녹색, 백색, 회색 등을 띠며, 균사는 무색으로서 약간의 엷은 색상을 띠기도 한다. 균사에는 격막(隔膜, septum)이 있으며, 균사가 후막화(厚膜化)한 병족세포(炳足細胞, foot cell)에서 거의 수직으로 공기 중으로 분생포자병(分生胞子炳, conidiophore)을 분지하고, 그 끝에 팽대한 정낭(頂囊, vesicle)을 형성하고 그 정낭 위에 경자(梗子, sterigma)가 착생하여 경자로부터 연쇄적으로 무성적으로 분생포자(分生胞子, conidiospore, conidia)가 착생하게 된다(그림 3-3). 이 분생포자가 색상을 띠게 되어 *Aspergillus*속의 독특한 종으로 분류의 지표가 되기도 한다.

*Aspergillus oryzae*는 *Aspergillus*속을 대표하는 곰팡이로 국균 중에서 가장 대표적인 균이며, 전분당화력이 강하므로 된장, 간장, 청주, 약주, 탁주 등에 유용하게 사용된다. 이 균의 집락(colony)의 색은 초기에는 흰색이나 성장하여 분생포자를 생성하면 황록색을 띠므로 황국균(黃麴菌)이라 하며, 시간이

지날수록 황갈색으로 변색된다. 분생포자의 지름은 6~8μm이다. 황국균의 생육 최적 온도는 25~37°C이며 생육 최적 pH는 5.0~6.5이다. 이 균은 고체배지에서는 당화효소를 많이 생성시키지만 액체배지 즉, 막걸리의 담금 중에서는 성장을 거의 하지 않으며 당화효소도 거의 생성하지 않기 때문에 막걸리 발효 과정 중에서는 누룩의 제조 과정에서 생성한 당화효소에 의하여 당화작용에 기여한다. 황국균은 당화효소뿐 아니라 invertase, cellulase, inulase, pectinase, protease, lipase, catalase 등 여러 종류의 강력한 효소를 생산하는 균주로 알려져 있어 산업적으로도 중요한 균주다.

그림 3-3 대표적인 황국균(*Aspergillus oryzae*)을 효모-맥아 한천 고체배지에 20°C, 14일간 배양한 거대집락 사진(24).

1.2 *Aspergillus coreanus*

저자는 1997년 충청북도 보은군의 재래시장에서 구입한 전통누룩으로부터 당화효소 생성력이 비교적 높고, 향기 성분을 생성하며, 곰팡이 냄새를 내지 않고, 곰팡이 독소인 aflatoxin도 생성하지 않는 곰팡이인 NR 15-1균주를 분리했다(114). NR 15-1 균주는 2004년 새로운 누룩곰팡이로 인증되고 *Aspergillus coreanus* NR 15-1^{T}로 동정되었다(그림 3-4). 신종인 전통 누룩곰팡이인 *Aspergillus coreanus*는 황록색 분생포자를 가지며, Czapek solution agar에서 아주 잘 증식하고, 표면은 벨벳처럼 매끄러운 colony를 형성한다(그림 3-5). 이 균의 최적 생육 온도는 30°C이며, 최적 생육 pH는 5.0이다. *Asp. coreanus* NR 15-1^{T}의 ITS 1과 5.8S rDNA, ITS 2의 nucleotide sequence는 DDBJ의 database에 AB055392(ITS 1), AB055393(5.8S rDNA)과 AB055394(ITS 2)로 등록되어 있으며, 균주 등록은 균주 보존기관인 KCTC에 18075P^{T}으로, KCCM에 80006^{T}으로 등록되어 있다(142).

이 균주가 생성하는 α-amylase는 49 kDa의 분자량을 가지며, 효소의 최적 반응 pH는 5.0으로 막걸리 제조 때의 술덧의 담금 pH와 같고, 효소의 최적 반응 온도는 45°C를 나타내어 다른 균주가 생성하는 효소의 반응 최적 온도보다 낮아서 막걸리 제조용 효소로 적당하다(143).

그리고 이 균주는 62 kDa(GA Ⅰ 효소)과 90 kDa(GA Ⅱ 효소)의 크기가 서로 다른 분자량을 가지는 2종류의 glucoamylase를 생성하며, GA Ⅰ 효소와 GA Ⅱ 효소의 반응 최적 온도는 각각 60°C와 50°C이며, 반응 최적 pH는 두 효소 모두 같은 pH로서 4.0을 나타내어 막걸리 제조 때의 술덧의 pH와 같다(143).

그림 3-4 전통 누룩의 고유 신종 곰팡이인 *Aspergillus coreanus* NR 15-1^{T}의 전자현미경 사진(142). 균의 배양은 Czapek agar에서 25°C로 14일간 배양한 형태이다. 분생자 머리(conidial head) ("~500, bar = 100μm).

그림 3-5 *Aspergillus coreanus*를 효모-맥아 한천 고체배지에 20°C, 14일간 배양한 거대 집락 사진으로 저자가 분리한 한국 고유의 신종 전통 누룩곰팡이(142).

1.3 *Aspergillus kawachii*

*Aspergillus kawachii*는 최근 막걸리 제조에 주로 사용되는 당화균으로 맥아-한천 배지에서 흰색의 균사가 성장한 것으로, 초기의 포자 색상은 백색이지만 시간이 지날수록 엷은 회색 내지 연갈색의 포자로 변하며, 초기의 색상이 흰색이므로 백국균(白麴菌)이라 한다. 이 균의 특징은 황국균보다 당화효소 활성은 약하나 구연산 등의 유기산을 다량 생성하기 때문에 막걸리 담금할 때 술덧의 pH를 산성으로 유지하여 안전한 발효가 이루지게 하는 장점이 있다.

1.4 *Rhizopus javanicus*

*Rhizopus*속 곰팡이는 자연계에 매우 널리 분포하며, 약 15종이 알려져 있다. 균사는 수 cm에 이르고, 고등식물의 뿌리와 같은 가근(假根, rhizoid)을 만들어 기질에 부착하며 더욱이 이 가근은 기질의 표면에 넓게 생육하는 포복균사(匍腹菌絲, stolon)를 형성하므로 *Mucor*속보다 빨리 번식할 수 있다. 이 균의 집락은 포복균사와 긴 포자낭에 의하여 희백색의 거미줄 같이 엉켜 생육하므로 거미줄 곰팡이라고 한다. 이 균의 포자낭은 가근 위에서 한 개 또는 여러 개의 포자낭병을 만들고, 공기 중으로 신장하여 그 끝이 팽대하여 중축(中軸, columella)이 되며, 이 중축을 둘러싸면서 포자낭이 형성되고 포자낭 속에 포자낭의 무성포자가 형성된다.

*Rhizopus javanicus*는 인도네시아의 증류주인 Arrack의 제조 과정 중 쌀의 당화에 사용한 균의 한 종류로서 Ragi에서 분리된 균이다. 이 균의 집락의 색상은 흰색이나 시간이 지날수록 황갈색으로 변색된다. 강력한 전분 액화력과 당화력을 가지므로 서류인 고구마를 원료로 알코올을 제조하는 방법인 amylo법의 당화균으로 이용된다. 생육 최적 온도는 37～40°C이며, 생육 최적 pH는 5.0～6.5이다. 포자낭은 70～130μm이며, 포자낭은 쉽게 개열(開裂)되어 포자낭 포자가 잘 비산(飛散)한다.

특히, *Rhizopus javanicus*는 서류를 전분질 원료로 했을 때 사용되는 당화균이며 곡류의 전분질을 이용할 때는 *Rhizopus delemar*를 이용하여 알코올을 제조한다.

그림 3-6 대표적인 거미줄 곰팡이(*Rhizopus oryzae*)를 효모-맥아 한천 고체배지에 20°C, 14일간 배양한 거대집락 사진(24).

그림 3-7 대표적인 털 곰팡이(*Mucor racemosus*)를 효모-맥아 한천 고체배지에 20°C, 14일간 배양한 거대집락 사진(24).

1.5 *Rhizopus delemar*

*Rhizopus delemar*는 *Rhizopus javanicus*와 형태적으로 유사한 amylo 당화균이며, 곡류의 전분질을 잘 이용하여 당화시키는 곰팡이다.

이 균의 집락(colony)은 처음에는 백색이나 증식함에 따라 회색 또는 연흑색으로 변하며, 포자낭병은 *Rhizopus javanicus*보다 약간 짧고 포자낭은 회색의 구형 또는 원통형이다.

1.6 *Mucor rouxii*

*Mucor*속은 자연계에 매우 널리 분포하며, 약 70여 종이 알려져 있다. *Mucor rouxii*의 배양최적온도는 24~25°C이지만 40°C와 10°C에서도 잘 자라는 균종이며, 40°C에서 생육하는 고온균으로는 *Mucor pusillus* 등이 있으며 10°C에서 생육하는 저온균도 있다. *Mucor*속은 *Rhizopus*속과 다르게 가근을 형성하지 않는 것이 특징이다. 이 균종도 *Rhizopus*속과 같이 포자낭병으로부터 중축을 형성하여 포자낭이 형성되고 무성의 포자낭 포자를 형성한다.

*Mucor rouxii*는 *Mucor*속의 대표적인 균으로 당화력이 강하며, 알코올

발효력도 있으므로 amylo법에 의한 알코올 제조에 처음 사용된 균이다. 이 균은 Pasteur 연구소가 인도네시아의 국으로부터 분리하여 *Amylomyces rouxii*라고 명명했었다. 그 이후 amylo법이 개량되어 이 균 대신에 더욱 우량한 *Rhizopus javanicus*를 현재는 많이 사용하고 있다. 생육 최적 온도는 30～40°C이다. 이 균의 집락의 색상은 회백색으로 쌀 배지에서 잘 성장하여 솜털같이 엉켜 생육하므로 털곰팡이라고 한다. 이 균은 포자를 잘 형성하지만 포자의 발아력은 *Rhizopus*나 *Aspergillus*보다 낮기 때문에 자연계로부터 분리할 때 특별히 주의해야 한다.

1.7 *Absidia idahoensis*

*Absidia*속 곰팡이는 *Rhizopus*속 곰팡이와 형태적, 생리적 측면에서 매우 유사한 곰팡이다. 그러나 *Rhizopus*속 곰팡이의 포자낭병은 가근 위에서 형성되어 포자낭을 형성하지만, *Absidia*속 곰팡이의 포자낭병은 가근 위에 분지하는 것이 아니고 포복지의 중간 지점에서 포자낭병으로 신장하여 포자낭을 형성하여 포자낭 포자를 형성하는 점이 *Rhizopus*와 *Mucor*속의 균종과 다르다. 또한 포자낭의 크기가 *Rhizopus*속의 포자낭보다 작다는 점이 *Rhizopus*속과 또 다른 점이다.

*Absidia idahoensis*는 막걸리 발효 과정에서 *Absidia* 종에서 우점종으로 생육하며, *Absidia lichtheimi* 등은 전통 누룩으로부터도 잘 분리되는 균종이다.

막걸리 발효 과정에서 분리된 *Absidia idahoensis*는 영양균사가 잘 자라며 가근을 가지고 포자낭병에는 격막이 있다. 포자낭은 15～30μm 정도로 구형이고, 포자낭 포자는 무색의 단세포이며, 약간 소시지형으로 3.5～5 × 2～2.5μm의 무성포자를 형성한다. 유전적으로 접합포자를 형성하며, 아구형(亞球形)이고, 암갈색으로 40～80μm의 유성포자를 형성한다.

1.8 *Monascus purpureus*

*Monascus*속에 속하는 균종(菌種) 중에 균사 내에 홍색 또는 자색의 색소를 생성하여 균사 전체가 분홍색으로 착색되므로 홍국균(紅麴菌)이라고 한다.

우리나라의 누룩에서도 잘 분리되는 *Monascus purpureus*는 중국의 남부지방에서 만들어지는 전통 색소인 홍조(紅糟, Ang-cho)에서 처음 분리되었다. Ang-chu(紅酒)란 증자한 쌀에 이 균을 접종하여 배양한 홍국(紅麴, Ang-khak)으로 발효시킨 술로서 우리나라의 막걸리와 비슷하며 약간 홍색을 띠는 술이다. 이 균은 반드시 호기성으로 배양해야만 색소를 생성하며, 혐기적으로 배양하면 균은 성장하지만 색소는 전혀 생성되지 않는다.

2 효모

효모는 미생물의 계통분류학상 진균류(眞菌類, Eumycota)에 속하며, 곰팡이는 긴 균사로 생육하지만 효모는 세균과 같이 구형(球形)과 타원형(橢圓形)과 같은 단세포 형태로 영양세대(榮養世代)로 생육하는 미생물을 총칭한다. 효모는 일반적으로 곰팡이와 비슷하게 pH가 미산성이나 산성인 조건에서 잘 자라며, 25~30°C의 온도에서 잘 자라는 중온(中溫) 미생물에 속한다. 곰팡이는 절대호기성 미생물이지만 효모는 산소가 있어도 살고 없어도 생육할 수 있는 통성혐기성((通性嫌氣性) 미생물이다. 효모는 산소가 충분히 있는 환경에서는 증식을 잘하여 많은 수의 효모로 증식되고, 산소가 없으면 영양분인 포도당을 알코올로 전환시켜 술을 빚기도 하고 술을 부드럽게 하는 glycerol을 생성하기도 한다. 더욱이 아미노산(amino acid)을 고급 알코올(예; *iso*-butanol, *iso*-amylalcoho, phenyethanol 등)로 전환하여 술의 향기와 맛 성분을 생성하는 능력을 가지므로 술을 빚을 때 효모를 이용하는 것이다. 대부분의 효모는 알코올을 생산할 수 있지만 *Saccharomyces*속의 효모가 알코올 생산 능력이 가장 우수하여 일반적으로 많이, 그리고 넓게 이용되고 있으며, *Hansenula*속과 *Pichia*속의 효모도 알코올 생산성이 높은 편이다. 특히 *Hansenula*속의 효모는 알코올 생산

능력뿐 아니라 향기 성분을 생산하는 능력이 탁월하다. 그러나 알코올을 생산할 수 있는 미생물은 효모뿐 아니라 곰팡이인 *Mucor*속 등도 알코올을 생산하며, 세균인 *Thermobacterium mobile*, *Zymomonas mobilis*, *Zymomonas anaerobia* 등도 알코올을 생산한다. 특히 *Zymomonas*속 세균은 알코올 생산 능력은 효모보다 우수하지만, 알코올 발효의 기질의 종류가 넓지 못하여 정제된 당류만을 이용하며, 향기 성분의 생성 능력이 거의 없어서 술의 양조에는 사용할 수 없다. 그러나 비음료용 알코올 발효에는 *Zymomonas*속 세균이 이용될 가능성이 높다. 그러나 지금으로는 비음료용 알코올 생산도 효모에 의하여 이루어지고 있다.

알코올 발효(술의 양조)에 효모를 사용하는 이유는?

① 효모는 알코올 생성 능력이 우수하고,

② 술의 맛과 향기 성분 생성 능력이 우수하며,

③ 발효 후, 효모는 배양액 밑으로 침전하여 술로부터 효모의 제거가 용이하기 때문이다.

효모는 알코올을 생성하기도 하지만(그림 3-8), amino acid를 분해하여 맛과 향기 성분인 고급 알코올을 생성하는 능력이 탁월하므로 술의 양조에는 없어서는 안 되는 중요한 미생물이다(그림 3-9).

포도당 → 알코올 생성

아미노산 → 맛과 향기 성분 생성

효모의 생균의 함유 → 독특한 향취 부여

그림 3-8 효모의 역할.

막걸리 양조에서 효모의 역할은 무엇보다 누룩곰팡이에 의해 생성된 amylase에 의하여 전분으로부터 분해 생성된 포도당을 에틸 알코올(ethyl alcohol)로 전환시키는 것이 가장 큰 역할이다. 그리고 효모는 탁주 발효 과정에서 단백질로부터 생성된 아미노산을 휘발성 향기 성분인 고급 알코올(그림

3-9)을 생성하여 탁주의 향기뿐 아니라 맛 성분을 생성하는 중요한 역할도 하며, 적은 양이지만 포도당으로부터 술에 부드러움을 주는 glycerol을 생성하기도 하므로 술 양조에서 매우 중요한 역할을 담당한다.

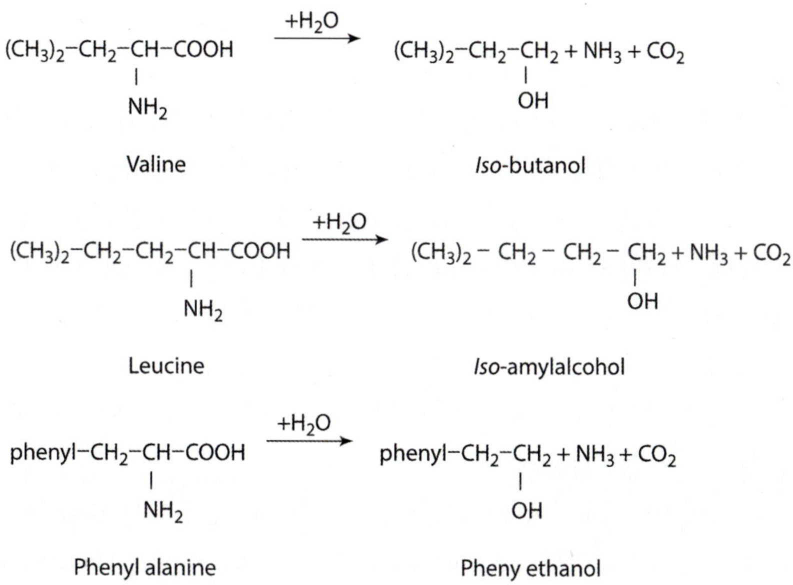

그림 3-9 효모의 역할 중 아미노산으로부터 향기 성분인 고급 알코올 생성.

효모의 증가수와 에탄올의 생성과의 상관관계는 대단히 중요하다.

1970년 서울시내에서 제조되고 있는 3개 양조장에서 생산되는 탁주에 대하여 발효 과정 중의 효모 수를 검토한 결과, 1단 담금 발효에서 효모 수는 ml당 1.74×10^8였으며 발효 48시간에 최고값인 4.13×10^8의 효모 수를 나타내었다. 본 담금에서는 발효 초기에 1.65×10^8이나 발효가 진행되면서 효모 수가 급격히 증가하여 발효 36시간에 3.31×10^8의 효모 수를 나타내어 최고값을 나타내었다. 따라서 탁주에서 1단 담금한 후 36시간 또는 48시간 후에 본 담금을 하는 것이 알코올의 생성 면에서 양호하다. 제성주의 효모 수는 0.66×10^8이었으며 24시간에서 효모 수가 최대값을 나타내고 그 이후 서서히 감소한다고 한다(216). 1968년 시판 누룩과 연구실에서 제조한 탁주로 양조한 술덧으로부터 담금 12시간 간격으로 미생물군 및 효소력의 소장 관계를 측정했다(201). 술덧 중의 효모를 분리하여 TTC 정색법으로 염색하였을 때 가장 많은 효모가 검출된 효모는 TTC pink 효모와 red 효모였으며, 이들 효모를 동정한 결과, TTC pink B-50P 효모와 red pink B-54RP 및 B-60RP 효모는 *Saccharomyces cerevisiae*형이고, red B-53R 효모는 *Hansenula subpelliculosa*형이었다. 그리고 고유의 탁주 효모로 알려져 있는 *Saccharomyces coreanus*는 실험 중에 전혀 분리되지 않았다. 그 이유로 김찬조는 1930년경부터 누룩 제조에 국균(麴菌)만을 종균(種菌)으로 사용하며 탁주 양조에 많은 양의 일본식 koji(麴)를 사용하므로 미생물상이 완전히 달라진 탓이 아닌지 추측하였다. 그 이유를 뒷받침하는 것으로 과거의 탁주의 고유한 맛과 향기가 완전히 달라진 것을 들 수 있다고 했다. 특히, 우리나라의 북위 33도의 제주도 한라산에서 부터 북위 38도의 설악산까지 전국 6개소에서 지역별로 1년간 야생 효모를 분리했으나 *Saccharomyces coreanus*는 분리되지 않았다(231).

1970년 서울시내에 소재하는 11곳의 탁주공장에서 담금 후 48시간 발효시킨 술덧으로부터 *Saccharomyces cerevisiae*, *Hansenula anomala*와 *Pichia polymorpha*의 3종류의 효모를 분리했다.

탁주 중에 *Saccharomyces cerevisiae*가 가장 많이 분리되었으며, 이 효모만이 알코올 발효능이 좋았으며 이 균주가 탁주 발효의 주 균주이다. *Hansenula anomala*는 *Saccharomyces cerevisiae*와 비교하여 알코올 발효 능력은 좋지 못하지만 ester 생성 능력이 좋아서 탁주의 향미에 중요한 역할을 하고, *Pichia polymorpha*는 알코올 발효능력이 가장 낮으며 향미 생성도 하지 못하는 것으로 나타나 탁주 발효에 특별한 역할이 없는 효모로 추정했다(218). 그리고 *Torulopsis inconspicua*도 분리되었는데, 이 효모 균주는 발효과정 중 외부로부터 오염되어 술덧에 들어간 것으로 추측했다(219).

또한 탁주 발효 과정에서 *Saccharomyces*속 효모는 담금 초기부터 증식이 활발하여 그 수가 급격히 증가되며, *Torulopsis*, *Hansenula*, *Candida*와 *Pichia* 등의 효모들도 증식하고 있어서 탁주의 알코올 발효는 단일 효모 균주에 의하여 이루어지기보다 여러 종류의 효모 균주에 의하여 일어난다고 할 수 있다. 탁주 술덧과 제성주에서 *Saccharomyces cerevisiae*가 우점종으로 분포하며, 간혹 *Tolulopsis sake*도 쉽게 분리되고, $CaCo_3$ 분해능이 강한 *Saccharomyces acidifaciens*도 분리할 수 있다. 탁주의 유통과정에서 이들 효모의 분포는 큰 차이를 나타내어 *Hansenula* group, *Candida* group은 왕성하게 생존하고 있는 반면에 *Pichia* group은 분리는 되지만 그 수는 많지 않다. 그리고 특이한 것은 black 효모라 불리는 불완전 균류인 유사 효모 곰팡이(yeast like fungi)가 많이 나타난다는 사실이다(220).

1973년 대전 지역의 12개 양조장에서 1단 담금 1~1.5일째의 술덧과 2단 담금 2일째의 술덧으로부터 *Saccharomyces cerevisiae*, *Saccharomyces pretoriensis*와 *Saccharomyces rouxii*의 3종의 효모를 분리 동정했다(233). 탁주 발효 과정 중 효모 수의 변화는 1단 담금 때 20°C에서 1.5~2.5일간 발효시키거나 25°C와 30°C에서 1~2일간 발효시킬 때 탁주 효모의 수는 온도에 의하여 변화되지 않고 일정했으며, 청주 효모의 수도 증식 양상이 비슷했다. 그러나 2단 담금에서 30°C 또는 35°C인 고온에서의 탁주 발효는 저온 발효와 비교하면 효모의 수에서 낮게 나타나 탁주 발효는 고온 발효보다 25°C 이하인 저온 발효하는 것이 양호하다는 결론에 도달했다. 특히 2단 담금의 탁주 술덧에서 탁주 효모의 균수가 청주 효모의 균수보다 많이 높아, 탁주 발효에서 전통적인 청주 발효 효모의 사용은 바람직하지 못하다는 것이 증명되었다(234).

탁주 효모를 개량하기 위한 노력도 있었다. 탁주 발효에 사용할 우량 효모를 분리하기 위하여 충청남북도 12개 지역의 탁주, 약주와 누룩으로부터 24균주의 효모를 분리하여 분리된 2균주의 효모에 자외선을 조사하여 알코올 발효력이 우수한 3균주의 효모 변이주를 분리했다(238). 자외선을 처리하지 않은 모(母)균주는 모두 *Saccharomyces cerevisiae*이며, 변이주는 모두 알코올 발효력이 모균주보다 10% 이상 높았고 1균주는 모균주에서는 없었던 산(酸)생성력도 나타내었다. 그러나 이들 세 변이주 모두 알코올 내성은 모균주보다 낮았으며, 변이주는 증식력과 20% 이상의 당내성이 약하며 Ca-pantothenate를 생육인자로서의 요구성과 생육 최적 온도는 모균주와 비슷했다(239). 이들 3변이주 중 산 생성 능력이 우수한 변이주로 탁주의 주모를 사용하여 탁주를 담금했을 때 담금 원료의 5% 입국으로도 20% 입국을 사용할 때와 같은 양질의 탁주를 양조할 수 있었다. 이때 생성되는 산은 젖산이었으며, pH 4 이하에서는 산을 생성하지 않으며, pH 4 이상에서는 중성으로 변화됨에 따라 산을 급격히 생산하여 pH 5~7에서는 48시간 배양으로 0.5~0.7%의 산을 생산했다(240).

고춘명 등(235)은 탁주 발효 과정 중 미생물의 변화를 검토한 결과, 알코올 발효 효모인 *Saccharomyces cerevisiae*는 2단 담금 이후부터 급속히 증가하여 담금 5일에 4.3×10^7으로 최고치에 도달했으며, 그 이후부터는 서서히 감소했으나 담금 10일까지 효모 수의 변화는 거의 나타나지 않고 4.7×10^6으로 비교적 일정한 수의 효모 수를 유지하고 있었다. 그리고 막걸리의 2단 담금 초기에는 효모균 수가 10^8 CFU/ml로 존재하다가 발효 후기로 발효가 진행되면서 3.2×10^8 CFU/ml로 약간 증가하는 경향을 나타낸다. 2단 담금 초기에는 micrococci로 추정되는 세균이 80% 그리고 효모가 20%를 차지하지만, 발효 후기에는 세균의 수가 감소하여 35% 차지하고 효모의 수는 증가하여 65%를 차지하고 있었다. 막걸리의 전 발효 과정 중 *Saccharomyces cerevisiae*가 우점종이었으며 전 발효 과정에서 *Candida magnoliae*가 계속적으로 발견되었는데 이 효모는 막걸리 발효에서 처음 발견된 균주이다(322). *Candida magnoliae*가 막걸리 발효에 어떤 역할을 하는지에 대한 언급이 없어서 그 역할은 아직 알 수 없다.

2012년 권 등(392)은 국내에서 유일하게 전통방식에 의해 생산되는 부산시의 금정산성 막걸리의 발효 과정에 따른 효모의 특성을 16S와 28S RNA 유전자를 이용한 PCR-DGGE 분석으로 조사했다. 산성 막걸리의 발효 초기의 효모 수는 6.67×10^4 CFU/ml을 시작으로 발효 3일째에 최고치인 3.20×10^{10} CFU/ml를 나타내었다. 산성 막걸리의 발효 과정 중에 나타나는 효모는 *Pichia kudriavzevii*, *Saccharomyces cerevisiae*, *Kluyveromyces marxianus*, *Saccharomycopsis fibuligera* 및 *Torulaspora delbrueckii* 등 총 5종의 효모가 분리 동정되었다. 산성 막걸리의 발효 중 발효 2일까지는 *Pichia kudriavzevii*이 우점종이었으며 이 기간 중에 *Saccharomyces cerevisiae*가 검출되기도 했다. 발효 3일 이후부터 *Pichia kudriavzevii*는 급격히 감소되었으며, *Saccharomyces cerevisiae*의 균수가 급격히 증가되어 우점종으로 형성되어 알코올 발효가 왕성하게 진행됨을 알 수 있었다.

*Saccharomyces cerevisiae*는 합성배지에서 질소원으로 아미노산인 aspartic acid를 첨가하여 배양하면 phenyl alcohol이 많이 검출되며 전통적인 탁주 향기가 많이 생성되고, phenylalanine으로 배양하면 상당량의 phenetyl alcohol과 phenetyl acetate가 검출되며 꽃향기가 발산되고, leucine으로 배양하면 휴젤유취가 생성된다(255)는 결과로부터 막걸리를 제조할 때 아미노산의 종류를 다르게 첨가하면 독특한 향기 성분을 발산하는 막걸리 제조가 가능할 것이다.

특히 막걸리 제조에 사용되는 *Saccharomyces coreanus*, *Saccharomyces ellipsoideus*, *Saccharomyces carlsbergensis*, *Saccharomyces cerevisiae*, *Saccharomyces rouxii* 효모의 우수성을 연구한 결과, *S. cerevisiae*와 *S. ellipsoideus*가 가장 높은 알코올을 생성했으며, 막걸리의 총당과 환원당의 함량은 *S. coreanus*이 가장 높게 나타났고, 탁주의 맛과 향기 성분과 직접적인 관련성이 높은 성분인 총산과 유기산 총 함량은 *S. rouxii*에서 높게 나타났다. 따라서 총 당과 환원당 함량이 높은 감미가 다소 강한 막걸리 제조에는 *S. coreanus*와 *S. rouxii* 효모의 사용이 바람직하다고 할 수 있다(357).

막걸리 제조 과정에서 효모의 역할은 매우 중요하다. 즉, 당화효소에 의하여 생성된 발효성 당류인 포도당을 효모가 가지고 있는 여러 종류의 효소 혼합체인 zymase 효소에 의하여 에틸 알코올을 생성하기 때문이다. 때문에 곰팡이의 연구보다 효모에 관한 연구가 많이 진행되었다.

막걸리 연구의 흐름을 보면 1980년대 이전에는 미생물에 관한 연구가 많았으나, 최근에는 미생물 자체 또는 막걸리 발효 방법 등에 관한 연구보다 막걸리가 가지는 생리 기능성 연구가 많이 이루어지고 있어서 막걸리 효모에 관한 연구는 적은 편이다. 그러나 현재까지 연구된 효모의 종류는 표 3-2에 나타난 바와 같이, 8속 17종의 효모종이 분리되고 있다.

표 3-2 막걸리로부터 분리된 효모

효모 종류	참고문헌
Candida magnoliae	322
Hansenula anomala	218
Hansenula subpelliculosa	201

효모 종류	참고문헌
Kluyveromyces marxianus	392
Pichia kudriavzevii	392
Pichia polymorpha	218
Saccharomyces cerevisiae	201, 218, 220, 233, 235, 357, 392
Saccharomyces coreanus	252, 357
Saccharomyces ellipsoideus	357
Saccharomyces cidifaciens	220
Saccharomyces pretoriensis	233
Saccharomyces rouxii	233, 357
Saccharomyces carsbergensis	357
Saccharomycopsis fibuligera	392
Torulaspora delbrueckii	392
Torulopsis inconspicua	219
Tolulopsis sake	220

막걸리 제조에 사용되는 중요한 효모를 보다 자세히 보면 다음과 같다.

2.1 *Saccharomyces cerevisiae*

*Saccharomyces*속에 속하는 효모는 단세포로 생육하며, 기균사(氣菌絲, 공기 중으로 뻗어 생육하는 균사)는 전혀 형성하지 않는다. 영양세포는 다핵(多核, 일반적으로 세포에는 하나의 핵을 가지지만 세포 안에 몇 개의 핵을 가지는 현상)을 가지므로 세포 자신이 접합하지 않고 바로 자낭(子囊, Ascus, 자낭 속에 효모의 유성적 포자를 형성하는 기관)을 형성하는 효모로서 무성적으로는 다극 출아법(多極 出芽法, Budding)으로 증식한다. 이 효모의 세포는 주로 타원형 또는 난형으로 포자는 원형 모자형을 하며, 유성적으로 1~4개의 자낭포자를 형성하고, 발효능력을 가지며 유당(乳糖)과 초산염(硝酸鹽)을 동화(同化)하지 못한다.

Saccharomyces cerevisiae 효모는 영국의 맥주 공장에서 분리된 효모로 맥주 발효 중에 효모가 맥주의 맥아즙 상층에 떠서 발효하므로 전형적인 상면발효 맥주효모이다. 이용되는 측면에 따라 빵효모, 맥주효모, 청주효모, 사료

효모 등으로 잘 알려진 대표적인 효모속이다. 이 효모는 α-galactosidase를 갖지 않으나 β-fructosidase 효소를 가져서 과당(fructose)을 잘 발효시킨다. 이 효모의 젊은 배양 세포는 원형 또는 난원형으로 크기는 6 × 6～10μm로서 무성적으로 짧은 연쇄상 출아법으로 광택이 있는 구형의 무성포자를 형성한다. 유성포자인 자낭포자는 1～4개가 형성되며 GC 함량(mole%)은 33～46이고, thiamine을 형성하므로 약용 효모로도 사용된다(그림 3-10).

대부분의 효모의 생육 최적 온도는 20～28°C이지만 *Saccharomyces cerevisiae* 효모의 생육 최적 온도는 23～25°C이고 알코올 발효 최적 온도는 23～24°C이며, 생육한계 온도는 1～45°C이고, 알코올 발효 최적 pH는 4.5～6.5이며 생육 한계 pH는 3.6～7.2이다. 그리고 알코올 20% 이상에서는 증식이 억제되며 젖산 0.4～0.6%에서도 증식과 알코올 발효가 가능하므로 막걸리를 담금할 때 pH 조절용으로 젖산을 사용하는 이유가 되기도 한다.

그림 3-10 *Saccharomyces cerevisiae* 효모의 거대 집락 사진(24). 지름 : 1.71cm.

그림 3-11 *Hansenula anomala* 효모의 거대 집락 사진(24). 지름 : 2.6 × 1.7cm.

2.2 *Saccharomyces coreanus*

*Saccharomyces coreanus*는 1910년 Saito(29)에 의하여 우리나라 전통 술로부터 처음 분리된 순수한 고유의 토속 효모균으로 알려졌다. 특히, 이 균은 막걸리 제조에 사용되는 대표적인 효모이며 우리나라에서 분리된 고유의 효모라는 의미로 분리된 지명을 표기한 corea란 의미가 학명으로 인정된 효

모이다. 1955년 van der Walt에 의하여 토양으로부터도 분리되기도 했다. 그러나 그 이후에는 이 효모에 관한 연구가 전혀 이루어지지 않았으며 1968년 김(201)은 탁주 제조에 관여하는 미생물 특히, 막걸리 효모를 분리하여 연구하던 중 *Sacchromyces coreanus*를 분리하고자 했으나 전혀 분리할 수 없었다. 이 균이 분리되지 않는 이유는 "1930년경부터 누룩 제조에 국균인 *Aspergillus oryzae*를 접종하여 제조해 왔으며, 또한 막걸리 제조에 일본식 국인 koji를 혼합 사용하여 막걸리를 제조하므로 막걸리 제조 과정에서의 미생물상(microflora)이 완전히 달라진 탓이 아닌가 생각되며, 이것을 뒷받침하는 것으로 과거의 막걸리 고유의 맛이 달라진 것을 알 수 있다"라고 추측했다. 그 이후 *Sacchromyces coreanus*를 분리하고자 한 연구도 없었으며 이 균이 분리되었다는 연구 보고도 없었다.

*Sacchromyces coreanus*는 다극 출아로 무성증식하며 세포의 크기는 3~8×3~16μm 정도의 크기를 가지고 단독 또는 2개씩 연결되기도 한다. 집락의 가장자리 형태는 entire 또는 undulating의 모양을 나타낸다.

이 효모균은 초산염 한천 배지에서나 일반 포자형성 배지에서 포자를 잘 형성한다. 이 효모균은 1~4개의 자낭포자를 유성적으로 형성하여 유성적으로 증식하며, 포자는 구형 또는 난형으로 크기는 2~3.5μm이다. 이 효모균을 맥아즙 한천 배지에서 28°C, 3일간 배양하면 구형 또는 타원형, 원통형 때로는 드물게 긴 모양의 세포형태의 효모가 관찰된다. 그러나 진정 균사는 형성하지 않는다. 이 효모균을 실온에서 30일간 액체에서 배양하면 침전되고 불완전한 ring을 형성하기도 한다.

이 효모균의 거대 집락의 색상은 cream색 내지 연갈색을 띠며, glucose, sucrose, raffinose, galactose, melibiose를 잘 발효와 동화시키지만 maltose, lactose, arabinose와 citric acid는 발효와 동화시킬 수 없는 효모균주이다. 그리고 이 균주는 질소원으로 ethylamine hydrochloride와 질산염을 동화시키지 못하며 100ppm cylcloheximide의 존재 하에서는 생육하지 못하는 특징을 가진다. *S. coreanus*는 비타민 free 배지에서와 50% 포도당-효모 추출물 배지에서는 생육이 가능하지만 60% 포도당-효모 추출물 배지에서는 생육하지 않는다. 이 균은 15% 알코올이 함유된 koji 추출물 배지에서 발효가 잘 이루어지지만 20% 알코올이 함유된 환경에서는 발효가 일어나지 않는다.

이 균의 생육 최적 온도는 32~34°C이며 20°C에서 37°C까지 폭 넓은 온도에서 생육하고, 일반적인 효모는 37°C에서는 생육할 수 없지만 이 균은 37°C에서도 잘 생육하여 내열성 효모임을 알 수 있다. 그리고 이 균의 생육 최적 pH는 3.0~4.5인데, 이 pH는 막걸리 술덧의 이상적인 pH와 비슷하다. pH 3.0에서 7.0까지 넓은 영역의 pH에서도 생육하여 산성에서도 잘 생육하는 우리나라의 전통주인 막걸리, 약주와 민속주의 대표적인 효모이다.

특히 본인의 연구(141)에서 *Sacchromyces coreanus* IFO 1833 균주의 생육 최적 pH는 5.5이며, pH 3.0에서 7.0까지의 폭 넓은 pH 영역에서도 생육하였다. 생육 최적 온도는 30°C였으며, 20~37°C까지의 폭 넓은 온도 영역에서 생육이 가능하여 다른 효모들과 다르게 내열성 효모였음이 밝혀졌다.

2.3 *Hansenula anomala*

*Hansenula*속 효모는 영양 세포는 원형, 난원형 또는 레몬형 등으로 여러 모양을 나타내며 양극(兩極) 출아법으로 연결된 세포로 무성 증식한다. 자낭포자를 유성적으로 형성하고 초산염을 동화하지 못하며 ester를 형성하고, 피막(皮膜)도 잘 형성하는 효모균이다. 자연계에 널리 분포하며 건포도 등에서 쉽게 분리할 수 있다.

*Hansenula anomala*는 glucose, sucrose와 raffinose를 발효하며 galactose와 maltose도 약간 발효시키며 알코올을 영양원으로 잘 생육하기도 한다. 이 효모균을 액체 배양하면 액의 상층부분에 건조된 것처럼 분상피막(粉狀皮膜)을 형성하여 생육하므로 피막효모라고 부른다. 알코올 발효력은 약하여 양조 과정 중에서 혼입하면 알코올을 분해하므로 유해 효모로 지적되기도 하지만, 알코올과 산으로부터 ester를 생성하므로 술의 향기 성분을 생성하는 능력이 탁월한 효모균으로 알려져 있어서 포도주와 막걸리 제조에서 오히려 매우 유익한 효모라 할 수 있으며 술의 후숙(後熟, aging)에 깊이 관여한다(그림 3-11).

2.4 *Saccharomyces rouxii*

*Saccharomyces rouxii*는 간장의 발효액에서 잘 증식하여 간장의 특유한 향미를 부여하는 유익한 효모이며, 간장의 표면에 회백색의 피막을 형성하는 피막 효모에 속한다. *Saccharomyces rouxii*는 자낭 형성 전에 접합하는 성질을 가져 오래 전부터 *Zygosaccharomyces major*라고 불려지다가 J. Lodder에 의하여 *Saccharomyce*속으로 분류되었다. 이 효모는 알코올 발효 능력은 다소 약하지만 내 삼투압성이 높으며, 고농도의 식염의 존재가 이 효모의 생육을 촉진한다.

3 세균

세균은 미생물의 계통분류학상 원핵생물계(原核生物界, Procaryotae)에 속하며, 세균 세포에는 핵막(核膜)이 없는 핵상 물질을 가지는 세포로서 유전물질인 DNA가 세포질 중에 노출되어 있어 원핵세포(原核細胞, procaryotic cell)라 한다.

세균은 일반적으로 효모와 같이 구형(球形) 또는 타원형(楕圓形)과 같은 단세포 형태인 영양세대(榮養世代)로 생육하는 미생물을 총칭하는 미생물이다.

세균은 중성이나 미 알칼리 pH에서 잘 생육하며 곰팡이와 효모의 생육 온도보다 높은 37°C 정도의 온도에서도 잘 생육한다. 산소 요구성이 다양해서 절대호기성 세균과 통성혐기성 세균, 절대혐기성 세균 등이 있다.

술 양조에서는 세균의 역할이 거의 없는 것으로 알려져 있다. 최근 젖산 세균에 의한 술덧의 pH 조절 기능의 역할에 대한 연구가 있었지만 아직까지 의문으로 남아 있다.

막걸리 제조에 있어서 세균의 역할을 확실히 규명한 것은 아직 없으나, 젖산 세균에 의하여 술덧의 pH를 산성으로 조절하므로 안전한 발효를 유도할 수 있다는 의견이 제시되고 있다. 또한 특히 세균에 관한 연구는 위생학적 측면에서 막걸리의 안전성을 판단하는 기준으로서도 이루어지고 있다.

막걸리 중의 세균은 누룩으로부터 올 수도 있고 발효 과정 중에 오염될 수도 있다. 막걸리 제조에서 곰팡이는 입국의 종균 또는 누룩곰팡이 등에 의하여 당화제로서의 확실한 역할이 있으며, 효모는 알코올 발효의 확실한 역할이 있으나, 막걸리 제조 과정 중 세균의 역할은 아직 분명히 밝혀진 것이 없으며 막걸리 세균에 관한 연구도 활발하지 않은 것이 현실이다.

막걸리 양조에서 곰팡이는 전분을 포도당으로 당화시키는 역할을 담당하며 포도당으로부터 알코올을 생산하는 미생물은 효모에 의하여 이루어지지만, 곰팡이인 *Mucor*속 뿐만 아니라 세균인 *Thermobacterium mobile*, *Zymomonas mobilis*, *Zymomonas anaerobia* 등도 알코올을 생산할 수 있는 능력을 가지고 있다. 특히 *Zymomonas*속 세균은 알코올 생산 능력은 효모보다 우수하다. 하지만 알코올 발효의 기질의 종류가 넓지 못하여 정제된 단당류인 포도당, 과당과 이당류인 sucrose만을 이용하며, 향미 성분의 생성 능력이 거의 없어서 술의 양조에는 사용할 수 없다. 다만 *Zymomonas*속 세균에 의하여 비 음료용 알코올과 공업용 알코올을 일부 생산하고 있다.

1970년 이와 이(220)는 탁주로부터 *Micrococcus conglomeratus*, *Micrococcus flavus*, *Bacillus megaterium*, *Bacillus cereus* var. *mycoides*, *Bacillus subtilis*와 *Pseudomonas caviae*를 분리 동정했다. 이들 세균은 막걸리 발효 과정 중 누룩에 많이 분포한 *Micrococcus*는 1단 담금으로 많이 감소하며, 산(酸) 생성 세균의 증식이 활발해진다. 제성 후 유통 과정에서 *Micrococcus*와 부패 세균인 *Bacillus*가 증가하게 되고, 산 생성 세균의 증식은 극도로 억제되어 그 수는 매우 낮은 분포를 나타낸다. 대장균과 병원성 식중독 세균 등은 분리되지 않았다.

그리고 탁주 술덧으로부터 처음으로 대표적인 젖산 세균인 *Lactobacillus casei*와 혈장(血漿) 대용품인 dextran을 생산하는 젖산 세균인 *Leuconostoc mesenteroides* 그리고 *Bacillus subtillus* 및 *Bacillus pumilus*를 분리 동정했다(219).

탁주 발효 과정 중 미생물의 변화를 검토한 결과, 담금 초기에는 많은 수의 *Bacillus* sp.를 볼 수 있는데, 담금 1일에 4.5×10^6이었으며 담금 3~4일부터 빠른 속도로 감소한다(235). 그리고 막걸리의 2단 담금 초기에는 젖산 세균수는 10^8 CFU/ml로 존재하며, 발효 후기로 진행되면서 8.3×10^8 CFU/ml로 크게 증가하는 경향을 나타낸다. 2단 담금 초기에 micrococci로 추정되는 세균이 80% 그리고 효모가 20%를 차지하고 있으며, 발효 후기에는 세균의 수가 급격히 감소하여 35%를 차지하고 효모는 65%로 증가한다(322).

최근에는 막걸리 중에 존재하는 젖산 세균에 관한 연구가 활발히 연구되고 있다.

2008년 탁주로부터 18종의 젖산 세균을 분리하여 동정한 결과, *Lactobacillus paracasei*와 *Lactobacillus arizonensis* 등 7종의 세균을 분리했다(342). 이들 중 탁주에는 *Lactobacillus paracasei*이 가장 많이 분포되어 있으며 다음으로 *Lactobacillus arizonensis*가 분포되어 있었다. 그리고 탁주 발효에서 알코올 발효효모인 *Saccharomyces cerevisiae* 다음으로 *Lactobacillus paracasei*와 *Lactobacillus arizonensis*이 지배적으로 분포하여 탁주의 품질을 향상시키는 균주라고 했다.

2012년 국내에서 유일하게 전통방식에 의해 생산되는 부산시의 금정산성 막걸리의 발효 과정에 따른 세균의 특성을 16S와 28S RNA 유전자를 이용한 PCR-DGGE 분석으로 조사했다(392). 산성 막걸리의 발효 6일간 세균 수는 초기 3.40×10^6 CFU/ml에서 2일째에 1.23×10^8 CFU/ml로 증가되었으며, 5일째에 4.60×10^{10} CFU/ml 수준으로 최고값을 나타내었다. 세균은 유산균인 *Lactobacillus curvatus*, *Lacto. kisonensis*, *Lacto. olantarum*, *Lacto. sakei* 및 *Lacto. gasseri*와 Enterobacteriaceae과에 속하는 구균인 *Pediococcus acidilactici*, *Pedio. parvulus*, *Pedio. agglomerans*, *Pedio. pentosaceus* 그리고 *Pantoea agglomerans*, *Pantoea ananatis*와 *Citrobacter freundii*를 포함한 총 12종의 세균이 동정되었다. 이들 세균이 발효 과정 중 젖산 세균의 변화는 발효 1일째 우점종은 *Pediococcus acidilactici*, *Pantoea agglomerans*, *Lacto. gasseri* 및 *Pedio. pentosaceus*이었다. 발효 2일째부터 우점종은 *Lactobacillus curvatus*와 *Lacto. gasseri*로 나타났으며, 그 이후부터 *Lactobacillus curvatus*였고 발효 종료까지 우점종으로 나타났다. 이상의 결과로 막걸리 발효뿐 아니라 제품에서 주된 세균군은 유산균이며, 유산균에 의하여 막걸리의 향과 맛 성분에 깊이 관여하며 막걸리의 안정성과 보존성에도 관여하는 것으로 알려졌다(그림 3-12).

또한 전통 막걸리로부터 젖산 세균인 *Lactobacillus plantarum* ST4와 *Lactobacillus pentosus* J4를 분리했으며, *Lactobacillus plantarum* ST4는 에

탄올에 의하여 균체내 단백질 생성이 달라진다는 사실을 규명했다(393). 즉 이 균주는 8% 이상의 에탄올에서 증식하나 10% 이상의 에탄올에서는 거의 생육하지 않으므로 높은 에탄올 내성을 나타내며, pH 3, 4, 5, 6에서 생육이 가능하며 pH 5에서 가장 잘 생육하였다. 이 세균은 0.3%(w/v)의 bile salt에서 약 60% 정도 이상의 생육을 나타내며, 식염 8%에서는 잘 생육하나 9%의 식염에서 생육이 서서히 억제되며 10% 식염에서는 전혀 생육하지 않았다. 이상의 결과에서 보듯 막걸리로부터 분리한 *Lactobacillus plantarum* ST4는 에탄올에 대하여 내성을 나타내기도 하며, 산(acid), bile salt와 식염(NaCl)에서 중정도의 내성을 나타내었다. 특히 이 균주는 6%의 에탄올이 존재하더라도 34종의 단백질을 생성했으며 그중 28종의 단백질을 동정했다. 이들 중 NADH peroxidase 등 6종의 단백질의 함량이 증가했으며, triosephosphate isomerase, lactate dehydrogenase glucosamine-6-phosphate isomerase, glucokinase, NADH peroxidase 등 22종의 단백질 함량이 감소하는 현상을 관찰했다.

그리고 막걸리로부터 분리한 *Lactobacillus casei* HK-9에서는 배양 중에 젖산과 아세트산의 생산량이 증가하였는데, 젖산과 아세트산의 최대 농도는 약 576mM과 199mM였으며, pH는 배양 72시간 경과 후 7.00에서 3.74로 변화되었다. *L. casei* HK-9는 식중독 원인 세균인 *Bacillus cereus*, *Listeria monocytogenes*, *Staphylococcus aureus*, methicillin-resistant인 *Staphylococcus aureus*, *Escherichia coli*, *Salmonella enteritidis*에 대하여 현저한 항균 활성을 나타낼 뿐 아니라 12% 알코올에도 생육할 수 있는 내산성 젖산 세균이다(411).

이상과 같이 막걸리로부터 분리된 젖산 세균이 에탄올에 의하여 생성되는 단백질의 종류가 변화한다는 것을 잘 이용한다면 기능성 단백질의 생성을 촉진하여 막걸리의 품질 향상에 도움이 되리라 추측된다.

당류 ⟶ 유기산 생성
젖산 세균 ⟶ 다량의 생유산균 함유와 유산균으로부터 유래하는 기능성 물질 함유

그림 3-12 세균의 역할.

표 3-3 막걸리로부터 분리된 세균

세균 종류	참고문헌
Bacillus sp.	235
Bacillus cereus var. *mycoides*	220
Bacillus megaterium	220
Bacillus pumilus	219
Bacillus subtillus	219, 220
Citrobacter freundii	392
Escherichia coli	129, 130
Lactobacillus arizonensis	342
Lactobacillus brevis	342
Lactobacillus casei	157, 219
Lactobacillus curvatus	392
Lactobacillus gasseri	392
Lactobacillus harbinensis	342
Lactobacillus hilgardii	342
Lactobacillus kisonensis	392
Lactobacillus olantarum	392
Lactobacillus parabuchneri	342
Lactobacillus paracasei	342
Lactobacillus pentosus	393
Lactobacillus plantarum	342, 393
Lactobacillus sakei	392
Leuconostoc mesenteroides	219, 393
Micrococcus conglomeratus	220
Micrococcus flavus	220
Pantoea agglomerans	392
Pantoea ananatis	392
Pediococcus acidilactici	392
Pediococcus agglomerans	392
Pediococcus parvulus	392
Pediococcus pentosaceus	392
Pseudomonas caviae	220

세균 종류	참고문헌
Shigella dysenteriae	196
Vibrio cholerae	75
Vibrio parahemolyticus	75

표 3-3에 나타난 바와 같이, 막걸리 중에는 11속 34종의 세균이 분리되고 있음을 알 수 있다.

막걸리 제조에 사용되는 중요한 세균을 보다 자세히 보면 다음과 같다.

3.1 *Bacillus subtillus*

*Bacillus*속 세균은 그람 양성 간균으로 포자를 형성하며 catalase를 생성하는 호기성 세균이다.

*Bacillus subtillus*는 *Bacillus*속의 대표적인 세균이며, 호기성 포자 형성 간균(桿菌)으로서 단백질 분해력과 전분 분해력도 강하며 catalase 양성이다. 이 세균의 생육 최적 온도는 30～40°C이고 세포의 크기는 0.7～0.8 × 2.0～3.0μm이며 세포는 연쇄되지 않으며, 포자는 0.6～0.9 × 1.0～1.5μm의 타원 또는 원통형이며 대부분 48시간 내에 포자가 형성된다. 한천 고체배지에서 이 세균은 반투명 회백색 집락을 형성하며 액체배지에서는 피막을 약간 형성하기도 한다. 이 세균은 arabinose, xylose, glucose와 mannitol을 발효시키지만, 가스는 생성시키지 않으며 산(酸)을 생성시키며 lactose를 발효시키지 못한다. 전분을 가수분해하며 초산염과 아초산염을 환원시키는 능력을 가지고 있으며 항생물질인 subtilin을 생산하는 세균이기도 하다.

이 세균은 단백질 분해력이 매우 강하여 메주를 띄워 우리나라의 전통 재래식 된장 제조에 관여하는 세균이다. 개량식 된장의 제조에는 *Aspergillus oryzae* 곰팡이가 관여하므로, 두 된장에는 근본적으로 다른 균주가 사용되고 있다.

*Bacillus subtillus*를 고초균(枯草菌)이라고 부른다. 막걸리 제조에는 이 세균이 어떤 역할을 하는지 알려져 있지 않지만 막걸리 제조 과정에서 빈번히 분리되고 있다.

3.2 *Lactobacillus plantarium*

*Lactobacillus*속 세균은 간형(桿形), 무포자, Gram 양성 세균으로 catalase와 oxidase를 함유하지 못하며 미혐기성 세균에 속한다. 이 속 세균은 glucose로부터 산을 생성하는 능력이 탁월하며, 특히 젖산을 다량 생산한다.

*Lactobacillus plantarium*은 미호기성 세균으로 운동성이 없고, 무포자 간균이며, 크기는 0.5～1.0 × 3.0～8.0μm로서 단독 또는 연쇄상으로 존재한다. 맥아즙 배지에서의 집락의 표면은 가근상(假根狀)으로 증식하고, gelatine 배지의 집락의 형태는 연한 황색을 띠는 원형으로 나타나며 gelatine을 액화시키지는 않는다. 그리고 이 세균은 glucose, fructose, galactose, sucrose, maltose, arabinose, raffinose, dextrin으로부터 산을 생산할 수 있으며, 특히 단당류로부터 젖산만을 다량 생성시키기 때문에 정상 젖산 세균(正常 乳酸細菌, Homo lactic acid bacteria)이라 부른다(그림 3-13). 이 세균의 생육 최적 온도는 29～33°C이다. 이 세균은 식물계에 널리 분포하고 있으며, 젖산 간균으로 야채의 피클(pikle), 김치 등에 잘 번식하므로 김치의 숙성에 깊이 관여하는 세균이다. 김치가 젖산 발효식품이라고 부르는 이유가 이들의 젖산 세균에 의하여 젖산이 생성되어 김치를 맛 들게 하기 때문이다. 아직 이들 세균이 막걸리 제조에서 어떤 역할을 하는지 알려져 있지 않지만 김치에서와 같이 막걸리를 맛 들게 하는 역할을 하고 있을 것이라 추측하고 있다.

$$\underset{\text{포도당}}{C_6H_{12}O_6} \longrightarrow \underset{\text{젖산}}{2CH_3CHOHCOOH}$$

그림 3-13 정상 젖산 세균에 의한 정상 젖산 발효의 화학반응식.

3.3 *Lactobacillus brevis*

*Lactobacillus brevis*는 혐기성 세균으로 무포자, Gram 양성 세균으로, 세포의 형태는 간균이며 세포의 크기는 0.7～1.0 × 2.0～4.0μm의 크기이고 단독 또는 짧은 연쇄상으로 증식하지만 때때로 긴 연쇄상의 사상(絲狀)으로 증

식하기도 한다. 이 세균은 glucose, fructose, galactose, maltose, arabinose, xylose로부터 산을 생산할 수 있고, 특히 arabinose로부터 젖산을 잘 생산하며, 젖산뿐 아니라 식초산, CO_2와 두 분자의 수소(H_2)를 생성하기 때문에 이상 젖산 세균(異常 乳酸 細菌, Hetero lactic acid bacteria)이라 부른다(그림 3-14). 이 세균의 생육 최적 온도는 30°C이다. 이 젖산 세균이 막걸리 제조에서 어떤 역할을 하는지 알려져 있지 않지만 막걸리 제조 과정에서 빈번히 분리되며 발효 과정 중에 이 세균에 의하여 젖산과 초산이 생성되어 막걸리의 부드러움과 약간의 점성을 부여하는 데 깊이 관여할 것이라고 추측하기도 한다. 이 세균은 김치 발효 후기에 많이 나타나지만 김치의 맛에 어떤 영향을 미치는지는 알려져 있지 않다.

$$\underset{\text{포도당}}{2C_6H_{12}O_6} \xrightarrow{+H_2O} \underset{\text{젖산}}{2CH_3CHOHCOOH} + \underset{\text{식초산}}{CH_3COOH} + \underset{\text{탄산가스}}{CO_2} + \underset{\text{수소}}{2H_2}$$

그림 3-14 이상 젖산 세균에 의한 이상 젖산 발효의 화학반응식(α–형).

3.4 *Lactobacillus casei*

*Lactobacillus casei*는 이상 젖산 발효 세균으로 세포 형태는 간형이며 통성 혐기성이고 운동성은 없다. 젖산의 생성으로 우유를 3~5일 만에 응고시켜 점성을 띠게 한다. 이 세균은 casein을 이용하므로 치즈의 숙성에 중요한 세균이다. 이 세균은 glucose, fructose, mannose, galactose, maltose 등으로부터 젖산 등을 생산하며 주로 D형 젖산을 생성한다.

3.5 *Leuconostoc mesenteroides*

*Leuconostoc*속 세균은 세포 형태가 간형이며, Gram 양성 세균으로 포자를 형성하지 못하며, catalase를 생성하므로 호기성 세균에 속하지만 oxidase 효소는 생성하지 못한다. 이 세균 속의 균주도 *Lactobacillus*속 세균과

같이 젖산을 잘 생성하므로 젖산 세균에 포함시킨다.

*Leuconostoc mesenteroides*는 쌍 구균 또는 연쇄상 구균으로서 세포의 크기는 0.9~1.2μm이고, 포도당 고체배지에서의 집락은 작고 백색 내지는 회백색을 띠며 집락 중앙이 융기되어 있으며 gelatine을 용해시키지는 않는다.

이 세균은 glucose, fructose, galactose, mannose, xylose, arabinose와 sucrose를 잘 발효시켜 다량의 젖산뿐 아니라 에틸-알코올과 CO_2를 생산하므로 이상 젖산 세균(異常 乳酸 細菌)이라 부른다(그림 3-15). 이 세균의 생육 최적 온도는 21~25°C이며, 당으로부터 45~50%의 젖산을 생성한다. 특히 sucrose 용액에 배양하면 균체의 주위에 점질물(粘質物)을 형성하는 특징을 나타낸다. 이 점질물은 dextran이라 부르는 포도당의 중합물로서 혈장(血漿) 대용으로 사용되므로 dextran 생산에 사용된다.

이 세균이 막걸리 제조에서 어떤 역할을 하는지 알려져 있지 않지만 dextran과 같은 점질물을 생성하여 막걸리를 맛 들게 하는 역할과 막걸리의 점성을 높이는 역할에 기여한다고 추측하고 있으며, 김치 발효에서는 발효 초기에 주로 생육하여 김치를 혐기적 상태로 만들어 젖산 세균의 증식을 촉진하는 역할에 기여한다고 알려져 있다.

$$\underset{\text{포도당}}{C_6H_{12}O_6} \longrightarrow \underset{\text{젖산}}{CH_3CHOHCOOH} + \underset{\text{알코올}}{C_2H_5OH} + \underset{\text{탄산가스}}{CO_2}$$

그림 3-15 이상 젖산 세균에 의한 이상 젖산 발효의 화학반응식(β-형).

4 막걸리의 위생

일반적으로 양주는 위생적이며 고급스럽다고 느끼는 반면에, 막걸리는 양주에 비해 값이 싸기 때문에 비위생적인 것처럼 인식하고 있음이 현실이다. 정말 막걸리가 비위생적인 식품인지 정확한 과학적 근거를 가지고 이야기해야 한다. 우리는 위생적이라면 확실한 근거가 있는 이야기인지? 비위생적이라면 어떻게 비위생적인지를 깊이 생각하지 않고 주위의 이야기를 쉽게 받아들이는 습성이 있는 것 같다.

막걸리를 만드는 원료가 비위생적이라고 이야기하는 근거로 누룩은 자연 접종에 의하여 띄우므로 공기 중의 많은 미생물이 서식하고 당화효소로 생성한 당화제이기에 누룩 중에는 수많은 종류의 미생물과 많은 수의 곰팡이, 효모, 세균 등이 번식해 있으며, 곰팡이에 의한 곰팡이 독소(mycotoxin)의 생성 가능성과 병원성 세균이나 대장균의 오염에 대한 문제점을 지적하는 경우가 있을 수 있다.

그러나 아직까지 누룩이나 입국에서 곰팡이 독소가 검출된 적이 없고, 병원성 세균과 대장균이 막걸리 발효 과정에서 검출되지 않았으며, 설령 이들 유해 세균에 오염되더라도 발효 과정에서 생성된 산과 알코올에 의하여 사멸되므로 위생적으로 아무런 문제가 되지 않는다. 이러한 사실에 따라 막걸리의 제조는 매우 위생적으로 제조되고 막걸리의 발효 중에는 14～16%의 알코올이 존재하므로 발효 과정에서는 유해 세균의 오염은 있을 수 없다. 특히 제성된 막걸리의 제품에서 알코올이 6% 이상 함유하는 막걸리는 유통과정에서도 오염될 염려는 없다고 보아야 한다.

이처럼 막걸리가 위생적으로 제조·유통됨에도 불구하고, 온도가 높은 여름철에는 오염될 수 있으므로 그 가능성에 따라 어떤 유해 세균이 존재하는지를 알아보고자 한다.

먼저, 막걸리 원료인 곡류에 자주 오염되는 유해 세균과 곰팡이 등에 대하여 연구된 결과는 다음과 같다.

*Salmonella*와 *Streptococcus*는 일반적으로 곡류에 서식하는 것으로 알려져 있는 식중독 원인 세균이므로 생 소맥분을 원료로 하여 제조되는 누룩 중에 존재할 가능성이 매우 높아서 병원성 세균의 존재가 문제점으로 대두될 수 있다. 그러나 누룩으로부터는 전혀 분리되지 않고 있을 뿐 아니라(196), 누룩 중에 존재할 수 있는 식중독 병원성 세균인 *Shigella dysenteriae* 및 *Escherichia coli*는 탁주의 숙성 과정 중에서 각각 2시간 및 14시간 생존이 가능하고 제성주(製成酒)에서는 50～60시간 생존하지만 그 이후부터 모두 사멸된다.

Vibrio cholerae 및 *Vibrio parahemolyticus*는 막걸리의 발효 과정 중에 한 시간 이내에 사멸된다. 특히 누룩으로부터 *E. coli*는 전혀 분리되지 않아서(203) 누룩의 자연 접종법에 의한 누룩 제조 중에 병원성 세균에 의한 위험성은 전혀 없다고 할 수 있다. 그러나 전통 누룩에서는 결코 이들 병원성 세균이나 대장균이 검출되지 않고, 누룩은 이들 세균들이 생육할 수 있는 배지의 역할을 할 수 없기 때문에 누룩으로부터의 병원성 세균과 대장균의 오염은 없다.

누룩으로부터의 병원성 세균의 오염뿐 아니라 막걸리 제조 과정과 막걸리의 숙성주와 제성주의 환경위생 문제점도 지적할 수 있다.

국세청 양조시험소(현 국세청 기술연구소) 양조시험소보 제1권 7페이지(195)에서 탁주 중의 병원성 세균, 특히 대장균의 오염을 중심으로 연구한 결과에 의하면, 탁주 제조에서 술덧은 pH 3.0～3.6 정도이고 알코올이 12～14% 정도가 된다. 이러한 범위에서는 대장균의 생육 환경 밖에 있으므로 대장균은 결코 생존할 수 없기 때문에 안전하다고 할 수 있다. 그리고 탁주 제조 중에 대장균에 오염된 물을 사용하더라도 발효 과정에서 술덧의 높은 산도(酸度)와 알코올에 의하여 대장균은 사멸되므로 막걸리는 위생적으로 안전하다고 한다. 즉, 막걸리의 담금 초기에는 산도가 높고 알코올 함량이 낮은 미숙한 술덧의 상태이므로 대장균의 생존이 가능하지만 후 발효(後 醱酵)가 진행되면 알코올의 함량이 증가되어 대장균은 자연적으로 사멸된다고 한다.

1968년도 양조장에서 사용하는 물, 숙성주 및 제성주 중에서 대장균을 검출한 결과(196), 일부의 양조장 물에서 대장균이 검출되었다. 대부분의 숙성주에서는 대장균이 검출되지 않았으며, 제성주에서는 부분적으로 검출되었다. 막걸리의 제성주와 숙성주에 인위적으로 대장균을 오염시켜 실온에서 대장균의 생존 상태를 측정한 결과, 실온인 20～25°C에서 방치하면 숙성주에서는 18시간 지난 후에는 대장균을 전혀 검출할 수 없었지만, 제성주에서는 6일 이후에도 대장균을 검출할 수 없었다.

이 등(220)도 탁주의 발효 과정과 제성주에서 유해 세균인 대장균과 *Salmonella*와 *Streptococcus* 등의 식중독 원인 세균 등을 분리하고자 했으나 전혀 분리할 수 없어서 탁주의 안정성을 입증하기도 했다.

그러나 제성 때 사용되는 용수는 반드시 수돗물을 사용하든지 아니면 우물물을 사용할 때는 반드시 살균 처리한 물을 사용할 것을 권장하고 있다. 그 이유는 막걸리를 제성할 때에 알코올 도수를 맞추기(6~8도) 위하여 후수(後水)를 첨가하여 술덧을 회석함으로써 산도와 알코올 도수도 낮아짐에 따라 대장균 등의 세균이 유통 과정에서 쉽게 오염될 수 있기 때문에 품질 관리에 특별히 주의해야 한다.

막걸리의 양조 과정에서 생성될 수 있는 formaldehyde는 유해 물질이며, 향기 성분으로 알려져 있는 acetaldehyde도 함유량이 높을 때는 유해 물질로 분류하고 있어서 이들 물질이 막걸리 중에 어느 정도 함유되어 있는지 관심의 대상이었다. 2006년 시판되고 있는 위스키, 리큐르, 증류식 소주, 희석식 소주, 맥주, 과실주, 약주와 탁주 등 45종의 주류에 대한 이들 물질을 분석한 결과(327), formaldehyde의 전체적인 평균 함량은 0.074ppm이었으며, 위스키가 가장 높은 0.272ppm을 나타내고 탁주는 가장 낮은 함량인 0.06ppm을 나타내었다. Acetaldehyde의 전체적인 평균함량은 7.592ppm이고, 위스키가 가장 높은 함량인 15.263ppm이며, 탁주는 9.561 ppm으로 맥주, 약주, 리큐르, 과실주, 희석식 소주보다는 약간 높았다. 시판 주류에서 formaldehyde 함량은 WHO의 먹는 물 수질 기준인 0.9ppm보다 낮게 검출되었으며, aldehyde 함량은 식품공전에 의한 증류주의 규격 기준에서 700ppm 이하를 요구하고 있는 데, 조사한 모든 주류는 이들 함량이 기준치보다 낮아 음용함에 있어서 모두 안전하다고 할 수 있다.

또한 곰팡이인 *Aspergillus ochraceus*와 *Penicillium verrucosum* 등은 신장에 치명적인 손상을 주며 발암성 물질로 분류되는 ochratoxin A이란 독성 물질을 생성하기도 한다. 따라서 이들 곰팡이에 오염된 당화제를 사용하여 제조된 막걸리에는 이 물질이 혼재될 가능성이 있을 수 있기 때문에, 이 물질이 제조 과정에서 막걸리를 오염시키는지 여부에 관하여 분석한 연구 결과가 있다(323). 즉 국내에서 시판되고 있는 30종류의 막걸리를 분석한 결과, 2종류에서 0.8ppb와 2.1ppb가 검출되었으나 여러 나라에서 설정하고 있는 식품 내 잔류 허용 기준치인 3~5ppb보다 낮은 수준으로 확인되었다. 대부분 막걸리의 발효 원료로 밀가루를 30% 이상 사용한 막걸리에서 검출되있다. 막걸리로부터 섭취하는 ochratoxin A의 일일 추정섭취량은 8.5~25.2pg/kg.b.w./day 범위에 있어 일일 허용 섭취량인 14.3ng/kg.b.w./day

의 0.2% 이하의 양을 섭취하는 것이기 때문에 막걸리의 안정성은 확인되었다.

결론적으로 막걸리는 위생적이며 술로서 안전하게 마실 수 있는 안전한 식품이다. 현재 우리나라에서 생산되는 막걸리의 양조 기술면이나 유통 과정의 위생적인 관리로 막걸리는 30일 정도까지 안전하며 살균 처리한 막걸리는 2개월 이상 안전하다.

5 부패 미생물

막걸리의 부패는 여러 원인이 있을 수 있지만, 먼저 생각해야 할 것이 부패 미생물의 오염에 의한 부패를 생각해야 한다.

가장 일반적으로 양조 용수, 원료 쌀(米), 바닥 등의 양조장 모든 곳에 서식할 수 있는 일반 세균으로부터 안전해야 한다. 양조 용수에서는 대장균이 검출되어서는 안 된다. 제국 과정 중에 공기로부터 오염되는 여러 종류의 미생물 중 종국으로부터 접종되는 종국균(種麴菌) 이외의 미생물에 오염되면 절대 안 된다. 제국 공정에서 공기로부터 야생 효모와 야생 곰팡이가 오염되면 좋은 입국을 만들 수 없기 때문에 특히 주의해야 한다.

막걸리에서 부패 미생물에는 다음과 같은 세균들이 있지만 위에서 설명한 바와 같이 원료와 당화제의 제조 공정, 막걸리의 발효 과정에서 정상적인 공정에서는 이들 세균의 오염은 있을 수 없다. 그러나 비정상적인 공정에 의하여 아래의 세균들에 오염될 수 있어서 이에 대해 설명하고자 한다.

막걸리를 부패시키는 대표적인 세균은 다음과 같다.

5.1 *Escherichia coli*

*Escherichia coli*는 *Escherichia*속의 대표적인 세균이며, Gram 음성, 통성 혐기성, 무포자의 단간균으로 세포의 크기는 0.5×1.0~3.0μm이며, catalase를 생성하지만 oxidase 효소는 생성하지 못한다. 더욱이 lactose를 분해하여

이산화탄소와 수소가스를 생성시키는 것이 특징이다. 이 세균은 glucose를 발효적으로 분해하여 산을 생성하며, 초산(硝酸) 호흡능력이 있고, nucleoside phosphotransferase 효소를 가져서 3′-nucleotide를 생성하는 특징을 가지고 있다. 그리고 이 세균은 glucose와 lactose를 혐기적으로 발효시켜 산과 CO_2와 H_2 gas를 생성하며, 60°C에서 30초로 쉽게 살균되는 세균이다. 특히, 대장균은 탁주의 숙성 과정 중에서 2시간 정도 생존이 가능하고 제성주(製成酒)에서는 50～60시간 생존하지만, 그 이후부터 모두 사멸되는 병원성 세균이다.

대장균은 주로 사람과 포유동물의 대장에서 서식하므로 대장균(大腸菌)이라고 부르며, 포유동물의 변(糞便)으로부터 아주 쉽게 분리할 수 있어서 식품위생의 지표세균이며, 식품의 대표적인 부패 세균 중 하나이다. 특히 대장균이 변이를 하면 대장균 O-157 병원 세균으로 변하기도 한다. 막걸리 중에서 대장균이 검출되면 바로 폐기 처분해야 한다. 막걸리에서 대장균의 오염은 막걸리의 제조 전 과정에서 사용한 물이 대장균에 오염되었기 때문이다. 식품을 생산하는 작업장에서 물을 철저히 관리해야 한다.

5.2 *Acetobacter aceti*

*Acetobacter aceti*는 Gram 양성, 무포자 세균으로 비운동성이며, 단간균이며 단독 또는 긴 연쇄상으로 증식하기도 한다. 세포의 크기는 0.4～0.8×1.0～2.0μm이며, 한 개의 편모를 가져서 운동성은 없는 세균이다. 이 세균은 절대 호기성 세균으로 액체 배양에서 피막을 잘 형성한다. 또한 glucose, propanol, glycerol과 에틸 알코올(ethyl alcohol)을 산화하여 식초산(acetic acid)을 생성하므로 식초산 세균(食醋酸 細菌), 또는 초산 세균이라고도 부른다(그림 3-16). 이 세균은 식초산을 환원시켜 TCA(Tri Carboxylic Acid) cycle에 의하여 물(H_2O)과 CO_2로 완전 분해하는 특성도 가지고 있어 오랜 시간 지나면 막걸리의 신맛과 취기를 없애므로 해서 막걸리가 음료로서의 기능을 완전히 잃게 하는 대표적인 유해 세균이다(그림 3-17). 식초산 세균의 생육 최적 온도는 30°C이다. 이 세균은 ammonium염(NH_3鹽)을 단독 질소원으로 이용할 수 있는 능력을 가진다. 식초산 세균은 비교적 알코올 내성을 나타내어 최고

8.75%의 식초산을 생성하기도 하지만, 에탄올 5~10%에서 생육이 정지되며, 식초산 5~10%에서도 생육이 정지된다.

여름철에 막걸리가 쉽게 쉬고 막걸리의 침전물이 침전하며 맑은 상층부위에 엷은 피막이 형성되는 것은 막걸리에 식초산 세균이 오염되었기 때문이다. 막걸리의 알코올이 식초산으로 분해되어 신맛이 나며, 피막은 식초산 세균이 액체 상태에서 집락을 형성하기 때문이다. 이 피막을 흔들면 용액 전체로 확산하여 액체를 흐리게 한다. 이것은 막걸리를 부패시키는 현상 중 가장 일반적인 현상이다. 이것을 예방하기 위해서는 막걸리를 위생적으로 생산해야 할 뿐 아니라 개봉한 막걸리는 가급적이면 모두 섭취할 것을 권장하고, 남은 것은 반드시 냉장고에 보관함으로써 식초산 세균 증식을 최대한 억제해야 할 것이다.

$$\underset{\text{에틸 알코올}}{CH_3CH_2OH} \xrightarrow{+O_2} \underset{\text{식초산}}{CH_3COOH} + \underset{\text{물}}{H_2O}$$

그림 3-16 식초산 세균에 의한 식초산 생성 화학반응식.

$$\underset{\text{식초산}}{CH_3COOH} \xrightarrow{+2O_2} \underset{\text{물}}{2H_2O} + \underset{\text{탄산가스}}{2CO_2}$$

그림 3-17 식초산 세균에 의하여 식초산이 TCA cycle로 완전 분해되는 화학반응식.

5.3 *Shigella dysenteriae*

*Shigella dysenteriae*는 일반적으로 곡류에 서식하는 것으로 알려져 있는 식중독 원인 세균이며, 병원성 장내 세균으로 이질의 증상을 일으키는 전염

병의 원인 세균이다. 이 세균의 형태는 간균으로 중온균에 속한다.

이 세균은 오염된 곡류와 오염된 물의 사용으로 오염될 수 있으며, 막걸리 발효 과정 중에서 2시간 정도 생존이 가능하고 제성주(製成酒)에서는 50~60시간 정도 생존하지만, 그 이후에는 모두 사멸되기 때문에 시판 중인 막걸리는 안전하다고 할 수 있다.

5.4 *Vibrio cholerae*

*Vibrio cholerae*는 수인성 병원성 세균으로 콜레라 증상을 일으키는 1급 전염병의 원인 세균이다. 이 세균은 Gram 음성 세균으로 포자를 형성하지 않으므로 열에 약하며 세포 형태는 콤마(comma)형으로 호기성 단간균에 속하며 편모를 가져 운동성이 활발하고 catalase를 생성하지만 oxidase는 생성하지 않으며 glucose로부터 산을 생성한다.

이 세균은 막걸리의 발효 과정 중에서 한 시간 이내에 쉽게 사멸되는 세균으로, 오염된 물의 사용으로 인해 오염될 수 있으나 막걸리 중에서는 오랫동안 생존할 수 없기 때문에 시판 중인 막걸리는 비교적 안전하다고 할 수 있다.

5.5 *Vibrio parahemolyticus*

*Vibrio parahemolyticus*는 수인성 병원성 세균으로 주로 여름철에 어패류를 생식(生食)함으로써 급성 위장염 증상을 일으키는 식중독 원인 세균이기도 하다. 식염이 2~3% 존재하는 환경에서 최대로 생육하고 저온이나 담수 중에서는 일반적으로 생육하지 않으며, 열에 약하여 60°C에서 30분간 처리하면 쉽게 사멸한다.

이 세균은 *Vibrio cholerae*와 같이 막걸리의 발효 과정 중에 한 시간 이내에 쉽게 사멸되는 세균으로, 오염된 물의 사용으로 인해 오염될 수 있지만 막걸리 중에서는 오랫동안 살 수 없기 때문에 시판 중인 막걸리는 비교적 안전하다고 할 수 있다.

5.6 *Aspergillus ochraceus*

*Aspergillus ochraceus*는 신장에 치명적인 손상을 입히는 발암성 물질인 ochratoxin A이란 독성 물질을 생성하는 곰팡이다. 그러나 이 독소의 생성 조건과 누룩이나 막걸리 제조의 조건이 서로 맞지 않으므로 막걸리가 이 독소에 오염될 가능성은 없다.

5.7 *Penicillium verrucosum*

*Penicillium verrucosum*은 *Aspergillus ochraceus*와 같이 ochratoxin A이란 발암성 물질을 생성하는 곰팡이이나 형태적 특성은 매우 다르다.

6 막걸리의 부패

막걸리의 부패는 비정상적인 발효 과정에서 감산패의 부패가 일어날 수 있지만 발효 과정에서 이미 설명하였기 때문에 이 절에서는 생략하고, 막걸리의 품질만을 열화시키는 변패와 막걸리의 이화학적 변화를 초래하여 술로서의 기능을 상실하게 하는 부패에 대하여 설명하고자 한다.

6.1 막걸리의 변패

일반적으로 변패는 막걸리를 시각적으로나 물리적으로 변화시켜 품질에 악영향을 미치는 현상을 말하는데, 여기에서는 비미생물에 의한 변패로 인해 일어나는 현상에 대하여 기술하고자 한다.

그림 3-18에서와 같이, 상품화한 후 막걸리 병의 목 부분에 막걸리의 침전물이 부유하여 부착되어 있는 현상이 나타난다. 여기에 부착된 침전물은 막걸리의 침전물로서 맛이나 향기면에서 전혀 문제가 되지 않으며 시각적으로 열화된 것처럼 보일 뿐이다.

이런 현상은 일반적으로 발효가 완전히 끝나지 않은 채 제성하여 병입

후 유통 과정에서 발효가 서서히 진행되므로서 가스가 생성되고 기포와 같이 침전물이 위로 떠 올라 목 부분에 부착된 것이다. 때문에 발효를 완전히 끝내도록 하면 이런 현상은 방지된다. 그리고 막걸리 용기는 투명 용기를 사용하므로 시각적으로 이런 현상을 볼 수 있지만, 불투명 용기를 사용하면 이런 현상이 일어나더라도 볼 수 없으며 이런 것은 일반적 현상이다.

막걸리의 침전물은 대부분 식이성 섬유질이며 소량의 전분과 단백질 등으로 구성되어 있어서 막걸리를 마시기 전에 흔들어 침전물을 혼합하여 마시기 때문에 현실적인 문제점은 없다고 할 수 있다.

막걸리를 제성할 때 침전물을 80~120mesh로 갈아 여과하는데 제성기의 mesh를 크게(일반적으로 60mesh 이하)할 때 침전 고형물이 너무 커서 고형물의 침전 속도가 빨라 침전물이 침전하고 위층에 막걸리의 깨끗한 액체와의 분리가 쉽게 이루어져서 흔들어 마시기에도 좋지 못하고 마실 때 까칠까칠하게 되어 좋지 못한 식감을 느끼게 된다.

그림 3-18 용기의 목 부분에 달라붙어 있는 부유물.

6.2 막걸리의 부패

막걸리의 부패는 일반적으로 오염된 미생물이 막걸리의 성분을 변화시켜 품질을 아주 나쁘게 하는 현상을 말한다.

막걸리 부패의 대표적인 예는 식초산 세균의 오염으로 알코올이 식초(acetic acid)로 산화되어 신 막걸리로 부패되는 경우이다. 특히 막걸리를 고온(30~34°C)에서 며칠 방치하면 침전물이 침전되고 막걸리의 위층이 맑아지며, 표면에 아주 뿌연 엷은 피막이 형성되는데, 이것이 식초산 세균의 피막이다. 이때 이미 알코올은 상당한 양이 식초로 산화 분해되어 시큼한 술이 되고 막걸리의 기능은 상실된 상태이다. 그러나 이것을 잘 이용하면 오히려 막걸리 식초를 얻을 수도 있다(그림 3-19).

알코올 ——→ 식초

고온에서 식초산 세균 작용

그림 3-19 식초 발효.

또한 막걸리를 상온에 오래 두면 군내(전분 냄새)가 나기도 하고 막걸리 효모의 독특한 약한 썩는 냄새(효모취)가 나기도 한다. 이런 현상도 막걸리의 부패라 할 수 있다. 그러나 현실적으로는 냉장 보관을 통해 별 문제가 없이 유통되고 있으므로 안심하고 마셔도 좋다.

6.3 HACCP

막걸리도 식품이므로 식품의약품안정청과 농림수산식품부의 관리하에서 막걸리의 안정성을 감독받고 있다. 막걸리의 안정성 관리를 위한 교육은 한국식품환경연구원에서 실시하는 HACCP사업이며(그림 3-20), HACCP은 위해요소분석(Hazard Analysis)과 중요관리점(Critical Control Point)의 영문 약자로서 "햇썹" 또는 "위해 요소중점관리기준"이라 한다. HACCP 교육에서 강조하는 사항은 식품을 위생적으로 관리하여 양질의 식품을 제공하기 위한 교육으로, 특히 위해 요소를 중점 관리하는 것이다.

위해 요소(hazards)란 축산물위생관리법 및 식품위생법의 규정에서 정하고 있는 인체의 건강을 해할 우려가 있는 생물학적, 화학적 또는 물리적 인자나 조건을 말하며, 이러한 위해 요소들은 식품의 원료, 보관, 시설, 설비 작업 환경, 사람, 운송, 유통 등 모든 과정에서 발생 또는 혼입될 수 있는 요소를 말한다.

위해 요소는 다음과 같이 크게 세 부분으로 생물학적 위해 요소(biological Hazard), 화학적 위해 요소(chemical Hazard), 물리적 위해 요소(physical Hazard)로 나눌 수 있다(표 3-4).

표 3-4 막걸리의 위해 요소

생물학적 위해 요소 생물
세균 ; *Salmonella* spp., *Shigella* spp., *Campylobacter jejuni*, *Listeria monocytogenes*, *E. coli* O-157:H7, *Clostridium botulinum*, *Staphylococcus aureus*, *Bacillus cereus*, *Vibrio parahaemolyticus*, *Yersinia enterocoliticua*
곰팡이 ; *Penicillium verrucosum*, *Aspergillus ochroceus*, *Aspergillus glaucus*
효모 ; 산막 효모
바이러스 ;
기생충 ;
화학적 위해 요소 유발물질
중금속(수은, 납, 카드뮴), 천연독소(패독, 버섯독), 다이옥신
잔류농약, 잔류 수의약품
미승인 첨가물, 알러지
기타 공정에서 생성되는 화학물질
물리적 위해 요소 물질
금속, 돌, 유리, 녹, 모발, 곤충, 설치류 분변 등

그림 3-20 HACCP 마크.

제4장

막걸리의 우수성

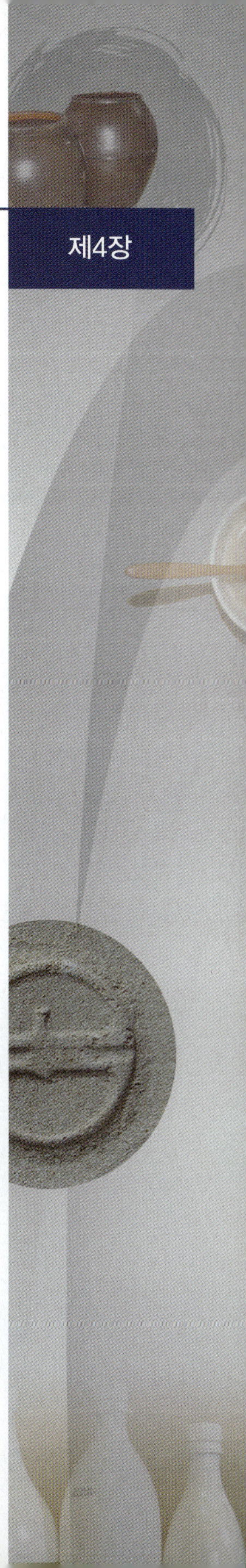

술에는 양면성이 있어 백약지장(百藥之長)이라 하기도 하고, 백독지원(百毒之源)으로도 알려져 왔다. 술을 마시면 스트레스 해소에는 도움이 되나 알코올 도수가 높은 술을 과음하면 지방간이 되고 이어서 간경화증에 걸릴 위험이 높다. 알코올 도수가 높은 술을 마시게 되면 위벽에 상처를 주어 궤양이 되기 쉽고, 간장에 큰 부담을 주게 된다. 그러나 우리의 전통주인 막걸리는 알코올 도수가 6% 정도로 몸에 큰 부담을 주지 않으며, 사람에게 필요한 여러 가지 영양소를 고루 갖추고 있어서 과음만 하지 않는다면 우리 몸에 유익한 음료이다.

또 전통 막걸리에는 유익한 효모가 살아 있다는 것이 특징이다. 증편이나 찐빵을 만들 때 막걸리로 반죽하면 발효가 되어 잘 부푸는 것도 이 효모의 작용이다. 효모는 술을 만들게 할 뿐 아니라 건강 증진에도 큰 도움을 준다. 효모는 생명 현상과 관계가 깊은 여러 종류의 효소를 가지고 있으며, 그밖에도 비타민 B 복합체, 단백질, 무기질 등을 함유하고 있다. 단백질 성분으로 필수 아미노산인 라이신, 트립토판, 페닐알라닌, 메치오닌 등이 균형 있게 들어 있다.

세계적으로 유명한 장수촌의 장수자들은 유기산을 가지고 있는 과실이나 발효유 등을 많이 먹고 있다. 우리나라 장수자들 중에 막걸리를 즐겨 마시고 있는 사람이 많은 것은 결코 우연한 일이 아닐 것이다. 좋은 막걸리는 감미(甘味), 산미(酸味), 신미(辛味), 고미(苦味), 삽미(澁味)가 잘 어울리고 적당한 감칠맛과 청량감을 가지고 있다. 우리 몸은 건강에 필요한 조건을 모두 갖추었다고 하더라도 스트레스를 적절히 풀지 못하면 건강을 유지할 수 없다. 따라서 스트레스를 풀기 위한 가장 합당한 음료는 역시 막걸리라 할 수 있다. 간(肝)을 요리할 때 썰어놓은 간을 막걸리에 5분 가량 담그면 냄새도 제거될 뿐 아니라 영양성분의 손실이 적다는 것도 알아두면 유용한 건강 상식이다. 또한 막걸리가 암 예방 뿐만 아니라 간 손상 및 갱년기 장애에도 효과가 있는 것으로 밝혀졌다.

우리의 전통 민속주인 막걸리는 순수한 미생물에 의해서 자연 발효시킨 자연식품으로 술이면서도 건강식품이다. 막걸리는 알코올 도수가 낮고 영양성분이 많아 몸에 부담을 주지 않을 뿐 아니라 사람에게 유용한 필수 아미노산이 10여 종 함유된 식품이다. 다른 술과는 다르게 막걸리엔 1.9%의 단백질이 들어 있다. 우유의 단백질이 3%인 것과 비교하면 상당히 많이 들어 있는 것을 알 수 있다. 막걸리 이외의 다른 술에 들어 있는 단백질량을 보면 청주가 0.5%, 맥주 0.4%이며, 소주에는 들어 있지 않다.

이규태 씨의 글(한국인의 밥상, p.286)에는 "조선시대 중엽에 막걸리를 좋아하는 판서 한분이 있었다. 좋은 소주와 약주가 있는데 하필이면 일꾼이나 마시는 막걸리만 드시느냐고 자제들이 탓하자 아무 말 없이 소의 쓸개주머니 하나에는 소주를, 다른 하나에는 약주를, 다른 하나에는 막걸리를 담아 두었다. 며칠 후 열어보니 소주 쓸개주머니는 여기저기 구멍이 나 있고, 약주 쓸개주머니는 상해서 얇아져 있었으며, 막걸리 쓸개주머니는 오히려 두꺼워져 있었다고 한다. 약주와 막걸리는 한 술항아리에서 더불어 탄생된 동질(同質)의 술이지만, 약주는 술덧에 용수를 박아 맑은 술로 떠낸 술로서 상대적으로 상류층이 마시는 술이고, 막걸리는 술덧 모두를 걸러낸 술로 상대적으로 하류층이 마시는 술이다. 한 항아리에서 태어났으면서도 약주는 쓸개를 해치는데, 막걸리는 쓸개를 튼튼하게 함은 바로 막걸리가 반계급적 평등 지향의 성깔을 부리고 있다는 것이 된다."라고 쓰여 있다.

이상의 글에서 막걸리의 기능성을 지적하지 않을 수 없다.

약주는 술덧에서 용수를 박아 기능성 물질이 대부분 들어 있는 부유물을 모두 제거한 깨끗한 술이므로 우리 몸에 좋을 수 없다. 그러나 막걸리는 술덧의 모든 기능성 물질을 함께 모두 마시기 때문에 어느 술보다 기능성이 우수하고 다량의 당분이 들어 있어서 간식도 되므로 우리 몸에 아주 좋은 술이다.

이런 사실이 과학적으로도 증명되어 있다. 막걸리를 오래 가만히 두면 부유물이 밑으로 침전하고 상등액이 바로 약주가 되는 것인데, 막걸리의 부유물을 침전시키고 제법 맑게 하여 마시는 것은 항암효과를 나타내는 파네졸을 약 15% 정도만 마시게 되고, 막걸리의 침전물을 두고 조용히 따라 마시게 되면 파네졸을 약 45% 정도만 마시게 되지만 막걸리의 침전물을 흔들어서 모두 마시게 되면 파네졸을 100% 마시게 된다. 막걸리 1L당 약 225mg의 파네졸이 함유되어 있어서 포도주보다 10~25배 정도 많이 함유되어 있다(370).

이와 같이 막걸리의 부유물과 침전물에는 몸에 좋은 기능성 물질이 있으므로 막걸리를 마실 때 침전물이 있으면 흔들어서 침전물을 모두 부유시켜서 마셔야 진정한 막걸리의 기능성 물질뿐 아니라 알코올도 함께 마시게 된다.

막걸리가 알코올 음료뿐 아니라 여러 종류의 기능성 물질이 많이 함유되어 있다는 구체적인 사례를 들어 보고자 한다.

1 일반 성분

1925년 서울을 중심으로 판매되고 있던 탁주의 일반 성분은 알코올분이 10%로서 지금의 막걸리의 알코올분보다 높으며, 이는 막걸리의 술덧에 가수(加水)하지 않고 판매한 것으로 추측된다. 글리세린과 총 질소, 인산은 측정하지 않았으며, 총산이 0.376%인 것으로 미루어 보아 신맛이 현재보다 많이 함유되어 단맛보다 신맛이 강하고, 고형물이 많아서 텁텁하고 막걸리의 무게감이 높은 술이었다(174)(표 4-1). 이 연구 결과는 막걸리 하나의 제품을 분석한 결과이므로 우리나라의 1925년대의 대표적인 탁주의 분석 결과라 할 수는 없을 것이나 그 당시의 막걸리의 성분과 맛을 가늠할 수 있는 좋은 자료이다.

표 4-1 1925년의 탁주의 일반 성분(%)(174)

비중	주정(vol.)	엑스분	총산	휘발산	불휘발산	회분	당분	호정
0.997	10.044	2.845	0.376	0.048	0.328	0.212	0.0007	0.0056

1927년 조선총독부 중앙시험소 보고서에 의하면 서울에서 판매되는 탁주 성분의 평균값은 표 4-2와 같다.

즉, 1927년의 탁주는 1925년도의 탁주보다 주정 함량이 약간 낮은 편인 8.73%이고, 당분은 0.391%이며 호정은 0.269%이며 총산도 비교적 높은 편인 0.553%을 나타내어, 단맛과 신맛이 강할 뿐 아니라 호정 성분도 0.269%로 비교적 높은 편으로 걸쭉한 막걸리로 추정된다. 아미노산 함량도 0.358%로서 높은 편이다(175).

표 4-2 1927년 탁주의 일반 성분(%)(175)

비중	주정	엑스분	총산	휘발산	불휘발산	회분	당분
1.0015	8.730	5.353	0.553	0.078	0.439	0.215	0.391

호정	글리세린	아미노산	총 질소
0.269	0.594	0.358	0.223

1963년 김찬조(183)는 곡자 단독으로 양조한 막걸리와 곡자와 쌀국을 혼합하여 양조한 막걸리에서 발효율과 담금 후의 성분 변화를 측정했다. 즉 발효율은 곡자와 쌀국을 혼합하여 발효시키는 방법이 곡자 단독으로 발효시키는 방법보다 완만한 발효 속도를 나타내었고, 잔당량이 매우 적고 총 당량이 약 10% 적은 담금이었는 데도 두 방법의 알코올 생성량은 거의 같았다. 두 방법 모두 담금 후 3～4일째에 전체 알코올 생성량의 80%가 생성되었으며, 곡자 단독 담금의 pH는 6.0～6.2였고 곡자와 쌀국을 혼합한 담금은 pH가 4.8～5.2였다. 담금 1～2일 후부터는 두 담금의 술덧의 pH가 모두 4.0～4.2로 되고 제성 때까지 이 pH를 유지하고 있었다(표 4-3).

표 4-3 곡자 사용 막걸리의 성분비(183)

시료	알코올 생성량	잔당량	pH
곡자 단독 막걸리	동일	소량	6.0～6.2
곡자와 쌀국 혼용 막걸리	동일	소량	4.8～5.2

1963년의 연구보다 40여 년이 지난 2009. 9. 30일자 조선일보의 막걸리의 일반 성분의 보도 내용이 서로 비슷하다는 것은 그 동안 막걸리의 맛 변화가 거의 이루어지지 않았다는 증거이다. 즉 막걸리의 일반 성분은 물이 전체 80%를 차지하고, 알코올이 6～7%이며, 단백질이 2%로서 다른 술에 비교하면 매우 높은 값을 나타내고, 탄수화물도 1%를 차지하며, 지방 성분도 0.1%이며, 나머지 10～11%는 식이섬유질, 비타민 B, 비타민 C, 젖산 세균, 효모 등이다(표 4-4). 이와 같이 생막걸리에는 살아 있는 유익한 젖산 세균과 효모가 다량 함유되어 있어서 기능성으로도 매우 우수한 술임을 쉽게 알 수 있다.

표 4-4 시중 막걸리의 성분 구성비

성분 구성비(%)	
물 (H_2O) 80%	
영양 성분 10% (알코올 포함)	알코올 6~7% 단백질 2% 탄수화물 1% 지방 0.1%
미량 성분 10% (생균 포함)	식이섬유질, 비타민 B, C, 유산세균, 효모 등

2 기능성 성분

2.1 기능성 섬유질

막걸리는 다른 술과 다르게 고형물이 매우 많은 것이 특징이다. 막걸리 중의 고형물은 대부분 미발효성 전분, 식이성 섬유질, 단백질 등으로 구성되어 있다. 이런 점 때문에 막걸리가 간식용(間食用) 또는 갈증 해소용 음료로 애음되고 있다. 막걸리 중의 고형물은 막걸리의 맛에 매우 높은 영향을 미치므로 고형물의 함량이 다소 높은 것이 막걸리의 주질면에서 유리하다고 할 수 있다.

막걸리 중의 고형물은 탁주 담금일에 10.76~13.18%이나 발효 4일째에 15.00~20.86%로 최대의 함량을 나타내며 발효가 진행될수록 서서히 감소하여 발효 14일째는 11.69~15.71%로 낮아진다(302). 탁주 중의 고형물은 탁주의 산도, 아미노태 질소, 당분 등의 함량과 더불어 발효 초기에 낮았으나, 발효가 진행되면서 이들 성분의 증가와 함께 고형물 함량도 일정 시간 증가한다. 이들 성분은 미생물의 영양원 또는 알코올 발효에 이용되므로 고형물의 함량도 감소하게 된다.

2.2 올리고당 및 Panose

올리고당(oligosaccharide)은 물엿과 비슷하고 설탕을 대체하는 감미료이며, 포도당과 과당이 결합한 복합당이다. 달콤한 맛을 내지만 칼로리가 설탕의

1/4밖에 되지 않는다. 당도가 설탕보다 훨씬 낮아서 혈당을 높이지 않으며 충치 예방에 효과가 있다. 올리고당은 장속 유익한 젖산 세균인 비피더스균을 증식시켜 주는 역할을 하고, 반면 유해한 장내 세균의 증식을 억제시켜 주어 우리 몸에 좋은 역할을 하고, 설사와 변비, 간장 장해와 같은 질병을 막아주며 노화를 예방하는 효과가 있다고 한다. 제2장 2. 전분질 원료에서 설명한 바와 같이, 전분질 원료와 함께 10~20%의 올리고당을 첨가하여 발효시키므로 막걸리 중에는 상당한 양의 올리고당이 함유되어 있다.

올리고당을 첨가하지 않고 전분질 원료로만 발효시킨 막걸리에는 단당류로 완전히 분해되지 않고 분해 과정 중에 남아 있는 적은 양의 올리고당이 막걸리의 감미 생성에 기여하고 있다.

곡자 단독으로 양조한 막걸리와 곡자와 쌀국을 혼합하여 양조한 막걸리 중의 유리당을 검출한 결과(183), 두 종류의 막걸리에서 모두 같은 종류의 당이 검출되었으며, 그 종류는 glucose, fructose, sucrose, xylose, raffinose, isomaltose, kojibiose, sakebiose, isomaltotriose와 panose 등이었다. 특히 곡자 단독 양조 막걸리에는 쌀국과 곡자를 혼합하여 양조한 막걸리보다 panose 함량이 높았으며, 쌀국으로만 양조한 막걸리보다는 더욱 높은 함량을 나타내었다. 이런 결과로부터 곡자는 생전분을 사용하여 제조된 당화제이므로 이론적으로 기능성 panose의 함량이 높을 수 밖에 없다. 이 panose는 다른 주류에서는 거의 검출되지 않는 유리당이다.

Panose는 포도당이 α-1,6-결합과 α-1,4-결합한 3당류(trisacchrides)이며, 대장 내에 생육하는 *Bifidobacterium*과 *Lactobacillus* 젖산 세균의 생육을 도와 대장의 정장 작용을 촉진시키는 기능성 물질이다.

2.3 유리당

1963년 김찬조(183)는 탁주 원료 중에 함유된 유기당을 검출한 결과, 막걸리의 원료인 백미에는 glucose, sucrose, fructose와 raffinose가 함유되어 있으며, 쌀국에는 백미 중에 함유된 sucrose가 없어지고 glucose, isomaltose, kojibiose와 sakebiose라고 추측되는 4종류의 당이 검출되었다. 곡자에는 xylose, glucose, fructose와 kojibiose의 4종류의 당이 검출되었다.

그리고 곡자 단독으로 양조한 막걸리와 곡자와 쌀국을 혼합하여 양조한 막걸리 중의 유리당을 검출한 결과, 두 종류의 막걸리에서 모두 같은 종류의 당이 검출되었으며, 그 종류는 glucose, fructose, sucrose, xylose, raffinose, isomaltose, kojibiose, sakebiose, isomaltotriose와 panose 등이 있었다. Isomaltotriose와 panose는 원료 중에서는 검출되지 않은 당이며, 막걸리 발효 과정 중 새로 생성된 당류이고, maltose는 담금 후 1일째부터 검출되었으나 그 이후부터는 검출되지 않았고, isomaltose는 담금 후부터 숙성할 때까지 가장 많은 양이 검출되었다.

백미 막걸리에는 sucrose, glucose, raffinose와 fructose의 순으로 많은 당류가 함유되어 있으며, 곡자 막걸리에는 fructose와 glucose가 같은 함량을 나타내고, 쌀국 막걸리에는 glucose가 백미의 함량보다 20~30배로 증가되어 있었으며, 유리당은 담금 초기에는 많은 양이 존재했으나 발효가 진행되면서 감소하여 발효 후기 또는 숙성기에는 극소량의 유리당만 존재했다.

그리고 재래 누룩으로 양조한 막걸리의 술덧에는 glucose가 가장 많이 검출되었고, 다음으로 maltose, fructose와 sucrose가 검출되었다. 누들형 개량 누룩으로 양조한 막걸리에서는 glucose가 가장 많이 검출되었고, 다음으로 fructose, sucrose와 maltose의 순으로 검출되었다(290).

1968년 밀가루로 양조한 막걸리의 성분에서 보면 제성 후 24시간 후에 전분, 수용성 환원당은 급격히 감소했으며, 알코올은 최대값에 도달했다(201). 이 결과로부터 40년 전의 막걸리는 제성 후에도 재발효가 일어나고 있음을 알 수 있었으며, 이런 현상이 막걸리를 마신 후에 트림을 유발시켜 좋지 못한 막걸리의 이미지를 주었던 시절이었다. 현재 시판되는 막걸리와는 전혀 달랐음을 알 수 있다. 현재는 완전 발효시킨 막걸리를 시판하는데 제성 후에 성분 변화는 아주 적게 이루어져서 제성 후 재발효는 거의 일어나지 않고 있으며 막걸리를 마신 후의 숙취 등은 거의 없어진 상태이다.

1967년도의 탁주 원료인 소맥분 중에는 glucose, sucrose, fructose, maltose, raffinose, xylose의 6종의 환원당이 검출되었고, 탁주 숙성료(醪) 중에는 원료보다 적은 종류인 glucose, sucrose, fructose, xylose의 4종만이 검출되기도 했다(189).

탁주 술덧 중의 유리당은 fructose, glucose, sucrose, maltose, maltotriose 등과 알 수 없는 당 3~4종이 확인되고, 유리당의 함량은 fructose 256~282mg%, glucose 201~158mg%, sucrose 153~176mg%, maltose 224~562mg%와 maltotriose는 196~273mg%이며, 담금일에는 glucose 함량이 현저히 높았으나 발효가 진행되면서 유리당 간의 특별한 함량 차이는 없어졌다(302).

요구르트형 막걸리로 알려진 이화주는 전당(全糖)이 47.01%이고 환원당이 29.45%이며, 유리당은 glucose가 28.07%, maltose가 1.30%이며, 일 년간 숙성시킨 이화주의 glucose 함량은 17.43%로서 이화주의 당 함량이 다른 막걸리와 비교하여 매우 높은 편으로(269) 이화주의 특성을 잘 나타내고 있다.

2.4 열량

막걸리를 마심으로써 섬유질, 당류, 유기산 등으로부터 열량을 얻을 수 있다. 또한 인체의 에너지원으로 비영양성 성분인 알코올처럼 열량은 나타내나 영양분으로서의 의미는 없는 물질 등을 함께 섭취하게 된다.

막걸리의 열량은 100ml 당 78.12kcal이며, 이 열량 중 알코올에 의한 열량은 29.85kcal이고 알코올을 제외한 영양분이 되는 유기물질에 의한 열량은 48.27kcal이다. 막걸리를 제성한 후 12시간 후에는 22.86kcal로 감소하며, 24시간 후에는 반 이하인 13.95kcal 정도로 열량이 급격히 감소한다(197). 이들 열량의 값은 맥주(36 kcal)보다 높지만, 막걸리에는 영양성 물질이 많이 함유되어 있어서 맥주보다 영양성 물질 섭취가 많음을 알 수 있다. 그리고 막걸리의 알코올에 의한 열량은 100ml당 29.85kcal으로 포도주 74kcal, 소주 141kcal, 위스키 250kcal보다 훨씬 낮다. 막걸리의 알코올 함량은 일반적으로 100ml당 6g으로 맥주(4.0~6.0g)보다는 다소 높지만, 포도주(12g), 소주(20~25g), 위스키(40~45g)와 비교하면 매우 낮아 막걸리가 웰빙 식품으로서의 자격 요건을 갖춘 점도 빼놓을 수 없는 인기 요인이다.

2.5 미량 고급 알코올

탁주 발효 효모균에 의하여 아미노산으로부터 생성되는 미량의 고급 알코올인 *iso*-amyl alcohol, *iso*-butyl alcohol, *n*-propyl alcohol 등의 fusel oil은 원료의 아미노산 함량, 발효 조건, 효모와 곰팡이 등의 종류와 수 및 원료의 증자 방법 등에 의하여 함량의 차이를 나타낸다. 이 퓨젤유(fusel oil)는 숙취의 원인 물질로 알려져 있어 인체에 유해하므로 미량이라도 탁주에 들어 있으면 안 된다. 따라서 우리나라의 식품첨가물공전에 주류 중의 퓨젤유 함량을 0.1% 이하로 엄격히 규제하고 있다.

백미, 현미, 옥수수 분말 및 소맥분으로 탁주를 담금하여 이들 술덧 중에 생성되는 알코올과 퓨젤유의 양을 경시적으로 정량하여 각 원료에 따라 비교 검토했다(189).

퓨젤유의 생성은 발효 술덧 중에서 효모의 생육 경과와 일치하였는데 알코올 생성과는 비례적으로 증가하지는 않았고, 발효 7일 째에 백미구에서 0.049%, 소맥분구에서 0.051%, 현미구에서 0.062%, 그리고 옥수수구에서 0.07%의 순으로 나타났으며, 탁주의 술덧 중에는 0.05~0.07%의 퓨젤유가 함유되어 있고, 제성 탁주 중에는 0.02~0.04% 정도의 퓨젤유가 함유되어 있었다. 특히 백미보다 옥수수나 소맥분으로 담금한 탁주의 술덧 중에 퓨젤유가 많이 함유됨을 알 수 있었다. 이는 옥수수와 소맥분이 백미보다 원료 중에 단백질과 아미노산과 섬유질이 많이 함유되어 있기 때문이라 추측된다. 그리고 *Aspergillus kawachii*와 *Aspergillus shirousamii*를 종균으로 사용하여 코지(koji)와 누룩을 각각 제조하여 탁주를 담금하면서 발효 과정 중 미량 알코올의 함량을 측정한 결과(267), *n*-propyl alcohol이나 *iso*-butyl alcohol은 각 시험구에서 별 다른 특징이 없이 미량 함유되어 있으나, *n*-propyl alcohol은 탁주 담금 2일에 trace~12.36ppm, 담금 10일에는 23.06~70.95ppm이었으며, *iso*-butyl alcohol은 담금 2일에 0~4.28ppm, 담금 10일에는 0~33.07ppm을 나타내었다. *n*-Amyl alcohol과 *iso*-amyl alcohol은 다른 고급 alcohol과는 다르게 *n*-amyl alcohol이 흔적만 나타났으나, fusel oil의 주성분인 *iso*-amyl alcohol은 *Aspergillus kawachii*와 *Aspergillus shirousamii*로 제조한 누룩으로 담금한 탁주에서만 각각 11.02ppm과

18.52ppm이 검출되고 다른 시험구의 탁주에서는 검출되지 않았다.

부천대학에서 누룩으로부터 분리한 *Rhizopus japonicus* T2, *Aspergillus oryzae* L2와 *Hansenula* sp. BC26을 밀기울에 접종하여 제조한 개량 누룩과 곡자회사에서 제조한 시판 누룩 그리고 *Aspergillus kawachii*의 종국으로 제조한 쌀입국을 각각 사용하고 한국의 전통주 효모인 *Saccharomyces coreanuas*(Saito IFO 1833)로 제조한 주모로 담금한 탁주 중의 휘발성 성분인 고급 알코올을 분석한 결과(283), 탁주와 청주 등의 주요한 향기 성분인 *iso*-amylalcohol과 *iso*-butyl alcohol의 함량이 개량 누룩 술덧에서는 매우 높게 나타났고, 시판 누룩 술덧에서는 낮게 나타났다(표 4-5). *n*-Butyl alcohol은 시판 누룩 술덧에서 높게 나타났으며, *n*-propyl alcohol은 쌀입국 술덧에서 높게 나타났다. 고급 알코올의 총량은 개량 누룩 술덧에서 754.17mg/L, 쌀입국 술덧에서 600.29mg/L, 시판누룩 술덧에서는 150.54mg/L이었다. 그리고 에스테르의 총량은 개량 누룩 술덧에서 138.00mg/L, 쌀입국 술덧에서 34.53mg/L, 시판누룩 술덧에서는 55.37mg/L이었다. Acetaldehyde는 탁주, 청주와 전통소주에서 검출되는 자극취를 나타내는 물질인데 시판 누룩 술덧에서 비교적 높게 나타났으며, 개량 누룩과 쌀입국 술덧에서는 그다지 높지 않게 나타났다.

이화주에서는 담금 직후에 ethyl alcohol이 0.05%였으나 숙성 100일에 5.13%로 증가하며, methyl alcohol 47.56ppm, *n*-propyl alcohol 37.25 ppm, *i*-butyl alcohol 19.51ppm이었고 일 년간 숙성시킨 이화주에는 ethyl alcohol 9.39%, methyl alcohol 36.34ppm, *n*-propyl alcohol 38.01 ppm, *i*-butyl alcohol 19.04ppm으로 ethyl alcohol을 제외한 알코올류의 함량 변화는 거의 이루어지지 않았다(272).

이흥숙 등(357)은 2010년 우리 전통주로부터 분리한 전통 효모인 *Saccharomyces coreanus*와 포도주 제조에 사용되는 포도주 효모인 *Saccharomyces ellipsoideus*, 전통적인 하면발효 맥주 효모인 *Saccharomyces carsbergensis*, 빵 효모이자 청주 제조용 청주효모인 *Saccharomyces cerevisiae* 및 내염성 효모인 *Saccharomyces rouxii*로 담금한 주모를 사용하여 발효시킨 탁주 중의 미량 알코올을 분석했다. 실험에서 사용한 모든 탁주에서 ethyl alcohol, *n*-propyl alcohol, 1,3-butyl alcohol, 2-butyl alcohol,

표 4-5 탁주 술덧 중의 고급 알코올 분석(283)

성분(mg/L)	A탁주	B탁주	C탁주
Higher alcohol			
iso-Amyl alcohol	323.30	64.40	264.30
iso-Butyl alcohol	369.70	20.20	175.50
n-Butyl alcohol	0.94	59.12	2.15
n-Propyl alcohol	60.23	6.82	158.34
합계	754.17	150.54	600.29
Esters			
Ethyl acetate	134.60	52.78	31.92
Ethyl formate	0.45	2.14	0.54
Ethyl hexanoate	0.08	0.04	0.09
Ethyl ocanoate	0.06	0.11	0.18
iso-Amyl acetate	2.22	0.08	1.52
iso-Butyl acetate	0.59	0.22	0.30
합계	138.00	55.37	34.53
Acetaldehyde	23.82	41.78	14.28
합계	915.99	247.69	649.10

A탁주 ; 개량 누룩, B탁주 ; 시판 누룩, C탁주 ; 쌀입국.

iso-amyl alcohol, *n*-hexyl alcohol, heptyl alcohol, phenylethyl alcohol 등 8종류의 알코올이 검출되었다.

미량 알코올의 총량은 *Saccharomyces coreanus* 탁주에서 0.556～0.780mg/ml, *S. ellipsoideus* 탁주에서 nd～0.431mg/ml, *S. carsbergensis* 탁주에서 0.470～0.724mg/ml, *S. cerevisiae* 탁주에서 0.729～0.831mg/ml의 범위를 나타내었다. *S. cerevisiae* 탁주가 발효 과정 중 다른 효모에서의 미량 알코올의 총량이 가장 높았으나 함량의 차이는 비슷했다. *iso*-Amyl alcohol은 담금 직후에는 검출되지 않았으나 발효 6일부터 모든 효모 술덧에서 검출되었고 발효가 진행되면서 서서히 증가되었다. *S. coreanus* 탁주에서 2-butyl alcohol, *iso*-butyl alcohol, *iso*-amyl alcohol, hexyl alcohol, heptyl alcohol, 1,3-butyl alcohol, phenylethyl alcohol의 7종류의 미량 알코올이 검출되었다. 그리고 일반적으로 막걸리의 제조에 사용되고 있는 *S. cerevisiae* 탁주에서는 2-butyl alcohol, *iso*-butyl alcohol, *iso*-amyl alcohol, hexyl alcohol, heptyl alcohol, 1,3-butyl alcohol, phenylethyl alcohol과 *S. coreanus* 탁주에서 검출되지 않은 *n*-propyl alcohol이 검출되는 등 총 8종류의 미량 알코올이 검출되었다. 누룩을 달리한 실험(287)에서도 *iso*amyl alcohol이 가장 높은 미량 알코올이 검출되었다.

이상의 결과로부터 개량 누룩 술덧이 고급 알코올과 향기 성분의 측면에서 시판 누룩 술덧과 쌀입국 술덧보다 탁주의 주질이 좋은 것으로 판단하고 있다.

개량 누룩 술덧과 쌀입국 술덧의 고급 알코올 함량이 시판 누룩 술덧보다 훨씬 높게 나타난 것은 개량 누룩 술덧과 쌀입국 술덧의 초기 아미노산 함량이 너무 낮으므로 효모의 증식에 필요한 아미노산을 효모가 대부분 소비하여 고급 알코올의 생성에 필요한 아미노산의 함량이 낮기 때문인 것으로 추측했다.

Leucine은 *iso*-amyl alcohol의 전구체가 되고, valine은 *iso*-butyl alcohol의 전구체가 되므로 개량 누룩 술덧에서 그 함량이 특히 높았던 *iso*-amyl alcohol과 *iso*-butyl alcohol도 위의 아미노산의 아미노 전이반응의 결과로 생성된 것으로 추측된다. 또한 개량 누룩 술덧에서 ethyl acetate의 함량이 특히 높은 것은 ethyl acetate의 생성 능력이 높은 *Hansenula*속 효모가 개량 누룩 제조 과정에서 접종되어 증식했을 가능성이 높기 때문으로 추측할 수 있다.

2002년 박창숙 등(302)의 연구에 의하면, 탁주 술덧 중의 미량 알코올은 2-butyl alcohol, *iso*-amyl alcohol, *iso*-butyl alcohol, *n*-amyl alcohol, *iso*-butyl alcohol, hexy alcohol, heptyl alcohol, 1,3-butyl alcohol, phenyl ethyl alcohol 등 9종류가 검출되었다. 이들 미량 알코올 중 2-butyl alcohol, *iso*-butyl alcohol, *iso*-amyl alcohol, *n*-amyl alcohol, phenyl ethyl alcohol은 발효 과정으로 생성되는 알코올이다. 실험에 사용한 5종류의 탁주 중에 미량 알코올로 구성되는 fusel oil은 0.018～0.432mg/L로 식품첨가물공전의 규정에 적합하여 탁주의 안전성이 확보된다.

2.6 메탄올

메탄올(methanol)은 적은 양이지만 안질환을 초래할 수도 있고 두통의 원인 물질 등으로 알려져 있어서 술에서 검출되어서는 안 되는 기피 물질이다. 메탄올은 알코올 발효 과정 중 섬유소로부터 생성되기 때문에 전분질 원료를 잘 도정하여 최대한 원료의 표피에 많이 존재하는 섬유소를 제거하여 사용하고 있다. 그러나 현실적으로 탁주 제조에서 원료 처리가 완벽하게 이루어지지 않고 있는 것이 현실이다. 그래서 발효 과정 중 최대한 메탄올 생성을 억제하는 방법이 요구되고 있다.

1970년 홍순우(222)는 시판되는 탁주와 직접 제조한 탁주 중의 메탄올 함량은 두 시료 모두에서 검출되었으며, 그 함량은 2.40～5.98mg/ml이었다. 메탄올은 미생물의 pectin esterase에 의하여 생성된 것으로 추정했으며, 메탄올이 인체에 유해하다고 알려져 있으므로 모든 술에 함유된 미량의 메탄올의 제거는 시급히 해결해야 할 과제라고 지적했다.

2.7 유기산

막걸리에 존재하는 유기산은 전분이 단당류로 분해되고 이 단당류로부터 여러 종류의 유기산이 생성되어 막걸리의 신맛을 나타내는 중요한 산(酸)으로, 유기산의 종류에 따라 신맛의 질이 다를 수 있다.

유기산은 새큼한 맛을 내는 성분으로 갈증을 멎게 하는 역할 뿐 아니라 신진대사를 원활하게 하는 역할을 하기도 한다. 또한 막걸리의 수소이온농도(pH) 지수가 4로 유기산은 0.8%나 함유하고 있어서 막걸리의 적당한 pH 유지에 크게 작용한다. 막걸리에는 단백질과 비타민 B 복합체가 있어 피부 미용에도 좋다. 뿐만 아니라 알맞게 들어 있는 알코올 성분은 혈액 순환과 신진대사를 왕성하게 해서 체내에 축적된 피로 물질을 제거해 주는 역할을 하기도 한다. 피로 물질이 쌓이면 피부가 거칠어지고 기미와 주근깨도 생긴다. 이 피로 물질 제거에 한몫을 하고 있는 것이 젖산, 구연산, 사과산, 주석산 등 이른바 유기산으로 알려져 있다. 이들 유기산이 막걸리에도 들어 있는데 인체 내에서 미치는 영향은 크게 두 가지로 볼 수 있다.

첫째는 상쾌한 신맛 때문에 입맛을 돋우고 소화를 도와주는 점이다.

둘째는 사람들이 섭취한 식품이 소화 분해되면 탄산가스와 물이 되고 에너지를 내게 되는데, 에너지가 부족하면 피로감을 느끼게 되며 이때 피로감을 해소하기 위하여 당보다 더 쉽게 에너지를 생성시킬 수 있는 물질이 유기산이므로 빠른 시간에 피로감을 해소할 수 있는 물질이다. 말하자면 에너지를 쉽게 생성하여 피로 물질(우리 몸에 불필요한 성분들)이 쌓이지 않게 처리한다는 것이다. 이 이론을 밝혀낸 크레브스 박사(H. A. Krebs, 1900~1981, 1953년 구연산 크레브스사이클이라는 세포물질 대사과정을 발표하여 노벨 생리의학상 수상)는 그 공로로 노벨상을 받았다. 막걸리가 같은 농도의 주정을 함유한 다른 술에 비하여 인체에 미치는 영향이 월등히 좋은 것으로 나타났다.

막걸리에 존재하는 유기산은 어떤 종류가 있으며 어떻게 생성되는지를 알아보자.

1963년 김찬조(183)는 탁주 원료 중에 함유된 유기산을 paper chromatography법으로 검출한 결과, 곡자에는 fumaric acid, succinic acid, acetic acid, citric acid, malic acid, oxalic acid 등 5종류의 유기산이 있고 백미에는 fumaric acid, malic acid, succinic acid, citric acid, acetic acid 등 5종류의 유기산이 있으며, 특히 곡자보다 백미에 citric acid가 많이 함유되어 있다. 그리고 곡자 단독으로 양조한 막걸리와 곡자와 쌀국을 혼합하여 양조한 막걸리 중의 유기산을 검출한 결과, 두 종류의 막걸리 중에는 lactic acid, succinic acid, acetic acid가 함유되었으며, citric acid는 곡자와 쌀국을 혼합하여 양조한 막걸리의 담금 초기부터 검출되었으나 곡자 단독으로 양조한 막걸리에서는 담금 초기에는 검출되지 않고 발효 후기에 검출되었다.

1968년 시중 막걸리의 산도는 소맥분 막걸리가 백미 막걸리보다 산도가 비교적 높고, pH는 4이며, 제성 후 시간이 경과함에 따라 낮아졌다(197). 더욱이 백미 탁주 숙성료(醪) 중에 lactic acid, acetic acid, succinic acid, fumaric acid, malic acid, citric acid의 6종의 유기산이 검출되었으며(188), 유기산의 종류와 양에 따라 탁주의 풍미에 많은 영향을 준다는 것을 알 수 있었다.

1975년 강효원(241)은 백미, 밀가루, 옥수수, 보리쌀을 원료로 하여 시판 정제 효소제로 담금한 탁주 중 유기산이 917~1,350mg/ml의 lactic acid가 생성되었으며, succinic acid는 6~32mg/ml이 함유되어 있었다. 일반적으로 탁주에는 lactic acid, succinic acid, acetic acid, fumaric acid, malic acid, maleic acid, citric acid, malonic acid, oxalic acid 등의 유기산이 존재하나, 정제 효소로 담금한 술덧 중에는 fumaric acid와 malonic acid는 검출되지 않았다.

밀가루 누룩 제조 방법에서 완전한 자연 접종법과 *Aspergillus oryzae*의 종균을 인위적으로 접종하여 제조한 누룩을 사용하여 멥쌀로 양조한 술덧의 품질 평가에서(302), citric acid, malic acid, lactic acid, succinic acid, acetic acid, pyruvic acid propionic acid의 7종류의 유기산이 검출되었으며, 재래식 전통 누룩으로 양조한 탁주와 *Aspergillus oryzae* 누룩으로 양조한 탁주 중의 총산(2.241mg%)은 재래식 누룩 탁주가 *Aspergillus oryzae* 탁주(1.384mg%)보다 약 2배 정도의 산을 더 함유하고 있었다. 전통 누룩으로 양조한 탁주가 산미(酸味)가 강한 전통 막걸리의 특성을 잘 나타내고 있었다. 총산은 담금일에 0.16~0.20%로 함량이 낮았으나 발효 2일째에는 0.77~1.09%로 급격히 증가한 후, 발효 14일에는 1.73~1.95%로 최대값을 나타냈다. 그리고 재래 누룩으로 양조한 탁주의 술덧에는 tartaric acid가 가장 많이 함유되어 있고 다음으로 malonic acid, citric acid, lactic acid의 순으로 함유되어 있으며, 누들형 개량 누룩으로 양조한 탁주 술덧에는 lactic acid가 가장 많이 함유되어 있고 다음으로 tartaric acid, citric acid, malonic acid의 순으로 함유되어 있다(290).

부천대학에서 누룩으로부터 분리한 *Rhizopus japonicus* T2, *Aspergillus oryzae* L2와 *Hansenula* sp. BC26을 밀기울에 접종하여 제조한 개량 누룩과 곡자회사에서 제조한 시판 누룩과 *Aspergillus kawachii*의 종국으로 제조한 쌀입국을 각각 사용하고 한국의 전통주 효모인 *Saccharomyces coreanus*(Saito, IFO 1833)로 제조한 주모로 담금한 탁주 중의 유기산을 분석한 결과(295)는 표 4-6에 나타난 바와 같다.

개량 누룩 술덧의 주요한 유기산은 lactic acid, fumaric acid와 succinic acid이고, 시판 누룩 술덧은 lactic acid와 acetic acid이며, 쌀입국 술덧에는 citric acid, lactic acid와 succinic acid가 주요한 유기산이었다. 개

량 누룩 술덧의 유기산의 총량은 1,387.8mg/L, 시판누룩 술덧의 유기산 총량은 5,146.4mg/L, 쌀입국 술덧의 유기산 총량은 1,705.9mg/L이었다. 이상과 같이 탁주의 당화제의 종류를 다르게 사용한 술덧에서 주요한 유기산의 종류와 함량이 다르게 나타나는 것은 유기산을 생성하는 미생물의 종류가 다르기 때문이다. 즉, 개량 누룩 술덧에서 lactic acid와 fumaric acid의 함량이 많은 것은 개량 누룩 제조 과정에서 lactic acid와 fumaric acid의 생산 능력이 우수한 *Rhizopus japonicus*를 접종하여 제조하였기 때문이며, 시판 누룩 술덧에서 lactic acid와 acetic acid의 함량이 많은 것은 lactic acid와 acetic acid를 생산하는 이상(hetro) 젖산 발효 세균이 발효 과정에 관여했기 때문이고, 쌀입국 술덧에서 citric acid의 함량이 많은 것은 citric acid의 생산 능력이 우수한 *Aspergillus kawachii*를 접종하여 제조한 쌀입국에 의하여 citric acid가 많이 생산되었기 때문이다. 막걸리 중에 tannic acid의 함량은 0.0073~0.098mg/ml이었으며, 탁주료 중에는 0.0185~0.279mg/ml이 함유되어 있다. Tannic acid는 포도주 중에서는 철을 침전시키는 수렴제의 역할을 한다고 일려져 있으나 막걸리에서의 tannic acid의 역할이 어떤 것인지 아직 알려진 바는 없다(222).

표 4-6 탁주 술덧 중의 유기산 분석(295)

유기산(mg/L)	A탁주	B탁주	C탁주
Acetic acid	ND	269.6	ND
Formic acid	46.8	ND	56.7
Lactic acid	567.5	4,744.0	243.5
Citric acid	85.3	106.4	1,172.4
Malic acid	99.8	2.8	3.8
Fumaric acid	301.2	18.6	22.5
Succinic acid	285.4	ND	207.0
Oxalic acid	1.8	5.0	ND
합계	1,387.8	5,146.4	1,705.9

A탁주 ; 개량 누룩, B탁주 ; 시판 누룩, C탁주 ; 쌀입국. ND ; 검출 안 됨.

이화주 중의 유기산은 lactic acid가 가장 많이 함유되어 있으며, 일 년간 숙성시킨 이화주 중의 lactic acid는 3,059.3mg%이고, 그 다음으로 citric acid, tartaric acid, acetic acid, succinic acid, malonic acid, pyruvic acid 및 oxalic acid의 순으로 함유되었으며, pyruvic acid와 oxalic acid는 숙성 기간이 경과함에 따라 감소하나 그 이외의 유기산은 증가하는 경향으로 신맛(산미)이 증가한다(272).

이상의 결과를 종합하면 막걸리 중의 유기산 종류는 당화제의 종류와 밀접한 관계가 있으며, 원료의 종류와도 관련성이 높다. 막걸리에서 분리된 유기산은 lactic acid, succinic acid, acetic acid, fumaric acid, malic acid, maleic acid, citric acid, malonic acid, oxalic acid, formic acid, tartaric acid, pyruvic acid, propionic acid와 tannic acid의 14종이 검출되었다.

술덧 중의 유기산의 총량을 총산으로 표시할 수 있는데 술덧의 총산은 일반적으로 담금 직후에 0.2~0.3% 정도이며, 담금 후 2일째에 급격히 증가하여 1.1~1.6%에 도달하고, 그 이후부터는 서서히 증가하여 발효 16일에는 1.4~1.7% 정도를 나타내며, 전분질의 원료에 따라 밀가루 술덧이 멥쌀 술덧보다 약간 높게 나타난다. 그리고 총산에 의하여 술덧의 pH가 결정되는데 담금 직후의 술덧의 pH는 5.6 정도이며, 발효 2일째는 3.47~3.60으로 급격히 낮아지고, 4일째 이후부터는 큰 변화 없이 발효 16일까지 지속된다(132).

막걸리 발효 과정에서 유기산의 변화를 살펴보면, 담금 초기에 나타나는 유기산은 원료 중에 함유된 유기산의 용출로 볼 수 있으며 발효가 진행되면 누룩곰팡이와 알코올 발효 효모에 의하여 유기산이 급격히 증가하여 발효가 가장 완성한 시기가 끝나는 시점에서 유기산 함량이 최대값을 나타내다가 발효가 끝나는 시점에서는 유기산이 감소하게 된다. 이러한 감소 현상은 발효 중에 생성된 유기산이 알코올과 반응하여 ester와 같은 향기 성분과 맛 성분을 생성하기 때문이고, 발효가 더욱 진행되면 유기산이 더욱 감소하며 이때 식초산 세균의 오염으로 에탄올이 식초산으로 산화되어 식초산이 증가하며, 알코올 함량도 감소하여 산미가 매우 강한 산패(酸敗) 현상으로 술의 부패가 일어난다. 식초산은 술의 맛과 향기에 좋지 못한 영향을 미치므로 술의 발효 과정에서 특별히 식초산 발효가 일어나지 않게 관리해야 하고, 누룩과 입국 사용으로 인하여 오염될 수 있는 식초산 세균의 오염에 특히 주의해야 한다.

2.8 아미노산

아미노산은 단백질을 구성하는 단위물질로, 누룩이나 국의 제조 과정에서 곰팡이에 의하여 전분 분해효소(amylase, 당화효소)와 함께 단백질 분해효소(protease)가 생성된다. 막걸리 발효 과정 중 단백질 분해효소에 의하여 미량이나마 원료에 함유된 단백질이 분해되어 유리 아미노산이 생성된다.

아미노산은 막걸리의 맛과 향기 성분으로 작용하며, 막걸리의 숙성 과정 중에서 분해되어 고급알코올인 고급 향기 성분이 되기도 한다. 아미노산은 자체적으로 맛을 내기도 하는데, serine, glycine과 alanine은 단맛을 나타내고, leucine, isoleucine과 phenylalanine은 쓴맛을, glutamic acid는 감칠맛을, proline과 methionine은 쓴맛과 단맛을 동시에 나타내며, histidine, tyrosine과 valine은 약한 쓴맛을 나타낸다. 현재 막걸리의 합성 감미료로 많이 사용되고 있는 아스파탐에는 phenylalanine이 극소량 함유되어 있는데, 이 아미노산은 아스파탐의 감미를 증가시킬 뿐 아니라 막걸리를 감칠맛 나게 하는 효과도 있다.

쌀 막걸리에서는 단맛을 나타내는 아미노산 함량과 쓴맛을 나타내는 아미노산 함량이 낮게 나타나지만, 파쇄미나 색채가 좋지 않은 쌀 막걸리에서는 단맛을 나타내는 아미노산 함량과 쓴맛을 나타내는 아미노산 함량이 높아지는 경향이 있으므로 막걸리의 원료로서는 양질의 백미를 사용해야 한다(317).

막걸리의 맛을 결정짓는 성분인 아미노산에 관한 연구는 오래 전부터 많이 진행되어 왔다.

막걸리 중의 아미노산은 제성 후 12시간까지는 서서히 감소하다가 그 이후부터 증가한다(183). 특히 누룩에도 많은 종류의 아미노산이 들어 있어서 누룩으로 빚은 막걸리에서 이들 아미노산이 검출되기도 한다. 누룩에서 leucine, valine, arginine, lysine, glutamic acid, alanine, histidine, tyrosine, phenylalanine, tryptophan, proline, aspartic acid, cystine, serine, threonine, methionine, hydroxyproline 등이 검출된다(72).

1968년 김찬조(200)는 곡자(누룩)를 사용하여 백미와 옥수수를 원료로 탁주를 담금하여 경시적으로 발효 술덧 중의 아미노태 질소를 Formol법으로 정량하고 유리 아미노산은 paper chromatography법으로 검출하였는데, 그 결과는 다음과 같다.

백미 탁주 술덧 중에는 aspartic acid, cystine, glutamic acid, glycine, serine, alanine, tyrosine, histidine, valine, tryptophan, phenylalanine, proline, leucine 등 14종의 아미노산이 검출되었으며, 옥수수 탁주 술덧 중에는 aspartic acid, cystine, glycine, serine, alanine, lysine, valine, histidine, tryptophan, proline, leucine 등 12종의 아미노산이 검출되었다. 그리고 백미와 옥수수 탁주 중에 많이 함유된 아미노산은 lysine, valine, leucine, serine proline 및 glycine 등이 검출되었다. 또한 1969년 막걸리에서 aspartic acid, cystine, glutamic acid, glycine, serine, alanine, tyrosine, histidine, valine, tryptophan, phenylalanine, proline, leucine, arginine, cystein, isoleucine, lysine, methionine, hydroxyproline, threonine 등 20종의 아미노산의 존재를 확인했다(211).

막걸리 중에 많이 검출되는 아미노산은 lysine, valine, leucine, serine, proline 및 glycine 등인데, 이들 아미노산이 막걸리의 맛에 깊이 영향을 미쳐 막걸리의 주질(酒質)을 높인다고 할 수 있다.

최근(1997년) 개량 누룩으로 양조한 전통주에서는 cystine, methionine, aspartic acid, threonine, serine, glutamic acid, glycine, alanine, valine, isoleucine, leucine, tyrosine, phenylalanine, lysine, histidine, arginine, proline의 17종의 아미노산이 검출되었으며, 누룩에서는 검출되지 않는 glycine과 isoleucine이 막걸리에서 검출되었다(290).

부천대학에서 누룩으로부터 분리한 *Rhizopus japonicus* T2, *Aspergillus oryzae* L2와 *Hansenula* sp. BC26을 밀기울에 접종하여 제조한 개량 누룩과 곡자회사에서 제조한 시판 누룩 그리고 *Aspergillus kawachii*의 종국으로 제조한 쌀입국을 각각 사용하고, 한국의 전통주 효모인 *Saccharomyces coreanus*(Saito IFO 1833)로 제조한 주모로 담금한 탁주 중의 아미노산을 분석한 결과(295), 술덧 중의 유리 아미노산 함량은 표 4-7에 나타난 바와 같다.

실험한 3종류의 술덧에는 16종의 아미노산이 존재하며, 아미노산의 종류는 aspartic acid, glutamic acid, alanine, glycine, serine, threonine, methionine, proline, arginine, lysine, leucine, isoleucine, phenylalanine, histidine, tyrosine과 valine이었다.

개량 누룩 술덧의 주요 아미노산은 glutamic acid, alanine, proline과 histidine이고, 시판 누룩 술덧의 주요 아미노산은 glutamic acid, proline, leucine과 histidine이며, 쌀입국 술덧은 arginine, proline과 glutamic acid이다. 개량 누룩 술덧에는 14,090mg/L, 시판 누룩 술덧에는 12,202mg/L, 쌀입국 술덧에는 7,152mg/L의 아미노산이 함유되어 있다.

표 4-7 탁주 술덧 중의 아미노산 분석(295)

아미노산(mg/L)	A탁주	B탁주	C탁주
Aspartic acid	893	596	209
Glutamic acid	1,633	1,871	811
Alanine	1,542	643	778
Glycine	640	392	147
Serine	961	741	370
Threonine	359	285	83
Methionine	345	510	106
Proline	1,474	1,322	938
Arginine	733	93	1,170
Lysine	842	654	608
Leucine	964	1,239	323
Isoleucine	611	567	195
Phenylalanine	662	828	218
Histidine	1,019	1,138	450
Tyrosine	804	579	484
Valine	608	744	262
합계	14,090	12,202	7,152

A탁주 ; 개량 누룩, B탁주 ; 시판 누룩, C탁주 ; 쌀입국.

아미노산 중 맛에 관여한다고 알려져 있는 것 중 신맛을 나타내는 glutamic acid와 aspartic acid가 비교적 높게 나타나며, 감칠맛을 나타내는 glutamic acid는 개량 누룩과 시판 누룩 술덧에 많이 나타나 쌀입국 술덧에는 그 함량이 낮았다. 단맛을 나타내는 alanine, glycine, serine과 threonine의 총량은 개량 누룩 술덧에 많이 나타나며, 쌀입국 술덧에서는 아주 낮은 함량을 나타내고, 쓴맛을 나타내는 arginine, lysine, leucine, isoleucine과 phenylalanine의 총량은 개량 누룩과 시판누룩의 술덧에 많이 함유되어 있었으나, 쌀입국 술덧에는 아주 적은 양이 함유되어 있었다.

이 등(258)은 탁주 제조에 사용되는 당화제의 종류에 따라 탁주 중의 유리 아미노산의 종류와 함량이 다르게 나타나며, *Aspergillus kawachii*로 제국한 입국으로 발효시킨 탁주의 유리 아미노산의 총량은 누룩으로 발효시킨 탁주의 유리 아미노산의 총량보다 아주 낮게 나타난다고 했다.

탁주에는 신맛, 단맛 및 쓴맛 등을 나타내는 유리 아미노산들이 균형있게 함유되어 있어야 탁주의 진정한 참맛을 나타낸다. 이러한 측면에서 탁주 중의 유리 아미노산의 총량이 높은 개량 누룩으로 발효시킨 탁주의 주질(酒質)이 양호하며, 미생물의 종류가 단순화된 입국은 맛에 영향을 미치는 아미노산의 총량이 특정 아미노산의 양으로 기울어져 있어서 진정한 탁주의 맛을 나타내지 못하고 있다.

이상의 결과를 종합하면, 막걸리에는 aspartic acid, cystine, glutamic acid, glycine, serine, alanine, tyrosine, histidine, valine, tryptophan, phenylalanine, proline, leucine, asparagine(222), arginine, cystein, isoleucine, lysine, methionine, hydroxyproline, threonine의 21종의 아미노산이 존재하며, 우리 몸에 절대적으로 필요한 필수 아미노산인 valine, leucine, phenylalanine, tryptophan, lysine, isoleucine, threonine, methionine의 8종류 모두 많은 양이 포함되어 있어서 영양학적으로도 우수한 알코올 음료라 할 수 있다.

필수 아미노산은 우리 몸에서 합성할 수 없기에 음식물로부터 공급 받아야 생활할 수 있는 중요한 아미노산이다. Lysine은 체내 조직의 합성에 유효하며, tryptophan은 발육과 체중 유지에 중요한 작용을 하고 식욕 증진, 조혈, 젖의 분비 촉진에도 유효하다. Methionine은 인지질(燐脂質) 합성을 촉진하여 간의 지방 축적을 조절하며 지방간이나 간경화를 예방하는 기능도 가지고 있다.

2.9 비타민류

막걸리에 함유된 비타민에 관한 연구는 1967년 황우익(185)이 시판 탁주와 직접 제조한 탁주에 함유된 비타민의 한 종류인 riboflavin 함량을 측정하고 탁주를 마신 전후의 혈액 및 뇨(尿) 중 riboflavin의 함량 변화를 측정한 것이 처음이라 할 수 있다.

김찬조(224)는 1970년도에 시판되는 곡자와 백국균(*Aspergillus awamori* var. *kawachi*)으로 제조된 분곡으로 원료 전분질을 쌀과 소맥분으로 탁주를 담금하여 탁주 술덧 중의 riboflavin 함량뿐 아니라, 각 원료와 술지게미 중의 riboflavin 함량도 측정했다. 그 결과, 각 원료 100g 중의 riboflavin 함량은 쌀 46.9γ, 소맥분 67.3γ, 옥수수분 73.9γ, 누룩 169.9γ, 소맥분 분곡 87.1γ, 옥수수분 분곡 84.4γ이었으며 쌀, 소맥분 및 옥수수분 중의 riboflavin 함량은 증자에 의하여 약 30～40% 정도가 파괴되었다. 누룩만으로 양조한 쌀 탁주와 소맥분 탁주의 발효 과정에서 발효 3일까지는 riboflavin 함량이 감소하다가 발효가 진행되면서 서서히 증가하여 발효 5일째에 급격히 증가하고 발효 6일부터 서서히 감소하였다. 숙성 술덧 100ml 중 riboflavin 함량은 쌀 탁주 술덧에서 82γ, 소맥분 술덧에서 72γ를 나타냈다. 그리고 누룩과 입국 혼용으로 담금한 술덧 중의 riboflavin 함량은 발효 초기에는 감소하지 않고 서서히 증가하여 발효 5일째에 급격히 증가하고 발효 6일부터 서서히 감소하여 숙성 술덧 100ml 중 riboflavin 함량은 소맥분 분곡 술덧에는 88.6γ, 옥수수 분곡에서는 83.6γ를 나타내었다. 각 숙성 술덧으로 제성한 탁주 100ml 중의 riboflavin 함량은 누룩만으로 제성한 탁주에는 28.8～41.0γ, 누룩과 입국 혼용으로 제성한 탁주에는 33.6～44.5γ가 함유되어 있다. 누룩만으로 담금한 쌀 탁주와 소맥분 탁주의 건조된 술지게미 100g에는 각각 47.3γ 및 66.2γ의 riboflavin이 함유되어 있으며, 누룩과 입곡 혼용으로 담금한 소맥분 탁주와 옥수수분 탁주의 건조 술지게미에는 각각 64.5γ 및 62.9γ의 riboflavin이 함유되어 있다.

더욱이 탁주 양조 중에 thiamin 함량의 변화도 측정했다(223). 1970년대 탁주 양조에 사용되고 있는 원료인 쌀, 소맥분과 옥수수분을 주원료로 탁주를 담금하여 발효 과정 중 thiamin 함량 변화를 측정한 결과, 각 원료 100g

중의 thiamin 함량은 쌀 107.8γ, 소맥분에 185.0γ, 옥수수분에 410.2γ, 시판 누룩에 347.4γ, 소맥분 입곡에 170.1γ, 옥수수분 분곡에 257.3γ이 함유되어 있으며, 쌀, 소맥분과 옥수수분 중의 thiamin 함량은 riboflavin과 같이 증자에 의하여 40∼50% 정도가 파괴되었다. 쌀, 소맥분 및 옥수수분을 원료로 하여 각각 담금한 술덧에서 thiamin의 변화는 각 술덧에서 같은 경향으로 변화되고 있으며 누룩만으로 담금한 술덧의 발효 1, 2일 사이에 급격히 감소하였고 그 이후 숙성될 때까지 thiamin 함량 변화는 없었다. 숙성 술덧 100ml 중의 thiamin 함량은 누룩만의 쌀 술덧에는 약 6.0γ, 소맥분 술덧에는 7.5γ였고, 입국 혼용으로 담금한 소맥분 술덧에서는 12.4γ, 옥수수분 술덧에서는 15.4γ의 thiamin이 검출되었다. 각 숙성 술덧으로 제성한 탁주 100ml 중에는 thiamin이 누룩만으로 담금한 탁주 중에 2.4γ∼3.5γ, 누룩과 입곡 혼용으로 담금한 탁주 중에 5.0γ∼7.0γ 함유되어 있었다. 각 숙성 술덧의 탁주 건조 술지게미 100g 중에는 누룩만으로 담금한 쌀 술덧 중에 43.7γ의 thiamin이 함유되어 있고 소맥분 술덧 중에 56.1γ가 함유되어 있었다. 입곡 혼용으로 담금한 술덧에서 소맥분 술덧의 술지게미에는 57.7γ, 옥수수분 술지게미에는 81.4γ의 thiamin이 함유되어 있었다.

막걸리는 다른 술과는 달리 단백질을 비롯한 비타민 B 등 영양 성분이 많아 우리 몸에 큰 부담을 주지 않고 갈증을 풀어주는 음료였던 것이다. 그래서 농사짓는 데 꼭 필요한 농주(農酒)로서의 자리를 굳혀 왔었다. 쌀 막걸리에는 1.2%의 단백질이 들어 있으며 구성 아미노산의 질이 매우 우수하다. 우유의 단백질이 3%인 점을 감안하면 그 양이 결코 적은 것이 아니라는 것을 알 수 있다.

2.10 퓨젤유

퓨젤유(fusel oil)는 일반적으로 술을 과다하게 마셨을 때 머리를 아프게 하는 알코올 성분으로 알려져 있지만, 미량의 퓨젤유는 오히려 술의 향기 성분으로 작용하기도 한다. 고량주의 독특한 향기와 맛은 퓨젤유 성분의 종류와 함량에 따라 결정된다고 한다. 그러나 많은 양의 퓨젤유는 오히려 술을 마시고 난 후, 머리가 아픈 현상을 초래하여 술의 품질을 악화시키기도 한다.

퓨젤유는 여러 종류의 고급 알코올로 구성된 복합체 알코올이다.

백미, 현미, 옥수수 가루 및 소맥분으로 탁주를 담금하여 탁주 술덧 중에 생성되는 알코올과 퓨젤유의 양을 발효 경과 시간별로 분석한 결과, 발효 7일째 백미 술덧에서 0.049%, 소맥분 술덧에서 0.051%, 현미 술덧에서 0.062%, 그리고 옥수수 술덧에서 0.07%의 퓨젤유가 검출되어 백미보다 옥수수와 소맥분의 원료에서 퓨젤유가 많이 검출되고 있다. 제성하지 않은 탁주의 술덧 중에는 약 0.05～0.07%의 퓨젤유가 함유되어 있고, 제성한 탁주 중에는 약 0.02～0.04%의 퓨젤유가 함유되어 있는데, 이 정도의 퓨젤유의 농도로서는 탁주를 마신 후에 나타나는 머리가 아픈 현상에는 아무런 영향을 미치지 않는 농도라 했다(189).

막걸리 술덧 중의 퓨젤유는 원료와 효소제의 종류와 관계 없이 비슷한 값을 나타내고 퓨젤유의 조성은 *iso*-amyl alcohol, *iso*-butyl alcohol, *n*-propyl alcohol, β-phenyl ethyl alcohol과 동정되지 않은 2종류의 알코올 등이 포함되어 있으며 주성분은 *iso*-amyl alcohol이었다. 탁주 술덧 중의 *iso*-amyl alcohol은 $(1.50 \sim 2.77) \times 10^{-2}$g/100ml이고, *iso*-butyl alcohol은 $(0.68 \sim 1.30) \times 10^{-2}$g/100ml이며, *n*-propyl alcohol은 $(0.20 \sim 0.34) \times 10^{-2}$g/100ml이며, β-phenyl ethyl alcohol은 0.18×10^{-2}g/100ml의 순으로 함유되어 있었다(241).

특히 종균으로 *Aspergillus kawachii*와 *Aspergillus shirousamii*를 사용하여 각각 코지와 누룩을 제조하여 담금한 탁주 중의 퓨젤유를 분석한 결과(267), 코지로 담금한 탁주에서는 퓨젤유가 검출되지 않았지만, *Aspergillus kawachii*로 제조한 누룩으로 담금한 탁주에서는 발효 5일째에는 11.02ppm의 퓨젤유가 존재하나 발효 8일째부터 전혀 검출되지 않았고, *Aspergillus shirousamii*로 제조한 누룩으로 담금한 탁주에서는 발효 8일째 18.52ppm의 퓨젤유가 검출되었으며 발효 10일째 약간 감소하여 16.14ppm의 퓨젤유가 검출되었다. 이와 같은 저농도의 퓨젤유는 두통의 원인으로 볼 수 없는 농도이며 식품위생에도 아무런 영향을 미치지 않는 저농도이다. 그리고 1997년 한은혜 등(287)의 퓨젤유 연구에 의하면, 멥쌀을 원료로 재래식 누룩과 *Aspergillus kawachii*, *Aspergillus oryzae*, *Mucor racemosus*, *Rhizopus japonicus*를 종균으로 제조한 각각의 누룩으로 양조한 탁주의 술덧의 퓨젤유 성분을 분석한 결과, 탁주 성분 중 에탄올을 제외한 알코올류는 *iso*-amyl alcohol, *iso*-butyl alcohol과 *n*-propyl alcohol이 탁주의 주성분이며, 재래식 누룩 탁주에서는 phenylethyl alcohol의 함량이 다른 탁주보다 높은 양을 함유하고 있다. 특히 우리나라 식품첨가물공전의 주류의 규격에는 퓨젤유 함량이 1mg/ml 이하로 규정되어 있는데, 위의 4종류의 탁주에서 0.002~0.41mg/ml의 퓨젤유가 검출된다.

이상의 결과로부터 막걸리가 우리나라 식품첨가물공전에서 요구하는 퓨젤유의 함량보다 기준치 이하로 안전한 술임을 알 수 있다.

2.11 무기질

1992년 최선희 등(267)은 *Aspergillus kawachii*와 *Aspergillus shirousamii*를 종균으로 사용하여 코지와 누룩을 각각 제조하고 밀과 보리로 재래식 방법으로 누룩을 제조하여 탁주를 담금하면서 발효 과정 중 무기질의 함량을 측정한 결과, Ca(칼슘)는 발효 시간이 경과함에 따라 비교적 증가하는 경향을 나타내고 시험구에 따라 약간의 차이가 있었다. *Asp. kawachii*와 *Asp. shirousamii* 누룩 시험구에서는 각각 2.95~6.33ppm와 2.95~9.71ppm을 나타내어 가장 낮았으며, 종균을 사용하지 않고 재래식으로 제조한 밀 누룩과 보리 누룩 시험구에서는 29.99~36.76ppm과 26.61~36.76ppm으로 다른 시험구보다 높은 Ca 함량을 나타내었다.

Cu(구리)는 각 시험구들이 서로 특별한 차이점 없이 비슷한 함량을 나타내어 최소 0.01ppm에서 최대 0.14ppm을 나타내고 밀 재래식 누룩 시험구에서 0.14ppm으로 다소 높은 함량을 나타내었다.

Fe(철)는 0.71~3.23ppm을 나타내고 밀 재래식 누룩과 보리 재래식 누룩으로 담금한 탁주 중의 Fe 함량은 각각 1.07~2.60ppm과 1.61~3.23ppm으로 다른 시험구에 비해 높은 함량을 나타냈다.

K(칼륨)는 110.89~517.33ppm으로 발효 기간이 경과하면서 서서히 증가하여 *Asp. kawachii*와 *Asp. shirousamii* 누룩으로 담금한 탁주에서는 각각 110.89~182.61ppm과 110.98~177.82ppm으로 가장 낮은 함량을 나타내었으며, 보리 재래식 누룩과 *Asp. kawachii*를 종균으로 제조한 누룩으로 담금한 탁주에서 455.17~517.33ppm으로 최대치의 함량을 나타내었다.

Mg(마그네슘)는 발효시간이 지날수록 계속 증가하며 종균으로 *Asp. kawachii*와 *Asp. shirousamii* 코지로 담금한 탁주에서는 각각 34.78~37.03ppm과 38.15~46.01ppm으로 가장 낮았으며 밀 재래식 누룩과 보리 재래식 누룩으로 담금한 탁주에서는 각각 78.59~122.40ppm과 105.55~119.03ppm으로 높은 Mg를 함유하고 있었다. 특히 누룩으로 담금한 탁주에서 Ca, K, Mg의 함량이 높았으며, 그 이유는 원료 쌀에 비교하여 보리나 밀에서 이들 무기질이 많이 함유되어 있기 때문이라 했다.

Mn(망간)은 0.56~5.98ppm으로 발효 시간이 경과하면서 계속하여 증가하고 밀과 보리 누룩에서 각각 2.65~5.98ppm, 1.40~5.56ppm으로 최대값을 나타내었다.

Na(나트륨)는 0.19~14.36ppm으로 다른 무기질 함량과는 다르게 밀 누룩과 보리 누룩이 다른 시험구와 비교하면 극히 적은 0.19~0.33ppm 또는 0.19~0.31ppm이었다. 이는 담금 원료에서 Na가 탁주 술덧 중으로 이행되지 못하는 것으로 추측했다.

Zn(아연)은 0.90~5.71ppm으로 발효 기간이 경과할수록 서서히 증가하는 경향이며, 밀 누룩과 보리 누룩으로 담금한 탁주 중에 각각 1.22~5.71ppm과 2.50~5.40ppm으로 최대값을 나타내었다.

이들 무기물질은 밀 누룩과 보리 누룩으로 담금한 탁주 중에 Na를 제외한 다른 무기물질 함량이 많았으며, 그 함량은 대체로 K > Mg > Ca > Mn > Zn > Fe > Cu으로 순으로 나타났다.

2.12 휘발성 향기 성분

일반적으로 술의 향기 성분은 알코올과 산(酸)으로부터 생성된 ester 성분과 아미노산으로부터 생성된 고급 알코올 성분 등 여러 성분의 작용에 의하여 이루어지고 있다. 이들 성분은 미량이며 크게 나누어 알코올류, 산류(酸類), ester류, aldehyde류, ether류 등이 포함된다. 이들 성분은 발효 과정 중 효모에 의하여 생성되기도 하고 원료 중의 성분에 의할 수도 있으며, 특히 당화제로 사용되는 누룩이나 국(입국 또는 분국)의 성분으로부터 기인할 수도 있다.

누룩 중의 향기 성분에 관한 연구는 저자 등(132)에 의하여 이루어지기도 했으며, 1997년 재래 누룩과 누들형 개량 누룩으로 각각 양조한 전통주의 술덧 중 휘발성 향기 성분을 조사한 결과(290), 재래 누룩으로 양조한 탁주의 술덧에는 ethyl acetate가 가장 많은 휘발성 향기 성분으로 검출되었고, 다음으로 propyl alcohol, *iso*-amyl alcohol, *iso*-butyl alcohol순으로 검출되었다. 누들형 개량 누룩으로 양조한 탁주의 술덧에는 *iso*-amyl alcohol이 가장 많이 검출되고, 다음으로 *iso*-butyl alcohol, propyl alcohol의 순으로 검출되었다. 가장 적게 검출된 휘발성 향기 성분은 재래 누룩으로 양조한 탁주에서 가장 많은 양이 검출된 ethyl acetate가 가장 적게 검출되었다. 재래 누룩과 누들형 개량 누룩으로 양조한 탁주 중 휘발성 향기 성분의 양적 비교에서 누들형 개량 누룩 탁주가 재래 누룩 탁주의 술덧보다 1.5배 이상 많은 향기 성분이 함유되었으며 술맛에서도 우수하다고 했다.

이주선 등(283)은 탁주의 원료로서 멥쌀, 찹쌀, 보리쌀과 밀가루로 담금한 탁주 술덧 중의 향기 성분을 분석한 결과, 탁주의 향기 성분은 alcohol 7종, ester 15종, acid 10종, aldehyde 1종, benzene 4종, phenol 3종, alkane 8종, ketone 2종 및 기타 5종 등 55종이 검출되었다. 주모를 첨가하지 않고 발효시킨 멥쌀 탁주에서 35종, 주모 첨가 멥쌀 탁주에서 26종, 찹쌀 탁주에서 15종, 보리쌀 탁주에서 23종과 밀가루 탁주에서 36종의 휘발성 향기 성분이 검출되었고 원료 종류에 따라 향기 성분의 종류와 양에서 차이를 나타내었다. 밀가루 탁주에서 가장 많은 종류가 검출되었고, 멥쌀 탁주에서 주모를 첨가하여 발효한 탁주보다 주모를 첨가하지 않고 발효시킨 탁주에 더 많은 종류의 향기 성분이 생성되었다. 탁주의 향기 성분 중 acetic acid ethyl ester, 3-methyl-1-butanol, acetic acid, ethyl benzene, acetic acid 3-methyl butyl ester, 2-phenylethanol, 2,6-di-tert-butyl-4-methyl phenol, plumbagic acid, 1,2-benzenedicarboxylic acid dibutyl ester 등 9종의 향기 성분은 모든 실험구로 발효시킨 탁주에서 공통으로 존재했다.

이들 향기 성분 외 2,4,6-trimethyl-1,3-benzenediamine은 주모 무첨가 멥쌀 탁주에서, diethyl sulfide, 4-methoxyl benzaldehyde, docosane, 2-methyl propyl octadecanoic acid는 주모 첨가 멥쌀 탁주에서, propionic acid ethyl ester, acetic acid butyl ester, 2-methyl butane, 3-methyl pentane은 찹쌀 탁주에서, 2-hydroxyl-4-methyl pentanoic acid, 2-methyl tridecane은 보리쌀 탁주에서, 3-(methylthio)-1-propanol, hexanoic acid acid ethyl ester, butanoic acid mono methyl ester, tri-decaenoic acid, ethyl tetramethyl cyclopentadiene, 1,8-dia-za-2,9-diketocylclotetradecane은 밀가루 탁주에서만 각각 검출되어 탁주의 원료에 따라 다른 휘발성 향기 성분이 생성되었다. 특히 향기 성분 중 acetic acid ethyl ester, 3-methyl-1-butanol, acetic acid, 2-phenyl-ethanol 등의 향기 성분이 다른 성분보다 많은 양의 향기 성분이 생성되었다.

일반적인 탁주의 원료인 멥쌀을 사용하여 주모를 첨가하거나 첨가하지 않고 각각 담금하여 발효시키면서 향기 성분의 생성과정을 검토하기도 했다(285). 멥쌀 술덧에서 alcohol 10종, ester 9종, acid 2종, aldehyde 7종 등 28종의 향기 성분이 검출되었고 탁주 술덧의 담금 직후에는 3~7종의 향기 성분이 검출되었으나, 16일 발효에서의 술덧에는 26~28종의 향기 성분으로 증가되었으며 주모 첨가 탁주 술덧에서 담금 직후와 발효 3일에 향기 성분의 수가 많이 검출되었다. 주모를 첨가하지 않은 탁주 술덧에서는 ethyl acetate, β-phenylethyl acetate, acetic acid의 3종만 검출되었으나, 주모 첨가 탁주 술덧 중에서는 이들 성분 외에 ethyl alcohol 등 4종의 알코올류가 검출되어 주모의 사용으로 더 많은 종류의 향기 성분이 생성된다고 할 수 있었다. 탁주 술덧의 발효 전 과정에서 주모의 첨가와 무첨가 방법에서 공통적으로 검출되는 향기 성분은 ethyl acetate, β-phenylethyl acetate, acetic acid였다. 향기 성분의 양적 차이점은 발효시간에 따라 차이가 있으나 ethyl alcohol, *iso*-amyl alcohol, hexenyl alcoho, ethyl actate, β-phenylethyl acetate, β-phenylethyl alcohol의 양이 비교적 많았으며 주모 첨가 및 무첨가 탁주 술덧 중 이들이 탁주의 발효 과정 중 주된 휘발성 향기 성분이다. 주모 무첨가 탁주 술덧에서 ethyl alcohol이 다른 향기 성분보다 가장 많이 생성되고 주모 무첨가 탁주의 술덧에서 담금 직후 alcohol류는 검출되지 않았지만 발효 16일에서 hexenyl alcohol의 함량이 비교적 많이 검출되었다. 또한 주모 무첨가 탁주에서 발효 3일까지 ester류의 향기 성분이 극히 적게 생성되어 주모 첨가 탁주의 향기 성분의 조성과 다르게 나타나고 있었다.

1998년 이택수(292)는 찹쌀 및 보리쌀 탁주 술덧의 발효 과정 중에 생성되는 휘발성 향기 성분을 검출하기도 했다. 탁주의 원료로서 찹쌀 및 보리쌀 탁주 술덧에서 alcohol 7종, ester 9종, acid 2종, aldehyde 7종의 향기 성분이 검출되었고, 담금 직후에 13~14종이 검출되었으며, 발효 16일에 27~28종의 향기 성분으로 많은 종류의 향기 성분이 생성되어 검출되고 찹쌀 탁주는 보리쌀 탁주보다 향기 성분이 약간 많았다. 찹쌀 및 보리쌀 탁주 술덧에서 ethyl alcohol, *n*-propyl alcohol, *iso*-amyl alcohol, *n*-hexyl alcohol, hexenyl alcohol, 2-phenylethyl alcohol, ethyl alcohol, ethyl succinate, 2-phenylethyl acetate, butylic acid, benzaldehyde, 3-methyl oxybenzaldehyde의 12종은 발효 전 과정에서 공통적으로 검출되었으나, ethyl propionate, *iso*-amyl acetate, ethyl caprylate, ethylphenyl acetate 및 acetaldehyde 등 5종의 aldehyde는 발효 16일에서만 검출되는 향기 성분이었다. 발효 과정 중의 향기 성분의 양적 차이는 발효 기간에 따라 다르게 나타나며, ethyl alcohol, *iso*-amyl alcohol, 2-phenylethyl alcohol, 2-phenylethylacetate, hexyl alcohol, *iso*-butyl alcohol이 찹쌀 및 보리쌀 탁주 술덧에서 공통적으로 많은 양이 검출되어 탁주의 주된 향기 성분이라고 추정했다. 이들 향기 성분 외에 ethyl acetate, benaldehyde는 찹쌀 탁주에서, hexenyl alcohol은 보리쌀 탁주에서만 높은 함량을 나타내었다.

1997년 한은혜 등(287)에 의하면 멥쌀을 원료로 재래식 누룩과 *Aspergillus kawachii*, *Aspergillus oryzae*, *Mucor racemosus*, *Rhizopus japonicus*를 종균으로 제조한 각각의 누룩으로 양조한 탁주의 술덧의 향기 성분을 분석한 결과, 재래식 누룩으로 양조한 탁주의 에탄올 함량이 11.5%로서 다른 종류의 탁주의 에탄올 함량보다 높았으며, *Rhizopus japonicus* 누룩 탁주에 비교해서는 약간 낮은 편이었다. 탁주 성분 중 에탄올을 제외한 알코올류는 *iso*-amyl alcohol, *iso*-butyl alcohol과 *n*-propyl alcohol이 탁주의 주 성분이며, 재래식 누룩 탁주에서는 phenylethyl alcohol의 함량이 다른 탁주보다 높은 양을 함유하고 있었다.

멥쌀을 원료로 재래식 누룩과 *Aspergillus kawachii*, *Aspergillus oryzae*, *Mucor racemosus*, *Rhizopus japonicus*를 종균으로 제조한 각각의 누룩으로 양조한 탁주의 술덧의 향기 성분을 분석한 결과(288), 알코올 20종, 에스테르 26종, 산(酸) 10종, 알데히드 10종, 기타 6종으로 모두 72종의 휘발성 성분이 검출되었다(표 4-8).

재래식 누룩 탁주에서 60종, *Aspergillus kawachii* 누룩 탁주에서 64종, *Aspergillus oryzae* 누룩 탁주에서 68종, *Mucor racemosus* 누룩 탁주에서 64종, *Rhizopus japonicus* 누룩 탁주에서 67종의 휘발성 성분이 검출되어 누룩 제조에 사용되는 종균에 따라 약간의 휘발성 성분이 다르게 생성됨을 알 수 있다.

실험한 모든 탁주에서 ethanol, benzeneethanol, 3-methyl-1-butanol, acetic acid, acetic acid ethyl ester, succinic acid diethyl ester, acetaldehyde, butyrolactone 등 54종의 휘발성 성분이 검출되었다. 휘발성 성분량은 알코올류가 71.28~90.23%, 에스테르류 0.66~9.05%, 산류 0.20~0.60%, 알테히드류 0.02~0.09%로 나타났다. 휘발성 성분 중에서 에탄올이 가장 많은 양이 검출되는 것은 당연한 결과이다. 재래식 누룩으로 양조한 탁주가 다른 종류의 탁주에 비교하여 에탄올 함량이 가장 많이 나타나고, 알코올류는 17종으로 다른 탁주에 비교하여 적은 종류의 알코올이 검출되고 1-pentanol와 hexanoic acid ethyl ester의 양이 다른 탁주에 비교하여 높은 양으로 나타났다. 이와 같은 사실은 우리 전통 누룩의 우수성을 입증하는 결과라 할 수 있다. 다음으로 많이 검출되는 성분은 benzeneethanol인데, 이는 맥주의 방향족 알코올 성분으로 가장 중요한 맥주의 향기 성분이며 우리나라의 전통 민속주에서 많은 양이 검출되는 향기 성분이다. Acetic acid ethyl ester는 과실향의 성분으로 모든 탁주에서 검출되며 우리나라의 민속주뿐 아니라 모든 술에서 나타나는 향기 성분이다.

표 4-8 다른 누룩으로 양조한 탁주의 휘발성 성분(288)

Peak No. 휘발성 성분	A탁주	B탁주	C탁주	D탁주	E탁주
Alcohol					
4 Ethanol	81.489	77.085	55.151	70.339	84.127
8 1-Propanol	0.036	0.071	0.125	0.044	0.042
10 2-Methyl-1-propanol	0.443	0.647	1.201	0.477	0.203
12 1-Butanol	0.010	0.007	0.009	0.007	0.017
13 3-Methyl-1-butanol	3.794	2.039	0.077	2.775	2.285
15 1-Pentanol	0.018	0.002	0.004	trace	0.005

Peak No. 휘발성 성분	A탁주	B탁주	C탁주	D탁주	E탁주
18 1-Hexanol	0.718	0.948	0.351	0.466	0.214
20 3-Ethoxy-propanol	0.014	0.023	0.075	0.019	0.014
23 1-Heptanol	0.001	0.001	0.005	0.005	0.001
28 2,3-Butanediol(D,L)	0.107	0.278	0.428	0.113	0.087
29 3-Methyl-2-hexanol	0.019	0.034	0.026	0.030	0.020
30 2,3-Butanediol(meso)	0.055	0.139	0.094	0.041	0.041
31 1,2-Propanediol	0.005	0.017	0.018	0.010	0.006
32 4-Methyl-2-hexanol	-	0.004	0.005	0.005	-
44 Benzeneethanol	3.214	4.249	7.772	3.373	2.992
51 1-Dodecanol	0.032	0.180	0.024	0.068	0.322
56 2-Methyl-hexanol	-	0.003	-	-	-
58 1,2,3-Propanetriol	0.015	0.085	0.086	0.007	0.020
63 Ethanol-2,2-oxy, bis-dipropanoate	0.025	0.014	0.132	0.076	0.029
67 1-Phenyl-1,2-ethanediol	-	0.008	0.016	0.006	0.008
Acid					
22 Acetic acid	0.073	0.238	0.085	0.145	0.053
34 Butanoic acid	0.003	0.005	0.096	0.005	0.003
36 3-Methyl butanoic acid	0.006	0.002	0.004	0.009	0.006
39 Pentanoic acid	0.022	0.026	0.036	0.046	0.019
43 Hexanoic acid	0.023	0.016	0.075	0.043	0.025
46 Octanoic acid	0.007	0.011	0.012	0.012	0.006
61 Benzoic acid	-	-	-	0.002	0.001
66 Pheny propanoic acid	0.008	0.007	0.029	0.010	0.005
68 Ethyl benzoic acid	0.030	0.013	0.057	0.014	0.004
71 1,2-Benzenedicarboxylic acid	0.006	0.005	0.034	0.020	0.007
Aldehyde					
1 Acetaldehyde	0.001	0.003	0.003	0.004	0.005
2 *iso*-Butyl aldehyde	0.005	0.014	0.005	0.012	0.013
24 Furfural	0.002	0.003	0.012	0.001	0.001
25 Benzaldehyde	0.001	0.001	0.006	0.002	0.001
41 p-Ethyl benzaldehyde	0.004	0.007	0.008	0.009	0.004
45 0-Ethoxy benzaldehyde	0.006	0.010	0.018	0.012	0.007
47 3-Methyoxy benzaldehyde	0.001	0.003	trace	0.004	0.002
49 3-Phenyl 2- propanal	-	0.004	0.005	0.005	-
50 p-Ethyoxy benzaldehyde	-	0.006	0.015	0.008	0.004

Peak No. 휘발성 성분	A탁주	B탁주	C탁주	D탁주	E탁주
54 Benzaldehyde, 3-(phenylmethoxy) -	0.009	0.019	0.009	0.004	
Ester					
3 Acetic acid, ethyl ester	0.040	0.035	0.010	0.286	0.035
5 Propanoic acid, ethyl ester	0.003	0.005	0.006	0.006	0.002
6 Acetic acid, n-propyl ester	0.002	0.006	0.005	0.005	0.005
7 Butanoic acid, ethyl ester	0.010	0.014	0.021	0.011	0.008
9 *iso*-Amyl formate	-	0.001	0.001	0.001	-
14 Hexanoic acid, ethyl ester	0.114	0.014	0.001	0.001	-
16 Butanoic acid, phenyl ester	0.008	0.020	0.031	0.034	0.010
17 Hepanoic acid, ethyl ester	0.002	0.003	0.002	0.005	0.001
19 Propanoic acid, 2-hydroxy, ethyl ester	0.017	0.020	0.018	0.013	0.010
21 Octanoic acid, ethyl ester	0.003	0.010	0.012	0.004	0.003
26 Nonanoic acid, ethyl ester	0.001	-	-	-	-
27 Pentanoic acid, 2-hydroxy, 4-methyl ethyl ester	0.008	-	0.003	0.001	0.002
37 Succinic acid, diethyl ester	0.070	0.110	3.571	0.855	0.329
40 2-Oxo, propanoic acid, ethyl ester	0.005	0.008	0.053	0.006	0.004
42 Acetic acid, 2-phenyl ethyl ester	0.008	0.016	0.037	0.014	0.009
53 1-Butanoic acid, 3-methyl, buthyl ester	0.006	0.010	0.254	0.008	0.004
55 Benzeneacetic acid, 2-prophenyl ester	0.047	0.077	0.193	0.066	0.044
57 Decanoic acid, ethyl ester	0.003	-	-	-	-
59 Benzeneacetic acid, 4-methyl, phenyl ester	-	0.008	1.330	0.007	0.003
60 Butanoic acid monoethyl ester	0.071	0.092	2.589	0.642	0.405
62 Benzeneacetic acid, a-hydroxy, ethyl ester	0.010	-	0.047	0.034	0.011
64 Ethanedioic acid, diethyl ester	0.033	0.009	0.161	0.008	0.068
65 1,2-Benzenedicarboxylic acid, diprophenyl ester	-	0.070	0.007	0.004	-
70 Merhyl phenidate	0.019	0.016	0.067	0.031	0.0010
72 Benzene acetic acid, 4-acethyloxy, 3-methyl ethyl ester	0.170	0.271	0.403	0.153	0.162
Others					
33 4-Hydroxy-3-hexanone	0.003	0.005	0.011	0.004	-
35 Butyrolactone	0.003	0.005	0.009	0.004	0.005
38 3-Methylthio-1-propanone	0.030	0.024	0.044	0.003	0.039

Peak No. 휘발성 성분	A탁주	B탁주	C탁주	D탁주	E탁주
48 N-Methyl octane amine	-	-	-	0.001	0.002
52 2-Ethyl phenol	0.017	-	-	0.025	0.003
69 N-(2-Phenylethyl) acetamide	-	-	0.040	-	0.004
Compounds non-identified	9.058	11.699	18.846	19.008	8.367
합계		100	100	100	100

A탁주; 전통 밀누룩으로 양조한 탁주.
B탁주; *Mucor racemosus*를 종균으로 제조한 누룩으로 양조한 탁주.
C탁주; *Rhizopus japonicus*를 종균으로 제조한 누룩으로 양조한 탁주.
D탁주; *Aspergillus oryzae*를 종균으로 제조한 누룩으로 양조한 탁주.
E탁주; *Aspergillus kawachii*를 종균으로 제조한 누룩으로 양조한 탁주.

특히, *Rhizopus japonicus* 곰팡이를 종균으로 제조한 누룩과 주모, 멥쌀로 양조한 탁주 술덧 중의 휘발성 향기 성분을 분석한 결과(297), alcohol 19종, ester 24종, acid 9종, aldehyde 10종 그리고 동정되지 않은 4종 등을 포함한 66종의 향기 성분을 동정했다. 향기 성분은 담금일에 alcohol 12종과 ester 14종 등 39종이 검출되었고 발효 2일에 alcohol 4종과 ester 6종 등 17종의 향기 성분이 추가로 검출되어 총 56종의 향기 성분이 검출되었으며, 발효 12일에 66종의 향기 성분이 검출되었다. 발효 전 과정 중에 나타나는 향기 성분은 ethanol, 3-methyl-1-butanol, 2-methyl-1-propanol 등 alcohol류 12종과 ethyl acetate, ethyl caprylate, *iso*-amyl acetate 등 ester류 14종, acetaldehyde 등 aldehyde류 6종, pentanoic acid 등 acid류 5종이 검출되어 총 38종이다. 발효 전 과정 중 ethanol을 제외하고 많은 양이 검출되는 향기 성분은 3-methyl-1-butanol, 2-methyl-1-propanol, ethyl caprolate, benzene-ethanol, 2,3-butanediol이다.

2001년 이택수(301)는 *Aspergillus oryzae*를 종균으로 제조한 누룩으로 양조하면서 발효 과정 중에 나타나는 휘발성 향기 성분의 생성 과정을 검토한 결과, 탁주 술덧 중에 ester류 24종, alcohol류 21종, acid류 10종, aldehyde류 9종과 기타 4종의 휘발성 성분을 검출했다. 발효 과정 중에서는 담금일에는 ester류 13종, alcohol류 12종과 총 36종이 검출되었고, 발효 2일에는 ester류 10종, alcohol류 8종을 포함하여 29종이 추가로 생성되어 총 65종이 검출되었다. 발효 12일째에는 68종의 휘발성 향기 성분이 생성되어 최대의 휘발성 성분의 양과 종류가 검출되었다. 발효 전 과정에 나타나는 휘발성 향기 성분은 ethanol, 3-methyl-1-butanol, 2-methyl-1-propanol, benzenethanol 등의 alcohol류 12종과 ethyl acetate, ethyl caprylate, ethyl butyrate 등 ester류 13종, acealdehyde, *iso*-butyl aldehyde 등 aldehyde류 4종, pentanoic acid, acetic acid 등 acid류 6종 등 총 35종의 휘발성 성분이 발효 과정을 통하여 검출되었다.

Aspergillus kawachii, *Aspergillus oryzae*, *Mucor racemosus*와 *Rhizopus japonicus*의 누룩곰팡이를 달리하여 제조한 누룩으로 양조한 탁주에서 휘발성 향기 성분은 다음과 같이 약간의 다른 성분과 함량의 차이를 나타내었다.

즉 *Aspergillus kawachii* 누룩 탁주는 1-butanol이 높게 나타나고 *Aspergillus oryzae* 누룩 탁주는 acetic acid ethyl ester, 3-methylbutnoic acid와 pentanoic acid의 함량이 상대적으로 높게 나타나며, *Mucor racemosus* 누룩 탁주는 1-hexanol, 1-dodecanol, 1,2-benzenedicarboxylic acid diphenyl ester, acetic acid가 높게 나타나고, *Rhizopus japonicus* 누룩 탁주는 3-methyl-1-propanol, 3-methyl-1-butanol,benzeneethanol, succinic acid diethyl ester, butanoic acid mono ethyl ester, 4-methyl benzeneacetic acid phenyl ester, butanoic acid가 다른 탁주와 비교했을 때 비교적 높게 나타났다(288).

탁주 양조용 효모의 종류를 다르게 사용하여 양조한 탁주의 휘발성 향기 성분은 어떻게 나타났을까?

2007년 이홍숙 등(333)이 연구한 결과에 의하면, *Saccharomyces coreanus*는 전통적인 한국 토속 탁주와 약주의 발효 효모이고, *Saccharomyces ellipsoideus*는 대표적인 포도주 효모이며, *Saccharomyces carsbergensis*는 대표적인 하면발효 맥주효모이고, *Saccharomyces cerevisiae*는 빵효모이면서 대표적인 상면발효 맥주효모이며, *Saccharomyces rouxii*는 간장 등에서 향미를 생성하는 대표적인 내염성 효모균이다. 이들 효모로 담금한 주모로 멥쌀 탁주를 양조하여 술덧 중의 휘발성 향기 성분을 분석했다. 발효 6일째 술덧의 휘발성 향기 성분은 알코올류 14종, 에스테르류 13종, 유기산류 5종, 알데히드류 3종, 아민류 7종과 기타 미동정된 성분 2종으로 최대 44종이 검출되었다. 탁주 효모를 다른 종류로 양조한 탁주 중에 ethanol, *iso*-butyl alcohol, *iso*-amyl alcohol, methyl pentanol, 1,3-butanediol, 3-methylthio-1-propanol, benzene ethanol의 알코올 7종과 ethyl lactate, diethyl butanoate, diethyl succinate의 에스테르 3종, acetic acid, *iso*-pentanoic acid, hexanoic acid의 유기산 3종, acetaldehyde의 알테히드 1종, 1,3-cyclohexane diamine의 아민 1종 등 15종이 모든 탁주에서 공통적으로 검출되었다. *Saccharomyces coreanus*로 양조한 탁주 중에 methyl pentanol, 3-methylthio-1-propanol, benzene ethanol, *iso*-amyl acetate, diethyl succinate, ethyl nonanate, methyl hexadecanoate, ethyl stearate, hexadecanoic acid 성분이 특히 많이 함유되어 있으며, *Saccharomyces ellipsoideus*로 양조한 탁주 중에는 1-propanol, *iso*-butyl alcohol 성분이, *Saccharomyces carsbergensis*로 양조한 탁주 중에는 *iso*-amyl alcohol, 1-pentanol, dimethyl ketol 성분이 많았고, *Saccharomyces rouxii*로 양조한 탁주 중에는 1,3-butanediol, diethyl butanoate, phenylethyl formate 휘발성 향기 성분이 많이 검출되었다.

위의 5종류의 탁주 효모를 다르게 사용하여 양조한 탁주의 관능검사에서 향과 전반적인 기호도를 제외한 항목에서 탁주 간에 유의적인 차이점이 있었으며, 대표적인 우리나라의 민속주 발효효모인 *Saccharomyces coreanus*로 양조한 탁주가 맛과 입 안에서의 감촉, 뒷맛에서 가장 높은 점수로 나타났다.

또한 탁주 양조 과정에 율무를 첨가했을 때 탁주 중의 휘발성 성분을 분석 비교하기도 했다(311). 즉 탁주 제조에 전분질 원료로서 율무의 사용이 가능하다고 판단하고 양조하였을 때, 고급 알코올인 *iso*-amyl alcohol은 율무 첨가량의 증가에 따라 증가되고, acetaldehyde와 *iso*-butanol도 율무 증가에 따라 증가하며 퓨젤유의 함량도 증가했다. 그러나 율무를 누룩으로 제조하여 효소원으로 담금한 탁주에서는 ethanol 생성에는 영향을 미치지 않으며 퓨젤유의 생성이 감소하고, acetaldehyde의 함량이 현저히 증가하였다. 이와 같은 관능검사 결과로 율무 탁주의 생산 가능성을 나타냈다. 효모 종류를 다르게 사용하여 제조한 찹쌀 발효주에서 알코올 10종, ester 19종, acid류 8종, aldehyde류 1종, 기타 1종 등 총 39종의 휘발성 성분을 검출했으며, 안동 우량 효모균으로 제조한 발효주에서 가장 많은 종류의 휘발성 성분이 확인되었다. 시판 효모로 제조한 발효주에서 ethanol의 면적 비율이 가장 높은 데 반해 안동 우량 효모로 제조한 발효주에서는 ester류의 면적 비율이 가장 높게 나타났는데 그중에서도 hexadecanoic acid ethyl ester의 면적 비율이 가장 높게 나타났다(348). 이런 결과로 향기 성분을 많이 생성시키는 효모를 사용하여 막걸리를 제조한다면 향기 성분이 다양한 막걸리가 제조될 수 있다고 생각된다. 또한 오이를 막걸리 제조에 첨가하여 휘발성 성분을 분석한 결과, 39종의 성분을 확인했다.

우리나라의 전통주를 대표하는 막걸리 중에 휘발성 향기 성분은 alcohol류로서 32종류가 검출되고, acid류는 51종류, aldehyde류는 12종류, ester류는 38종류가 검출되었으며, 그 이외의 휘발성 향기 성분으로 20종류가 검출되었다. 153종류의 다양한 휘발성 향기 성분이 함유되어 있어 막걸리의 오묘한 맛과 향기를 나타낸다고 할 수 있다(표 4-9).

표 4-9 탁주에 함유된 휘발성 향기 성분

휘발성 성분	참고문헌
Alcohol	
1. Ethanol	288, 297, 376
2. Methanol	311, 376
3. *iso*-Amyl alcohol	295, 311, 348
4. *iso*-Butyl alcohol	295, 348
5. *n*-Butyl alcohol	295
6. *n*-Propyl alcohol	295
7. 1-Propanol	288, 297, 348, 376,
8. *n*-Propanol	311
9. 2-Methyl-1-propanol	288, 297, 376
10. 1-Butanol	288, 297, 348, 376,
11. *n*-Butanol	311
12. Benzeneethanol	297
13. *iso*-Butanol	311
14. 3-Methyl-1-butanol	288, 297, 376
15. 1-Pentanol	288, 297
16. 1-Hexanol	288, 297, 348

휘발성 성분	참고문헌
17. Ethyl hexanol	130
18. 3-Ethoxy-propanol	288, 297
19. 3-Ethoxy-1-propanol	376
20. 1-Heptanol	288, 297
21. 2,3-Butanediol(D,L)	288, 297, 348
22. 3-Methyl-2-hexanol	288, 297
23. 2,3-Butanediol(meso)	288, 297
24. 1,2-Propanediol	288, 297
25. 4-Methyl-2-hexanol	288, 297
26. Benzeneethanol	288, 297
27. 1-Dodecanol	288, 297
28. 2-Methyl-hexanol	288,
29. 1,2-Propanediol	348
30. 1,2,3-Propanetriol	288, 297
31. 1-Phenyl-1,2-ethanediol	288, 297
32. Penylethyl alcohol	348, 376
Acid	
33. Acetic acid	288, 297, 376
34. Diethyl acetic acid	348
35. *iso*-Butyric acid	348, 376
36. Ethanol-2,2-oxy, bis-dipropanoate	288, 297
37. 2-Prophenyl benzeneacetate	297
38. Phenyl 4-methyl benzeneacetate	297
39. Ethyl a-hydroxy benzeneacetate	297
40. Ethyl 3-(4-acethyloxyl)methyl benzeneacetate	297
41. Butanoic acid	297, 348
42. Mono ethyl butanoate	297
43. *n*-Amyl butyrate	288
44. Butanoic acid	288, 297
45. 3-Methyl butanoic acid	288, 297, 348
46. Pentanoic acid	288, 297
47. Hexanoic acid	288, 297

휘발성 성분	참고문헌
48. 2-Methyl hexanoic acid	348
49. Octanoic acid	288, 297, 348
50. Benzoic acid	288, 297
51. Phenyl propanoic acid	288
52. 2-Phenyl ethyl acetate	288, 297
53. Phenyl propanoic acid	297
54. Diprophenyl phthalate	297
55. Ethyl acetate	295, 297, 311, 348, 376
56. Ethyl-3-acetoxybutyrate	348
57. Ethyl caproate	297
58. Ethyl heptanoate	297
59. Hexanoic acid	348
60. Ethyl hexanoate	295
61. Ethyl 9-hexadecenoate	348
62. Ethyl octanoate	295
63. Ethyl lactate	297
64. Ethyl caprylate	297
65. Ethyl 2-methyl butyrate	376
66. Ethyl 2-hydroxy 4-methyl pentanoate	297
67. Ethyl linoleate	348
68. Ethyl pyruvate	297
69. Ethyl isovalerate	297
70. Ethyl oxalate	297
71. Ethyl oleate	
72. Ethyl propionate	297
73. Diethyl succinate	297
74. *n*-Propyl acetate	297
75. Ethyl butylate	297
76. Ethyl *iso*-Butyrate	376
77. *iso*-Amyl formate	295, 297
78. *iso*-Amyl acetate	295, 297, 311
79. *iso*-Butyl acetate	295
80. Ethyl benzoic acid	288, 297
81. 1,2-Benzenedicarboxylic acid	288, 297

휘발성 성분	참고문헌
82. Methyl phenidate	297
83. 2-Methyl butyl acetate	376
Aldehyde	
84. Acetaldehyde	288, 297, 311, 376
85. *iso*-Butyl aldehyde	288, 297
86. Furfural	288, 297
87. Benzaldehyde	288, 297, 348, 376
88. *p*-Ethyl benzaldehyde	288, 297
89. *o*-Ethoxy benzaldehyde	288, 297
90. *p*-Ethoxy benzaldehyde	297
91. 3-Methyoxy benzaldehyde	288
92. 3-Phenyl 2-propanal	288, 297
93. p-Ethyoxy benzaldehyde	288, 297
94. Benzaldehyde, 3-(phenylmethoxy)	288
95. 3-Phenylmethoxy benzaldehyde	297
Ester	
96. Acetic acid, ethyl ester	288
97. Acetic acid, 2-methyl propyl ester	376
98. Propanoic acid, ethyl ester	288
99. Acetic acid, *n*-propyl ester	288, 376
100. Butanoic acid, ethyl ester	288
101. *iso*-Amyl formate	288
102. *iso*-Amyl acetate	348
103. Hexanoic acid, ethyl ester	288, 348, 376
104. Hexadecanoic acid, ethyl ester	348
105. Butanoic acid, phenyl ester	288
106. Hepanoic acid, ethyl ester	288, 376
107. Heptadecanoic acid ethyl ester	348
108. Propanoic acid ethyl ester	348
109. Propanoic acid, 2-hydroxy, ethyl ester	288
110. Octanoic acid, ethyl ester	288, 348, 376
111. Octadecanoic acid ethyl ester	348
112. Nonanoic acid, ethyl ester	288
113. Pentanoic acid, ethyl ester	376

휘발성 성분	참고문헌
114. Pentanoic acid, 2-hydroxy, 4-methyl ethyl ester	288
115. Pentanoic acid 2,2,4-trimethyl-3-carboxyisopropyl isobutyl ester	348
116. Succinic acid, diethyl ester	288
117. 2-Oxo, propanoic acid, ethyl ester	288
118. Acetic acid, 2-phenyl ethyl ester	288
119. 1-Butanoic acid, 3-methyl, buthyl ester	288
120. Benzeneacetic acid, 2-prophenyl ester	288
121. Decanoic acid, ethyl ester	288, 348
123. Pentadecanoic acid, ethyl ester	348
124. Dodecanoic acid, ethyl ester	348
125. Benzeneacetic acid, 4-methyl, phenyl ester	288
126. Butanoic acid monoethyl ester	288
127. Benzeneacetic acid, a-hydroxy, ethyl ester	288
128. Ethanedioic acid, diethyl ester	288
129. 1,2-Benzenedicarboxylic acid, diprophenyl ester	288
130. Methyl phenidate	
131. Myrisitic acid *iso*-Butyl ester	348
132. Benzene acetic acid, 4-acethyloxy, 3-methyl ethyl ester	288
133. Tetradecanoic acid, ethyl ester	348, 376
Others	
134. 4-Hydroxy-3-hexanone	288, 297
135. Butyrolactone	288
136. 3-Methylthio-1-propanone	288, 297
137. *N*-Methyl octane amine	288,
138. 2-Ethyl phenol	288,
139. *N*-(2-Phenylethyl) acetamide	288, 297
140. Acetone	
141. Eicosamethyl cyclodecasiloxane	348
142. 3-Ethyl-3-methyl heptane	376

휘발성 성분	참고문헌
143. 2,4-Dimethyl hexane	376
144. 3,8-Dimethyl decane	376
145. 3,8-Dimethyl undecane	376
146. 2,4-Dimethyl heptane	376
147. 4-Methyl octane	376
148. Hexanal	376
149. Octanal	376
150. 1,8-Cineole	376
151. Undecane	376
152. Compounds non-identified (1)	288
153. Compounds non-identified (2)	297
합계 ; 153 compounds	

3 생리 의약성 성분

1466년의 의학서인 구급방(救急方)(1) 하권 96장에 "출산 후(産後)에 나타나는 혈훈(血暈)을 고치려면 좋은 누룩(神麴)을 가루로 만들어서 뜨거운 물에 두 돈을 풀어 먹어라"라고 기술하고 있는데, 이는 최근 한방에서 막걸리가 하복부를 다스릴 수 있다는 것과 매우 유사한 의미라고 생각된다. 누룩의 약효와 같이 좋은 누룩으로 빚은 막걸리도 혈훈에 약효가 나타날 수 있을 것이다.

민간요법에 피멍이 든 어혈을 치료할 때와 신장과 방광 등을 포함한 하복부를 다스릴 때 똥물을 쓰고, 심장이나 폐 등을 포함하는 흉부를 다스릴 때 막걸리를 마신다고 한다. 똥물을 오래 두면 고형분은 위로 뜨고 밑에는 아주 맑고 노르스름한 액체가 생기는데 이 물에는 여러 종류의 무기질이 풍부하여 판소리꾼들이 목이 잠겼을 때 이 물을 마셔 목의 어혈을 풀기도 했다. 막걸리를 마시면 막걸리 중의 알코올이 흡수되어 신진대사를 왕성하게 하여 모세혈관이 확장되므로 약물의 성분이 쉽게 흡수되고 빠르게 각 기관으로 전달되어 하복부의 고통을 덜어 줄 수 있다고 추측할 수 있다.

이와 같이 누룩과 막걸리가 생리 기능성을 나타낸다는 것을 우리 조상들은 알고 있었으나 과학적으로 증명되지 못하고 구전되어 온 것이 사실이다. 때문에 최근 누룩이나 막걸리의 기능성을 과학적으로 증명하고자 많은 연구가 진행되고 있다.

이 장에서는 최근에 연구된 보고서를 중심으로 전통 누룩과 누룩으로 제조된 막걸리의 기능성에 대하여 살펴보고자 한다.

3.1 성인병 예방 효과

우리 전통술인 막걸리가 술의 통념을 깨고 있다. 대부분의 술이 고혈압을 유발하고 간에 손상을 입히는 반면에, 막걸리는 그 반대의 효과가 있는 것으로 드러나고 있다.

막걸리의 섭취량에 따라 차이는 있지만, 막걸리가 고혈압 유도 효소를 저지하는 효과는 고혈압 치료제와 비슷한 수준인 것으로 연구 결과가 밝혀지고 있다.

일반적으로 술은 독할수록 간에 부담을 주며, 혈당치가 떨어져 혼수상태에 빠지고, 콜레스테롤 수치에 급격한 변화를 보여 고혈압 등 성인병을 유발시키는 것으로 알려져 있다. 그러나 고려대학교 부설한국영양문제연구소가 사람을 대상으로 실시한 "막걸리가 인체에 미치는 영향"에 관한 연구 결과에 의하면 막걸리에는 일반 주류와는 달리 상당량의 단백질과 당질, 콜린, 비타민 B_2 등이 함유되어 있어 성인병 예방 효과가 입증되고 있다.

3.2 동맥경화증 예방 효과

옛날 막걸리는 당화제인 전통 누룩만을 사용하여 제조되었으나, 최근에는 누룩을 소량만 사용하고 있으며, 주로 국(麴, koji)을 사용하고 있는 것이 현실이다. 전통적인 방법으로 빚은 누룩에는 많은 종류의 미생물이 증식하여 다양한 생리 기능성 물질이 생성되므로, 누룩으로 빚은 막걸리에는 누룩으로부터 유래하는 기능성 물질 뿐 아니라 신 기능성 물질들이 함유되어 있다.

누룩 중에 함유되거나 생성된 기능성 물질을 살펴보면 다음과 같다.

저자들은 기능성 주류 제조의 일환으로 시판 누룩으로부터 분리한 당화력과 액화력 및 산 생성력이 우수한 누룩곰팡이 균주(114)인 *Aspergillus* sp.

3-6, *Aspergillus* sp. 12-1, *Penicillium* sp. 7-7, *Rhizopus* sp. 18-1 및 cholesterol 생합성 효소인 hydroxy methyl grutaryl CoA(HMG-CoA reductase) 효소의 활성을 억제하여 cholesterol 생합성을 저해하는 물질인 lovastatin을 생산하는 *Aspergillus terreus*를 사용하여 생밀기울 배지에 단독 또는 혼합 배양한 누룩을 사료에 첨가하여 실험동물(흰쥐)에 식이시킨 다음, 체중 변동, 간세포 손상의 monitoring, 유해산소 대사활성, 항산화 생리 활성물질의 함량 변동, 혈청 총 cholesterol 및 인체에 해로운 low density lipoprotein(LDL)와 인체에 유익한 high density lipoprotein(HDL) 함량 변화를 조사하였다(128). 그 결과 cholesterol 생합성의 율속효소인 HMG-CoA reductase의 저해제인 lovastatin을 생산하는 곰팡이인 *Asp. terreus*를 사용한 누룩으로 식이시킨 흰쥐의 경우, 밀기울 단독으로 식이시킨 흰쥐에 비해 혈중 총 cholesterol, LDL의 저하 및 HDL의 증가가 확인되었다. 즉, 동맥경화증 유발에 관여하는 LDL-cholesterol 함량을 감소시킬 뿐 아니라, 동맥경화증을 예방해 주는 HDL-cholesterl의 함량을 대조군보다 8～13% 증가시키고, 동맥경화증 지수도 밀기울 단독으로 식이시킨 흰쥐보다 15～24% 감소시켜 혈관 순환계 질환의 예방과 치료의 효과가 나타났다(128).

막걸리 중에서 기능성 물질을 탐색하고 그 물질을 규명하고자 하는 노력도 계속되고 있다. 즉, 감초의 생리기능성 물질을 막걸리에 첨가함으로써 막걸리의 품질을 증진시키는 시도가 있었다. 감초(*Glycyrrhiza uralensis*)는 여러 종류의 flavonoid로 구성된 단 맛을 내는 한약제로서 알레르기, 만성 간염, 바이러스성 질환에 효과적인 것으로 알려져 있으며, glycyrrhizin 이외에 glabridin, hispaglabridin glabridin isoliquiritigenin formonometin 등의 생리활성 물질이 함유되어 있다. 감초에 가장 많이 함유된 glabridin은 인체에 해로운 LDL의 산화를 억제시키는 효과가 있으며, 이 밖에도 감초는 항산화물질, 면역증강 효과 물질, 항균작용 등이 있는 것으로 알려져 있다.

김아람 등(343)은 기능성 탁주의 개발을 위하여 탁주에 감초 에탄올 추출 건조물을 0.005%, 0.05%와 0.5%를 첨가하여 저장 기간 중에 성분 변화를 검토한 결과, 탁주의 산화도는 감초 추출물 첨가 농도가 증가할수록 감소되어 탁주의 산화 방제 효과가 있었으며, 감미도 증가하여 기호성도 증가되었다. 탁주의 명도와 황색도는 감초 추출물 0.5% 첨가 탁주에서 높게 나타났으며, 적색도는 추출물을 첨가하지 않은 탁주와 유의적인 차이는 없었다. 감초 막걸리를 저장 9일째에 관능평가한 결과, 추출물 첨가 탁주는 추출물을 첨가하지 않은 탁주보다 기호도가 높게 나타났으며, 감초 에탄올 추출 건조물의 첨가량은 0.5%가 가장 양호하다고 보고했다.

3.3 항혈전 효과

최근 심혈관계 질환이 급속히 증가하는 추세이다. 특히 여성은 폐경기에 estrogen이 감소하고, 나쁜 콜레스테롤인 LDL-cholesterol과 apolipoprotein A-1이 증가하며, 좋은 콜레스테롤인 HDL-cholesterol이 감소하여 심혈관계 질환으로 발전한다고 알려져 있다. 심혈관계 질환의 개선 및 예방에 막걸리가 어떤 효과를 나타내는지 연구한 결과에 의하면(358), 막걸리 추출물을 투여하면 실험동물의 혈류 속도가 빨라지며 혈소판 응집 현상도 감소되어 혈소판 응집 억제 효과가 있음이 확인되었다. 더욱이 ACE 활성을 저해하는 효과도 확인되었다. *In vitro*에서의 ACE 저해 효과와 더불어 동물실험에서는 막걸리 농축물이 혈청 중의 효소활성과 지질조성의 변화를 나타내어 지질 개선 효과를 볼 수 있었으며, 혈류 속도 증가와 혈소판 응집 억제 효과도 함께 나타나고 혈행(血行) 개선 효과도 나타났다.

막걸리의 침전물은 여러 가지 성분이 함유되어 있어서 이들 성분이 어떤 생리활성을 나타내는지 조사한 결과에 의하면, 시판 막걸리로부터 알코올을 제거한 막걸리의 농축액은 *Pseudomonas cepacia*, *Pseudomonas rhodesiae*, *Escherichia coli*, *Streptococcus mutans* 세균에 대한 항균활성은 나타나지 않으며, 항산화 효과도 막걸리에서 활성이 거의 인증되지 않았으나, 항혈전 활성은 매우 높은 것으로 인증되었다. 즉 실험에 사용한 3종류의 막걸리 중 1종류에서 항혈전 활성(antithrombin activity) 평가를 트롬빈 타임(thrombin time inhibition, %)으로 평가했을 때 27배(2,700%) 이상 강력한 항 트롬빈 저해 활성을 나타내어 항혈전 효과가 있음이 증명되었다(331).

3.4 숙취 해소 효과

막걸리 침전물의 열수 추출물은 free radical 소거능과 SOD 유사활성을 나타내며, 시판되고 있는 항고혈압제인 captopril은 0.1mg/ml에서 93.4%의 ACE 억제효과가 있으나 막걸리 침전물 열수 추출물 10mg/ml에서 74.0%의 높은 저해 활성을 나타내었다. 이 결과는 막걸리 침전물 열수 추출물은 인체에 부작용이 적은 천연 항고혈압소재로서 이용 가능성이 매우 높을 것이라 생각된다. 그리고 막걸리 침전물 열수 추출물은 아질산염 소거능도 나타낸다. 즉, 비타민 C 1mg/ml는 pH 1.2와 pH 3.0에서 74～64%, pH 6.0에서 45%의 소거능을 나타내며, 막걸리 침전물 열수 추출물은 pH 1.2와 pH 3.0에서 28～42%, pH 6.0에서 28%의 소거능을 나타내어 막걸리가 우리가 섭취하는 아질산염을 효과적으로 제거할 수 있는 물질이라 할 수 있다. 아질산염은 위 내에서 단백질의 분해물인 아민류와 반응하여 발암성 물질인 nitrosamine을 생성하는 전구물질이다. 또한 ADH(alcohol dehydrogenase, 알코올 분해효소)와 ALDH(acetaldehyde dehydrogenase, 아세트알데하이드 분해효소) 활성을 촉진하는 효과가 있어서 막걸리 침전물 열수 추출물이 숙취 해소에 높은 효능이 있음이 입증되기고 했다(359).

3.5 항고혈압 효과

막걸리의 항치매성 활성을 acethylcholinesterase, butyrylcholinesterase와 β-secretase 저해 활성으로 측정한 결과, 막걸리에서의 항치매성 β-secretase 저해 활성이 실험에 사용된 45종의 전통주 중 2번째로 높은 저해 활성(β-secretase inhibitory activity, 18.8%)을 나타내었다. 더욱이 항고혈압성 ACE 저해 활성(angiotensin I-converting enzyme inhibitory activity)을 검토한 결과, 68.2%의 값으로 조사된 전통주 중에서 4번째로 높은 항고혈압성 효과를 나타났다(340).

또한 기능성 마늘 막걸리를 만들기 위하여 마늘을 첨가한 막걸리를 제조하고자 한 연구도 있다. 막걸리를 25°C에서 3일간 발효시킨 후, 100°C에서 10분간 블랜칭한 마늘 12%(v/v)를 첨가하고 4일간 더 발효시켜 제성한 막걸리의 기능성을 검토했다(379). 마늘을 첨가한 막걸리의 총당, 환원당 함량, 총산 및 아미노산도는 마늘을 첨가하지 않은 막걸리에 비해 다소 높게 나타났으며, 알코올 함량은 1% 정도 높게 나타났다. 마늘 막걸리의 주요 유기산은 lactic acid, citric acid, malic acid와 succinic acid로 나타났으며, lactic acid 함량은 203.2mg%로 대조 막걸리보다 약 16배 정도로 높게 나타났다. 마늘 막걸리의 total polyphenol 함량, DPPH 자유 라디칼 소거 활성 및 total thiosulfate는 대조 막걸리보다 약간 높게 나타났으며, 이 결과는 마늘에 함유되어 있는 유기 황 화합물 등에 의한 것으로 추측했다. 그리고 마늘 막걸리는 세포 독성이 없었으며, 알레르기 유발 효과는 마늘 막걸리와 대조 막걸리 모두 histamine 유리 억제 효과를 나타내어 마늘 막걸리가 대조 막걸리보다 효과가 높은 것을 확인했다. 마늘 막걸리의 관능검사 결과, 마늘 막걸리 색의 기호도는 특유의 색을 유지했으며 대조 막걸리보다 약간 낮게 나타났지만, 맛, 향 및 전체적인 기호도는 마늘을 첨가하지 않은 대조 막걸리에 비해 마늘 첨가 막걸리가 우수했다.

더덕 20%를 첨가한 약주를 제조하여 항산화 효과를 검토한 결과, 더덕에는 풍부한 페놀성 물질과 saponine이 함유되어 있어 더덕 약주는 높은 DPPH 자유라디칼 소거 활성(1,1-diphenyl-2-picryl-hydrazyl free radical scavening activity)을 나타내므로 항산화 효과가 있음을 알 수 있었다(339).

2011년 서울과 경기도에서 유통되고 있는 살균 막걸리와 생막걸리 등 13종을 모두 썩여서 동결건조물을 제조한 후 DMSO(dimethyl sulfoxide)에 녹여 실험한 결과, 이 건조물에서 전지방세포 분화를 저해시켜 항비만 효과와 혈관신생 억제 효과, 항염증 활성을 확인했다. 이상의 결과는 막걸리의 제조에 누룩을 사용함으로써 누룩 미생물 균총의 2차 대사산물의 효과에 기인한다고 결론을 내리고 있다(380).

2009년 백미 25%, 소맥분 65%, 전분당 10%와 아스파탐 0.01%의 원료 표기가 된 M사의 막걸리로부터 항산화 활성화합물에 초점을 맞추어 column chromatography 및 HPLC를 행하여 화합물을 단리하고 MS 및 NMR 분석을 통하여 8종류의 항산화 화합물을 확인했다. 그들 물질 중 이미 막걸리로부터 분리된 유기산인 dimethyl succinate, succinic acid, mono-methyl succinate의 3종을 단리했으며 막걸리로부터 처음 분리되는 비유기산 물질인 4-hydroxybenzaldehyde, 2-(4-hydroxyphenyl) ethanol, *trans*-ferulic acid, *cis*-ferulic acid, 1H-indole-3-ethanol(tryptophol)의 5종 항산화 화합물을 단리했다(399). 4-Hydroxybenzaldehyde는 자연에 널리 존재하는 페놀성 화합물이며, 지질 과산화를 억제하고 GABA transaminase의 억제효과를 나타내는 물질이다. 2-(4-Hydroxyphenyl) ethanol도 자연에 존재하는 페놀성 항산화 화합물로 항동맥경화 효과, LDL 산화 억제효과와 심혈관계 질환을 예방하는 생물학적 효능을 나타내는 물질인데, *trans*-ferulic acid와 *cis*-ferulic acid는 동양인의 주식인 보리와 쌀에 많이 함유되어 있으며, 항산화, 항염증 활성이 있고 당뇨병과 같은 만성적인 노인성 질환을 예방하는 효과가 있는 물질이다. 1H-Indole-3-ethanol(tryptophol)는 식물병원균인 *Botrytis cinerae*, *Monilinia fructicola*에 대한 항진균 활성과 세포 독성, 간효소 활성 저해 작용 등을 나타내는 물질로서 누룩곰팡이인 *Aspergillus niger*, *Balansia epichloe*, *Dreschslera nodulosum*, *Agrobacterium tumefaciens*와 *Rhizobium* spp. 등의 미생물의 대사산물로 생성되는 물질이다.

3.6 항산화 효과

최근 스트레스에 의한 퇴행성 질환과 대사 이상 질환 등이 사회적 문제로 대두되고 있는데, 그들 원인은 음식물의 과다 섭취로 생성되는 유해 활성산소나 자유 라디칼이 관여하고 있다는 증거가 알려져 있고, 그들이 노화뿐 아니라 노인성 질병의 주요 인자로 작용한다고 알려져 있다. 이들 물질의 작용을 감소시키기도 하고 무독화할 수 있는 물질을 항산화 물질이라 한다. 이들 항산화 물질을 막걸리에서 찾고자 하는 연구가 왕 등(408)에 의하여 진행되었다.

막걸리의 추출물과 다른 종류의 주류들에 대한 항산화 활성을 비교한 결과, ABTS 라디칼 소거(The 2,2'-azinobis(3-ethylbenzothioazoline-6-sulfonic acid ammonium salt radical scavenging) 활성은 위스키 > 막걸리 조추출물 > 정종 = 막걸리 청징액 > 소주의 순으로 나타나며, 동일 알코올 농도(6%)를 기준으로 평가했을 때는 막걸리 조추출물 > 위스키 > 정종 = 막걸리 청징액 > 소주의 순으로 항산화 활성을 나타내었다. 주류의 동일 용량을 섭취했을 때 쥐 혈장의 cholesteryl ester hydroperoxide 생성 억제능은 소주 > 위스키 > 정종 > 막걸리 조추출물 > 막걸리 청징액의 순이며, 동일 용량의 알코올 농도로 섭취했을 때는 정종 > 막걸리 조추출물 > 소주 > 위스키 > 막걸리 청징액의 순으로 억제능을 나타내었다. 따라서 알코올 농도를 동일하게 섭취했을 때는 다른 주류보다 막걸리의 항산화 효과가 높음을 시사하고 있다.

3.7 항암 효과

최근 누룩이나 막걸리의 항암 효과도 활발히 연구되고 있다.

곽호열 등(304)이 누룩으로부터 분리한 *Rhizopus oryzae* KSD-815로 누룩을 제조하여 실온에서 80% 메탄올로 추출하고, 다시 이 추출물을 ethylacetate 분획, *n*-buthanol 분획과 물(H_2O) 분획으로 분리하여, ethylacetate 분획은 다시 80% 메탄올과 *n*-hexane으로 분획하고, *n*-hexane 분획물은 silica gel 및 octadecyl silica gel column chromatography를 여러 번 행하여 4종류의 지질 화합물을 분리 정제하여 linolenic acid methyl ester, palmitic acid methyl ester, linoleic acid와 palmitic acid로 동정했다. Linolenic acid methyl ester와 linoleic acid는 유방암(MDA-MB-231)과 간암(SK-HEP-1) 세포주에 대하여 염증 농도 의존적인 세포 독성을 나타낸다. 염증 반응 매개체의 일종인 nitric acid의 생성에 대하여 염증 억제 활성을 측정한 결과, linoleic acid는 RAW264.7 세포에서 lipopolysaccharide와 interferon-감마에 의해 유도된 nitric oxide 생성을 저해하고 있다는 보고가 있었다.

더욱이 누룩의 기능성을 항암 효과에 대한 가능성에 관한 연구 결과도 있다.

이대영(154)은 누룩 성분이 암세포의 이동(migration)을 억제한다는 연구 결과를 발표했다. 누룩으로부터 분리한 *Rhizopus oryzae* KSD-815로 제조한 건조 누룩으로부터 80% 메탄올로 1차 추출한 추출물을 *n*-hexan, ethyl acetate, *n*-butanol과 증류수로 활성이 높은 2종류의 물질을 정제했다. 이들 물질은 인간 암세포의 이동을 억제하는 효과를 강하게 나타내었으며, 다시 이들 물질로부터 silica gel, octadecyl silica gel과 Sephade × LH-20 column chromatography로 4종류의 물질을 분리 정제하였다. 분리된 4종류의 물질은 ergosterol peroxide, stigmast-5-en-3β,7β-diol, ergosta-7,22-dien-3β, 5α,6β,9α-tetraol과 daucosterol인데, 이들 물질은 새로 발견한 신물질이다. Ergosterol peroxide와 daucosterol은 20μM보다 낮은 농도로서 MDA-MB-231 암세포의 이동을 억제하는 효과를 나타낸다.

항암효과 물질이 누룩뿐 아니라 막걸리에도 다량 함유되어 있다. 즉 신미옥 등(341)은 부산에서 시판되는 막걸리의 농축물을 핵산, 메탄올, 부탄올 및 물로 순차적으로 분획하고 각 분핵물을 이용하여 각 물질이 암세포에 대한 성장 억제 효과와 암 예방 지표인 quinone reductase 활성 증가 효과 등이 있는지 검토했다. 그 결과, 메탄올 분핵물은 낮은 농도에서도 괄목할 만한 높은 암세포 성장 억제 효과를 나타냈으며, 4종류의 암세포주인 HepG2, B16-F10, HT29 및 MCF-7 세포주에서도 농도 의존적인 암세포 성장 억제 효과를 나타내었다. 또한 메탄올 막걸리 분획물에 의한 quinone reductase 활성 증가 효과를 HepG2 세포주에서 측정한 결과, 2.55배 높은 quinone reductase 활성 증가 효과를 나타내어 암에 대한 예방 효과가 기대되고 있다. 이들의 결과로 연구자는 막걸리를 이용하여 항암 관련 기능성 식품을 개발할 수 있는 가능성이 보이며, 이를 위하여 메탄올 막걸리 분획물에 대한 집중적인 연구가 필요하다고 강조하고 있다.

막걸리의 분획물의 항암 효과뿐 아니라, 막걸리 중에 있는 또 다른 항암 물질을 규명한 연구도 있다. 한국식품연구원 식품분석센터 하재호 박사 연구팀은 막걸리에서 항암 물질인 파네졸(farnesol, $C_{15}H_{26}O$) 성분을 세계 최초로 2011년 4월 14일 발견했다고 언론에 보도했다. 이 파네졸은 무색 · 불포화(不飽和) 액체로서 알코올, 아카시아의 꽃, 계피유 등으로부터 추출되며, 은은한 향내가 있어서 향료의 원료로 사용된다. 파네졸은 약 5~7mg/L 정도의 미량으로도 항암과 항종양 효과를 가지고 있는 물질로 알려져 있으며 과실주의 중요한 향기 성분이기도 하다.

연구팀은 국내에서 시판되고 있는 막걸리와 맥주, 포도주, 소주 등의 파네졸 함량을 각각 분석한 결과, 막걸리에 들어있는 파네졸 함량이 포도주나 맥주(15~20ppb) 보다 10~25배(150~500 ppb) 더 많이 함유되어 있음을 밝혀냈다(그림 4-1).

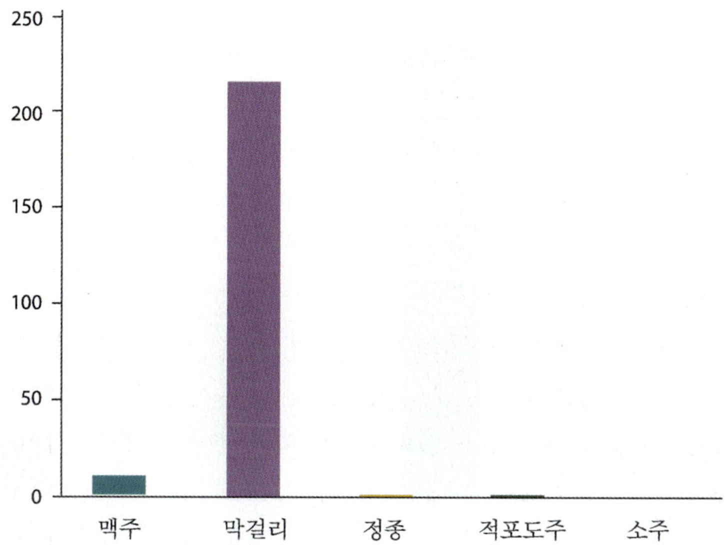

그림 4-1 각종 주류 중의 파네졸 함량의 비교(단위: ug/L)(370).

이는 우리나라의 전통 막걸리가 세계적인 술에 못지않게 우수한 기능성을 함유하고 있음을 과학적으로 증명한 것이다. "막걸리 음용 시 탁한 부분을 가라앉히고 마시는 경우와 흔들어서 마시는 경우를 비교 실험한 결과 막걸리의 탁한 부분에 파네졸이 더 많이 들어있음을 확인했다."며 막걸리를 마실 때는 잘 흔들어서 가라앉은 침전물과 함께 마시는 것이 건강에 훨씬 더 좋을 수 있다고 한다(370)(그림 4-2).

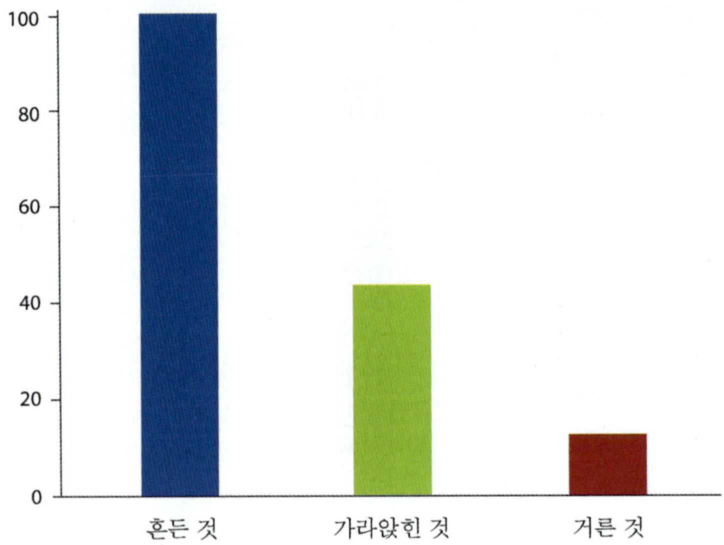

그림 4-2 막걸리 마시는 방법에 따른 파네졸 함량 비교(%)(370).

그리고 이진형(151)은 누룩 중의 알레르기 원인 단백질의 변화를 조사 연구하였는데 그 결과는 다음과 같다. 곡자의 발효 과정 중, 산성 protease 활성은 발효 초기에는 검출되지 않지만 발효 10일에 급격히 증가하고 15일에는 높은 활성을 나타내었다. 중성 protease 활성도 발효 10일에 급격히 증가하기 시작하여 15일에는 높은 효소 활성도를 나타내며 그 이후에도 계속하여 증가하였다. 그러나 알칼리성 protease 활성은 곡자에서는 나타나지 않았다. 곡자가 발효함으로써 생성되는 protease에 의하여 누룩의 단백질이 분해되어 전기 영동적으로 단백질 밴드가 점차 감소하며, 밀 단백질에 대한 민감성 환자의 혈청과 반응하는 단백질 밴드도 서서히 감소하여 발효 15일에는 거의 검출되지 않았으므로 누룩 중의 밀 단백질에 대한 항원성이 감소함을 확인시켜 주었다. 특히, 누룩 중의 gliadin과 glutenin 분획물은 발효 시간이 경과함에 따라 항원성 단백질 밴드가 감소할 뿐 아니라 gluten 함량도 감소되므로 누룩의 항원성이 감소됨을 확인했다. 특히 glutenin은 albumin/globulin 분획물보다 서서히 분해되지만 gliadin보다는 빨리 분해되는 단백질이므로 albumin/globulin 분획물은 발효가 진행되어도 단백질 밴드가 크게 감소되지 않는 점으로 항원성을 유지하는 난분해성 단백질로 추정하기도 했다.

누룩에는 항암 효과뿐 아니라 누룩곰팡이의 새로운 기능성이 주목받고 있어서 위에 설명한 기능성 물질이 막걸리에 함유될 가능성은 매우 높다고 할 수 있다.

또 발효주 특유의 숙취 때문에 막걸리를 기피하는 사람이 많았지만 최근에는 완전하고 안전한 발효 기술의 개발로 숙취 해소 효과가 높아서 막걸리를 보다 편하게 마실 수 있게 돼 건강식품으로 우리에게 더 가까워졌다.

4 생균

4.1 효모 생균

효모 생균은 누룩곰팡이나 코지의 당화균이 생성된 당화효소에 의하여 전분이 포도당으로 분해되면 효모에 의하여 포도당을 알코올로 발효시키는 중요한 미생물이며, 술 중의 아미노산을 분해하여 맛과 향미 성분을 생성시키는 역할도 하고 있다. 더욱이 효모의 생체 내에는 여러 종류의 효소뿐 아니라 비타민 B 복합체, 단백질, 무기질 등을 함유하고 있다.

세계적으로 유명한 장수촌의 장수자들이 유기산을 가지고 있는 과실이나 발효유 등을 많이 먹고 있다. 우리나라 장수자들 중에 막걸리를 즐겨 마시고 있는 사람이 많은 것은 결코 우연한 일이 아닐 것이다. 좋은 막걸리는 감미(甘味), 산미(酸味), 신미(辛味), 고미(苦味), 삽미(澁味)가 잘 어울리고 적당히 감칠맛과 청량감을 가지고 있다. 이 중 단백질과 당질은 술을 마심으로써 일어나는 에너지원이 되는 혈당의 감소 현상을 막아주고, 비타민 B_2와 콜린은 간의 부담을 덜어 주어 알코올성 간경화증이나 영양실조 현상을 예방할 수 있다고 하였다.

최근 효모의 영양학적 의의가 강조되고 있다. 막걸리 속에는 생효모가 많이 들어 있어, 알코올이 고혈압이나 심장병, 동맥경화증과 같은 순환기 질환성 성인병을 유발시키는 것과는 달리 혈청 속의 콜레스테롤 값을 떨어뜨리고 있다.

막걸리에는 미지의 특수 성분이 들어 있을 가능성이 매우 높다. 그 가능성이 이번 실험에서 시사되었다. 막걸리 양조의 주역을 담당하고 있는 탁주 효모의 대사산물 중에서 일종의 항생 물질이 검출된 것이다. 우리가 먹고 있는 식품 중에는 원료와 발효 과정 중에 생성되는 항생 물질이 존재하는 것이다. 이에 암이나 바이러스병에 유효한 항생 물질에 대한 연구가 활발히 진행되고 있다.

생막걸리에는 0.66×10^8의 많은 수의 효모가 함유되어 있으며(222), 그들 중 알코올 발효능이 우수한 *Saccharomyces cerevisiae*가 가장 많이 존재한다. 알코올 발효 능력은 좋지 못하지만 ester 생성 능력이 좋아서 탁주의 향미에 중요한 역할을 담당하는 *Hansenula anomala*도 많이 존재한다. 또한 다른 연구 결과를 보면 2012년 국내에서 유일하게 전통방식에 의해 생산되고 있는 부산시의 생막걸리에는 3.20×10^{10} CFU/ml의 많은 효모가 존재한다(392).

제3장 2절의 효모에서 기술한 바와 같이, 생막걸리에는 8속 17종의 많은 종류와 효모 수가 존재하므로 효모가 갖는 여러 종류의 기능성 물질을 함께 마실 수 있는 웰빙 음료임을 알 수 있다.

4.2 젖산 세균의 생균

젖산 세균은 누룩에도 존재하지만 생막걸리에도 존재한다. 젖산 세균은 발효 과정이나 제성한 생막걸리에서 서서히 증가하여 많은 수와 많은 종류의 젖산 세균이 존재한다.

대장(大腸)에는 *Escherichia coli*와 같은 대표적인 대장균과 여러 종류의 장내 세균이 많이 서식하고 있으며, 정장 효과가 탁월한 젖산 세균도 많이 서식하고 있다.

젖산 세균은 대장에서 서식하면서 젖산을 생성하여 일정한 장내 pH를 유지하는 정장 작용을 하며, 장내에 있는 노폐물을 배출시키는 효과를 나타내기도 하며, 소화관 내의 점막에 병원성 세균의 부착을 방지하여 질병 발생을 예방하고 면역력을 증강시키기도 한다. 또한 젖산 세균은 천연항생제인 박테리오신(bacteriocin)을 생성하여 다른 장내 유해 세균의 증식을 억제함으로써 해독 효과 등을 나타내는 매우 유익한 세균이다.

생막걸리에는 막걸리 발효가 끝나면 알코올 발효 효모의 수는 감소하면서 상대적으로 젖산 발효 세균의 수가 증가하여 많은 수의 젖산 발효 세균이 존재한다. 생막걸리에는 대표적인 정상 젖산 발효 세균인 *Lactobacillus plantarium*뿐 아니라 *Lactobacillus*속 젖산 세균이 13종이나 함유되어 있으며, 이상 젖산 발효 세균인 *Lactobacillus casei*와 혈장(血漿) 대용품인 dextran을 생산하는 *Leuconostoc mesenteroides*와 같은 젖산 발효 세균도 많이 존재한다(219).

생막걸리 한 병(750ml)에는 700~800억 개의 젖산 세균이 존재하는데, 이 숫자는 일반 요구르트(65ml)에 존재하는 젖산 세균의 50~100배의 양과 맞먹는 숫자이다.

제3장 3절의 세균에서 기술한 바와 같이, 생막걸리에는 11속 34종의 많은 종류의 세균과 많은 수의 젖산 세균이 존재하여 젖산 세균이 갖는 여러 종류의 기능성 물질을 함께 마실 수 있는 유산균 음료라고도 할 수 있는 웰빙 식품이다.

결론적으로 보면 막걸리는

① 세계적으로 장수하는 사람들이 많이 섭취한다는 유기산이 0.8% 함유되어 있고,

② 활성효모(살아 있는 효모)가 많이 함유되어 인체에 필요한 소화 효소 및 무기물 공급이 원활한 점,

③ 사람이 필수적으로 매일 섭취해야 하는 필수 아미노산이 10여 종이 함유되어 있고,

④ 저 알코올 음료이므로 인체에 부담이 적고 적당한 양의 막걸리는 혈액 순환을 촉진시키는 효과를 얻을 수 있는 점,

⑤ 이외에도 각 종류의 비타민과 각종 영양소가 골고루 들어 있어 영양 섭취에 의한 건강유지 뿐만이 아니라, 성인병 예방에 탁월한 효능이 있음을 알게 되었고, 최근에는 인체 내의 고기능성화 연구에서 항암

성, 항종양성, 면역부활성 등을 갖는 연구가 추진 중에 있다. 이러한 연구가 정리되면 우리의 전통 막걸리는 세계적인 명주가 될 것이다.

5 막걸리 주박의 기능성

5.1 변비 개선 효과

막걸리뿐 아니라 막걸리를 제성하고 남은 폐기물인 막걸리의 주박(酒粕)의 기능성에 관한 연구도 이루어지고 있다.

막걸리의 주박은 식량이 부족했던 시기에는 식품 대체 역할을 하기도 했을 만큼 영양학적인 면에서 밥에 못지 않은 우수한 식품이라 할 수 있다.

김과 조(330)의 연구에 의하면 막걸리 주박의 성분은 수분 함량이 65.5%였으며, 100g당 열량은 138.0Kcal, 당질과 단백질은 각각 24.9%와 8.9%이다.

주박을 섭취하지 않은 당뇨 흰쥐에 비하여 주박을 섭취한 당뇨 흰쥐는 장 내용물의 장 통과 시간이 단축되기는 했으나 유의적인 차이는 나타나지 않았다. 그러나 정상 대조군의 흰쥐에 비하여 장 내용물의 장 통과 시간이 유의적으로 단축되었다. 이상의 결과는 막걸리의 주박에 함유된 조섬유소인 식이성 섬유소의 효능에 의한 효과라 추측할 수 있으며, 막걸리의 주박이 변비의 개선에 효과가 있음을 나타낸다.

5.2 혈당 강하 효과

막걸리의 주박은 변비를 개선하는 효과 뿐 아니라 혈당을 감소시키는 효과도 연구되고 있다.

탁주 주박의 섭취가 스트렙토조토신(streptozotocin)으로 당뇨를 유발시킨 흰쥐의 혈당 수준에 미치는 영향을 검토하기 위하여 24마리의 Sprague-Dawley 수컷 흰쥐를 정상대조군(NC), 당뇨대조(DC) 그리고 실험식과 물을 4주간 먹은 당뇨흰쥐(DS)의 3개 집단으로 나누어 실험했었다(330). 그 결과 DS

식이는 20%의 탁주 주박을 포함하고 있으며, 체중 증가와 식이효율(FER)은 NC에 비해서 DC와 DS에서 유의하게 감소했다. 혈청 지방 성상과 AST, ALT 및 amylase는 당뇨 DC와 DS 사이에서 유의한 차이를 보이지 않았다. 공복 상태와 30, 60, 90 및 120분 후에 혈당을 측정하고 분석한 결과, DS는 DC에 비해서 평균 증강 혈당 농도를 감소시켰으며, 주박 섭취 2시간 후 혈당에서는 유의한 차이를 나타내기도 했다. 그리고 막걸리의 주박을 섭취한 당뇨유발군의 흰쥐는 정상적인 식이를 섭취한 당뇨흰쥐에 비하여 포도당 경구 투여 후 혈당 증가량이 감소하는 경향을 나타내어 혈당 강하 효과를 증명하기도 했다(그림 4-3).

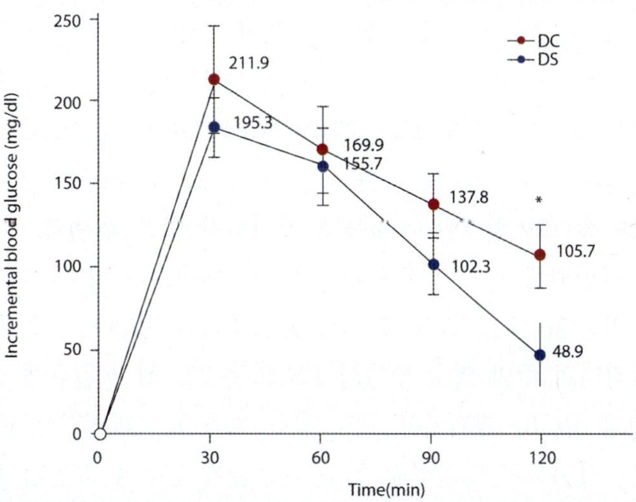

그림 4-3 탁주 주박의 섭취가 당뇨흰쥐의 식후 혈중 혈당(330).

이상의 결과로 일본의 청주 주박과 같이, 우리나라 막걸리의 주박도 식후 혈당 수준을 저하시키는 효과가 있음을 알 수 있었으며, 특히 막걸리에는 탄수화물 함량이 많음에도 불구하고 막걸리 주박은 당뇨병에 유의한 효과를 나타내는 좋은 술임을 알 수 있었다.

또한 막걸리의 주박을 투여한 당뇨흰쥐의 식후 혈당증가 곡선의 면적(AUC)을 측정한 결과, 대조 당뇨 흰쥐의 incremental AUC는 17.256±

5.995mg. min/dL.의 값을 나타내나 주박을 투여한 흰쥐의 incremental AUC는 14.299±4.385mg. min/dL.의 값으로 약 18% 정도 낮은 값을 나타내었다(표 4-10). 그러나 이 값은 유의적인 차이를 나타내는 값은 아니라고 한다(340).

표 4-10 탁주 주박의 섭취에 의한 당뇨흰쥐의 식후 혈당 증가곡선의 면적(340)

흰쥐 종류	AUC(mg. min/dL.)
정상적인 식이 흰쥐의 혈당	17.256 ± 5.995 (100%)
탁주의 주박을 식이 시킨 흰쥐의 혈당	14.299 ± 4.385 (82.8%)

AUC; Incremental area under the curve.

더욱이 막걸리박(주박)의 열수 추출물이 제2형 당뇨 유발 동물이 db/db 흰쥐에서 혈당 강하 효과가 있는지 연구한 결과(351), 막걸리 주박을 증류수로 희석하여 90°C에서 4시간 추출한 후 침전물을 동결 건조시킨 열수 추출물을 조제하고 이 추출물의 1%, 2%와 4%의 주박 추출물을 첨가한 식이로 db/db 흰쥐를 4주간 사육하여 혈당을 측정했다. db/db 흰쥐에 1%의 주박 추출물을 섭취한 흰쥐는 추출물을 섭취하지 않은 흰쥐와 비교하여 섭취 10일째와 14일째에 혈당이 유의적으로 감소하였으며, 2%의 주박 추출물을 섭취한 흰쥐는 10, 14, 17 및 21일째에 유의적인 혈당이 감소하는 효과를 나타내어 막걸리의 주박 열수 추출물 1% 또는 2% 섭취 흰쥐에 있어서 제2형 당뇨 모델이 db/db 흰쥐에서 혈당 강하 효과를 나타낸다는 결론에 도달했다. 뿐만 아니라 4%의 막걸리의 열수 추출물이 선천성 고혈압 쥐(SHR)의 혈압을 사육기간 내내 유의적으로 낮은 값을 나타내어 혈압을 저하시킨다는 보고도 있다(352). 이 추출물의 농도를 증가시킬수록 ACE 저해 효과가 증가하여 혈압저하 현상은 막걸리 열수 추출물의 ACE 저해 효과를 통해 일어날 가능성이 있다고 추정했다. 막걸리 주박을 단백질 분해효소로 가수분해하여 주박에 함유된 불용성 단백질을 수용성 단백질로 분해한 단백질의 분자량은 15kDa보다 적어서, 섭취했을 때 trypsin이나 chymotrypsine의 효소적 분해 없이 우리 몸으로 흡수될 수 있는 식품첨가물로서 활용도가 높은 단백질임을 확인하기도 했다(386).

결론적으로 현재까지 연구된 막걸리의 생리 기능성은 다른 주류보다 탁월하며 다음과 같은 기능성을 나타낸다.

누룩에는

① 혈관 순환계 질환의 예방 효과가 기대되며,
② 알레르기의 원인 단백질을 감소시키며,
③ 유방암과 간암 세포주에 세포 독성을 나타내며,
④ 염증 반응을 저해시키며,
⑤ 암세포의 이동을 억제시키는 효과 등이 있다.

막걸리에는

⑥ 혈청 중의 지질 개선 효과를 기대하며,
⑦ 혈류 속도의 증가와
⑧ 혈소판 응집 억제 효과와
⑨ 혈행(血行)을 개선시키는 효과가 있으며,
⑩ 항혈전 효과를 나타내며,
⑪ 아질산염을 효과적으로 제거할 수 있는 물질이 있으며,
⑫ 항고혈압 효과를 나타내며,
⑬ 항암 물질이 다량 함유되어 있고,
⑭ 숙취 해소에 높은 활성 물질이 함유되어 있다.

막걸리의 주박에는

⑮ 변비 개선 효과,
⑯ 혈당을 저하시키는 물질이 함유되어 있으며,
⑰ 혈압을 저하시키는 물질도 함유되어 있다.

제5장

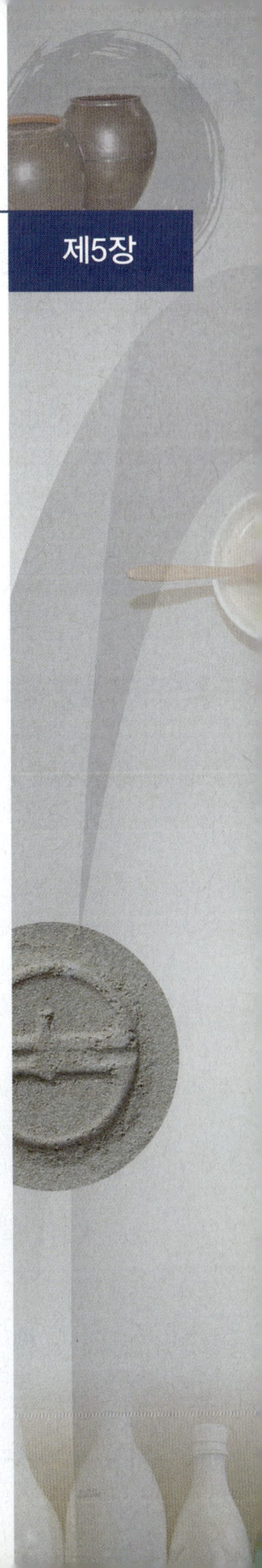

막걸리의 변신

1 컬러풀(Colorful) 막걸리

막걸리에 색을 입히게 된 것은 2000년 중반부터 일본에서 막걸리를 과일 쥬스 또는 색소 음료 등으로 칵테일한 것부터라 할 수 있다.

최근 막걸리가 유행함에 따라 인삼, 오미자, 딸기 등의 과실과 식물 한약재 등을 혼합하여 칵테일 형식으로 주당들이 직접 만들어 마시기도 하는데, 양조장에서 제조하는 과실 막걸리의 경우 막걸리의 전체 중량의 20% 이하의 과실만 술에 혼합할 수 있도록 되어 있어서 과실 특유의 맛을 살리기에는 다소 부족한 면이 있다. 하지만 과실 막걸리를 과실주와 분류하기 위해 제도화한 법규라는 점을 고려해 보면 타당하다고 평가된다.

현재 시판되고 있는 다양한 색상을 띠는 막걸리를 찾아보면 매우 다양하나, 대표적인 색상 막걸리를 정리하면 다음과 같다(표 5-1).

1.1 황색 막걸리

막걸리에 강황을 첨가하여 황색을 띄는 황색 강황 막걸리가 시판되고 있다.

강황이란 생강과의 다년생 초본으로 한방에서는 울금이라고 한다. 강황에는 1~3%의 커규민(curcumin)이라는 황색색소 성분이 주성분으로, 항산화 작용과 기혈제(氣血劑)의 기능을 가지며 카레의 주성분인 향신료로 잘 알려져 있다.

강황 막걸리는 강황의 특유의 맛과 강황의 기능성이 부여되었을 뿐 아니라 막걸리의 색상도 화려하여 막걸리의 변신이 성공적으로 이루어졌다고 평가할 수 있다.

1.2 적갈색 막걸리

막걸리에 포도 과즙을 첨가하여 적갈색의 막걸리를 만들어 시판하고 있으며, 천연 포도 과즙을 사용함으로써 막걸리의 맛과 향기를 증강시킨 것으로 포도의 소비를 촉진시켜 농가 소득에도 크게 기여하고 있다.

표 5-1 색상 막걸리를 위한 부원료 배합비

백미	부원료	상표면	생산 업체
83.3%	16.7%(자색고구마)	자색고구마 막걸리	배혜정 도가
98.4%	1.6%(오디과실)	부안참뽕 막걸리	동진주조, 부안군 행안면
98.4%	1.6%(복분자과실)	내변산복분자 막걸리	동진주조, 부안군 행안면
90.0%	10%(복분자)	선운산복분자 막걸리	양주탁약주제조(주), 양주시 백석읍 방성리 50-7
94.0%	4%(대추농축액)	우리랑 대추 막걸리	구암농산, 청송군 부남면
99.0%	1%(천마)	천마 막걸리	(주)산들벗 무주군 적성면 사천리 208-6
99.0%	1%(머루)	머루 막걸리	(주)산들벗 무주군 적성면 사천리 208-6
	(블루베리)	대대포 생막걸리	죽향도가
50.0%	5%(알밤)	알밤 막걸리	천지인주류, 서울시 광진구 중곡동
	(검은콩)	검은콩 막걸리	대강양조장, 단양군 대강면
	(사과)	사과 막걸리	중원양조, 충주시 동량면
60.0%	(가시오가피)	가시오가피 막걸리	세종, 청주시 상당구 사천동
	(울금)	울금 생막걸리정	영덕주조, 영덕 강구면 소월리
	(호박)	호박 막걸리	(주)낙천, 동해시
	(메밀)	봉평 메밀막걸리	봉평메밀영농조합법인
90.0%	20%(오미자)	오미자 막걸리	문경주조, 문경시 동로면 노은리
	(토마토)	토마토 생막걸리	녹산양조장, 부산시 강서구
	(대추)	대추주왕 막걸리	김포양조, 김포시 월곶면

1.3 연회색 막걸리

칡뿌리로부터 얻는 한약제인 갈근을 막걸리에 첨가함으로써 연회색의 막걸리를 제조할 수 있으며, 이 또한 시판되고 있다. 갈근 막걸리는 갈근의 숙취 해소 효과가 탁월하여 막걸리를 마신 후의 숙취 해소에 크게 도움이 되므로 갈근 막걸리는 숙취 해소용 막걸리라 할 수 있다.

1.4 연홍색 막걸리

막걸리에 사과 과즙을 첨가하여 만든 연홍색의 사과 막걸리가 시판되고 있다.

대표적인 연홍색 막걸리에는 사과 막걸리뿐 아니라 자색고구마 막걸리,

참뽕 막걸리, 복분자 막걸리 등이 있다. 이들 막걸리 역시 부재료의 한방 기능성이 부여된 기능성 막걸리라 할 수 있다. 특히 복분자 막걸리에 사용되는 복분자(覆盆子)는 장미과의 복분자(*Rubus coreanus*) 딸기로서 한약제로 사용되고 있으며, 이뇨제(利尿劑)와 항산화 작용의 기능성을 나타내어 복분자 막걸리는 색상뿐 아니라 탁월한 생리 기능성도 부여한 대표적인 막걸리이다.

2 기능성 막걸리

2.1 막걸리 자체의 기능성

막걸리의 생리 기능성은 매우 다양하며 다른 주류보다 탁월한 기능성을 나타내고 있음이 최근 속속 밝혀지고 있다.

막걸리 제조의 당화제인 누룩은 "**우리 누룩의 정체성과 우수성**"(24)에서 기술된 바와 같이 다음과 같은 생리 기능성을 가지고 있다.

즉, 누룩에는
① 혈관 순환계 질환의 예방 효과가 기대되며,
② 알레르기의 원인 단백질을 감소시키며,
③ 유방암과 간암 세포주에 세포 독성을 나타내며,
④ 염증 반응을 저해시키며,
⑤ 암세포의 이동을 억제시키는 효과 등이 있다.

막걸리에는
⑥ 혈청 중의 지질 개선 효과를 기대하며,
⑦ 혈류 속도의 증가와
⑧ 혈소판 응집 억제 효과가 있어
⑨ 혈행(血行)을 개선시키는 효과도 있으며,
⑩ 항혈전 효과를 나타내며,

⑪ 아질산염을 효과적으로 제거할 수 있는 물질이 있으며,
⑫ 항고혈압 효과를 나타내며,
⑬ 항암물질인 파네졸 성분이 다량 함유되어 있고,
⑭ 숙취 해소에 높은 활성 물질이 함유되어 있다.

뿐만 아니라 막걸리를 제성하고 남은 막걸리 주박에도
⑮ 변비 예방 효과와
⑯ 혈당을 저하시키는 물질이 함유되어 있으며,
⑰ 혈압을 저하시키는 물질도 함유되어 있다.

누룩에서 유래하는 여러 종류의 미생물이 막걸리 발효에 관여하므로 이들 미생물이 생성하는 많은 종류의 생리 기능성 물질이 막걸리에 함유될 수 있다. 이러한 기능성이 최근에 알려지기 시작하여 여러 편의 연구 논문이 발표되고 있다. 이 항에서는 막걸리 자체가 가지는 기능성과 막걸리의 부산물인 막걸리 주박(酒粕)에도 이와 같은 물질이 발견되고 있어 함께 기술하고자 한다.

(1) 항암 막걸리

누룩으로부터 분리한 *Rhizopus oryzae* KSD-815로 제조한 누룩에는 linolenic acid methyl ester, palmitic acid methyl ester, linoleic acid와 palmitic acid의 4종류의 지질 화합물의 존재가 확인되었다. Linolenic acid methyl ester와 linoleic acid는 유방암(MDA-MB-231)과 간암(SK-HEP-1) 세포주에 대하여 농도 의존적인 세포 독성을 나타내며, linoleic acid는 RAW264.7 세포에 대하여 염증 반응의 저해 효과가 인증되었다(304).

누룩 성분이 암세포의 이동(migration)을 억제한다는 연구 결과도 발표되어 있다. 누룩으로부터 분리한 *Rhizopus oryzae* KSD-815로 제조한 누룩으로부터 80% 메탄올 추출물에서 암세포의 이동을 억제하는 활성이 높은 2종류의 물질을 확인했다. 이들 물질은 인간 암세포의 이동 억제 효과를 강하게 나타내었으며, 다시 이들 물질로부터 ergosterol peroxide, stigmast-5-en-3β,

7β-diol, ergosta-7, 22-dien-3β, 5α, 6β, 9α-tetraol과 daucosterol의 4종류의 물질을 확인했다. Ergosterol peroxide와 daucosterol은 암세포의 이동을 억제하는 효과를 나타내었다(154).

파네졸(farnesol)은 약 5~7mg/L 정도의 미량으로도 항암과 항종양 성질을 지니는 물질로 알려져 있다. 과실주의 중요한 향기 성분이기도 한 파네졸이 막걸리에서 150~500ppb 존재하고 있다고 하며, 이 농도는 포도주나 맥주(15~20ppb)보다 10~25배 더 많이 함유되어 있음을 밝혀냄으로써 누룩에서뿐 아니라 막걸리에서도 항암성이 입증되었다(370). 즉, 막걸리의 당화제인 누룩에 암세포의 이동을 억제하는 물질이 함유되어 있을 뿐 아니라 막걸리 중에도 항암 물질이 다량 함유되어 있어서 우리 막걸리는 항암 효과가 탁월한 고급술이라 자부할 수 있다.

(2) 혈행 개선 막걸리

최근 심혈관계 질환이 급속히 증가하는 추세이다. 특히 여성은 폐경기에 estrogen이 감소하고 동시에 HDL-cholesterol과 apolipoprotein A-1이 감소하며 LDL-cholesterol이 증가하여 심혈관계 질환으로 발전한다고 알려져 있다. 심혈관계 질환의 개선 및 예방에 막걸리가 어떤 효과를 나타내는지 연구한 결과에 의하면(358), 막걸리 추출물을 투여하면 실험 동물의 혈류 속도가 빨라지며 혈소판 응집 현상이 감소되는 혈소판 응집 억제 효과가 있음을 확인했다. 더욱이 ACE 활성을 저해하는 효과도 확인했다. 이상으로 in vitro에서의 ACE 저해 효과와 더불어 동물 실험에서 막걸리 농축물이 혈청 중의 효소 활성과 지질 조성의 변화를 나타내어 지질 개선 효과를 볼 수 있었으며, 혈류 속도 증가와 혈소판 응집 억제 효과도 함께 나타나 혈행 개선 효과도 있었다.

막걸리 침전물 열수 추출물은 free radical 소거능과 SOD 유사활성을 나타내며, 시판되고 있는 항고혈압제인 captopril은 0.1mg/ml에서 93.4%의 ACE 억제 효과가 있으나 막걸리 침전물 열수 추출물 10mg/ml에서 74.0%의 높은 저해 활성을 나타내었다. 이 결과로 보아 막걸리 침전물 열수 추출물은 인체에 부작용이 적은 천연 항고혈압 소재로서 이용 가능성이 매우 높을 것이라 생각된다. 그리고 막걸리 침전물 열수 추출물은 아질산염 소거능도 나타낸다. 즉 vitamin C 1mg/ml는 pH 1.2와 pH 3.0에서 74~64%, pH 6.0에서 45%의 소거능을 내며, 막걸리 침전물 열수 추출물은 pH 1.2와 pH 3.0에서 28%~42%, pH 6.0에서 28%의 소거능을 나타내어 막걸리는 우리가 섭취하는 아질산염을 효과적으로 제거할 수 있는 물질이라 할 수 있다. 아질산염은 위 내에서 단백질의 분해물인 아민류와 반응하여 발암성 물질인 nitrosamine을 생성하는 전구물질이다. 또한 ADH(alcohol dehydrogenase, 알코올 분해효소)와 ALDH(acetaldehyde dehydrogenase, 아세트알데하이드 분해효소) 활성을 촉진하는 효과가 있어서 막걸리 침전물 열수 추출물이 숙취 해소에 높은 효능이 있음을 입증하기도 했다(359). 따라서 막걸리의 침전물과 함께 음용함으로써, 마신 술에 의한 숙취가 상당 부분 해소되어 다른 술보다 간을 덜 해칠 수 있다.

(3) 변비 개선 막걸리

김 등(330)은 막걸리를 제성하고 남은 찌꺼기인 막걸리 주박(酒粕)에는 미발효된 전분과 식이성 기능 섬유질이 풍부하다고 하였다. 막걸리 주박을 섭취하면 두부 부산물인 비지와 같이 장 내용물의 통과 시간을 단축시키며 배변량을 증가시켜 변비의 개선 효과가 있음을 밝혔다.

(4) 혈당 저하 막걸리

류 등(331)은 막걸리의 주박을 섭취한 당뇨 유발군의 흰쥐는 정상적인 식이를 섭취한 당뇨 흰쥐에 비하여 포도당 경구 투여 후, 혈당 증가량이 감소하는 경향을 나타내었으며, 주박 섭취 2시간 후 혈당에서는 유의한 차이를 나타내어 일본의 청주 주박과 같이 우리나라 탁주의 주박도 식후 혈당 수준을 저하시키는 효과가 있음을 알 수 있었다.

(5) 항치매 막걸리

서 등(340)은 주박을 투여한 당뇨 흰쥐의 식후 혈당 증가 곡선의 면적(AUC)을 측정한 결과, 대조 당뇨 흰쥐의 incremental AUC는 17.256 ± 5.995mg.

min/dL의 값을 나타내나 주박을 투여한 흰쥐의 incremental AUC는 14.299±4.385mg. min/dL의 값으로 약 18% 정도 낮은 값을 나타내었다. 그러나 이 값이 유의적인 차이를 나타내는 값은 아니라고 한다.

(6) 콜레스테롤 강하 막걸리

시판 누룩으로부터 분리한 당화력과 액화력 및 산 생성력이 우수한 누룩 곰팡이 균주인 *Aspergillus* sp., *Penicillium* sp., *Rhizopus* sp.와 *Aspergillus terreus* 균주로 제조된 누룩의 기능성을 검토한 결과, 모든 균주의 누룩을 식이시킨 흰쥐는 밀기울 단독으로 식이시킨 흰쥐보다 동맥경화증 유발에 관여하는 LDL-cholesterol 수치가 감소될 뿐 아니라 동맥경화증을 예방해 주는 HDL-cholesterl 수치는 오히려 8~13% 증가하고, 동맥경화증 지수도 15~24% 감소시켜 혈관 순환계 질환의 예방과 치료의 효과가 기대된다(128). 누룩에는 이런 효과 물질이 존재하므로 누룩으로 빚은 막걸리에는 위와 같은 효과가 있을 가능성이 매우 높다고 추측할 수 있었다.

(7) 고혈압 저하 막걸리

막걸리의 침전물은 여러 가지 성분이 함유되어 있는데 이들 성분이 어떤 생리활성을 나타내는지 조사한 결과에 의하면, 시판 막걸리로부터 알코올을 제거한 막걸리의 농축액은 *Pseudomonas cepacia*, *Pseudomonas rhodesiae*, *Escherichia coli*, *Streptococcus mutans* 세균에 대한 항균활성은 나타나지 않으며, 항산화 효과도 막걸리에서 활성이 거의 인증되지 않았으나, 항혈전 활성은 매우 높은 것으로 인증되었다. 즉, 실험에 사용한 3종류의 막걸리 중 1종류에서 항 혈전 활성(antithrombin activity) 평가를 트롬빈 타임(thrombin time inhibition, %)으로 평가했을 때 27배(2,700%) 이상 강력한 항트롬빈 저해 활성을 나타내어 막걸리가 항혈전 효과가 있음이 증명되었다(331).

막걸리의 항치매성 활성으로 acethylcholinesterase, butyrylcholinesterase와 β-secretase 저해 활성으로 측정한 결과, 막걸리는 항치매성 β-secretase 저해 활성이 실험에 사용된 45종의 전통주 중 2번째로 높은 저해 활성(β-secretase inhibitory activity, 18.8%)을 나타내었으며, 항고혈압성 ACE 저해 활성

(angiotensin I-converting enzyme inhibitory activity)을 검토한 결과, 68.2%의 값으로 조사한 전통주 중에서 4번째로 높은 항고혈압성 효과를 나타내었다(340).

더욱이 막걸리 주박의 열수추출물이 제2형 당뇨 유발 동물의 db/db 흰쥐에서 혈당 강하 효과가 있는지 연구한 결과(343), 막걸리 주박을 증류수로 희석하여 90°C에서 4시간 추출한 후 침전물을 동결 건조시킨 열수 추출물을 조제하고, 이 추출물의 1%, 2%와 4%의 주박 추출물을 첨가한 식이로 db/db 흰쥐를 4주 간 사육하여 혈당을 측정했다. db/db 흰쥐에 1%의 주박 추출물을 섭취한 흰쥐는 추출물을 섭취하지 않은 흰쥐와 비교하여 섭취 10일째와 14일째에 혈당이 유의적으로 감소하였으며, 2%의 주박 추출물을 섭취한 흰쥐는 10, 14, 17 및 21일째에 유의적인 혈당이 감소하는 효과를 나타내어, 막걸리의 주박 열수 추출물 1% 또는 2% 섭취 흰쥐에 있어서 제2형 당뇨 모델이 db/db 흰쥐에서 혈당 강하 효과를 나타낸다는 결론에 도달했다. 뿐만 아니라 4%의 막걸리의 열수 추출물이 선천성 고혈압 쥐(SHR)의 혈압을 사육기간 내내 유의적으로 낮은 값을 나타내어 혈압을 저하시킨다는 보고도 있다(352). 이 추출물의 농도를 증가시킬수록 ACE 저해 효과가 증가하여 혈압 저하 현상은 막걸리 열수 추출물의 ACE 저해 효과를 통해 일어날 가능성이 있다고 추정했다.

권 등(406)은 주박 추출물을 열수 및 에탄올로 추출하여 피부의 tyrosinase 활성을 저해하면 자외선에 의한 피부의 melanin 색소 침착을 저해하여 피부를 보호할 수 있는 tyrosinase 저해 효과, 그리고 xanthine oxidase에 의해 생성된 urate가 혈장 내에 증가되면 골절에 축적되어 통풍을 일으키는 효소로서 이 효소의 활성을 저해하므로 통풍 예방 효과를 볼 수 있는 xanthine oxidase 저해 효과, angiotensin converting enzyme(ACE) 저해 물질은 ACE의 활성을 억제하므로 고혈압을 직접적으로 억제할 수 있어서 ACE 저해 효과, 단백질 식품 등에 존재하는 아질산염은 아민류와 반응하여 위 내에서 발암성 물질인 니트로사민을 생성하므로 아질산염을 효과적으로 소거하여 니트로사민의 생성을 억제하기 위한 아질산염 소거능을 검토했다. 결론적으로 주박 추출물의 tyrosine 저해 효과는 85% 이상이었으며, 아질산염 소거능은 90% 이상의 소거능을 나타내었고, xanthine oxidase 저해 효과는 매우 낮았다. 그리고 주박의 추출물은 36~53%의 ACE

저해 효과를 나타내어 주박의 기능성을 입증했다. 이상의 결과로 막걸리 주박이 화장품 원료로도 기능성이 있는 것으로 사료된다고 했다.

2.2 부원료에 의한 기능성 막걸리

이 절에서는 막걸리에 기능성을 부과하기 위하여 여러 종류의 부산물 뿐 아니라 한약제 등을 첨가함으로써 기능성이 보다 우수하고 색상을 다양화하기 위한 연구도 진행되고 있어서 그들의 연구 결과를 기술하고자 한다.

(1) 율무 막걸리

율무는 오래 전부터 상식해 온 건강 식품으로 다른 곡류와 비교할 때 단백질과 지질 및 칼슘 함량이 높다.

율무 중의 코익솔(coixol)은 혈압 강하, 진통, 해열 작용을 나타내고, 코익산(coic acid)은 혈압 강하 효과가 있으며, 코익스노라이드(coixnolide)는 항암작용과 면역 증강 작용을 가지는 물질이다. 율무 다당류는 혈당을 감소시키고, 6-벤조사지노이드(6-benzocyzinoide)는 항염증 작용 등이 있다고 알려져 있다. 특히 율무는 생체실험에서 면역 증강 효과와 항종양 효과를 나타내며, 율무 중의 α-모노리놀레인 성분도 종양 생성을 억제하는 효과를 나타낸다고 알려져 있다(그림 5-1).

율무를 첨가한 막걸리에서 율무의 첨가량 증가에 따라 고급 알코올인 *iso*-amyl alcohol은 1,150ppm부터 1,604ppm까지 증가되었으며, acetaldehyde와 *iso*-butanol도 율무의 첨가량에 따라 증가된다. 한편, 율무를 사용하여 *Aspergillus kawachii*와 *Rhizopus japonicus*로 누룩을 각각 제조한 율무 누룩 20%와 전분질 원료로서 율무로 탁주를 양조한 율무 탁주는 백국균 쌀 코지와 멥쌀로 양조한 멥쌀 탁주와 비교할 때 알코올 생성은 약간 낮게 나타났으며, 퓨젤유의 함량이 증가하였으나 탁주의 관능검사에는 큰 영향이 없었다. 그러나 율무 탁주 중에 율무의 기능성 물질의 동태에 관한 연구가 없어서 아쉽지만, 앞으로 연구가 계속되어 기능성 율무 막걸리가 탄생하기를 기대한다(311).

그림 5-1 율무(薏苡仁, Ccox lachrymajobi L.).

(2) 마늘 막걸리

전통 시판 누룩은 밀 단백질에 대한 항원성을 감소시키며, 밀 단백질성 알레르기의 유발 방지 효과가 있어서 누룩으로 제조한 막걸리는 밀 단백질성 알레르기를 예방할 수 있다(151).

또한 마늘을 첨가한 막걸리는 마늘을 첨가하지 않은 막걸리보다 total polyphenol 함량, DPPH 자유 라디칼 소거 활성 및 total thiosulfate는 대조 막걸리보다 약간 높게 나타났다. 마늘 막걸리는 세포 독성이 없고, 알레르기 유발 효과에서 마늘 막걸리와 대조 막걸리 모두 histamine 유리 억제 효과를 나타내어 마늘 막걸리가 대조 막걸리보다 높은 항알레르기성 막걸리로 추정되었다(379).

(3) 칡 뿌리 막걸리

갈근(葛根)은 칡의 뿌리 부분으로 주로 한방에서 약재로 쓰인다. 전분이 10~14% 정도로 함유되어 국수나 떡, 과자를 만들어 먹기도 했으며 당분이 4~5%들어 있어 갈근을 씹으면 단맛이 나기도 한다. 특히 갈근에는 식물성 estrogen이 많이 함유되어 폐경기 여성의 여성호르몬의 감소를 완화하여 폐경을 지연시켜주며, 갱년기 증상을 완화시켜 주는 효과를 나타내기도 한다. 녹차에도 많이 함유된 카테킨(catechin) 성분이 다량 함유되어 있어 숙취 해소에 효과가 탁월한 것으로 알려져 있다(그림 5-2).

그림 5-2 갈근(葛根).

갈근을 첨가한 막걸리는 생리 기능성 물질이 풍부하여 막걸리의 숙취 해소에 큰 도움이 되는 양질의 술이라 할 수 있다.

(4) 감초 막걸리

감초의 생리기능성 물질을 막걸리에 첨가함으로써 막걸리의 품질을 증진시킬려는 시도가 있었다. 감초(*Glycyrrhiza uralensis*)는 여러 종류의 flavonoid로 구성된 단맛을 내는 한약제로서 알레르기, 만성 간염, 바이러스성 질환에 효과적인 것을 알려져 있다. Glycyrrhizin 이외에 glabridin, hispaglabridin, glabridin, isoliquiritigenin, formonometin 등의 생리활성 물질이 함유되어 있다. 감초에 가장 많이 함유된 glabridin은 인체에 해로운 LDL의 산화를 억제시키는 효과가 있으며, 이 밖에도 항산화 물질, 면역 증강 효과 물질, 항균 작용 등이 있는 것으로 알려져 있다.

김아람 등(343)은 기능성 탁주의 개발을 위하여 탁주에 감초를 에탄올 추출 건조물 0.005%, 0.05%와 0.5%를 각각 첨가하여 저장 기간 중에 성분 변화를 검토한 결과, 탁주의 산화도는 추출물 첨가 농도가 증가할수록 감소되었고, 탁주의 산화 방제 효과가 있었으며, 감미도 증가하여 기호성도 증가되었다. 탁주의 명도와 황색도는 감초 추출물 0.5% 첨가 탁주에서 높게 나타났으며, 적색도는 추출물을 첨가하지 않은 탁주와 비교하여 유의적인 차이는 없었다. 저장 9일째의 관능평가 결과, 감초 추출물 첨가 탁주는 추출물을 첨가하지 않은 탁주보다 기호도가 높게 나타나 감초 에탄올 추출 건조물의 첨가량은 0.5%가 가장 양호하다고 보고되었다.

(5) 오이 막걸리

김 등(376)은 쌀의 20% 정도의 오이를 첨가한 오이 막걸리의 제조 가능성을 검토했다. 오이 막걸리는 오이를 첨가하지 않은 대조 막걸리와 알코올 함량은 비슷하게 16.2%이며, pH도 비슷한 값을 나타내었고, 총 균수, 유산균수 및 총 효모균수는 대조 막걸리보다 오이 막걸리가 높았으며, 휘발성 화합물은 오이 막걸리에서 3-methyl-1-butanol, 2-methyl-1-propanol과 ethyl acetate가 가장 많이 동정되었다. 이상의 결과로 오이를 첨가한 막걸리의 제조 가능성을 확인했다고 한다.

(6) 블루베리 막걸리

전 등(377)은 블루베리를 첨가하여 블루베리 막걸리를 제조하고자 했다. 담금 직후 블루베리를 첨가하지 않은 대조 술덧의 pH는 6.6으로 블루베리를 첨가한 술덧의 pH보다 높았으며, 블루베리의 첨가량이 높을수록 pH는 다소 낮았다. 그러나 발효가 종료될 때의 pH 값은 3.7~3.8로 비슷했으며, 산도(酸度)도 발효 종료 때에 1.0~1.1로 비슷한 값을 나타내었다. 막걸리의 환원당과 알코올 함량도 두 막걸리에서 비슷한 값을 나타내었고, 총 균수와 효모 균수도 비슷한 값이며, 관능시험 결과, 향에 있어서 유의 수준에 차이가 없었고, 모든 시험 막걸리에서 보통 이상의 기호도를 나타내며, 블루베리를 10% 이하로 첨가할 때 종합적인 기호도가 우수하여, 블루베리 막걸리 개발의 상품화 가능성이 높다는 것을 확인했다.

(7) 배 막걸리

배는 알칼리성 식품으로 식이섬유 함량이 높아 변비 및 정장 작용이 탁월할 뿐 아니라 배즙에는 폴리페놀 성분 투여로 OVA 항원주사로 증가된 histamine이 감소되는 작용도 있다고 보고되어 있다. 이 등(350)은 기능성 배 막걸리를 개발한 바, 막걸리의 발효 종료 후 갈은 배를 첨가한 막걸리의 기호도가 가장 높았다고 하였다. 배 막걸리의 제조 방법으로 증자 멥쌀에 1단 담금은 누룩 6%, 2단 담금은 정제 효소를 7.5mg%와 *S. cerevisiae* 1%를 첨가하여 20°C에서 10일간 발효시킨 후, 배를 가수량의 20%를 첨가하여 24시간 숙성하면 기호도가 가장 우수하고 항고혈압성 ACE 저해 활성을 갖는 고품질인 배 막걸리를 제조할 수 있다고 한다.

(8) 유자 막걸리

감귤류의 일종인 유자(*Citrus junos*)는 과육만을 이용하는 다른 과일과 달리 과육과 과피를 모두 이용하는 과일이므로 일반적으로 과피 부분에 많이 함유되어 있는 생리 기능성 물질을 쉽게 섭취할 수 있다. 유자는 유기산과 비타민 A와 C가 많이 함유되어 있을 뿐 아니라 항산화능과 항암 효과가 있는 것으로 알려져 있다. 유자 과피에 다량 존재하는 flavonoid류인 naringindms는 인체에 독성이 없고, 항균성을 나타내는 천연 항균제이며, 항산화 효과와 항염증 효과도 있음이 알려져 있다. 그리고 hesperidin은 혈압강하 작용, 항알러지 효과, LDL을 감소시켜 혈중 콜레스테롤 수치를 개선시키는 효과 등을 나타내는 생리활성 물질이다.

양과 은(382)은 막걸리의 2단 담금을 할 때 증미 첨가량에 유자즙 3%, 6%, 9%로 각각 첨가하여 유자 막걸리를 제조했다. 유자 막걸리의 pH는 3.16~3.54이며, 총산은 0.80g/100ml로 나타났다. 유자 막걸리의 최종 알코올 함량은 13.42%로서 유자를 첨가하지 않은 막걸리의 알코올 함량인 14.32%보다 약간 낮은 값을 나타냈으나 알코올 생성에서는 별다른 차이를 볼 수 없었다. 관능 검사 결과는 향은 유자즙 첨가량이 많을수록 높았고, 신맛은 유자즙 3% 첨가가 가장 높았으며, 단맛은 유자즙의 첨가 유무와 첨가량과는 뚜렷한 경향성은 없었으며, 쓴맛은 유자즙을 첨가하지 않은 막걸리가 가장 낮았고 유자즙 9% 첨가 막걸리가 가장 높았다. 따라서 전체적인 기호도 면에서는 6%의 유자즙을 첨가한 유자 막걸리가 가장 양호했다.

또한 양과 은 등(384)은 유자의 기능성을 높이기 위하여 건조 유자 과피를 2단 담금할 때 첨가되는 증미량의 3%, 6%, 9%로 각각 첨가하여 유자 막걸리를 제조했다. 건조 유자 과피를 첨가하지 않은 막걸리에 비하여 건조 유자 과피를 첨가한 유자 막걸리에서 관능적 결과가 더 낮게 나타났으며, 건조 유자 과피의 첨가량이 높을수록 기호도가 낮아지는 경향을 보였다. 모든 이화학적 특성에서 막걸리 간의 유의한 차이가 존재하지 않으므로 관능적 기호도로 볼 때 건조 유자 과피 3% 첨가량이 가장 양호하다고 판단하고 있었다.

(9) 구기자 막걸리

구기자는 카로티노이드(carotenoid), 베타인(betaine) 등과 비타민 B_1, 불포화지방산이 다량 함유되어 있어 자양 강장(滋養 强壯) 효능이 있는 열매이다. 더욱이 구기자 1%를 첨가한 전통주에서는 항고혈압성 활성을 약 8% 이상 향상시키며, 구기자 열매를 이용한 약주에서는 항고혈압성 지표인 안지오텐신 전환효소(angiotensin-converting enzyme)의 저해 활성이 68.5%로 높았다고 한다.

송 등(349)은 기능성 구기자 막걸리의 품질에 미치는 구기자의 영향에 대하여 검토했다. 즉, 구기자 막걸리용 입국은 멥쌀을 100°C에서 60분간 증자시킨 후, 백국균을 접종하여 30°C에서 3일간 배양하여 제조한 멥쌀입국이 에탄올 생성과 기호도면에서 가장 우수하였으며, 구기자 엑기스를 1.0% 첨가하여 25°C에서 10일간 발효시켜 제조한 구기자 막걸리가 품질과 항고혈압성 활성 및 기호도에서 제일 우수하다고 하였다.

(10) 석류 막걸리

석류에는 칼륨, 비타민 B_1, B_2와 나이아신 등이 풍부하고, 유기산, 포리페놀(polyphenol) 및 적색 색소 등의 다양한 기능성 물질이 많이 함유되어 있다. 특히, 석류에는 갱년기 증상 완화와 골다공증 완화 등의 효능이 있다고 알려진 여성호르몬 유도체인 피토에스트로겐(phytoestrogen)이 다량 함유되어 갱년기 여성에게 유익한 과일로 알려져 있다. 따라서 김 등(402)은 로제트사

(Seongnam, Korea)의 석류즙 농축액을 담금할 때 쌀 첨가량의 3%, 5%, 7%를 첨가하여 석류 막걸리를 제조한 후 석류 막걸리의 이화학적 특성을 검토했다. 그 결과 석류즙 첨가량이 많을수록 적정 산도, 당도, 알코올 함량은 높았으나 pH와 아미노산 함량은 오히려 낮았다. 석류즙의 첨가 방법은 밑술을 담금할 때 3% 첨가하여 제조하는 것이 가장 양호했으며, 이 농도에서 단맛, 신맛, 쓴맛, 향, 색감과 전체적인 기호도에서 가장 높은 점수를 얻었다.

(11) 율피 막걸리

밤은 과육 대부분이 전분질이며, 껍질은 2중으로 되어 있고, 속껍질을 율피(栗皮)라는데 여기에는 다량의 탄닌 성분이 함유되어 있어 떫은 맛을 나타낸다.

정 등(329)은 막걸리의 전분질 원료로서 율피 가루를 첨가하여 막걸리를 제조하고자 했다. 열풍 건조한 율피를 60 mesh로 분쇄한 율피 가루를 막걸리 제조 시 첨가되는 멥쌀의 5%, 10%, 20% 및 30%로 각각 첨가하여 30°C에서 18일간 발효시켜 막걸리를 제조하여 품질 특성을 조사했다. 율피 가루의 첨가량이 증가할수록 pH는 감소했으며, 발효 후의 막걸리의 pH는 3.46~3.67이었다. 율피 가루를 첨가하지 않은 막걸리의 고형분은 12.93%이며, 30% 율피 가루를 첨가한 막걸리는 15.57%를 나타내어 율피 가루의 첨가량이 증가할수록 고형분의 함량은 증가했다.

총당과 환원당의 함량은 율피 가루의 첨가량과 상관관계가 없었으며, 발효 초기에는 색도 차이가 컸으나 발효가 진행되면서 색도의 차이는 점진적으로 감소되었다. 율피 가루를 첨가하지 않은 술덧은 발효 8일에 9.6% 알코올로 최대값을 나타내었고, 5%와 10% 율피 가루를 첨가한 막걸리는 9.5%와 8.9%의 알코올 함량을 나타내므로 발효 일수는 8일이 적당하며 율피 가루의 첨가량은 5% 첨가가 적당하다고 하였다.

(12) 인삼 막걸리

인삼은 우리나라의 대표적인 한약제로서 항산화 활성, 혈소판 응집 억제능, 항암 작용, 심혈관 장해 개선, 항스트레스, 항위궤양 및 항염증 작용 등의 생리활성을 가진다. 인삼의 생리활성은 인삼의 사포닌(saponin)에 의한 작용으로 알려져 있으며, 인삼의 큰 뿌리는 한약제로 사용하고, 사포닌 함량이 높은 잔뿌리(微蔘)로 막걸리를 제조함으로써 인삼의 생리활성을 갖는 기능성 막걸리를 제조하고자 한 연구가 있다.

성과 한(345)은 인삼 막걸리 제조 때 증미 중량의 미삼 가루를 2%, 4%, 및 6%의 비율로 술덧에 첨가하여 24°C에서 6일간 발효시켜 인삼 막걸리를 제조하여 인삼 막걸리의 특성에 대하여 검토했다. 인삼을 첨가하지 않은 막걸리의 pH는 3.35이나 인삼의 첨가량이 증가할수록 증가하여 6% 인삼 첨가 막걸리는 pH 4.15를 나타내었다. 알코올 함량은 무첨가 막걸리의 경우 7.15%이며, 인삼의 첨가량이 증가할수록 낮아져 6% 인삼 첨가 막걸리는 5.20%를 나타내었다. 또한 당도는 무첨가 막걸리는 15.60 brix를 나타내고 6% 인삼 첨가 막걸리는 23.85 brix를 나타내어 알코올 발효가 인삼에 의하여 지연된다고 할 수도 있으나 인삼의 첨가에 따라 인삼에 존재하는 당분에 의한 당도가 증가한 것으로 사료된다고 했다. 본인이 이 연구 결과를 보면서 관능적 평가가 없어서 추론하기는 쉽지 않지만 미삼 가루 2% 첨가로 인삼 막걸리가 충분히 제조될 수 있다는 추측을 해 본다.

(13) 연잎 막걸리

연(蓮, *Nelumbo nucifera*)은 열대와 온대의 동부아시아를 비롯한 한국과 일본 등지에서 널리 재배되고 있으며, 연잎, 연자육과 연근 등은 식용 또는 약용으로도 이용되고 있다. 연잎은 roemerine, nuciferine 등과 같은 alkaloid 성분을 함유하여 진정 작용, 해열 작용, 당뇨와 고지혈증 등에 효과가 있으며, β-carotene과 비타민 C는 자유 레디칼을 제거하여 암, 백내장, 동맥 질환의 예방과 노화를 지연시키는 효과도 있다. 녹색 연잎은 flavonoids가 많이 함유되어 있으므로 항산화 효소의 활성을 증가시켜 지질과산화와 LDL (low density lipoprotein)의 산화를 방지해 주기도 한다.

연잎은 위와 같은 여러 종류의 기능성 물질이 풍부하기에 막걸리 제조에 연잎을 부산물로 사용함으로써 고품질의 막걸리를 제조하고자 했다.

연잎을 첨가한 막걸리의 제조는 수침한 쌀과 연잎을 혼합하여 20분간 쪄서 식힌 고두밥과 물, 누룩으로 혼합하여 25°C에서 2일간 발효시켰다. 이후, 18°C에서 2일간 숙성시키며 발효 상태를 관찰했다(375).

생연잎의 자유 레디칼 소거능은 41.79%이고, 일반 막걸리는 39.44%로서 가장 낮게 나타났다. 연잎을 막걸리 담금 용수의 3% 첨가한 막걸리는 44.20%의 자유레디칼 소거능을 나타냈으며, 5%와 10% 첨가한 막걸리에서는 각각 46.10%와 46.18%를 나타내어 연잎의 첨가량이 증가할수록 자유 레디칼 소거능은 높게 나타났다. 그리고 연잎 첨가 막걸리의 기호도는 연잎 무첨가 막걸리와 유의적인 차이를 나타내지 않았으나, 연잎 첨가 막걸리의 기호도는 연잎 무첨가 막걸리보다 높은 경향성을 나타내었다.

3 막걸리의 변신

막걸리를 술로서의 음용 이외의 목적으로 이용하기도 할 뿐 아니라 새로운 목적으로 사용하고자 하는 연구가 최근 서서히 이루어지고 있다.

막걸리의 주박에는 많은 양의 식이성 섬유가 대부분을 차지하고 있다. 식이섬유는 인간의 소화 효소에 의하여 분해되지 않아 영양학적 가치는 없는 것으로 알려져 왔으나, 불용성 식이섬유는 식물의 세포벽 성분으로 cellulose, lignin 및 hemicellulose 등이 있으며, 이 물질은 수분 흡수력이 강하여 포만감을 주고 변을 묽게 하여 통변을 쉽게 하므로 장에서의 이동 시간을 단축시키는 효과 등이 있다. 또한 수용성 식이섬유에는 pectin, gum 및 β-glucan 등의 성분이 있는데 과일, 콩류와 곡류 등에 많이 함유되어 있다. 이 수용성 물질은 담즙산이나 무기질과 결합하여 영양 물질의 흡수를 느리게 하고 장내 세균의 기질로 이용되어 장(腸)의 pH를 변화시키는 순기능 효과가 있는 유익한 물질이다.

막걸리 주박의 주성분인 식이섬유를 기능성 식품으로 이용하고자 하는 다수의 연구가 있어 소개하고자 한다.

3.1 막걸리 주박의 이용

1996년 조 등(282)은 식이섬유를 다량 섭취하기 위한 방법으로 막걸리 주박(酒粕)과 두부를 제조하고 남은 부산물인 비지를 이용하여 식이성 섬유가 풍부한 빵을 제조하고자 했다. 비지에는 59.0%, 막걸리 주박에는 26.0%의 식이성 섬유가 함유되어 있는데, 10%의 주박을 혼합한 빵은 색깔, 모양, 속결의 질감 등에서 100% 밀가루 빵에 비하여 품질이 떨어졌으나, 식이성 섬유의 함량은 2배로 증가하였다.

김 등(334)도 주박을 90°C에서 4시간 열수로 추출한 열수 추출물의 동결건조분말을 2%와 4%씩 각각 첨가한 국수를 제조하여 그 특성을 조사하기도 했다. 그 결과 주박 열수 추출물의 동결 건조분말 2%를 첨가한 국수의 hardness나 cohesiveness를 제외한 질감에는 큰 변화가 없는 국수를 제조할 수 있었다. 이를 조미액과 함께 먹을 때 색, 맛, 냄새, 조직의 감촉 등에서의 기호도 감소를 조미액으로 보충할 수 있어서 특별한 거부감을 나타내지 않는 영양성이 풍부한 국수를 개발할 수 있었다.

특히 막걸리 전체를 140~150°C에서 분무 건조한 분무건조 탁주분말과 동결건조기로 건조한 동결건조 탁주분말을 각각 2.8%, 5.6%, 11.8% 16.5% 및 21.3%씩 첨가하여 식빵을 제조한 결과(324), 2% 이하로 첨가한 식빵에서는 분무건조 탁주분말을 첨가한 식빵이 동결건조 탁주분말을 첨가한 식빵에 비해 외관, 색상, 조직의 촉감, 맛 및 종합적인 기호도 등의 모든 면에서 상대적으로 높은 점수를 나타내었고, 분무건조 탁주분말을 1% 첨가한 식빵은 유의적 차이는 없으나 외관, 색상, 이스트취(효모 냄새), 조직의 촉감, 맛 및 종합적인 기호도가 탁주분말 무첨가 식빵에 비해 유의적이거나 다소 높은 점수를 나타내었다. 특히 밀가루 냄새에서는 무첨가 식빵에 비해 높은 기호도를 보여 탁주 분말의 식빵에의 첨가에 의한 향미 개선 효과가 있는 것으로 판단했다. 따라서 막걸리 주박을 이용한 식이섬유가 풍부한 빵과 국수 등을 제조할 수 있다.

3.2 홍삼 제조

홍삼은 수삼을 증자하여 건조한 것으로 수삼이나 건조 인삼보다 약리 효과가 우수하다고 알려져 있다. 수삼을 찔 때 증류수 대신 시판되는 막걸리(알코올 6도)를 사용하여 제조한 홍삼은 항산화 효과가 증루수로 찐 홍삼보다 증가할 뿐 아니라 간암세포주인 Hep3B 세포의 증식 억제율이 높아서 높은 항암 효과를 나타내므로 증류수로 찐 홍삼보다 막걸리로 찐 홍삼이 약리 작용이 높음을 알 수 있다(321). 따라서 막걸리가 술로서 뿐 아니라 홍삼의 약리 효과를 증대시키는 데도 유용하게 이용될 수 있다.

3.3 막걸리 식초

막걸리에는 일반적으로 6~10%의 알코올이 함유되어 있으므로 7~12%의 식초산을 함유하는 막걸리 식초를 자연 생산할 수 있다.

식초산은 식초산 세균에 의하여 다음과 같은 화학반응으로 에틸알코올로부터 소비 알코올의 130%의 식초를 이론적으로 얻을 수 있다(그림 5-3).

$$C_2H_5OH + O_2 \longrightarrow CH_3COOH + H_2O$$

ethyl alcohol	acetic acid
분자량; 46	분자량; 60
소비알코올; 100g	생산된 식초산; 130g

그림 5-3 식초산 발효의 화학반응식.

가정에서는 구입한 막걸리(알코올 8% 함유)를 여름철에 뚜껑을 열어두고 그늘에 두기만 해도 며칠 지나면 초파리가 날아든다. 초파리가 날아든다는 것은 막걸리의 알코올이 식초산으로 전환되고 있다는 반증이다. 즉 식초산이 생성되어 식초산의 향기에 끌려 초파리가 날아들게 되는 것이다.

식초가 생성되는 과정을 자세히 살펴보면, 상온에서 며칠 지나면 막걸리의 고형물은 밑으로 침전되고 위에 맑은 막걸리가 형성되며, 막걸리 위층에는 아주 엷은 피막의 식초산 세균의 균막(菌膜)이 형성됨을 확인할 수 있다. 이때 이 균막을 조용히 흔들어 주면 균막이 부서져 막걸리 안으로 들어가게 되며, 교반을 통해 막걸리 안의 알코올도 식초산으로 전환될 수 있다.

이와 같이 균막이 형성되는 이유는 호기성 세균인 식초산 세균이 공기와 접촉하는 표면에 서식하기 때문이며, 호기성 세균의 증식을 유도하기 위해서는 여러 번 교반해 주어야 한다.

식초산 세균은 Gram 양성 세균이며 절대 호기성 세균으로 포자를 형성하지 않고 운동성은 없다. 25~30°C에서 잘 생육하는 중온균으로 균막을 형성하는 세균(*Acetobacter aceti*)과 균막을 형성하지 않는 세균(*Acetobacter schuetzenbach*)이 있다.

특히 참외를 첨가한 막걸리 술덧으로 식초를 제조하고자 한 연구도 있다. 김 등(313)은 불량 참외의 효율적 활용 방안으로 농가에서 쉽게 식초를 제조할 수 있는 방법을 개발하기 위하여 막걸리 술덧에 참외 과즙 30% 및 50%를 각각 첨가하고 알코올 함량을 6%로 조정하여 30°C, 250rpm으로 교반하면서 10일간 초산 발효시켜 식초의 품질 특성을 검토했다. 즉 발효된 식초의 pH는 실험구 모두 3.08~3.16으로 유사하게 나타났고, 유기산은 acetic acid, oxalic acid, tartaric acid, malic acid, citric acid 및 succinic acid가 모든 시험구에서 감출되었으며, acetic acid의 함량은 모든 시험구에서 큰 차이를 나타내지 않았다. 총산은 참외 과즙 30% 및 50% 첨가 식초에서는 6.59와 6.42로 각각 나타났고, 술덧의 종류에 따른 총산의 변화는 크게 나타나지 않았으며, 모든 시험구간에서 초산 발효를 저해하지 않은 것으로 나타났다.

더욱이 김 등(400)은 쌀막걸리를 발효시킬 때 홍삼 성분이 강화된 홍삼 농축액을 함께 첨가하여 초산 발효시켜 홍삼 식초를 제조하고자 했다. 일반적으로 홍삼 농축액은 항진균제(antifungal agent)로 작용하고 식초산 세균인 *Acetobacter*균의 성장을 억제하므로 발효에 직접 사용하기가 매우 어렵다. 이러한 난제를 해결하기 위하여 홍삼 농축액을 0.2~1% 범위로 초산 발효에 직접 첨가하여 초산 발효시키고, 발효 과정에서의 변화와 홍삼 발효 식초와 발효 후에 홍삼 농축액을 첨가한 홍삼 첨가 식초와의 품질도 비교 검토했다. 홍삼 발효 식초는 정치배양 20일에 초산 발효가 종료되었으며, 홍삼 농축액의 첨가량이 높을수록 pH의 감소 속도는 늦었다. 1%의 홍삼 농축액을 발효시킨 후 첨가한 홍삼 첨가 식초는 71.75mg/g의 소 사포닌을 함유했으나, 0.2~1% 범위의 홍삼 농축액을 술덧에 첨가하여 초산 발효를 동시에 진행시킨 홍삼 발효 식초에서는 발효 과정 중에 조사포닌의 손실이 상당히 있었음을 확인했다. 그러나 두 종류의 식초의 관능검사에서 향기, 맛 및 전체적인 평가에서 홍삼 첨가 식초보다 홍삼 발효 식초가 더 좋은 선호도를 나타내는 결과를 얻었다.

3.4 증편 제조

증편(蒸片)은 막걸리로 멥쌀가루를 반죽하여 발효시켜 부풀게 한 다음 찐 떡으로, 시큼한 술맛과 새콤하고 달짝지근한 맛을 나타내며 빵과 같은 해면상(海綿狀)의 조직감의 특징을 가질 뿐 아니라 막걸리로 발효시키므로 여름철에도 쉽게 쉬지 않아 옛날로부터 만들어 먹었던 떡의 한 종류이다. 증편을 만들 때 가장 양호한 원료 배합비는 쌀가루 450g, 설탕 100g, 식염 5g, 막걸리 100ml, 물 200g이며, 막걸리와 물의 비율은 1 : 2가 증편의 관능적 특성이 가장 잘 나타나는 비율이다(310).

3.5 기능성 막걸리

시판되는 막걸리에는 여러 종류의 한약제와 과일 등을 첨가하여 컬러풀한 막걸리 뿐 아니라 기능성을 증가시킨 막걸리도 있다. 즉 오미자 막걸리, 인삼 막걸리, 갈근 막걸리, 알밤 막걸리, 대추 막걸리 율무 막걸리, 강황 막걸리 등 수없이 많은 종류의 막걸리가 생산·시판되고 있다. 특히 술덧 양의 2%의 인삼 분말을 첨가한 인삼 막걸리로 물성이 우수한 증편을 제조하기도 했다(345).

3.6 요구르트형 막걸리

이화주와 같은 요구르트형 막걸리를 양조할 수도 있다.

이화주(梨花酒)는 배꽃(梨花)이 필 무렵부터 술을 빚는다하여 이화주라 부른다.

이화주 제조법은 멥쌀 1되 쌀가루에 물을 조금 붓고 되게 반죽하여 도넛 모양으로 구멍떡(백설기)을 만든 후 끓는 물에서 익히고, 잘 익은 구멍떡을 뜨거울 때 손으로 잘 뭉개어 차게 식힌다. 식혀진 반죽에 생쌀로 띄운 쌀누룩가루 1되와 물 700ml로 혼합하여 손으로 여러 번 치대서 구멍떡과 누룩 가루를 완전히 풀과 같이 만들어 항아리에 넣고 따뜻한 방(25~26°C)에서 3일간 묵혀 둔다.

밑술에 물이 약간 생기면 찹쌀 10되 분량의 고두밥을 밑술에 넣고 다시 잘 혼합하여 25~26°C에서 1일 1회 정도 저어 주면서 발효시켜, 뚜껑을 잘 덮어 두고 뚜껑에 이슬이 없어지면 체로 거르고, 다시 고운 체로 걸러 15°C 이하의 온도에서 6개월간 숙성시켜면 이화주가 완성된다(그림 5-4).

이화주는 알코올 도수가 12~14도 정도이며 일반 막걸리와 다르게 걸쭉하고 요구르트와 비슷하여 숟가락으로 떠먹을 수도 있다. 알코올 도수가 높아 낮은 도수로 이화주를 마시고 싶을 때 물로 적당히 희석하여 마시기도 한다.

이화주 양주법에서 더 고농도의 전분으로 발효시키면 이화주 보다 더 점성이 높은 요구르트형 막걸리의 제조도 가능하다. 요구르트형 막걸리의 발효 조건은 이화주를 제조할 때의 온도보다 더 낮은 온도에서 서서히 발효시키면 가능할 것이다. 또한 이화주의 발효 조건대로 하면서 건조 과실을 함께 담금하여 발효시키면 보다 쉽게 이화주 형태의 고점성 이화주가 생산될 것이다.

그림 5-4 음식디미방 보존회에서 양조한 이화수(梨花酒).

3.7 식물 성장 촉진 막걸리

경상북도 예천군 감천면 천향동 804번지에 자리 잡고 있는 천연기념물 제294호인 석송령(石松靈)은 높이 10m에 둘레 4.2m의 수령이 600여 년 된 소나무로 수폭은 동서로 32m, 남북 22m나 되며 그늘의 면적 만도 1천여 m^2나 된다.

이 소나무는 약 600년 전 큰비가 왔을 때 석간천에 떠내려 오던 작은 소나무를 마을 주민이 건져내어 심은 것이라 전해지고 있으며, 1927년 자식이 없던 마을 주민 이수목(李秀睦)이란 사람이 석평 마을의 영험이 있는 나무라는 뜻으로 '석송령(石松靈)'이라고 이름을 지어 주었으며, 그에게 자식이 없던 터라 그가 소유한 토지 3,607m^2를 이 나무에 상속하여 등기함으로써 부자나무로 이름을 알리게 됐다.

현재 감천면 천향리 일대 4필지 6,600m^2의 토지가 석송령 소유로 등재되어 있으며, 동내 사람들이 이 토지를 소작하여 걷어들이는 소작료로 한해 약 5만여 원의 토지세를 내고 있는 세금 내는 소나무로 이름이 나 있다. 소작료를 사용하여 매년 음력 1월 15일에 동신제(洞神祭)를 지내고, 이 소나무에 막걸리 5말을 주어 해충 방제와 비료를 주는 행사가 이루어지고 있다.

이 소나무의 재산은 1985년 전두환 전 대통령으로부터 받은 500만 원으로 석송령 특별관리금이 마련되어 마을 주민들이 석송령 보존회를 구성하였으며, 1986년부터 현재까지 마을 주민 자녀 40여 명에게 매년 장학금을 지급하고 있다.

이 처럼 석송령은 자신이 재산을 소유하여 스스로 재산세를 내고 자신의 재산으로부터 장학금까지 주고 있으니 정말 고마운 소나무라 하지 않을 수 없다(그림 5-5).

운문사의 처진 소나무는 경상북도 청도군 운문면 신원리 1768-7에 소재한 운문사(雲門寺)의 앞뜰에서 자라고 있으며, 높이는 9.4m, 둘레는 3.37m이고 수령은 450~500여 년 정도로 추정되고 있다. 나무의 모습이 낮게 옆으로 퍼지는 모습 때문에 키가 작고 밑동부터 가지가 옆으로 퍼지기에 반송(盤松)이라고 부르기도 했다. 이 나무는 3m 정도의 높이에서 가지가 사방으로 퍼지면서 밑으로 처지기 때문에 지금은 반송이라 부르지 않고 처진 소나무

그림 5-5 석송령. 예천군 감천면(천연기념물 제294호).

그림 5-6 운문사, 처진 소나무. 청도군 운문면(천연기념물 제180호).

라 부르고 있다.

운문사의 처진 소나무는 천연기념물 제180호로 지정되어 있으며, 이 소나무가 유명하게 된 것은 30여 년 전 소나무의 기력이 쇠약해져서 거의 시들게 되었을 때 스님들이 이 소나무를 살리려고 봄, 가을에 막걸리를 공양한 후 소나무의 기력이 회복되어 오랜 수령에도 불구하고 지금까지 어린 소나무같이 푸르름을 자랑하고 있기 때문이다. 소나무에 막걸리의 공양은 3월 삼짇날 스님들에 의하여 막걸리 12말을 물 12말에 섞어 소나무 뿌리 가장자리에 고르게 뿌려주고 가을에도 같은 방법으로 매년 막걸리를 공양하고 있다(그림 5-6).

이 외에도 충남 태안군 태안읍 상옥리 산 1154의 백화산 천을봉 기슭에 위치한 흥주사(興住寺)의 은행나무에게도 막걸리를 준다. 이 은행나무는 둘레 8.4m, 높이 22m로 1982년 충남 지정기념물 제156호로 지정된 나무이다. 그리고 경북 포항시 영일민속박물관에 있는 수령 600여 년 된 회화나무도 매년 5월이면 막걸리를 준다. 이 회화나무는 1982년 경상북도 보호수로 지정되어 있다.

막걸리의 공양이 소나무 생육에 어떤 영향을 미치는지는 과학적으로 증명된 적은 없다. 과학적인 근거는 아직 없으나 막걸리가 소나무에 좋은 비료 역할을 한다고 믿고 있는데 막걸리에 함유된 6~7% 알코올에 의하여 해충의 방제에 도움이 될 것 같으며, 더욱이 알코올의 흡수로 소나무의 신진대사를 촉진하여 빠른 시간 내에 기력을 회복할 수 있을 것으로 생각된다. 우리도 술을 마시면 다른 영양분보다 알코올을 빠르게 흡수함으로 신진대사를 촉진하고 얼굴 등이 붉어지는 것과 같은 현상이 소나무에서도 이루어질 수 있기 때문이다. 또한 막걸리에 함유된 전분의 미분해 성분이 소나무에 공급하는 역할도 추측할 수 있다.

식물의 뿌리 부근에서 자라면서 토양에 있는 영양 물질을 분해하여 식물에 공급하기도 하며, 식물의 분비물을 흡수하여 생존하는 많은 종류의 근권(根圈) 미생물에 의하여 막걸리 성분이 분해되어 미생물의 증식을 촉진하므로 근권 미생물의 수가 증가하여 토양 내의 물질 순환이 이루어지게 되므로 소나무의 생육 촉진효과도 있을 것으로 추측할 수 있다. 더욱이 막걸리 중에 들어 있는 살아 있는 젖산 세균이나 효모들에 의하여 땅속의 성분을 분해하는 역할이 소나무의 기력을 회복시킬 수도 있을 것이고, 3월 봄 가뭄이 극심할 시기에 많은 양의 막걸리와 물을 뿌려 주므로 해갈 효과가 충분히 있을 것이다. 단순한 해갈이 아니고 막걸리의 여러 종류의 기능성 물질을 물과 함께 공급하므로 해갈 해소를 넘어서 소나무의 기력 회복에 큰 도움이 되리라 추측할 수 있다.

3.8 홍어회 무침

이북 실향민들은 막걸리를 넣은 홍어회 무침을 만들어 설날에 즐겨 먹는다(2012. 01. 19. KBS 한국인의 밥상). 즉, 홍어의 껍질을 벗기고 썰어서 막걸리와 마늘, 고춧가루 등의 양념으로 약간 무쳐서 미나리를 넣고 버무려 홍어회 무침을 만든다. 이때 막걸리는 막걸리의 유기산 특히, 젖산에 의하여 홍어회의 단백질이 단단해질 뿐 아니라 막걸리의 향기와 알코올 냄새가 함께 버무려지므로 아주 맛이 좋은 홍어회 무침이 된다고 한다.

3.9 간자미회 무침

전라남도 해남군 송지면 송효리의 땅끝 마을에서는 간자미(가오리의 일종, 간재미)회 무침에 막걸리를 사용한다. 즉, 간자미의 껍질을 벗기고 뭉떵뭉떵 썰어서 막걸리를 부어 잘 주물러 준다. 막걸리에 버무린 간자미를 씻지 않고 막걸리만 버리고 무, 미나리 등을 넣고 양념으로 무쳐 먹는다. 위에서와 같은 막걸리의 사용은 간자미의 살을 막걸리의 유기산으로 고들고들하게 하기 위함이라고 한다(2012. 1. 26일 KBS, 6시 내 고향에서 방영).

3.10 장구 손질

경상남도 무형문화재 제19호인 가야진 용신제(伽倻津 龍神祭)는 양산시 원동면 용당리 가야진사 일원에서 열리는 제향으로 삼국시대부터 조선시대를 거쳐 내려오는 국가제의 중사(中祀)에 해당되며, 가야진사에 모시는 용신에게 올리는 제례를 바탕으로 형성된 민속놀이로 사전행사, 부정가시기, 칙사 영접굿, 용신제, 용소풀이, 사신풀이 등으로 구성되어 있다(그림 5-7).

용신제에 사용되는 모든 제물은 불로 익히지 않은 날것이 사용되는데, 돼지고기, 죽순, 미나리, 부추 등이 사용되고, 일반적으로 제사에는 마늘, 부추와 같은 향이 강한 향신료 물건을 사용하지 않지만 이곳에서는 사용되고 있는 점이 매우 흥미롭다.

이 행사의 하이라이트는 용이 살았었다고 전해져 오는 낙동강 하구에 있는 용소(龍沼)에 제물로 사용된 돼지 한 마리를 용소에 바치는 것이다. 특히 제사에 사용되는 풍물인 큰북, 작은북, 장구를 소가죽으로 만들고 제사 지내기 전에 막걸리의 원주를 소가죽에 고르게 몇 번 발라 그늘에서 잘 말리는데 막걸리를 사용함으로써 소리가 아주 맑고 깨끗한 음질을 유지한다고 한다.

그림 5-7 가야진 용신제의 모습.

막걸리가 소가죽의 탄성을 높여 주기 때문이 아닌지 추측해 볼 수 있다.

4 미래형 막걸리

우리나라의 전통 막걸리는 기본적으로 발효제인 누룩으로 빚었으며, 최근에는 누룩과 국을 함께 사용하여 막걸리를 빚고 있으나 전통 누룩을 전혀 사용하지 않는 양조장도 많이 늘어나고 있다. 생전분으로 제조된 누룩을 전혀 사용하지 않으므로 생전분 분해물로부터 생성되는 기능성 물질이 막걸리에 존재하지 않는 문제점뿐 아니라 생전분으로부터 생성되는 맛과 향기 성분의 차이로 전통 막걸리의 전통성을 잃게 된다는 점도 간과해서는 안 된다. 이와 같은 현실적인 면으로부터 전통 막걸리의 제조법과 전통 막걸리의 품질을 유지·보존과 어떻게 향상시킬 것인지를 고민해야 한다. 이러한 문제점을 해결하기 위한 방법과 앞으로 막걸리의 품질을 향상시킬 수 있는 대안을 제시하고자 한다. 이런 제안이 반드시 좋은 방법인지 잘 모르겠으나 함께 고민하면서 앞으로 많은 관심 있는 분들로부터 다른 좋은 제안을 받아 해결해 나갈 것을 희망한다.

4.1 전통 막걸리의 제조법

제2장의 막걸리 제조에서 기술한 바와 같이, 막걸리를 제조할 때 누룩을 전혀 사용하지 않고 국으로만 양조되는 막걸리는 진정한 전통 막걸리라고 할 수 없다. 그 이유는 전통 누룩을 전혀 사용하지 않으므로 해서 생전분 누룩으로부터 생성되는 많은 기능성 물질과 향미 성분을 모두 포함하지 않기 때문이다.

저자는 과학이 발달한 지금까지 옛것만을 고수하자는 것이 아니라, 누룩 사용량을 최소한 3~5% 정도는 사용함으로써 전통적인 막걸리의 품질을 유지할 수 있다고 믿고 있으며, 이에 최소한의 누룩이라도 사용할 것을 적극 제안한다.

앞으로 더 많은 연구가 진행되면 아직까지 알려져 있지 않는 여러 종류의 생리 의약성 물질이 발견될 것이란 확신을 가지고 있다. 다른 술의 양조법에서는 단일 균주로 당화제를 제조하여 단순한 물질의 생성만 이루어지고,

알코올 발효 과정에서도 알코올 효모만 작용하기 때문에 생성 물질 역시 단순한 물질만 생성된다.

누룩에는 수많은 종류의 곰팡이, 효모와 세균 등이 함유되어 발효 과정에 모두 들어가서 참여하므로 여러 종류의 미생물의 작용으로 새로운 물질이 생성될 가능성이 매우 높다.

미생물 생육에는 두 종류 이상의 미생물을 공생 배양하면 어느 미생물도 가지지 않는 새로운 기능을 발현하는 현상이 나타나는데 이를 공동작용(synergism)이라 한다. 즉, *Pseudomonas syncyanea* 세균을 혼자 배양시키면 담갈색의 색소를 생성하고, *Streptococcus lactis* 세균을 혼자 배양하면 색소를 전혀 생성하지 않는다. 그러나 위의 두 세균을 함께 공생 배양(혼합 배양)하면 어느 세균도 생성하지 않던 전혀 새로운 청색 색소를 생성한다.

누룩의 제조 과정 뿐 아니라 누룩을 첨가하여 발효시키는 막걸리에서는 공동작용이 아주 쉽게 일어나 미생물의 상호 작용으로 새로운 물질의 생성이 일어나고 있을 가능성은 매우 높다.

이상의 관점에서 저자는 누룩의 사용을 적극 추천한다.

4.2 전통 막걸리의 품질 향상

막걸리는 항암 물질 뿐 아니라 여러 종류의 기능성 물질을 다량 함유하고 있음은 널리 알려져 있다. 알코올 음료인 막걸리를 마심으로써 알코올과 함께 기능성 물질을 마시게 되어 일차적으로 알코올에 의하여 신진대사를 촉진시키고, 이차적으로 기능성 물질의 흡수를 촉진하는 효과가 극대화된다.

우리나라에서 제조되는 술의 알코올 농도는 일반적으로 맥주는 4%, 막걸리는 6%, 약주(藥酒)와 포도주는 12%, 청주는 16% 정도이다. 막걸리를 살균하면 저장성은 높일 수 있으나 막걸리에 존재하는 생균이 모두 사멸되고 많은 기능성 물질이 고열에 의하여 파괴되어 생막걸리의 장점을 잃게 된다.

이에 저자는 생막걸리의 저장성과 품질 향상을 위하여 고농도 알코올을 함유하는 막걸리의 제조를 추천하고자 한다. 막걸리를 완전 발효시키면 알코올 농도가 12~14% 정도의 술덧이 된다. 이런 술덧을 가수(加水)하여 알코올 농도를 6%로 조정하지 않고 원주를 바로 음용할 수 있게 만들면, 높은 알코올 농도에 의하여 부패 세균의 오염이 방지되고 생리 기능성 물질을 그대로 음용에 이용할 수 있을 것이다.

저자는 또한 샴페인 막걸리도 추천하고자 한다.

샴페인(champagn)은 알코올 12% 정도와 당분이 2~3% 정도인 백포도주를 밀봉하여 10°C에서 6개월 정도 재발효시키면 탄산가스를 함유한 고급 샴페인이 제조된다. 포도주를 밀봉했기 때문에 재발효 과정 중에 포도주의 산화는 일어나지 않고, 포도주 효모에 의하여 적은 양의 당을 이용한 알코올 발효가 서서히 진행되어 생성된 탄산가스가 포도주 속으로 포화되면 4~6기압의 발포성 포도주인 샴페인이 제조된다. 이와 같은 샴페인 제조 과정을 막걸리에 적용하면 샴페인 제조용 포도주의 모든 조건(당 함유량, 총산으로 0.7%의 산도, 막걸리 효모 등)을 막걸리가 가지고 있어서 고급 샴페인 막걸리의 제조가 가능하다고 본다.

이 장에서 기술한 바와 같이, 현재 우리나라에서 색상 막걸리와 기능성이 부가된 막걸리가 시판되고, 수출되고 있다는 것이 얼마나 막걸리의 장래에 대하여 고무적인 일인가?

고농도 막걸리와 샴페인 막걸리뿐 아니라 여러 종류의 막걸리의 변신이 가능하다고 믿는다.

제6장

막걸리 이야기

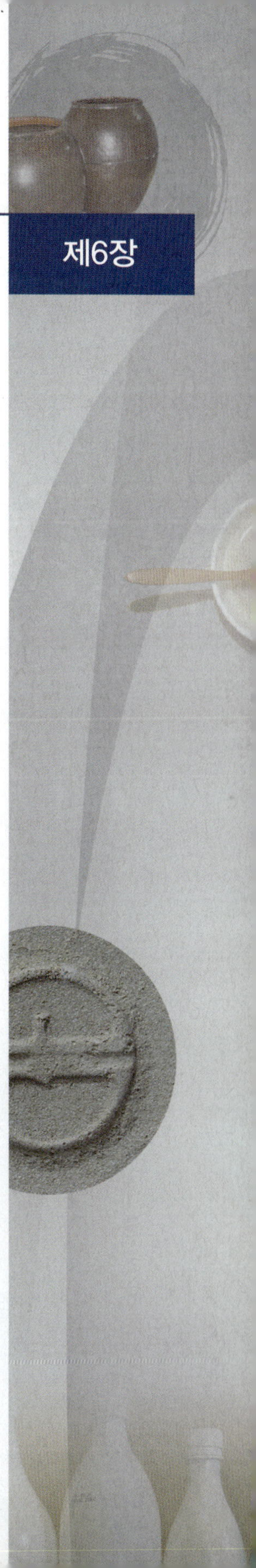

1 막걸리에 얽힌 이야기

1.1 막걸리의 오덕

옛 선인들은 막걸리의 오덕을 이야기함에 있어서 다음의 5가지를 언급했다.

막걸리를 마시면,
허기를 면해 주는 것이 일덕(一德)이요,
취기가 심하지 않은 것이 이덕(二德)이요,
추위를 덜어 주는 것이 삼덕(三德)이요,
일하기 좋게 해 주는 것이 사덕(四德)이요,
평소에 못하던 말을 하게 하여 의사소통시키는 것이 오덕(五德)이다.

또 다른 오덕을 보자.
칼럼니스트 이규태는 "막걸리의 오덕(五德)"을 다음과 같이 노래했다.

취하되 인사불성인 만큼 취하지 않는 것이 일덕(一德)이요,
새참에 마시면 배가 부른 것이 이덕(二德)이요,
힘이 빠졌을 때 기운을 북돋아 주는 것이 삼덕(三德)이요,
안 되던 일도 마시고 넌지시 웃으면 다 되는 것이 사덕(四德)이요,
친구와 더불어 마시면 응어리가 풀리는 것이 오덕(五德)이다.

간결하지만 막걸리가 가지는 장점 및 유용성을 참으로 잘 표현한 것 같다.

이상과 같이 막걸리는 이렇게 좋은 술로서 옛 선인부터 지금까지 우리 서민들이 애음한 대중 술이다.

1.2 막걸리 대통령

담배하면 공초 오상순(空超, 吳相淳) 시인을 연상하게 하고, 술이라 하면 심

온 천상병(深溫, 千祥炳) 시인을 연상하게 하고, 막걸리 하면 박정희(朴正熙) 전 대통령을 연상하게 한다.

막걸리에 얽힌 일화 몇 가지를 보면 먼저 생각나는 사람이 있는데, 박정희 전 대통령과 바보 시인 천상병을 지나칠 수 없다.

박정희 전 대통령의 마지막 가는 길에 막걸리가 아닌 고급 양주인 시버스리걸(Chivas Regal)이 있었기 때문에 여러 억척이 있다. 그러나 이소리의 "막걸리"에 기록된 바와 같이, 결코 박정희 전 대통령은 가식적으로 막걸리를 애음한 것은 아니다. 정말 막걸리를 사랑한 사람이었다.

1966년 여름철에 대통령이 서울시장과 함께 고양시에 있는 골프장에서 돌아오는 길에 막걸리 생각이 나서 고양시 삼송동에 있는 시골 주막 "실미옥"에 들렀다.

이 주막에서 시원한 막걸리 한 사발을 들이켜고 그 시원한 맛에 취해 어느 막걸리냐고 물었더니, 바로 이곳 능곡양조장에서 빚은 막걸리라고 했단다. 1965년부터 양곡 정책으로 쌀로서는 술을 빚을 수 없던 시절이었으니 그때 마신 막걸리는 밀가루 막걸리였을 것이다. 그 후 막걸리 생각이 나면 능곡 막걸리를 사서 즐겨 마셨다는 소문에 일약 대통령에게 진상하는 막걸리가 되었고, 1979년 10월 서거하기 전까지 능곡 막걸리를 애음했다고 한다. 그래서 능곡 막걸리는 지금도 '박정희 막걸리'라 불린다.

또한 박정희 전 대통령이 즐겨 마신 막걸리로 부산 금정산성 막걸리가 있다. 1964년 양곡이 부족하여 쌀로는 술을 빚지 못하게 하고 다른 곡류 또는 밀가루로 막걸리를 빚게 했다. 1978년 박정희 대통령이 부산을 방문했을 때 산성 막걸리를 마시고 그 맛에 취했으며, 막걸리를 쌀로 빚지 못하게 하여 막걸리가 사라질 위기에 처했다는 말을 주민들로부터 듣고 영구보존할 가치가 있다고 판단하여 대통령지시 제9444호로 산성 막걸리를 "민속주 1호"로 지정하여 사라질 위기를 피할 수 있었으며, 처음으로 막걸리가 민속주로 인증받게 되었다. 우리는 옛 사진에서 논바닥에 자리를 깔고 촌노(村老)와 막걸리를 마시는 대통령의 소박한 모습을 자주 접하게 된다.

이와 같이 박정희 전 대통령은 막걸리를 사랑했으며, 1968년 12월 21일 23.4Km의 경인고속도로 개통식에서 막걸리를 도로에 뿌리며 고수레를 한 대통령이기도 하고, 어느 술보다 막걸리를 애음한 대통령이있나.

아래 사진은 1962년 김포들에서 모내기를 한 후, 고 박정희 대통령이 논바닥에 자리를 깔고 촌노(村老)와 막걸리를 마시는 모습인데, 김밥에 쭈그러진 양은 주전자가 새롭다. 사진을 자세히 보면 김밥 안의 고명이 거의 들어 있지 않는 것으로 보아 단무지 하나만 넣고 말은 김밥인 듯 싶으며, 촌노에게 대통령은 오른손으로 주전자를 들고 왼손으로 주전자를 받쳐 두 손으로 공손히 따라 주는데 촌노는 왼쪽 한손으로만 잔을 받쳐 들고 있고, 박 대통령은 허리띠를 풀어 놓고 앉아 있는 이러한 모습이 정말 소탈하게 보인다(그림 6-1).

그림 6-1 1962년 박정희 전 대통령이 김포들에서 촌노와 마시는 막걸리 사진.

그리고 막걸리를 사랑한 대통령으로 노무현 전 대통령도 빼놓을 수 없다. 대통령 임기를 마치고 경남 김해로 내려가 손녀를 자전거에 태우고 논길을 질주하던 모습과 논두렁에 퍼더버리고 앉아 농부들과 막걸리 주전자를 기울이던 모습이 아련하게 남아 있다.

그리고 이명박 전 대통령은 2009년 10월 주한대사 및 국제기구 대표 등과 청와대 만찬 석상에서 느닷없이 "나는 오늘 완전히 막걸리 국제 홍보팀장이 됐다. 막걸리가 건강에 좋고 여성에게는 미용과 피부에 좋다는 점을 알려드립니다."라며 스스로 막걸리를 홍보하기도 하였다.

이처럼 이명박 대통령은 '막걸리 국제홍보팀장'을 자임하고 있다. 버락 오바마 미국 대통령과의 정상 오찬에 곁들일 술로도 막걸리가 마지막까지 거론됐다. '미국 대통령도 마실 만한 술'이랄까.

이제 대통령이 우리 막걸리를 즐겨 마실 뿐 아니라 직접 홍보할 정도로 좋은 술로 인식하는 계기가 되어 나의 마음 한구석에 응어리진 답답함이 사라질 것 같다. 얼마 전까지 우리 전통주를 대표하는 막걸리는 아무렇게나 만들어 먹는 하급 술이란 인식이 있었던 것이 사실이었다. 그러나 이제 막걸리는 '서민의 술'이자 '임금의 술'이며, '대통령의 술'로서 세계화된 고급술이 되었다.

막걸리 대통령을 쓰면서 막걸리가 정치와 어떤 관계가 있을 수 있는지 생각한 적이 있었다. 2012년 정치와 막걸리의 관계에서 재미있는 신문기사가 있어서 소개한다.

2012년 7월 28일자 A11면(조선일보) 기사에서 "그네 생막걸리 상표 사용금지"란 제목의 기사는 다음과 같다.

대구의 한 주류 유통업체가 박근혜 새누리당 대선 경선 후보를 연상케 하는 막걸리를 출시했다가 선거관리위원회로부터 '경고' 조치를 받았다. 대구선거관리위원회는 '그네 생막걸리'라는 이름으로 팔리는 이 막걸리를 제조, 판매한 데 대해 공직선거법 위반이라며 업주 이모(45)씨를 경고 조치했다(그림 6-2). 선관위는 이 상표의 사용을 중지하고, 인터넷 광고 삭제, 관련 광고 전단 배부 중지 등을 명했다. '그네 생막걸리' 병에 붙은 라벨에는 포박 그림 옆에 '그네'라는 글자가 크게 적혀 있어 '박그네'로 읽히고, 박근혜 후보를 닮은 여자가 한복을 입고 그네를 타는 모습도 담겨 있다. 선관위 관계자는 "후보 또는 후보가 되려는 사람의 이름이나 얼굴, 또는 이름을 유추할 수 있는 내용을 명시하는 것은 선거에 영향을 미친다고 판단했다"고 말했다.

그림 6-2 문제의 '그네 생막걸리'.

선관위의 정말 재미(?)있는 해석에 인터넷 상에서 이런 연상법으로 박 후보를 돕는 것인지? 비판하는 것인지? 이해가 잘 안된다고 말들이 많아서 우리들에게 즐거움을 주었고, 그 영향인지 잘 모르겠으나, 박근혜 후보는 집권 여당의 대통령 후보가 되었고 대통령에 당선되었으니 결과적으로 막걸리의 힘은 대단했다.

1.3 최초의 술집

우리나라 사람들은 술을 취하기 위해 마시기도 하지만 멋과 풍류를 즐기기 위해서도 마신다. 또한 술을 아무데서나 마시는 것이 아니고 멋진 장소를 골라 마시는 술 문화를 가지고 있다.

경주시 포석정(鮑石亭)은 사적 제1호로서 통일신라 시대에 건립된 것으로 추정된다. 또한 이곳은 927년 경애왕(景哀王) 4년에 왕이 왕비, 궁녀, 신하들과 연회를 베풀다가 견훤의 습격을 받아 죽은 곳으로도 유명한 장소이다.

포석정(그림 6-3)은 경주 서쪽 이궁원(離宮苑)에서 열리는 연회를 위해 만든 것으로 시냇물을 끌어들여 포어(鮑魚) 모양을 따라 만든 수구(水溝)에 흐르게 하고 물 위에 술잔을 띄워 시를 읊고 노래를 부르며 술을 마시며 즐겼다고 한다. 이러한 것은 유상곡수(流觴曲水)라는 시회(詩會)로 중국 동진(東晋)시대부터 유행했으며, 통일신라시대의 화려했던 궁궐 생활의 단면을 보여주는 것이다. 포석정의 수로는 22m이며 수로의 높낮이의 차이는 5.9cm이며, 수로는 좌우로 굽이지게 만들었으며, 포석정 밖의 시냇물을 끌어들여 포어로부터 흘러내리게 하여 물길의 흐름은 오묘하여 뱅뱅 돌기도 하고 바로 천천히 흐르기도 하며, 와류(渦流) 현상에 의해 물길이 돌아 멈추는 곳도 있으며, 물의 양과 잔의 형태에 따라 잔의 흐름이 다양하게 변할 뿐 아니라 잔속의 술의 양에 따라 다르게 흘러 그 진미는 가히 꿈 속을 노니는 듯하다고 한다. 물길이 현재 남아 있는 것은 포어 모양의 수구뿐인데 일제 시대에 임의로 보수되어 수로곡석(水路曲石)의 원형이 많이 변형되었다.

그림 6-3 포석정 앞부분의 포어(鮑魚).

그림 6-4 삼강주막.

또한 우리나라의 최초의 술집은 고려 성종 2년(983년) 송도(개성)에서 시작되었다고 하며, 고려 숙종 때 경제 활성화를 위해 고을마다 주점 개설을 허용했으며, 조선시대에는 엄격한 신분사회로 인해 모주집, 주막, 선술집 등 다양한 형태의 계층별 막걸리 주점이 존재했었다.

1.4 마지막 주막

이 시대의 마지막 주막은 경북 예천군 풍양면 삼강리 166번지에 있는 삼강주막(三江酒幕, 시도민속자료 제134호)으로 원래는 초가집이었으나 1970년대 새마을 운동 때 스레트로 지붕만을 바꾸었으며 현재의 집은 2007년 복원한 집이다. 지붕은 팔작 형태를 띠었는데 집의 구조는 방 2개와 부엌이 있는 15평 남짓한 작은 집이다. 이 주막을 50년 동안 지켜왔던 마지막 주모는 2005년 90세로 별세한 유옥련(兪玉蓮) 할머니다. 이 주막은 낙동강, 내성천, 금천이 만나는 곳이라 하여 삼강리의 지명이 되고, 이곳 나루터에 있는 주막을 '삼강주막'이라고 불렀다(그림 6-4).

삼강은 주변 경관이 아름답고 맑은 물과 넓은 백사장이 어우러져 있다. 예로부터 이곳은 서울로 가는 길목으로 장사하던 배들이 낙동강을 오르내렸고, 문경새재를 가기 전에는 이곳 삼강 나루터를 꼭 거쳐 갔으며 많은 사람들이 왕래하여 이 주막을 중심으로 상거래가 번성하였다. 그 당시의 모습을 간직하고 있는 주막이 지금도 그대로 남아 있으며, 나들이객에겐 식당으로, 보부상에게는 여관으로, 시인 묵객에게는 모임 장소로 많은 사람들이 드나들었다.

주막 옆에는 500년이 넘은 회화나무가 세월의 무상함을 느끼게 하고 있으며, 다음과 같은 전설이 깃든 나무이기도 하다.

지금으로부터 300년 전 상주군에 있는 한 목수가 이 나무를 베어 배를 만들면 사고도 나지 않고 큰돈을 벌 수 있다고 생각하여 연장을 가지고 이 나무를 베려고 했으나, 동네 사람들이 마을을 지키는 영험스러운 나무라 하여 베지 못하게 말렸지만 듣지 않았다. 나무를 베러 온 사람이 나무그늘이 좋아 잠시 낮잠이 들었는데 꿈에 백발노인이 무서운 모습으로 나타나서 "만약 이 나무를 해치면 네가 먼저 죽으리라"하므로 꿈에서 깨어나니 하도 꿈이 생생하여 식은땀을 흘리며 겁에 질려 혼비백산 달아나서 이 나무는 살아남았다고 한다.

1920년대의 주막의 모습은 그림 6-5에서 보는 바와 같이, 어느 양반께서 제법 고급스러운 주막에서 막걸리를 즐기는 모습이 정겨워 첨부하니 독자 각자의 생각으로 사진의 조선의 참 모습을 음미하기를 기대한다.

그림 6-5 1920년대 고급 주막.

2 막걸리 예찬시

문헌에 나타나는 고구려주(高句麗酒)와 신라주(新羅酒)는 우리나라의 예술로서 고대 중국에까지 맛좋은 명주(名酒)로 소문나 있었다.

당(唐)나라 때 시인 이상은(李商隱)이 "한잔 신라주(新羅酒)의 기운이 새벽 바람에 수이 사라질까 두렵구나"라고 읊은 걸보면 알 만하다. 또 일본 고대기록인 고사기(古史記)에 보면 일본에 술 빚는 법을 처음 알려준 것이 백제 사람 인번(仁香, 일본명; 順順保里)이라고 했다.

이 유명했던 삼국시대의 술들이 지금의 약주나 막걸리였는지는 확인할 길이 없으나 누룩으로 빚은 곡주(穀酒)라는 것만은 추정할 수 있다.

막걸리가 한국 문헌에 처음 등장하는 것은 고려시대이다.

고려의 문장가 이규보(李奎報, 1168~1241)의 시에 "나그네 창자를 박주(薄酒, 막걸리)로 푼다"고 노래했으며, 술을 의인화한 국선생전에 "벼슬자리에서 물러나 수입이 줄어들면서 부득이하게 백주(白酒, 막걸리)를 마시게 됐다"는 '백주시(白酒詩)'를 남기기도 했다.

내 옛날 벼슬 않고 떠돌 때는
마시는 것이 오직 현자(賢者, 막걸리)여서
어쩌다 성자(聖者, 청주)를 만나면
취하지 않을 수 없었네
높은 벼슬자리 올랐을 적엔
탁주(濁, 막걸리)를 마시려 해도 있을 리 없었고
이젠 늙어 물러난 몸이 되니
녹봉 적어 마실 것이 자주 떨어지네
좋은 술 늘 있지 않아
술 걸러 마시는 일이 자주 있는데
체하여 가슴속이 막히는 듯
독우가 천한 줄 이제 알겠네
탁료(濁醪, 막걸리)에 묘미가 있다는
두보의 말을 여태껏 몰랐는데 이제야 알리로다
사람의 성품이란 습관과 함께 젖어 든다는 것을
음식이란 처지대로 따르는 것이라
즐기고 즐기지 않고가 어디 있으랴
살림하는 부인에게 일러두노니
돈 있어도 씀씀이를 헤프게 말게나
독 속에 있는 술이라 하더라도
물처럼 맑게 빚지는 말게나.

이규보는 젊어 형편이 어려울 때는 막걸리를 자주 마셨고, 높은 자리에 있을 때는 맑은 청주를 좋아했는데, 늙어서는 처지대로 사는 게 맞는 일이라 여겨 부인네들에게 헤프게 맑은 술을 빚지 말고 막걸리를 빚으라고 당부하고 있다. 이 시에는 청주를 성자(聖者)로 비유하고 막걸리를 현자(賢者)로 비유하며, 탁주를 탁(濁), 탁료(濁醪), 백주(白酒)로 쓰기도 했다.

또한 고려 말 공민왕 때의 문신으로 당시 신돈에게 주색을 삼가라는 직언을 했다가 파면 당했던 유학자 이달충(李達衷, ?~1385)은 그의 시에 "질뚝배기에 들고 오는 허연 막걸리"라는 대목이 있는 것을 보면 서민들이 평소 마시거나 잔치 때 마시는 술은 탁주였음을 알 수 있고, 예나 지금이나 서민의 술이라는 이미지는 변함이 없다. 탁주의 어원 자체도 쌀과 누룩으로 빚어

'막 걸러낸' 술이라는 데서 탁주를 백주(白酒) 또는 박주(薄酒)라 했음을 알 수 있다.

윤소종(尹紹宗, 1345~1393)의 시에서는 막걸리를 통해 그 당시의 뼈아픈 가난한 서민 생활상을 보여주고 있다.

슬프도다 유월에 심은 조 익으려면 멀었는데
아이들은 병들어 나무뿌리 씹고 있다
천장을 보고 누워 한숨만 쉬고 있는데
아낙은 머리털 잘라 술지개미와 바꿔온다
그나마 쉬어서 먹을 수가 없고녀

여기서 술지개미는 술을 제성하고 남은 술지게미를 의미한다.

고려 때가 아니고 1960년 초까지 저자는 술지게미에 감미료인 사카린을 타서 마시며 허기를 버티고 살았던 근현대사의 기억이 아직도 생생하다.

고려 말의 문신인 설장수(偰長壽, 1341~1399)는 중국 원나라 고창(高昌)에 있는 위구르인으로 1358년(공민왕 7년)에 홍건적의 난을 피해 고려로 귀화하여 살았다. 1362년 문과에 급제하여 관직으로 살다가 이방원에게 정몽주가 살해되면서 설장수도 그 일파라 하여 유배된다. 1396년(태조 2년) 관직에 복직되어 계림(鷄林, 경주)이라 본관을 하사받아 살았다.

말년에 세월의 무상함을 다음과 같은 시를 읊으면서 세상을 하직하게 된다.

봄빛은 천지에 완연한데
강회에서 아직 세월 보내니

부질없이 시로 세월 보내니
세상의 공명은 부러워하지 않는다

쉽게 보니 보이는 것 없는 것 같고
푸른 산은 정이 있는 듯도 하구나

애오라지 막걸리(濁醪)에 마음을 부쳐
때때로 아이 불러 다시 잔 기울인다.

고려 말 공민왕 1년에 개성에서 태어나고 조선 초기 국가의 기틀을 마련하는 데 노력한 유능한 정치가일 뿐만 아니라 청백리의 전형으로서, 조선왕조를 통틀어 가장 뛰어난 재상으로 꼽히고 있는 재상인 황희(黃喜, 1363~1452)는 막걸리를 좋아하여 자연을 벗하며 마셨다. 그의 막걸리 예찬시를 역시 빼놓을 수 없다.

대초볼 붉은 골에 밤은 어이 듯드르며
벼 벤 그루에 게는 어이 나리는고
술 익자 체장사 돌아가니 아니 먹고 어이리.

황희는 가을 대추가 익어 가는 풍경, 밤이 여물어 떨어지는 풍경, 벼 벤 들판에 논게가 돌아다니는 풍경, 골목을 돌아다니는 체 장수가 모두 막걸리 마시는 핑곗거리가 되었다. 더구나 장수는 막걸리를 거르는 체 장수가 아닌가. 이런 황희 정승의 풍류와 여유가 우리나라 역사상 가장 태평한 세종시대를 열게 한 철학이 되지 않았을까 싶다.

황희 정승의 후예들은 수백 년이 지난 오늘날에도 고유의 전통 방식으로 술을 빚어 조상이 즐기던 술의 진미(眞味)를 계승하고 있다. 경북 문경시 산북면 대하리에서 대대로 제조되어 온 민속주 호산춘(湖山春)이 그것이다. 이 술은 대하리 일대에 모여 살던 장수(長水) 황(黃)씨 소윤공파 집안에서 가용주(家用酒) 겸 접대용 술로 쓰던 것으로, 솔잎이 첨가돼 솔향이 그윽하고 약리 작용이 뛰어난 명주(名酒)로서 호산춘 제조법을 1991년 경상북도 무형문화재 제19호로 지정했다.

조선 시대에서는 연산군이 생모인 폐비 윤씨의 한을 풀어주려 갑자사화를 일으킨 그 해에, 막걸리 예찬시를 남겼다.

참새는 가지를 다투다가 떨어지고
나는 벌레도 정원에 가득히 노닐고 있네
막걸리야 너를 누가 만들었더냐
한 잔으로 천 가지 근심을 잊어버리네.

막걸리가 바로 임금의 시름을 달래준 한 잔의 술이었다. 폐위되던 해에도 또 다른 막걸리 시를 남겼다. 모두 "연산군 일기"에서 전한다.

강화 도령, 철종도 막걸리를 사랑했다. 강화도에서 농사를 짓고 살다가 임금이 된 그는 갖은 산해진미를 앞에 두고도 "궁중에는 왜 막걸리가 없느냐"고 타박을 했다고 한다. 그런 임금을 위해 중전이 친정집 노비를 통해 막걸리를 구해왔다고 한다. 나중에는 상궁을 시켜 서울 근교에서 막걸리를 만들고 은밀히 궁에 들여왔다고 전한다.

이렇게 임금의 사랑도 받았지만, 기본적으로 막걸리는 서민의 술이었다.

"세종실록"에는 변방으로 나간 군인들이 조밥에 막걸리만 먹었다고 불평하는 내용이 나온다.

방랑시인 김삿갓의 해학(諧謔) 넘치는 막걸리 일화를 소개하면 이렇다.

'김삿갓이 어느 여름날 주막에 들러 주모에게 대포 한 잔을 청했다. 주모는 김삿갓의 초라한 행색을 보고 시큼하게 신 막걸리를 한 사발 내놓았다. 김삿갓은 더운 터라 허겁지겁 한 사발을 들이켰는데, 그 맛이 시금털털했다. 김삿갓은 괘씸한 생각이 들었지만 꾹 참고 탁주 값을 물었다. 주모는 탁주 값이 두 닢이라고 말했다. 그런데 김삿갓은 주모에게 네 닢을 주었다. 주모는 얼떨떨하여 이유를 물었다. 그러자 김삿갓이 말하기를 "두 닢은 탁주 값이요, 나머지 두 닢은 초 값이요" 하였다. 막걸리는 해학과 인정, 그리고 안식을 주던 나그네들의 영원한 동반자였다.'

오랜 세월 농민을 비롯하여 정승까지 온 민족이 즐겨 왔던 우리 민족의 술 막걸리는 일제에 의해 철퇴를 맞았다. 1909년 주세령(酒稅令)에 의해 가가호호(家家戶戶) 전해 오던 갖가지의 비법은 사라지고 일제에 의해 도입된 개량식 막걸리로 변질된 것이다. 조상 대대로 지켜 내려오던 가양주는 밀주(密酒)로 전락되었으나, 막걸리는 결코 사라지지 않았다.

막걸리는 풍류(風流) 교사 같은 존재이다. 추상(秋霜) 같은 재상(宰相)도, 대쪽 같은 선비도 막걸리 한 잔이면 여유를 갖는 풍류객으로 만들었다. 조선 중기 추사(秋史) 김정희(金正喜)와 쌍벽을 이뤘던 서예가 한호[韓濩, 호는 석봉(石峯)과 청사(淸沙)를 사용]는 막걸리에 대한 마음을 이렇게 시(詩)로 읊었다.

"짚방석(方席) 내지 마라 낙엽(落葉)엔들 못 앉으랴
솔불 혀지 마라 어제 진 달 돋아 온다.
아희야 박주산채(薄酒山菜, 막걸리와 산채)일망정 없다 말고 내어라"

한호는 절개 있는 인물로 꼽힌다. 갓끈을 엄히 매고 도포 두루마기를 단정히 하여 자리를 골라 앉았을 법한 그가 달밤에 낙엽에 앉아 소탈하게 막걸리 잔을 드는 풍경은 상상만 해도 재미있다. 막걸리의 본성은 엄격한 굴레를 풀어헤치는 부드러움이다.

19세기 말에서 20세기 초의 "춘향가"에는 사랑 이야기만 있는 것이 아니고 그 시대의 우리 선조들의 모습을 들여다 볼 수 있다. 남원의 변사또의 생일 잔치상을 보면 그 당시에 먹고 마시던 모든 것이 나오고 그 당시의 사회상을 엿볼 수 있다. 몽룡 앞에 차려진 개다리 소반을 발로 걷어차고 어사또의 신분을 속이고 변학도의 학정을 꾸짖는 시에서도 막걸리를 볼 수 있다.

금잔에 담긴 아름다운 술은 백성의 피요
옥쟁반에 맛있는 안주는 백성의 기름이로다
촛농 떨어질 때 백성의 눈물이 떨어지고
노래소리 높은 곳에 원망소리 높도다

촉루(燭淚)란 촉농(燭膿)이라고도 하며, 심지를 박은 초가 녹아내리는 초방울이 눈물과 같다 하여 촛농이라고 하여 당시의 노비와 서민의 삶을 엿볼 수 있다. 그리고 춘향전 "열녀춘향수절가" 중에 이도령이 거지 행세를 하고 변사또 생일잔치에 술을 청하는 대목에서 가장 오래된 막걸리의 한글 표기가 등장한다.

어삿도 상을 보니 어찌 아니 통분하랴
모 떨어진 개상판에 닥채 저붐

콩나물 깍때기 목걸리 한사발 나왔구나
상을 발길로 탁 차던지며
운봉의 갈비를 직신 갈비한대 먹고지거.

여기에 등장하는 '목걸리' 한사발이 등장하는데 이는 막걸리로서 고어에서는 자주 "아"를 "오"로 발음하고 있기에 막걸리임을 알 수 있다.

"조선주조사"(조선주조협회, 1935)에 막걸리는 "중국에서 전래된 막걸리는 처음에는 대동강 일대에서 빚어지기 시작해서 나라의 성쇠를 막론하고 국토의 구석구석까지 전파되어 민족의 고유주가 되었다. 그 진부를 가리기는 어려우나 막걸리가 우리의 역사를 담고 있는 술임은 틀림이 없다"고 기술하고 있다.

위에서 본 바와 같이, 우리 조상들은 막걸리를 즐겨 마셨음을 알 수 있으며 또한, 서민과 함께 있음도 알 수 있다. 즉, 막걸리는 우리의 애환과 함께 하여 우리 민족성에 뿌리 깊이 녹아 있다는 것도 알 수 있었다. 서양 문화가 고급문화인 것처럼 생각하는 일부의 사람들로 인해 우리의 민족성이 녹아 있는 민속주 막걸리가 천시되는 경향이 있어 마음 한구석이 허전함을 달래기 힘들 때가 있다.

이상으로 고문헌에서의 막걸리에 관한 이야기를 끝맺음하고, 근대사에서 막걸리의 존재감에 대하여 노래한 시를 중심으로 막걸리의 위상을 살펴보고자 한다.

근대사에서 막걸리를 가장 좋아한 사람 중에 한 명은 귀천(歸天)이란 시로 유명한 심온 천상병(深溫, 千祥炳, 1930. 1. 29~1993. 4. 28) 시인일 것 같다. 1993년 4월 28일 작고한 천진난만한 애기 바보 천상병은 주막에서 막걸리를 마신다.

천상병 시인은 많은 막걸리 시를 남겼는데, 시인의 대표작 귀천을 먼저 음미하고 막걸리 예찬 시를 보고자 한다.

귀천

천상병

나 하늘로 돌아가리라
새벽빛 와 닿으면 스러지는
이슬 더불어 손에 손을 잡고,

나 하늘로 돌아가리라
노을빛 함께 단둘이서
기슭에서 놀다가 구름 손짓하면은,

나 하늘로 돌아가리라
아름다운 이 세상 소풍 끝내는 날
가서 아름다웠더라고 말하리라.

술

천상병

술 없이는 나의 생을 생각 못한다.
이제 막걸리 왕대포집에서
한 잔 하는 걸 영광으로 생각한다.

젊은 날에는 취하게 마셨지만
오십이 된 지금에는 마시는 것만으로 만족하다.

아내는 이 한 잔씩에도 불만이지만
마시는 것이 이렇게 좋은 줄을
어떻게 설명하란 말인가?

술

천상병

나는 술을 좋아한다.
그것도 막걸리로만
아주 적게 마신다.

술에 취하는 것은 죄다.
죄를 짓다니 안될 말이다.
취하면 동서사방을 모른다.

술은 예수 그리스도님도 만드셨다.
조금씩 마신다는 건
죄가 아니다.

막걸리

천상병

남들은 막걸리를 술이라지만
내게는 밥이나 마찬가지다.
막걸리를 마시면
배가 불러지니 말이다.

막걸리는 술이 아니다
옥수수로 만드는 막걸리는
영양분이 많다
그러니 어찌 술이랴.

나는 막걸리를 조금씩만
마시니 취한다는 걸 모른다
그저 배만 든든하다
기분만 좋은 것이다.

막걸리

천상병

나는 술을 좋아하되
막걸리와 맥주밖에 못 마신다.

막걸리는
아침에 한 병(한 되) 사면
한 홉짜리 작은 잔으로
생각날 때만 마시니
거의 하루 종일이 간다.

맥주는
어쩌다 원고료를 받으면
오백 원짜리 한 잔만 하는데
마누라는
몇달에 한 번 마시는 이것도 마다한다.

세상은 그런 것이 아니다.
음식으로
내가 즐거움을 느끼는 때는
다만 이것뿐인데
어찌 내 한 가지뿐인 이 즐거움을
마다하려고 하는가 말이다.

우주도 그런 것이 아니고
세계도 그런 것이 아니고
인생도 그런 것이 아니다.

목적은 다만 즐거움인 것이다.
즐거움은 인생의 최대목표이다.

막걸리는 술이 아니고

밥이나 마찬가지다
밥일 뿐 아니라
즐거움을 더해주는
하느님의 은총인 것이다.

막걸리

천상병

나는 막걸리를 퍽이나 좋아한다
막걸리는 배가 불러지고
목마름을 다신다.

선조대대로
우리 민족은 이 막걸리를 마셨다
오늘의 발전도 막걸리 때문이다

오늘도 막걸리
내일도 막걸리
어찌 잊으랴 이 막걸리를

이선관이 천상병에 바친 막걸리 시

이선관

우리나라에서 살아 있는 시인 중
먼저 생각나는 천상병 씨
당신 부인은 아침이면
생활비 번다고 변함없이
출근하지만
출근하기 전에
당신이 누운 머리맡에

당신이 좋아하는
우리나라 술
막걸리 한 병을 사놓고 간다더이다
오오
믿음이여

천상병의 막걸리를 생각하며

유대식

인생은 고해(苦海)다.
그 괴로움을 달래 주는 것은
술뿐인가 ?

이렇게 막걸리가 좋아서 노래 부르고 춤추며
그러나
마음껏 마시지도 못하고
1993년 4월 28일
저쪽 나라로 가시다니

그렇게 좋아하신 막걸리가 여기 있습니다.
취하지 않기 때문인가
죄를 짓지 않기 때문인가

이제 마다하시는 마누라도 없고
술값도 필요 없는 하늘에 계시니
그렇게 좋아하신 막걸리를 마음껏 드시고
그렇게 하고 싶으신
죄도 지어 보세요.

막걸리여!
소리 높여 막걸리 노래 불러 바칩니다.

선운사 동구

서정주

선운사 고랑으로
선운사 동백꽃 보러 갔더니
동백꽃은 아직 일러 피지 않았고
막걸리집 여자의 육자배기 가락에
작년 것만 시방에 남았습디다
그것도 목이 쉬어 남았습디다

막걸리 한잔

윤성택

걸쭉한 막걸리 한잔 걸치고 싶다
어젯밤 갈 길 멈추고 하늘을 올려다 본
사람에게만
보였던 눈송이 때문만은 아니다
문득 혼자라고 느낄 때
좀체로 삶이 팍팍하다고 느낄 때
사람과 사람들 사이 내가
한 사발의 막걸리로 놓여져
오도마니
훈훈한 마음이 되고 싶다

막걸리 예찬

손병흥

오랜 세월동안 서민들 사랑 아주 듬뿍 받아온
곡물 재료로 한 자연 그대로 발효시킨 전통주
단맛 신맛 쓴맛 감칠맛 나는 우리네 술 막걸리

식습관마저 한국인 체질에 맞는 데다
유산균 효모 미생물 식이섬유와 같은
다른 주류보다 많은 영양성분 함유되어
술인데도 건강식품으로 널리 알려진 명주

새콤한 유기산 성분에다 인삼 등 첨가시켜
와인 판매량 뛰어넘어 더 큰 사랑 받고 있는
탁주 이화주 대포 왕대포 모주로도 불리어진
옛 부터 가난한 문인들이 좋아했던 술 탁배기
더욱 고급화 세계화 대중화 위해 애쓰는 식품

막걸리 예찬

유응교

양주가 좋다하나 맥주보다 못하고
맥주가 좋다하나 소주만 못하더라.
막걸리 마시고 보니 그 중에 제일일세.

논밭에 일하다가 허리 펴고 둘러앉아
양주를 마실 건가 맥주를 마실 건가
그래도 막걸리 한 잔 천하에 일품일세.

치즈로 양주 들고 멸치로 맥주 들고
특별난 안주 없이 그대로 마시지만
푸짐한 막걸리 안주 세상에 최고일세.

넥타이 고쳐 매고 격식을 갖추면서
점잖게 마주앉아 양주를 마시지만
막걸린 풀어헤치고 마셔야 제격일세.
양주를 마실 때는 가식이 드러나고
막걸리 마실 때는 진심이 우러나니
세상에 이 만한 술이 또 어디 있겠는가.

막걸리 집 풍경

유응교

목이 컬컬한 오후가 되면
어이 한 잔 하세 여기 저기
발동을 걸어놓고
시원한 막걸리가 생각나
정 깊은 사랑채로 찾아든다.

모이는 족족 둘러 앉아
탁배기 잔에 걸쭉하게 부은
막걸리 잔을 두 손으로 받쳐 들어
단숨에 벌컥벌컥 마시고
입가에 허옇게 묻은 막걸리를
손등으로 쓰윽 문지르고 나서
캬아 하고 안주를 한입에 넣으며
호기롭게 좌중을 둘러봐야

비로소 막걸리의 진가가 발휘되느니

그 알싸하고 쌉싸래한 맛 때문에
한 잔으로 끝낼 수 없는 것을 어찌하랴
왁자하게 속내를 풀어헤치고
못다한 얘기를 거침없이 쏟아내며
세상사 근심걱정 온통 털어내니
안주도 푸짐하고 사연도 넘치는데
술자리마다 흥취가 일어나고
취기가 도도하게 올라오면
누가 먼저랄 것도 없이
<쑥대머리 귀신형용>으로
목청을 가다듬어 한가락 뽑아 올리니
여기저기서 박수소리가 어지럽다.

술상마다 흘려진 막걸리에
벽에 걸린 시어들도 몽롱해지고....
별로 보잘 것 없다고
천대 받던 막걸리도
거나하게 취한 주객들 앞에서
황홀한 자존심을 되찾으며
사랑채 탁배기 잔 안에서 우쭐댄다.

막걸리 바로 그 맛

유응교

논밭에서 가을걷이를 하다가
새참에 내오는
텁텁한 막걸리 한잔

논가에 앉아서 마실 때
허기진 배가 불쑥 올라오는
쌉쏘래하고 달큼한 바로 그 맛

비 오는 날 파전을
부쳐놓고 정겨운 이 마주 앉아
걸쭉한 막걸리 한 사발
주욱 들이킬 때
흑산도 선창가에서
잘 익은 홍어 코빼기를
한 입 덥석 먹던 바로 그 맛

동네 사람들끼리
신명나게 한판 농악 놀이를 마치고
당산 나무아래 비잉 둘러 앉아
갈증을 참지 못하고

단숨에 들이 마실 때
얼음 툭툭 깨트리고 먹던
동김치 국물 같은 바로 그 맛

막걸리 예찬

작가 미상

본디 막걸리란
혼자 마셔도 좋고 둘이 마시면 더 좋고
여럿이 마시면 흥겹다고 하지 않습니까!

바닥에 놓고 마셔도 되고 상 위에 올려도 좋고
파전에 삼합 안주면 아주 좋고,
풋고추에 고추장을 찍어도 좋은 술 막걸리~

부자도 마시고 가난한 이도 마시고
못난이도 마시고 잘난 양반도 마시고
멋진 잔에 따라도 되고
깨진 바가지에 따라도 되고
쭈구렁 할머니가 따라도 좋고
이쁜이가 따르면 더 좋고,,,

어떤 농부는 막걸리를 똥바가지로도 마셨다지요?
그건 좀 심한듯 하구요~~~
친하니까 마시고 친하려고 마시고
얻어 마셔도 부담 없고 내가 사도 부담 없는 막걸리
이 좋은 막걸리가 지금 최고로 인기가 좋다지 않습니까?
고즈넉한 이 밤에 막걸리 한 잔 마시고 잠들었으면 좋겠습니다.
꺼~~억~~ 트림을 한들 뭐라 할 사람도 없는데.......

막걸리 심부름

이일배

술을 거의 못 드신 울아부지는
막걸리는 약주로 삼아
노랑색 주전자에 그득
그 술을 받아 오게 하셨다.

막걸리를 사서
골목길에 들어서면
먼저 한입 빨아 먹고는
입을 씻고 들어갔다.

아부지는 당원 봉지를 찢어
반쯤 털어놓고는
안주도 없이 한 사발
들이키셨다.

다음에 드시려고 남긴 술을
웃목에 놓고 나가시면
몰래 다가가 홀짝홀짝
훔쳐 마시곤 했다.

그래서 술 심부름만큼은
가는 길이 가벼웠다.
다디단 그 당원 막걸리
어디서 맛 볼 수 있을까?

막걸리 예찬

김찬업

한 잔 하세
그래 한잔 하세

잔을 채운다.
살짝 부딪히고 한잔 쭉

세상살이 어렵다 해도
막걸리 한 잔이면 그만인 것을
또 잔을 채운다.
세상사는 이야기에 또 한잔
웃으면서 또 한잔
배가 차니

어제 이야기는 없어지고
내일은 어떻게 할까?
미래를 이야기한다.

주막(酒幕)에서

김용호

어디든 멀찌감치 통한다는
길 옆
주막

그
수없는 입술이 닿은
이 빠진 낡은 사발에
나도 입술을 댄다.

흡사
정처럼 옮아 오는
막걸리 맛
여기
대대로 슬픈 노정(路程)이 집산하고
알맞은 자리, 저만치
위엄 있는 송덕비(頌德碑) 위로
맵고도 쓴 시간이 흘러가고…….

세월이여!
소금보다 짜다는
인생을 안주하여
주막을 나서면,
노을 비친 길은
가없이 갈고 가늘더라만,

내 입술이 닿은 그런 사발에
누가 또한 닿으랴
이런 무렵에.

막걸리 서 말

이춘우

동족상잔의 비극을 겪은 지 스무 해를 넘긴
유월
막내아들 입영통지서 움켜쥐신
일흔 넘은 아버지

피비린내나는 산길을 따라 피난 가던 게
어제 같다시며
연거푸 뿜어대는 담배연기속에

울음이 섞인 줄 알기나 했으랴

애처로움 달래주려고
시오리 떨어진 읍내 양조장에서
막걸리 서 말 사신 아버지
굽은 허리로 미는 듯 매달린 듯
리어카 뒤를 잡고
나를 앞세워 흙길 꼬부랑재 넘었다

동네 청년들이 둘러앉은 마당 멍석에
달빛마저 어슴푸레 떨리고
컬컬한 막걸리 주전자 오가며
어설픈 유행가 엇박자 가락으로
목청을 돋우던 나의 입영전야 잔치가
어제 일만 같은데…

차민요(茶民謠)

무름댕이 처녀는 문배장사로 나간다
우두(牛頭)의 처녀는 참배장사로 나간다
동내구동(同內九洞) 처녀는 차약(茶藥)장사로 나간다
마동(馬洞)의 처녀는 옹기장사로 나간다
산청금랑 처녀는 공단장사로 나간다
뽕밭 처녀는 명주장사로 나간다
옹달샘집 처녀는 막걸리 장사로 나간다

넌 누구냐?

유대식

신라의 지주(旨酒)가 누구더냐

할머니 손끝에서 빚어지고
어머니 품속에서 익어간 술이
제사상(祭祀床)에 올려져
천년을 산 술

맥주 위스키 브랜디
유리잔으로 조심 조심
넥타이 매고 정장하여
엄숙하게 마시며
고귀한 척
꼴이 우섭구나

왁자지껄 웃으며
퍼대고 앉아
커다란 사발에 가득 부어
벌꺽 벌꺽 소리내어 넘어가는 소리
이놈이 누구더냐?

무딘 할머니 손에서
어머니 품속 온기(溫氣) 같은
희고 걸쭉한
청량음료 밥인
넌 누구냐?

논두렁
밭두렁
공사판

시장 노전에서
호텔 레스토랑
고급 식당에서
어디서나 들이키는
넌 누구더냐?

박정희가 마시고
고속도로에 고수레한
자전거 탄 노무현도 마신 술
아낙이 마시고
쪽발이도 마시고
코쟁이도 마시며
신명(神命)들어 두둥실
어깨동무 춤추게 한 것

넌 도대체 누구냐?
막걸리로다.

막걸리

임용백

탁한 세상 여울빛을 술잔에 묻고서
휘감도는 취흥으로 얼씨구 절씨구 춤이라도 추어보랴?
막걸리 뚝배기마다 들려오는 듯 설움많던 옛노래여!
막혔던 가슴이 쫘악 풀리고 농자천하(農者天下)가 열리네.
조상님들 얼이 막걸리 사발위에 콸콸 살아 쉼쉬며 흐르네.

막걸리 頌

김동호

소주가 불이라면 막걸리는 흙이다
화끈하게 목을 태우는 맛은 소주가 낫지만
아무래도 나는 흙 체질, 막걸리 편이다.

감치는 맛이라고는 하나도 없이
텁텁하게 흐려 있어 요즘 아이들은
목 고개를 넘어 胃의 마을에 도착하기도 전에
평가절하하려 드는 것 같지만
胃를 거쳐 腸, 장을 거쳐
전국 방방곡곡에 이를 때까지
한번 기다려 보라

흐림 속의 맑음과
텁텁함 속의 개운함이 地氣를 닮아
여름에는 시원하고 겨울에는 따뜻하고
밤새도록 풍류와 담소를 쏟아도
시의 가슴 화로는 아침까지 뜨겁기만 하다.

밥 대신 먹을 수 있는 술이
이 세상에 막걸리 말고 또 있을까

오늘도 나는 해가 실픗하면 이십일 세기
전 세계의 젊은이들을 뜨락에 불러놓고
맛과 영양이 고루 섞인 우리의 술
사람의 체질을 꼭 닮은 우리의 술
동동주 막걸리를 함께 들며
세계의 평화를 아리랑으로 푼다.

국경 너머엔
늙은 알코올 중독자들이 구름처럼 모여

부러운 듯이 부러운 듯이

우리를 바라보고 있는 동안.

3 막걸리 그림

막걸리를 그림으로 남긴 이는 김홍도와 유숙이 대표적이라 할 수 있다.

김홍도의 "주막"에서 큰 사발에 막걸리를 떠 주는 주모의 모습, 신윤복의 "주사거배"에서 술독에서 긴 나무 구기로 막걸리를 떠내는 모습, 유숙의 "대쾌도"에서는 그림 밑 부분에 좌판에 막걸리 항아리를 놓고 술 한잔을 권하는 술파는 남자의 모습이 정겹다.

3.1 김홍도의 주막

단원 김홍도(壇園, 金弘道, 1745-1806)의 1780년경 풍속화첩(風俗畵帖) 중에 있는 '주막(酒幕)'은 저잣거리 주막의 한 모습이 그려져 있다(그림 6-6).

옛날에 나루터나 고개 아래 또는 갈림길에는 주막거리가 있고, 그곳에는 나그네들의 허기를 달래주는 막걸리가 있었다. 막걸리는 먼 길에 지친 나그네를 고단한 일상에서 벗어나 쉬게 해 주었다. 주막은 여행객들에게 쉼터와 같았다.

주막의 그림 속을 살펴보면, 길 가던 행인이 넓적한 돌에 앉아 국그릇을 기울여서 마지막 국물까지 허겁지겁 먹고 있고, 그림 중앙의 다른 한 사람은 식사를 마치고 곰방대에 불을 부쳐 담배를 피우는 허기진 배를 채운 후의 여유로운 모습에 행복감을 느끼게 한다. 식사를 마친 할머니는 장죽에 불을 붙여 담배를 피워 물고는 음식 값을 치르려고 주섬주섬 돈을 꺼내는 중이다. 더욱 재미있는 모습은 할머니의 젖이 적삼 밖으로 나와 있는 옛 우리의 여인네의 모습이다. 주인 같은 젊은 주모는 식사를 마친 손님에게 술을 팔기 위해 술독을 열어 국자로 큰 사발에 술을 퍼 담고 있는 모습이다. 그리고 주모의 뒤에는 어린 아이가 엄마의 치맛자락을 잡고 엄마의 일하는 모습을 바라보고 있다.

모두가 질박한 서민의 모습 그대로 편안하고 소박한 표정이다.

주모 앞에 술독의 아궁이가 큰 것으로 보아 그 술은 막걸리였을 것이다. 소주는 알코올 도수가 높아 휘발성이 강해 술독 아궁이가 좁아야 한다. 술독의 술은 채색하지 않은 흰색이고, 큰 사발에 술을 담는 것은 막걸리가 아니고는 저렇게 큰 사발에 술을 담을 수 없기에 그 술이 바로 막걸리였음을 쉽게 알 수 있다.

이 "주막"은 과장되거나 의도적으로 왜곡시키지 않고 조선시대 어느 저작거리에서 볼 수 있는 주막의 모습을 사실적으로 표현한 풍속화이다.

단출한 주막의 모습과 함께 국자로 막걸리를 떠내는 주모의 모습이나 부뚜막 위의 밥그릇과 3개의 술 사발이 당시 주막의 풍경을 잘 보여 주고 있다.

그림 6-6 김홍도의 "주막" (지본에 담채, 27 × 22.7cm) 국립중앙박물관 소장.

3.2 신윤복의 주사거배

혜원 신윤복(蕙園, 申潤福, 1758년~사망일 미상)은 많은 풍속화를 그렸다(그림 6-7). 김홍도의 "주막"에서는 서민들의 모습이 잘 나타나 있지만, 신윤복의 "주사거배(酒肆擧盃)"는 "혜원전신첩"(국보 135호) 중에 있는 풍속화로서 양반들의 고급 주막의 모습이 잘 나타나 있어 대조적인 그림이라 여기에 소개하고자 한다.

이 그림은 주막집에서 흔히 볼 수 있는 취객들과 주모의 모습을 잘 그려 내었다. 그러나 여느 주막과는 다르게 주변의 기와집과 마당 안의 매화도 보이는 것이 양반들을 상대하기에 손색없는 꽤 반듯한 주막 같아 보인다. 술자리를 파하고 집으로 돌아가는 손님들은 옷매무새가 아주 단정하고 고급스러운 옷이라 선비와 양반들인 듯하다. 주모 역시, 머리를 단정하게 말아 올렸고 고운 색치마와 저고리가 고급스러운 모습이다. 주모가 술을 떠 내는 모습으로 보아 이 술은 고급술이 아니고 서민들이 즐겼던 막걸리란 것을 쉽게 알 수 있다. 고급술은 일반적으로 적은 양으로 마시기 때문에 작은 잔에 술병에서 바로 따라 주는 것이지만 막걸리는 그 양이 많아서 큰 술 항아리에 담아두고 술이나 기름 등을 떠내는 구기로 큰 그릇에 떠 주는 것이 일반적인 주법이다. 이 그림에는 큰 술 항아리이며, 큰 술잔이며, 주모가 구기로 술을 떠 주는 모습으로 보아 이 술은 막걸리임이 분명하다.

주사거래는 매우 일상적인 조선시대의 한 생활상을 사실적으로 표현한 풍속화의 대표적인 작품이라 할 수 있다.

그림 6-7 신윤복의 "주사거배" (지본에 채색, 28.2 × 35.6cm) 간송미술관 소장.

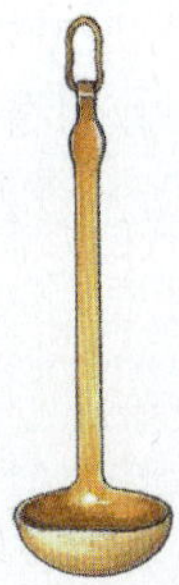

긴 나무 구기

3.3 유숙의 대쾌도

19세기 궁중 화원인 혜산 유숙(蕙山 劉淑, 1827~1873)의 '대쾌도(大快圖)'는 크게 3등분으로 구성되어 있다(그림 6-8).

대쾌도는 한양의 사대문 중 동쪽에 있던 광희문의 남쪽에서 벌어지고 있는 유희장면을 그린 대작 풍속화이다.

이 풍속화는 좌판을 벌이고 술을 따르고 있는 사람, 엿인지 떡인지 담은 목판을 목에 걸고 다니는 젊은 장사꾼의 모습을 놓치지 않고 사실적으로 잘 표현하고 있다.

화면 중앙에는 성벽 밖에서 씨름과 택견을 하고 목판을 어깨에 메고 엿인지 떡인지 팔고 있으며 주위로 쭉 둘러 앉아 정신 팔고 있는 구경꾼의 여러 표정들이 재미있는 모습으로 시선을 집중시키고 있다.

화면 윗부분에는 우리나라의 산수화로 성벽에 몸을 살짝 감추고 소변을 보면서 중앙의 놀이에 정신이 팔린 소년의 모습이 매우 해학적으로 묘사되어 있다. 그리고 맨 아래 부분에는 구경보다는 술판에 정신이 나간 모습들이 그려져 있다.

술판 앞에서 술 한 잔하고 가기를 권하는 꼽추와 마지못해 돈을 쌈지에서 꺼내는 모습이 흥미롭고 곱사등이와 갓을 쓰고 술에 취해 고개를 옆으로 제킨 양반의 모습도 해학적이다.

술 독 아궁이가 넓은 것으로 보아 술은 아마도 막걸리일 것이다. 술잔 옆에는 사각형 함에 노란색 음식이 담겨 있다. 이는 엿 아니면 떡일 것이지만, 막걸리와 어울리는 음식이라면 떡일 가능성이 높다. 떡이라면 노란 색인 것으로 보아 치자 물을 들인 노란 인절미일 것이다.

그림 6-8 유숙의 "대쾌도" (종이에 채색, 105 × 54cm) 서울대 박물관 소장.

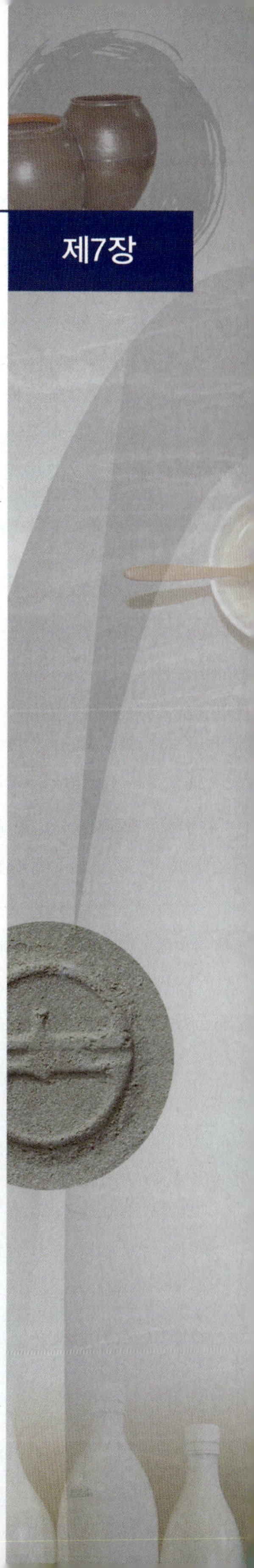

제7장

막걸리의 연구 약사

막걸리의 학술적 연구의 시작은 정확히 1903년 佐藤에 의한 "한국에 있어서 주류, 장유류 조사 복명서"(25)가 처음이라 할 수 있다. 그리고 막걸리를 만드는 데 사용되는 발효제인 누룩에 관한 연구는 1905년 上野에 의한 "한국국(韓國麴)의 연구보고"(26)가 처음이라 할 수 있으며, 고문헌에 누룩이란 말이 처음 등장한 것은 1466년 구급방(救急方)(1)에서 "신국(神麴)을 갈아서"라고 하고 한글로 해석하기를 "좋은 누룩"이라고 한 것이 처음이라 추측된다.

누룩과 막걸리에 관한 연구는 2013년까지 수많은 연구가 있었는데 그 연구는 시대적 환경에 전적으로 지배되어 있었음을 알 수 있다. 누룩과 막걸리의 연구뿐 아니라 관련 특허 등록에 있어서도 누룩과 막걸리 연구의 시대적 반영이 고스란히 투영되어 있음을 보고 저자는 매우 흥미로웠다.

연구의 특성을 연대별로 분류한 것은 전적으로 자의적이지만, 시대적 상황과 연구의 방향성을 견주어 볼 때 서로의 연관성을 알 수 있어서 다음과 같이 분류하고자 한다.

즉, 일제 강점기인 1900년대부터 해방되는 1945년까지 우리의 주권을 잃은 45년 간을 암흑기라 하고, 해방 이후인 1945년부터 해방의 혼란과 6 · 25 전쟁으로 인한 전쟁의 상처가 서서히 치유되고 국가적으로 정비되어 가는 1970년까지 25년 간을 잉태기라 했다. 그리고 산업사회로 막 접어들어 가는 1971년부터 1988년 올림픽을 거쳐 안정적 국가로 진입한 1990년까지 20년 간을 태동기로 하고, 1991년부터 2000년까지 10년 간을 성장기로 하고, 2001년부터 2013년까지 13년 간을 성숙기로 구분하여 각 기별 연구 특성에 관하여 간단히 기술하기로 한다.

저자로서는 이 장이 매우 흥미 있는 장인데 지면 관계로 설명을 최소화해야 하는 것이 아쉽다. 그러나 언젠가 연구자로서 연구의 자료를 정리하고 분석해야 하므로 가까운 시일에 상세한 연구 약사를 다시 정리할 것을 다짐한다.

1 누룩의 연구 약사

1.1 암흑기(1900~1945)

1903년 일본인 佐藤(25)에 의해 한국에 있는 주류와 장유류를 조사한 보고서에 누룩의 제조 방법이 아주 간단히 기록으로 남아 있어 각 지방과 가정에서 가양주(家讓酒)를 빚을 때 여러 형태와 여러 종류의 누룩이 만들어지고 있음을 알 수 있다. 암흑기라고 한 것은 우리의 누룩에 대한 연구가 한국인이 아니고 일본인에 의하여 이루어졌기 때문이다. 이 시기에는 누룩으로부터 미생물을 분리하여 그 종류를 조사하는 연구가 대부분이었으며, 특히 松田(28)과 武田(42) 등의 누룩곰팡이에 관한 연구가 대표적인 연구이다. 누룩 중의 효모에 관한 연구는 Sait(29)에 의하여 *Saccharomyces coreanus*가 분리되고 武田(37, 39, 41)에 의하여 누룩 *Saccharomyces*속 효모에 대한 집중적 연구가 진행되었다.

1933년 한국인으로 최의창(63)이 누룩의 좋고 나쁨을 판정하는 기준에 관한 연구가 있었으며, 1935년 박용래(68)는 조선누룩으로부터 세균을 분리한 연구가 보고되어 일제 강점기인 45년간 2명의 한국인 연구자의 연구 논문이 있었다.

1934년 山崎(64, 65)에 의하여 조선산 *Rhizopus*속의 발효화학적 작용, 즉 당화력 시험도 이루어지고, 1940년 저자의 일본에서의 지도교수였던 小原(71)에 의하여 당화력이 높은 누룩을 제조하기 위한 연구도 있었다.

특히, 1911년 澁川(30)은 누룩이 “전분의 당화제로서 국(koji)의 기능을 가짐과 동시에 어느 정도의 주모(酒母)로서의 기능도 가지고 있다”라 했으며, 小原(71)도 “곡자란 전분의 당화제로서 국의 기능을 가짐과 동시에 어느 정도의 주모로서의 기능을 가지기도 한다”라고 하여 누룩의 역할을 높이 평가했다.

이 시기에 분리된 누룩곰팡이는 12속 63종이고, 누룩효모는 8속 34종, 누룩 세균은 9속 17종이 분리 동정되었지만, 주로 단순한 누룩 미생물의 종류에 관한 연구가 많았다.

이상에서 보는 바와 같이, 이 시기의 45년은 누룩으로부터 단순히 미생물을 분리하여 그 종류를 조사하는 연구가 대부분이며, 누룩의 당화력이나 기능성에 관한 연구가 미약하였고, 한국인으로 2명이 연구에 참여하기는 했으나 대부분은 일본인에 의하여 46편의 연구 논문이 발표됨으로써 이 시기의 논문 연구는 연간 1.0편으로 나타났다.

따라서 저자는 한국인이 거의 연구에 참여하지 않은 점과 연구가 단순하게 이루어진 점을 고려하여 이 시기를 누룩 연구의 암흑기라 정리했다.

1.2 잉태기(1945~1970)

1945년 일본으로부터 국권이 회복되고 극도의 정치적, 이념적 갈등을 겪으면서 곧 6. 25 전쟁으로 극심한 경제난과 생활고 속에서 연구 기반 시설마저 파괴되어 연구라는 것은 어떤 의미에서 사치에 가까운 25년의 시기였다.

이 시기의 누룩에 대한 연구는 암흑기의 연구 업적과 비슷하여 1945년부터 1960년까지 15년 간은 연구 논문이 전무했으나, 1960년 성균관 대학에서 곡자의 진균학적 연구(74)와 세균학적 연구(75)가 시작되었다. 잉태기 25년간 12편의 연구 논문이 발표됨으로써 이 시기의 연구 논문은 연간 0.5편으로 나타났다.

이상에서 보는 바와 같이, 이 시기의 25년 간은 누룩을 연구 대상으로 삼으려는 시도만 있었던 시기라는 점을 고려하여 이 시기를 누룩 연구의 잉태기라 정리했다.

1.3 태동기(1971~1990)

1971년부터 1990년까지 20년 간은 산업사회가 안정적으로 유지되고 생활의 윤택함과 경제적 여유를 느낄 수 있는 시기이었으며, 1988년 올림픽 경기를 성공적으로 치루어 민족적 자부심도 가지게 된 시기였다. 그럼에도 불구하고 누룩에 대한 연구는 별로 이루어진 것이 없었으며, 다만 김찬조(86, 87, 88)에 의하여 탁주 효모를 자외선 처리로 변이주를 육성하여 탁주 양조의 시험 연구까지 진행되었음이 특이적인 일이었다. 그리고 일본인인 内村(92)에 의하여 한국산 누룩으로부터 *Absidia*속의 곰팡이에 관한 연구가 있었다.

이상에서 보는 바와 같이, 이 20년 간은 아주 적은 9편의 연구 논문이 발표됨으로써 연간 0.45편으로 나타났다. 연구 대상도 미생물 분리를 주 연구 대상으로 하는 것에서 벗어나 누룩 미생물의 육성과 효소학적 연구를 시작한 시기로 볼 수 있어서 이 시기를 누룩 연구의 태동기라 정리했다.

1.4 성장기(1991~2000)

1991년부터 2000년까지 10년 간은 경제적 여유를 느끼게 되고 사회적 안정이 자리를 잡아가는 번영의 시기라 누룩에 관한 연구도 활발하게 이루어졌다. 특히 1993년 소명환(96, 97, 99, 100, 104)에 의해 *Aspergillus*와 *Rhizopus* 균종으로 누룩의 제조 특성의 연구가 이루어지고, 저자에 의하여 전통 누룩으로부터 분리한 누룩곰팡이의 균류학적 특성(114)과 효소학적 특성(123)의 연구가 있었으며, 이들 균주의 생리기능성 연구(128)가 시작됨으로써 누룩의 연구 방향의 다양성을 보여주었다. 이 시기에 누룩 젖산 세균의 분리가 이루어졌으며(106, 133), 누룩의 향기 성분의 분석도 이루어졌으며(118, 132, 137). 16편의 연구 논문이 발표되었다.

이상에서 보는 바와 같이, 이 10년 간은 45편의 많은 연구 논문이 발표됨으로써 연간 4.5편으로 나타났다. 연구 논문의 양적 성장과 더불어 누룩미생물의 육성, 효소학적 연구가 더욱 활발하여 지고 누룩의 생리 기능성 연구가 시작되는 시기로 볼 수 있어서 이 시기를 누룩 연구의 성장기라 정리했다.

1.5 성숙기(2001~2013)

2001년부터 2013년까지 13년 간 우리나라는 경제적 발전이 가속화되어 2001년도부터 GDP가 $20,000이 넘어가 경제적 여유를 피부로 느꼈고, 누룩에 대한 관심도 높아 연구도 활발하게 진행된 시기이다. 이 시기에 전통누룩으로부터 새로운 누룩곰팡이인 *Aspergillus coreanus*(142)가 분리되고 효소학적 특성이 규명되기도 했다(143, 145). 또한 누룩으로부터 항암효과 물질인

sterols이 분리되고(154), 누룩의 이용성의 다양화로 누룩을 이용한 음식물 처리에 관한 연구도 있었다(144).

이상에서 보는 바와 같이, 이 13년 간은 성장기에 비하여 적은 양의 연구가 진행되어 32편의 연구 논문이 발표됨으로써 연간 2편으로 나타났다. 연구 대상과 내용이 누룩의 기능성에 대한 연구가 주류를 이루었고 또한 현재에도 연구가 활발히 진행되어 이 시기를 누룩 연구의 성숙기라 정리했다.

2 막걸리의 연구 약사

2.1 암흑기(1900~1945)

일본으로부터 독립되기 전에 10편의 논문이 발표되었으나, 1925년 草道(173)의 조선주(朝鮮酒) 효모에 관한 초보적인 연구 이외는 양조장의 시찰 보고서 등의 조사 연구이므로 학술적 연구는 전무한 시기였다. 그래서 1945년 이전의 45년 간을 막걸리 연구의 암흑기라 정리했다.

2.2 잉태기(1945~1970)

우리나라가 독립되고 15년 간은 연구할 수 있는 여건이 되지 못하여 막걸리의 연구가 이루어지지 않고 있다가 1959년 김(180)에 의하여 탁주의 맛 성분인 아미노산에 관한 연구를 시작으로 서서히 연구가 시작되었다. 이 시기의 연구 특성은 양조시험소를 중심으로 많은 연구가 진행되었으며, 막걸리에서의 대장균 검출과 그 생태에 관한 연구(195, 196) 그리고 플라스틱 용기에 관한 연구(198, 205) 등이 있었다. 그리고 이 시기에 막걸리의 성분인 유기산(187, 188, 208), 아미노산(180, 181, 200), 비타민류(185, 223, 224) 등에 관한 연구가 이루어졌으며, 막걸리 효모에 관한 연구(217, 218)도 활발히 진행되었다.

이상에서 보는 바와 같이, 이 25년 간은 막걸리에 대한 본질적이고 기초적인 연구가 진행되어 47편의 연구 논문이 발표되었으며 연간 1.9편이 발표되어 이 시기를 막걸리 연구의 잉태기라 정리했다.

2.3 태동기(1971~1990)

1971년부터 2000년까지 20년 간은 사회적 안정으로 경제적 여유를 느낄 수 있었으며, 막걸리의 연구도 시작하는 시기이다. 이 시기 초기인 1971년에는 막걸리의 원료인 곡류에서 대체 원료인 고구마(228, 229)와 감자(237)에 관한 연구가 있었으며, 무증자 쌀을 이용한 탁주 제조(263)가 시도되기도 했다.

이상에서 보는 바와 같이, 이 시기인 20년 간 37편의 연구 논문이 발표되었으며, 연간 약 1.9편이 발표되었다. 이 시기에 막걸리에 관한 연구 대상은 대체 원료와 발효 과정 중 미생물의 변화였다고 볼 수 있다.

이 시기에 연간 연구 논문의 발표 수도 잉태기와 비슷하며, 막걸리가 새로운 연구 대상으로 이행하는 시기라 볼 수 있어서 이 시기를 막걸리 연구의 태동기라 정리했다.

2.4 성장기(1991~2000)

1991년부터 2000년까지 10년 간은 경제적 여유뿐 아니라 1988년 서울 올림픽으로 우리나라의 국제적 위상이 인정받기 시작하는 시기였으며, 막걸리에 관한 특허 출원도 활발하게 이루어졌다.

이 시기에 막걸리가 생산지 지역 내에서의 판매라는 규제에서 벗어나 지역 외로의 판매가 허용됨으로써 막걸리의 저장성이 필요하게 됨에 따라 막걸리의 보존성에 관한 연구(264, 280)가 시작되었다. 특히, 막걸리의 향기 성분에 관한 연구(283, 292, 295)와 막걸리 발효 과정을 자동 계측하여 발효 공정을 자동 제어하는 방법에 관한 연구(270, 286)도 시도되었다.

이상에서 보는 바와 같이, 이 10년 간 38편의 연구 논문이 발표되었으며, 연간 3.8편으로 연간 발표 수에 있어서 다른 시기와 비교하여 높은 발표 업적이라 할 수 있다.

이 시기에 막걸리에 관한 연구 대상은 보존성과 향미 성분의 연구가 주류를 이루었으며, 연간 연구 발표 수도 높을 뿐 아니라 새로운 연구 대상으로 이행하는 시기라 볼 수 있어서 이 시기를 막걸리 연구의 성장기라 정리했다.

2.5 성숙기(2001~2013)

2001년부터 현재까지 경제적 부와 국제적 국가 위상이 높아진 시기로서 막걸리의 연구 대상도 매우 다양화되고 질적 수준도 높아진 시기이다.

2002년 민속주의 생리 기능성 연구(303)의 시작으로 막걸리의 항산화 및 항혈전 효과(330), 항치매 활성과 심혈관 질환 활성(340), 암 세포 성장 억제 효과(341), 혈압 저하 효과(352), 강력한 항암 효과 물질의 확인(370) 등의 다양한 연구가 진행되었다. 이 시기에 막걸리에 부산물의 첨가가 허용됨으로써 막걸리 제조에 율무(311), 율피 가루(329), 더덕(339), 감초(343), 인삼(345), 구기자(349), 마늘(379) 등의 많은 한약재 뿐 아니라 과일 첨가 막걸리의 제조에 관한 연구도 이루어지고 있다.

이상에서 보는 바와 같이, 이 13년 간 130편의 연구 논문이 발표되어 연간 약 10편이 발표되었다. 눈부신 양적 성장과 더불어 연구 대상도 발효 미생물과 막걸리의 발효공정에서 막걸리의 생리 기능성 연구와 한약재 등의 부산물 첨가로 생리 기능성을 부여한 새로운 기능성 막걸리의 제조까지 폭넓게 이루어진 시기라 할 수 있어서 이 시기를 막걸리 연구의 성숙기라 정리했다.

3 막걸리와 관련된 특허 연구 약사

3.1 암흑기(1900~1945)

일본으로부터 독립한 1945년 이전 45년 간 막걸리에 관한 특허는 전무하여 이 시기를 막걸리와 관련된 특허 연구의 암흑기라 정리했다.

3.2 잉태기(1945~1970)

1945년부터 1947년까지는 특허 신청이 없었으며, 1948년 곡자제조법이 처음 특허로 등장하게 되고, 1970년까지 25년 간 대부분의 특허는 탁주 제조법과 곡자 제조법 등으로 이 시기에 32편의 막걸리와 관련된 특허가 등록되어 연간 1.3건의 특허가 등록되었다.

이 시기는 탁주 제조와 곡자 제조에 관한 단순한 특허로서 막걸리에 관한 특허가 준비되는 시기여서 특허 출원의 잉태기라 정리했다.

3.3 태동기(1971~1990)

1971년부터 1990년까지 20년 간은 산업사회로 생활의 윤택함과 경제적 여유를 느낄 수 있는 시기였으며, 이 시기에 탁주용 병마개에 관한 특허가 대부분이며, 밀가루 막걸리와 무증자 발효법과 병 탁주 저장법 등의 78편의 특허가 등록되어 연간 3.9건의 특허가 등록되었다.

이 시기는 막걸리의 저장성을 높이기 위하여 막걸리의 저장법과 병 마개 개발에 많은 연구가 이루어졌고, 특허 숫자가 물리적으로 증가하기 시작하는 시기로 분류하여 특허 연구의 태동기라 정리했다.

3.4 성장기(1991~2000)

1991년부터 2000년까지 10년 간은 경제적 여유와 사회적 안정이 자리를 잡아가는 번영의 시기라 막걸리에 관한 특허 연구도 활발하게 이루어졌다.

이 시기에 한약재 첨가 막걸리에 관한 특허가 많았으며, 1995년에 캔 막걸리의 제조법, 커피 막걸리, 녹차 막걸리, 밤 막걸리 등 부산물 첨가 막걸리에 대한 특허가 눈에 띄게 많이 출원되었으며, 율무를 이용한 누룩의 제조 방법의 특허 등 38건의 특허가 등록되어 연간 3.8건의 특허가 등록되었다.

이 시기는 많고 다양한 막걸리가 개발되는 계기가 마련되었다는 관점에서 이 시기를 막걸리와 관련된 특허 출원의 성장기라 정리했다.

3.5 성숙기(2001~2013)

2001년부터 2013년까지 12년 간 우리나라는 경제적 발전이 가속화되어 2010년도 GDP가 약 $20,433이 되어 경제적 여유를 피부로 느낀 시기였으며, 2013년도의 GDP는 $26,205이며 GNI는 $22,670로 다양한 시대적 요구가 분출하여 이런 사회적 요구에 부응하는 막걸리에 관한 특허 출원도 활발히 이루어지고 있다.

오가피 막걸리, 뽕잎 막걸리, 표고버섯 막걸리, 현미 막걸리, 산마 막걸리, 상황버섯 막걸리, 연 막걸리, 인삼 막걸리, 블루베리 막걸리, 멍게 막걸리, 구지뽕 막걸리 등 아주 다양하고 유색 막걸리의 특허도 출원되어 12년 간 239건의 특허가 등록되어 연간 약 20건의 막걸리 관련 특허가 등록되었다. 특히 2010년도에는 77건의 특허가 등록되어 연간 특허 등록 최고치를 달성하였다.

이 시기는 다양한 막걸리의 특허가 많이 출원되고, 이런 특허가 산업적 생산으로 바로 이루진다는 관점에서 이 시기를 막걸리와 관련된 특허 출원의 성장기라 정리했다.

4 참고문헌

4.1 누룩과 막걸리 연구의 참고 단행본

1. 救急方, 하권. 1466, 초판 ; 한글학회, 1975. 서울시.
2. 杜詩諺解, 飮中八仙歌. 1481, ; 分類杜工部詩諺解. 홍문관. 1984. 서울시.
3. 강희맹(姜希孟), 1480년대 초로 추정 ; 사시찬요초(四時纂要抄).
4. 최세진. 訓蒙字會. 1527, 초판 ; 訓蒙字會. 홍문관. 1985. 서울시.
5. 교사섭요 (攷事撮要), 1655.
6. 음식디미방 (飮食知美方), 1670.
7. 주방문 (酒方文), 1600년대로 추정.
8. 역주과방 (曆酒果方), 1700년대로 추정.
9. 산림경제 (山林經濟), 1715년.
10. 증보산림경제 (增補山林經濟), 1766.
11. 교사십이집 (攷事十二集), 1787.
12. 김승지댁주방문 (金承旨宅酒方文), 1860.
13. 곡자제조강본 (麯子製造講本), 1941. 大邱朝鮮酒酒造組合聯合會 간행.
14. 약 · 탁주제조교본. 1971. 3. 31. 국세청 기술연구소. p. 23~25.
15. 배상면 번역, 1973. 朝鮮酒造史(1907-1935), 규장각, p. 200~213.
16. 김호식. 1980. 발효미생물학. p. 72, 향문사, 서울시.
17. 배상면, 1988. 전통주 제조기술(탁주, 약주), 국순당 부설 효소연구소, p. 77~81.
18. 이성우. 1988. 한국식품사회사.
19. 장지현. 1989. 우리나라 술의 역사. 한국 식문화학회지, 4, 271.
20. 이성우. 1992. 동아시아속의 고대 한국 식생활사 연구. 서울, 향문사. p.231.
21. 오세경. 2008. 2008 세법, 국제법(稅法, 國際法). 법전출판사. 997~1022.
22. 식품의약품안전청 홈페이지, www.kfda.go.kr / 2009. 10. 식품첨가물 공전
23. 허시명. 2010. 막걸리, 넌 누구냐. 예담.
24. 유대식, 유현영. 2011. 우리누룩의 정통성과 우수성. (사)한국생물공학회, 도서출판 월드사이언스. 서울시.

4.2 누룩연구의 참고문헌

25. 佐藤保吉. 1903.
韓國に 於ける 酒類 醬油類 調査 復命書, 釀造試驗所 報告, **2**,

26. 上野金太郎. 1905.
韓國麴の 硏究 報告 第1回, 日本藥學誌, **277**, 203～212.

27. 鳥居嚴次郎. 1906.
朝鮮麴菌に 關する 硏究 報告, 日本藥學誌, **282**, 675～683.

28. 松田 健, 中島榮次. 1910.
韓國 麯子に 關する 菌學的 調査, 韓國度支部 司稅局 報告.

29. Saito, K. 1910.
Notizen üer einige koreanische Gäungsorganismen,
Cent. f. Bakt. Ⅱ. Abt. Bd. **26**, 369～374.

30. 澁川鑛藏. 1911.
麯子中の糖化素に關する硏究 報告, 滿鐵 中央試驗所 報告, 第1輯.

31. 鹿又 親. 1911.
韓國産櫻桃酒の沈査中に存在する酵母菌について.
釀造試驗所 報告. **32**, 1～38.

32. 福本俊吉, 澁川鑛藏. 1922.
麯子及藥酒酵母の生理的作用に 關する豫備試驗,
朝鮮總督府中央試驗所 報告, 第**4**會 第1號, 131～137.

33. 福本俊吉, 矢田 威, 澁川鑛藏. 1923.
藥酒釀造試驗, 朝鮮總督府 中央試驗所 報告, 第**5**會 第3號, 81.

34. 草道常春. 1925.
朝鮮酒 酵母に 就て. 總督府 酒類 試驗所, 朝鮮酒造協會雜誌, **2**, 1.

35. 加來天民, 西川不二男. 1925.
朝鮮人の 飮食物 及 嗜好品の 硏究 (第1報), 朝鮮酒の 分析報告,
朝鮮醫學會雜誌, **55**, 33.

36. 上野民男. 1927.
朝鮮酒, 醬油, 味噌, 酢の 分析.
朝鮮總督府 中央試驗所 報告, **9**.

37. 武田義人. 1927.
朝鮮 麯子の 硏究 竝に 該 製造法の 變遷 調査(十一),
麯子中の *Saccharomyces*屬に 對する(其 一).
總督府 酒類 試驗所, 朝鮮 酒造協會雜誌, **4**(2).

38. 武田義人. 1927.

朝鮮 麯子の 研究 竝に 該 製造法の 變遷 調査(十一),
麯子中の *Saccharomyces*屬に 對する(其 一).
總督府 酒類 試驗所, 朝鮮 酒造協會雜誌, **4**(2).

39. 武田義人. 1927.
朝鮮 麯子の 研究 竝に 該 製造法の 變遷 調査(十二),
麯子中の *Saccharomyces*屬に 對する(其 二).
總督府 酒類 試驗所, 朝鮮 酒造協會雜誌, **4**(3).

40. 武田義人. 1927.
朝鮮 麯子の 研究 竝に 該 製造法の 變遷 調査(十三),
麯子中の *Saccharomyces*屬に 對する(其 三).
總督府 酒類 試驗所, 朝鮮 酒造協會雜誌, **4**(4).

41. 武田義人. 1927.
朝鮮 麯子の 研究 竝に 該 製造法の 變遷 調査(十四),
麯子中の *Saccharomyces*屬に 對する(其 四).
總督府 酒類 試驗所, 朝鮮 酒造協會雜誌, **4**(5).

42. 武田義人. 1928.
*Rhizopus*屬 絲狀菌の 化學的及菌學的 研究 (第2報),
農藝化誌, **4**, 264～281.

43. 朝鮮 總督府 酒類試驗所. 1928.
朝鮮 麯子の 研究 竝に 該 製造法の 變遷 調査(一),
朝鮮 麴菌 に 關する 研究 報告,
總督府 酒類 試驗所, 朝鮮 酒造協會雜誌, **5**(2), 17.

44. 長西廣輔. 1929.
朝鮮産麯子の研究竝に該製造法の變遷調査(六),
朝鮮産麯子の研究(第1報). 釀造學雜誌, **6**(10), 33～42.

45. 長西廣輔. 1929.
朝鮮産麯子の研究竝に該製造法の變遷調査(七),
朝鮮産麯子の研究(第1報). 釀造學雜誌, **6**(10), 43～45.

46. 長西廣輔. 1929.
朝鮮産麯子の研究竝に該製造法の變遷調査(八),
朝鮮産麯子の研究(第1報). 釀造學雜誌, **6**(10), 46～49.

47. 長西廣輔. 1929.
朝鮮産麯子の研究竝に該製造法の變遷調査(九),
朝鮮産麯子の研究(第1報). 釀造學雜誌, **6**(10), 50～58.

48. 長西廣輔. 1929.

朝鮮産麯子の研究 (第1報). 釀造協會雜誌, **1**, 30～32.

49. 長西廣輔. 1929.
朝鮮産麯子の研究(第1報), 釀造學雜誌, **6**, 717～751.

50. A・S 生. 1929.
燕麥黑麴, 總督府 酒類 試驗所, 朝鮮 酒造協會雜誌, **1**(2), 52～60.

51. 長西廣輔. 1930.
朝鮮産麯子の研究(第1報の五), 釀造協會雜誌, **2**, 44～46.

52. 武田義人. 1930.
朝鮮産醱酵菌類の研究(第一報), 麯子中の*Saccharomyces*屬に就て.
農藝化誌, **6**, 1023～1053.

53. 長西廣輔. 1930.
朝鮮産麯子の研究(第1報の六), 釀造協會雜誌, **3**, 48～49.

54. 長西廣輔. 1930.
朝鮮産麯子の研究(第1報の七), 釀造協會雜誌, **4**, 51.

55. 鳥井嚴次郎. 1930.
朝鮮 麯子の 研究 竝に 該 製造法の 變遷 調査(二),
朝鮮 麴菌に關する 研究 報告,
總督府 酒類 試驗所, 朝鮮 酒造協會雜誌, **2**(5), 31～39.

56. 佐藤喜吉. 1930.
滿洲, 朝鮮産 麯子中の *Monascus*に就て(第一報),
農藝化誌, **6**, 957～965.

57. 山崎百治. 1931.
朝鮮酒 酒造界 視察 後記, 釀造學雜誌, **9**, 271～277.

58. 淸水千穗彦. 1931.
農學博士 山崎百治氏の 朝鮮酒 酒造界 視察 後記を瀆んで,
釀造學雜誌, **9**, 518～522.

59. 佐田生. 1931.
麯子の製造に對する 研究, 總督府 酒類 試驗所,
朝鮮 酒造協會雜誌, **3**(6), 59.

60. 齊藤賢道. 1933.
朝鮮麯子の研究竝に該製造方法の變遷調査 (十五), 韓國産 醱酵菌 調査報告. 總督府酒類試驗所, 朝鮮 酒造協會雜誌, **5**(1), 26～48.

61. 總督府酒類試驗所. 1933.
朝鮮麯子の研究竝に該製造方法の變遷調査 (十六), 麯子良否 判定標準試驗(其 一), 總督府酒類試驗所, 朝鮮 酒造協會雜誌, **5**(2), 17～22.

62. 佐佐木技手. 1933.
朝鮮麯子の研究竝に該製造方法の變遷調査 (十七), 麯子良否判定標準試驗 (其 二), 總督府酒類試驗所, 朝鮮 酒造協會雜誌, **5**(3), 12～47.

63. 崔毅昌. 1933.
朝鮮麯子の研究竝に該製造方法の變遷調査 (十八), 麯子良否判定標準試驗 (其 三), 總督府酒類試驗所, 朝鮮 酒造協會雜誌, **5**(4), 2～15.

64. 山崎百治, 柏倉俊彌. 1934.
朝鮮産 *Rhizopus*屬 菌類の 餅米に 對する 醱酵化學的作用,
釀造學雜誌, **12**, 425～438.

65. 山崎百治, 阿形吉雄. 1934.
*Rhizopus*屬 絲狀菌類の 糯米に 對する 醱酵化學的 作用に就て(續),
釀造學雜誌, **12**, 484～496.

66. 武田義人. 1934.
朝鮮産醱酵菌類の研究 (第二報). 農藝化誌, **10**, 281～317.

67. 武田義人. 1935.
*Rhizopus*屬 絲狀菌の 研究 (第3報), 南洋産 *Rhizopus*屬の 分類的研究及 最大 糖化力菌の 檢索, 農藝化誌, **11**, 845～920.

68. 朴容來. 1935.
朝鮮麯子細菌の研究. 農藝化誌, **16**, 849～860.

69. 渡邊八郎. 1939.
朝鮮の釀造業. 釀造論文集(日本釀友會發行), **6**, 151.

70. 小原巖. 1939.
朝鮮産麯子に關する研究(I), 原料小麥試驗成績.
釀造學雜誌, **17**, 660～670.

71. 小原巖. 1942.
朝鮮産麯子に關する研究(II), 糖化力の强い麯子の製造試驗.
釀造學雜誌, **20**, 141～147.

72. 한용석, 이기종. 1960.
한국산 우량 곡자 및 효모중의 아미노산에 관하여(제1보).
중앙공업연구소 보고, **10**, 119.

73. 山崎百治. 1961.
東方(大東亞)産の 麴類(III), 第3編 朝鮮産麴類.
日本醱酵工學會誌, **39**, 167

74. 최숙희. 1961.
한국곡자 중의 진균학적 연구. 성균관대 석사 학위 논문집, p. 234.

75. 김호섭. 1961.
한국곡자 중의 세균학적 연구. 성균관대 석사 학위 논문집, p. 292.
76. 한용석, 이장용. 1963.
한국산 우량 곡자 및 효모의 아미노산 및 비타민에 관한 연구(제2보).
국립공업연구소 보고, **10**, 153~156.
77. 이두영. 1967.
한국 곡자의 발효생산력에 관한 연구(제1보), 곡자 중 함유 사상균의 분리와 그 성상. 미생물학회지, **5**(2), 93~96.
78. 이배함. 1968.
우리나라 발효제에서 분리된 미생물의 분리 및 생리학적 조사 연구,
양조시험소보, **1**, 39.
79. 유대식, 정기택. 1968.
*Aspergillus oryzae*의 alpha- 및 beta-amylase활성에 미치는 gibberellin의 영향에 관한 연구. 한국미생물학회지, **6**, 68~74.
80. 정기택, 유대식. 1968.
액체국 제조에 관한 연구, 이종(異種)균주의 혼합배양 시 국균의 이식방법에 관하여. 경북대학교 논문집(자연과학편), **12**, 43~48.
81. 이두영. 1969.
한국 곡자의 발효생산력에 관한연구(제2보), 증자 소맥을 재료로 한 곡자의 제조에 대하여. 미생물학회지, **7**(1), 41~44.
82. 이성범, 최경환, 임동순, 김덕치. 1969.
막걸리 제조의 효소제 개발 (제1보), 탄수화물 및 단백질 분해력에 대하여.
한국미생물학회지. **7**(4), 159~167.
83. 정호권. 1970.
麯子의 改良에 關한 硏究(第1報), 改良麯子의 製造 및 그 能力.
한국식품과학회지, **2**(1), 88~92.
84. 김상재. 1971.
한국산 *Aspergillus*에 관한 분류학적 연구, 미생물학회지, **9**, 1~26.
85. 박명삼. 1972.
한국산 야생효모에 관한 연구(제3보), 야생효모의 분포조사.
한국미생물학회지, **10**, 51~58.
86. 김찬조, 오만진, 김성열. 1975.
자외선조사에 의한 탁주효모의 변이주육성에 관한 연구(제1보), 변이주의 선정 및 동정. 한국농화학회지, **18**(1), 10~15.
87. 김찬조, 오만진, 김성열. 1975.

자외선 조사에 의한 탁주효모의 변이주육성에 관한 연구(제2보), 변이주의 생리적 성질에 관하여. 한국농화학회지, **18**(1), 16～22.

88. 김찬조, 오만진, 김성열. 1975.
자외선 조사에 의한 탁주효모의 변이주 육성에 관한 연구(제3보), 변이주의 생산능 및 변이주를 이용한 탁주양조에 대하여.
한국농화학회지, **18**(1), 23～29.

89. 정덕화, 성낙계. 1980.
쌀 막걸리의 미생물학적 연구(제2보). 쌀막걸리 제국 중 핵산분해효소 및 핵산관련 물질. 한국산업미생물학회지. **8**(1), 1～8.

90. 박상교, 강미영, 김동신. 1990.
누룩 스타터의 유당발효 효모의 분리 및 특성.
한국식품과학회지, **22**(2), 129～133.

91. 강미영, 박상교, 김동신. 1990.
누룩 Yeast에서 유당분해효소의 분리 및 특성.
한국식품과학회지, **22**(2), 134～139.

92. 內村 泰, 高木重樹, 渡邊堅二, 小崎道雄. 1990.
韓國産 麯了 ヌルク中の *Absidia* 屬について,
일본 釀協, **85**(12), 888～894.

93. 이계호, 박정웅. 1991.
전통누룩 미생물에 관한 연구, 약주용 우수 곰팡이의 선발.
두산(斗山)기술원보고서.

94. 김성미. 1993.
「攷事十二集」의 조리 가공에 관한 분석적 연구(1).
동아시아 식생활학회지, **3**, 1.

95. 소명환. 1993.
한국 및 일본의 주류용 종국에서 분리한 국균 곰팡이의 특성.
한국식품영양학회지, **6**(1), 1～7.

96. 소명환. 1993.
Aspergillus oryzae L2에 의한 밀가루 누룩 제조 시 amylase와 protease의 생성조건. 한국식품영양학회지, **6**(2), 89～95.

97. 소명환. 1993.
Rhizopus japonicus T2에 의한 밀가루 누룩 제조 시 amylase와 protease의 생성조건. 한국식품영양학회지, **6**(2), 96～102.

98. 소명환. 1993.
Aspergillus awamori var. *kawachii*에 의한 쌀 Koji 제조 시 유기산의 생산

조건. 한국식품영양학회지, **6**(4), 287~293.

99. 소명환. 1993.
Aspergillus awamori var. *kawachii*에 의한 쌀 Koji 제조 시 당화효소의 생산조건. 한국식품영양학회지, **6**(4), 294~300.

100. 소명환, 박서영, 김수화, 오현진. 1994.
Aspergillus usamii mut. *shizousamii* S1에 의한 밀가루 누룩 제조 시 amylase와 protease의 생성조건. 한국식품영양학회지, **7**(1), 51~57.

101. 이미경, 이성우, 윤태현. 1994.
전통 누룩으로 빚은 발효주의 품질 평가.
한국식품영양과학회지 **33**(1), 78~89.

102. 이계호, 1994.
한국약주, 탁주의 품질 특성과 신기술, 생물산업, **7**(4), 36~46.

103. 이미경, 이성우, 윤태헌. 1994.
누룩의 문헌고찰 (1907년~1945년을 중심으로),
동아시아식생활 학회지, **4**(1), 19~29.

104. 소명환. 1995.
곰팡이 균종을 달리한 밀가루 누룩의 탁주양조 특성.
한국식품영양학회지, **8**(1), 6~12.

105. 조갑연, 하덕모. 1995.
누룩 중의 젖산균의 분리 및 동정, 한국농화학회지, **38**(2), 95~99.

106. 안병학, J. S. Chung, W. S. Park, M. K. Lee, and S. E. Chung. 1995. Isolation and identification of lactic acid bacteria from traditional Korean Nuruk, In Scientific approaches on Korean traditional fermented foods. Reports of Ministry of Science and Technology, p108, Korea.

107. 유대식. 1995.
전통누룩의 특징과 개선 방향. 전통식품의 현황과 품질 개선,
한국식품과학회심포지움 발표논문집. 243~256.

108. 김태형, 윤인화, 1995.
전통누룩과 약·탁주의 품질향상 및 산업화 기술 연구,
전통발효식품의 과학화 연구 보고서, 농촌진흥청 작물시험장.

109. 박정웅, 이계호, 이찬용. 1995.
한국 전통누룩에 존재하는 사상균의 분리 동정 및 amylotytic 효소 활성.
산업미생물학회지, **23**, 737~ .

110. 유기원, 성창근, 이상선, 유진영. 1996.

한국 전통 식품의 원료인 메주와 누룩에서 분리된 접합균에 대한 연구.
한국균학회지, **24**, 280～.

111. 유대식, 김현수, 홍진, 하현팔, 김태영, 윤인화. 1996.
누룩 미생물의 문헌적 고찰 (1945년 이전을 중심으로).
한국영양식량학회지, **25**(1), 170～179.

112. 김현수, 현지숙, 김정, 하현팔, 유대식. 1996.
시판 전통 누룩의 일반적 특성.
계명대 기초과학 연구논집, **15**(2), 235～242.

113. 조갑연, 이철우. 1997.
한국 재래식 누룩중의 곰팡이의 분리 및 동정.
한국식품영양과학회지, **26**, 759～766.

114. 김현수, 현지숙, 김정, 하현팔, 유대식. 1997.
한국전통누룩에서 분리한 유용 곰팡이의 특성.
한국식품영양과학회지, **26**(5), 767～774.

115. 김현수, 현지숙, 김정, 하현팔, 유대식. 1997.
전통주의 특성 및 연구 동향, 전통누룩곰팡이의 연구 동향.
한국산업미생물학회, 생물산업지, **10**(3), 27～32.

116. 김태영, 윤인화. 1997.
개량누룩을 이용한 전통주의 품질특성.
동아시아 식생활학회지, 7, 399～404

117. 백승영, 김기현, 권 일, 오만진, 성창근. 1997.
전통 누룩곰팡이의 특성 및 민속주의 발효 과정, '95 한국식품과학회, "전통식품의 현황과 품질개선", 심포지움 발표논문집, 259～264.

118. Han, E. H., T. S. Lee, B. S. Noh, and D. S. Lee. 1997.
Volatile flavor components in mash of Takju prepared by using Nuruks. *Korean J. Food Sci. Technol.* **29**, 563～570.

119. 송보현, 김정호, 최갑성. 1998.
전통 누룩과 전통주의 품질 향상 및 산업화 기술 연구 보고서(전통 약용주 기능성 향상 및 산업화 연구). p. 515～635.

120. 송보현, 김정호, 최갑성. 1998.
전통 누룩과 전통주의 품질 향상 및 산업화 기술 연구 보고서(전통 약용주 기능성 향상 및 산업화 연구). p. 515～635.

121. 유대식, 김정, 김현수, 현지숙, 하현팔, 박문근. 1998.
한국전통누룩 미생물의 문헌적 고찰 (1945년 이후를 중심으로).
한국식품영양과학회지, **27**(4), 789～799.

122. 김현수, 현지숙, 김정, 하현팔, 유대식. 1998.
한국전통누룩에서 분리한 유용 곰팡이의 효소학적 특성 및 동정.
산업미생물학회지, **26**(5), 456~464.
123. 유대식, 김태형. 1998.
전통누룩으로부터 분리한 *Aspergillus oryzae* NR3-6의 glucoamylase 생성의 최적배양조건. 계명대 기초과학연구논집, **17**(2), 95~101.
124. 안병학, 권동진, 박종현, 김선주. 1998.
전통누룩과 전통주의 품질향상 및 산업화 기술연구 보고서, (전통주 발효를 위한 효모 및 젖산균 응용연구) p. 217~249.
125. 최성우, 김성우, 성낙창, 박승조. 1998.
누룩 첨가에 의한 음식물 찌꺼기의 혐기적처리(1).
한국패기물학회지 **15**(7), 716~720.
126. 소명환. 1999.
전통누룩 미생물로 제조한 개량누룩의 특성.
한국식품영양학회지, **12**(3), 219~225.
127. Yu, Tae Shick, Tae Hyun Kim, and Chong Yoon Joo. 1999.
Purification and characteristics of *Aspergillus oryzae* NR3-6 glucoamylase isolated from traditional Korean Nuruk.
J. Microbiol., **37**(2), 80~85.
128. 윤종국, 채순님, 허남응, 김현수, 유대식. 1999.
누룩 또는 밀기울 첨가식이로 성장시킨 흰쥐의 혈중 cholesterol 및 간조직 유해산소 대사 효소 활성 변동. 한국식품영양과학회지, **28**(1), 212~217.
129. 김성철, 김효선, 강영주. 1999.
누룩에 의한 쌀죽 발효액 중의 성분 변화.
한국식품영양과학회지 28(5), 1017~1021.
130. 유대식, 김현수. 1999.
전통주의 연구 개발 동향. 주류 산업, **19**(3), 62~81.
131. 김현수, 유대식. 2000.
전통주류 향기 성분의 연구 개발 동향. 주류 산업, **20**(2), 55~69.
132. 김현수, 유대식. 2000.
누룩 사상균으로부터 제조된 전통누룩의 휘발성 향기 성분.
산업미생물학회지, **28**(5), 303~308.
133. 이정훈, 유대식. 2000.
누룩으로부터 젖산 세균의 분리 및 특성. 한국생물공학회지, **15**(4), 359~365.
134. 정혁준, 유대식. 2000.

NTG에 의한 amylase 활성이 높은 누룩사상균의 변이주의 분리.
한국식품영양과학회지, **29**(6), 987～994.

135. 강선영, 유대식. 2000.
한국 전통발효효모인 *Saccharomyces coreanus*의 분류학적 특성.
계명대 기초과학연구논집, **19**(2), 43-47.

136. 김설희, 김선재, 김보희, 강성국, 정순택. 2000.
누룩과 효모의 혼합사용에 의한 벌꿀주의 제조.
한국식품과학회지, **32**(5), 1168～1172.

137. 이택수, 한은혜. 2000.
Rhizopus japonicus 누룩으로 담금한 탁주 술덧의 발효 과정 중 휘발성 향기 성분. 한국식품과학회지. **32**(3), 691～698.

138. 이택수, 한은혜. 2001.
Aspergillus oryzae 누룩으로 담금한 탁주 술덧의 발효 과정 중 휘발성 향기 성분. 한국식품과학회지. **33**(3), 366～372.

139. 정혁준, 유대식. 2001.
Aspergillus coreanus NR 15-1과 *Aspergillus oryzae* NR 2-5의 원형질체 형성의 최적조건. 한국산업미생물학회지, **29**(1), 12～17.

140. 유대식. 2003.
한국 고유 효모균 *Saccharomyces coreanus*의 생리적, 형태학적 특성.
계명대 기초과학연구논집, **21**(2), 65～70.

141. 유대식. 2003.
Saccharomyces coreanus IFO 1833의 생리적 특성.
계명대 기초과학연구논집, **22**(2), 47～50.

142. Yu, Tae-Shick, Hyun-Soo, Kim, and Jae-Dong, Lee. 2004.
A new species of Hyphomycetes, *Aspergillus coreanus* sp. nov., isolated from traditional Korean Nuruk.
J. Microbiol. Biotechnol., **14**(1), 182～187.

143. 이상훈, 정혁준, 여수환, 김현수, 유대식. 2004.
신종 누룩사상균 *Aspergillus coreanus* NR 15-1의 alpha-amylase의 효소학적 특성. 한국생물공학회지, **19**(4), 301～307.

144. 우성훈, 박승조. 2005.
누룩을 이용한 음식물쓰레기 발효. 한국폐기물학회지 **22**(8), 714～720.

145. Han, Young Jin, and Tae Shick Yu. 2005.
Chracterization of two form of glucoamylase from traditional Korean Nuruk fungi, *Aspergillus coreanus* NR 15-1.

J. Microbiol. Biotechnol. **15**(2), 239～246.

146. 김선재, 정순택, 박윤미, 조광호, 마승진. 2005.
Saccharomyces sake, *Saccharomyces bayanus*와 누룩으로 제조된 전통벌꿀주의 발효 및 관능특성. 한국식품저장유통학회지, **12**(2), 190～194.

147. 김혜련, 백승희, 서민재, 안병학. 2006.
누룩으로부터 분리한 Wild Type 효모의 청주(청주)제조 가능성에 관한 연구. 한국미생물생명공학회지, **34**(3), 244～249.

148. 배경화, 류희영, 권인숙, 권정숙, 손호용. 2007.
안동소주 누룩 제조를 위한 누룩의 두께 및 누룩 띄움 시간의 최적화.
한국미생물생명공학회지, **35**(3), 231～237.

149. 정희경, 박치덕, 이기동, 박승춘, 박환희, 홍주헌. 2007.
전통누룩으로부터 분리한 Killer Toxin 생산균주 *Pichia anomala* K15의 특성. 한국식품영양과학회지. **38**(8), 1077～1082.

150. 박치덕, 정희경, 박환희, 홍주헌. 2007.
하향주 누룩으로부터 분리한 젖산균의 동정 및 발효 특성.
한국식품저장유통학회지, **14**(2), 188～193.

151. 이진형. 2007.
누룩의 발효 과정 중 알레르기원인 단백질의 변화.
경상대학교 석사학위 논문.

152. 배상면, 이윤희, 강순아, 정철. 2008.
전통 누룩 첨가 비율과 효모가 약주의 발효 공정 및 품질에 미치는 영향.
동아시아식생활학회지, **18**(1), 41～48.

153. 이효형, 이진형, 고유진, 박미화, 이정옥, 류충호. 2009.
전통 누룩 발효중 품질 및 항원성 변화.
한국식품영양과학회지 **38**(1), 76～82.

154. Lee, Dae-Young, Sang-Jin Lee, Ho-Young Kwak, Lakoon-Jung, Jieun Heo, Sungyoul Hong, Gye-Won Kim, and Nam-In Back. 2009.
Sterols isolated from Nuruk (*Rhizopus oryzae* KSD-815) inhibited the migration of cancer cells.
J. Microbiol. Biotechnol. **19**(11), 1328～1332.

155. Kim, Hye Ryun, Jae-Ho Kim, Dong-Hoon Bae, and Byung-Hak Ahn. 2010.
Characterization of *Yakju* brewed from glutinous rice and wild-type yeast strains isolated from *Nuruks*.
J. Microbiol. Biotechnol. **20**(12), 1702～1710.

156. 백성열, 윤혜주, 최혜선, 홍승범, 구본성, 여수환. 2010.
충천지역 누룩에서 양조용 우수 곰팡이의 탐색 및 특성.
한국미생물생명공학회지, **38**(4), 373~378.
157. 이수원, 윤성란, 김귀란, 경현규, 정용진, 여수환, 권중호. 2011.
누룩 및 조효소제가 정치배양 현미식초의 유리아미노산과 휘발성분에 미치는 영향. 한국식품과학회지, **43**(5), 570~576.
158. 최지호, 전진아, 정석태, 박지혜, 박신영, 이충환, 김택중, 최한석, 여수환. 2011.
시판누룩 사용 별 석탄주의 품질 특성.
한국미생물생명공학회지, **39**(1), 56~62.
159. 이대형, 강희윤, 이용선, 조창휘, 김순재, 이종수. 2011.
약주의 품질 특성에 미치는 효모와 누룩 첨가량의 영향.
한국미생물생명공학회지, **39**(3), 274~280.
160. 최정실, 정석태, 김주연, 최지호, 최한석, 여수환. 2011
*Aspergillus*속 곰팡이를 이용한 액체종국 제조 및 밀 누룩의 품질특성.
한국미생물생명공학회지, **39**(4), 357~363.
161. 백성열, 김주연, 윤혜주, 최지호, 최한석, 정성태, 여수환. 2011.
황국균(*Aspergillus oryzae* NO41)을 이용한 곡류 낱알 누룩 제조 및 막걸리의 품질 특성. 동아시아식생활학회지, **21**(6), 877~881.
162. 김민성, 전진아, 정석태, 최지호, 최한석, 여수환. 2011.
밀의 배합비율과 수분 첨가율에 따른 벼 누룩 품질 특성.
동아시아식생활학회지, **21**(6), 897~904.
163. 백성열, 김주연, 최지호, 최성실, 최한석, 정성태, 여수환. 2012.
곰팡이 균종을 달리하여 제조된 혼합 곡류 누룩의 품질 특성.
동아시아식생활학회지, **22**(1), 103~108.
164. 권승직, 손재학. 2012.
PCR-DGGE를 이용한 누룩에서의 미생물 다양성 분석.
생명과학회지, **22**(1), 110~116.
165. 이민나, 박희동. 2012.
전통 누룩으로부터 호산성 Urease 생산 효모의 분리 및 특성.
한국식품저장유통학회지, **19**(2), 308~314.
167. 최정실, 정석태, 최지호, 최한석, 백성열, 여수환. 2012.
Rhizopus oryzae N174를 이용한 액체종국 저장조건에 따른 밀누룩의 품질 특성. 한국미생물생명공학회지, **40**(4), 319~324.
168. Sang Hoon Song, Chunghee Lee, Sulhee Lee, Jung Min Park,

Hyong-Joo Lee, Dong-Hoon Bai, Sung-Sik Yoon, Jun Bong Choi, Young Seo Park. 2013.
Analysis of Microflora Profile in Korean Traditional Nuruk.
J. Microbiol. Biotechnol. 2013. **23**(1), 40～46

169. Tasir Anwar, Seong-Yeol Back, Soo-Hwan Yeo, Heui-Dong Park. 2013.
Occurrence of *Issatchenkia orientalis* Exhibiting inhibitory effects against soybean lipoxygenase in Korean *nuruk.*
J. Korean Soc. Appl. Biol. Chem. **56**, 247～250.

4.3 막걸리 연구의 참고문헌

170. 佐藤保吉. 1903.
韓國に 於ける 酒類 醬油類 調査 復命書,
釀造試驗所 報告, **2**,

171. 福本俊吉, 矢田 威, 澁川鑛藏. 1923.
藥酒釀造試驗, 朝鮮總督府 中央試驗所 報告, 第**5**會 第3號, 81.

172. 加來天民, 西川不二男. 1925.
朝鮮人の 飮食物 及 嗜好品の 研究 (第1報), 朝鮮酒の 分析報告,
朝鮮醫學會雜誌, **55**, 33.

173. 草道常春. 1925.
朝鮮酒 酵母に 就て.
總督府 酒類 試驗所, 朝鮮酒造協會雜誌, **2**(1), 1.

174. 加來天民, 西川不二男. 1925.
朝鮮人の 飮食物 及 嗜好品の 研究 (第1報), 朝鮮酒の 分析報告,
朝鮮醫學會雜誌, **55**, 33.

175. 上野民男. 1927.
朝鮮酒, 醬油, 味噌, 酢の 分析. 朝鮮總督府 中央試驗所 報告, **9**.

176. 山崎百治. 1931.
朝鮮酒 酒造界 視察 後記, 釀造學雜誌, **9**, 271～277.

177. 淸水千穗彦. 1931.
農學博士 山崎百治氏の 朝鮮酒 酒造界 視察 後記を 濱んで,
釀造學雜誌, **9**, 518～522.

178. 渡邊八郎. 1939.
朝鮮の釀造業. 釀造論文集(日本釀友會發行), **6**, 151.

179. 小原巖. 1940.
朝鮮産燒酒に就て(一般分析), 農藝化誌, **16**(6), 575～580.

180. 김찬조. 1959.
한국주류성분에 관한 연구(2), Paper chromatography에 의한 탁주중의
유리 아미노산의 검색. 한국농화학회지. **9**, 59.

181. 양형호. 1959.
Paper chromatography에 의한 주류중의 유리 아미노산의 검색.
중앙대학교 논문집. **4**, 477.

182. 손태화. 1961.
탁주 양조에 미치는 항생물질의 영향 (제1보). 경북대학교 논문집, **5**, 157.

183. 김찬소. 1963.

탁주 양조 중 유기산 및 당규의 소장에 관한 연구. 농화학회지, **4**, 33~42.

184. 한용석, 김기주. 1965.
한국산 발효미생물에 관한 연구(제3보), 효모의 분류.
연구보고(공업연구소). **15**, 22.

185. 황우익. 1967.
탁주 중 Riboflavin의 흡수 이용에 관한 연구. 종합의학. **12**(1), 43.

186. 이성범. 1967.
탁약주류 제조에 있어서의 효소원 및 그의 효율적인 첨가방법에 관한 연구.
한국미생물학회지, **5**(2), 43~54.

187. 조덕현, 신용두. 1967.
Gas chromatography에 의한 한국산 주류중의 유기산 검색.
기술연구소보, **2**, 1.

188. 정지흔. 1967.
원료를 달리하는 탁주 숙성요 중의 유기산 및 당류의 검색에 관한 연구.
농화학회지, **8**, 39~43.

189. 김찬조. 1967.
한국 주류에 관한 연구. (제3보). 탁주 양조 중 Fusel유의 소장에 대하여.
충남대학교 논문집 (자연과학편). **6**, .

190. 홍순우, 하영칠, 임병종. 1968.
시중 막걸리의 성분과 그 동태. 양조시험소보, **1**, 18

191. 이배함. 1968.
우리나라 발효제에서 분리된 미생물의 분리 및 생리학적 조사 연구.
양조시험소보, **1**, 39.

192. 정기택, 유대식. 1968.
액체국(液體麴) 제조에 관한 연구, 이종(異種)균주의 혼합배양 시 국균의
이식방법에 관하여. 경북대학교 논문집(자연과학편), **12**, 43~48.

193. 유대식, 정기택. 1968.
*Aspergillus oryzae*의 alpha- 및 beta-amylase활성에 미치는 gibberellin의
영향에 관한 연구. 미생물학회지, **6**, 68~74.

194. 김찬조. 1968.
탁주 양조에 관한 미생물학적 및 효소학적 연구, 농화학회지, **10**, 69~100.

195. 이성범, 임동순. 1968.
막걸리 중 대장균군의 오염에 관한 연구. 양조시험소보. **1**, 7.

196. 유준, 장학래. 1968.
막걸리에 있어서의 병원성 세균에 관한 연구, 막걸리에 있어서의 대장균의

검출 및 생태에 관한 연구 (제1보). 양조시험소보. **1**, 13.

197. 홍순우, 하영칠, 임병종. 1968.
시중막걸리의 성분과 그 동태. 양조시험소보. **1**, 18.

198. 오신섭, 노익상, 이성범. 1968.
주류용 플라스틱 용기 제작에 관한 연구(제1보). 양조시험소보. **1**, 27.

199. 양조시험소. 1968.
서울시내 탁주제조장 정수 분석. 양조시험소보 **1**, 46.

200. 김찬조. 1968.
한국 주류성분에 관한 연구(제2보), Paper chromatography에 의한 탁주중의 유리 Amino산의 검색. 한국농화학회지. **9**, 59～64.

201. 김찬조. 1968.
탁주 양조에 관한 미생물학적 및 효소학적 연구.
한국농화학회지. **10**, 69～100.

202. 홍순우, 하영칠, 윤권상. 1968.
탁주요 중의 당화작용과 Amylase Activity의 변화에 대하여.
한국미생물학회지, **6**(4), 141～146.

203. 이성범, 임동순. 1968.
막걸리중 대장균군의 오염에 관한 문제. 양조시험소보. **1**, 5.

204. 정기택, 유대식. 1969.
고구마 전분질 원료(물엿)을 이용한 주류제조에 관한 연구.
양조시험소보. **2**, 19.

205. 노익상. 1969.
주류용 프라스틱 용기 규격. 양조시험소보. **2**, 70.

206. 김찬조. 1969.
한국주류중의 비타민 함량에 관한 연구. 기술연구소보. **2**, 8.

207. 이배함, 정정구. 1969.
막걸리 대체원료에 따른 고성능 발효균주 개발에 관한 연구.
기술연구소보, **2**, 14.

208. 조덕현, 신용두. 1969.
Gas chromatography에 의한 한국산 주류중의 유기산 검색.
기술연구소보, **2**, 1.

209. 홍순우, 하영칠, 윤권상. 1969.
막걸리의 성분과 그 보존성에 관한 연구(제1보), 막걸리중의 아미노산에 관한 연구. 기술연구소보. **2**, 46.

210. 이성범, 장원길, 이용우. 1969.

막걸리 제조 시 술덧의 성분동태에 관한 연구(제1보), 대체원료 및 분국(배상면제조)을 사용한 막걸리의 제조. 기술연구소보 **2**, 56.

211. 이성범, 장원길, 임병종, 김덕치. 1969.
막걸리 제조 시 술덧(mash)의 성분동태에 관한 연구 (제1보), 대체원료 및 개발 효소제를 사용한 막걸리의 제조. 한국미생물학회지. **7**(4), 153～158.

212. 이성범, 최경환, 임동순, 김덕치. 1969.
막걸리 제조의 효소제 개발 (제1보), 탄수화물 및 단백질 분해력에 대하여. 한국미생물학회지. **7**(4), 159～167.

213. 이배함, 정정구. 1969.
막걸리 대체원료에 따른 고성능 발효균주 개발에 관한 연구. 기술연구소. **2**, 14.

214. 이근배, 김종협. 1969.
방사선조사에 의한 한국산 탁주 및 약주의 shelf-life에 관한 연구. 한국미생물학회지. **7**(2), 45～56.

215. 홍순우, 하영칠, 민경희. 1969.
탁주료 중의 단백질분해효소에 관한 연구. 한국미생물학회지, **7**(3), 115～124.

216. 홍순우. 1970.
탁주 및 탁주료(醪)의 화학성분과 그 변화에 관한 연구. 한국미생물학회지. **8**, 197～115.

217. 김찬조. 1970.
TTC-agar 중층법에 의한 탁주 효모의 류별 및 그 소장에 관한 연구. 한국미생물학회지, **8**, 69～76.

218. 金俊彦, 李培咸. 1970.
韓國産 酵母의 分類學的 硏究, 탁주에서 분리된 효모에 대하여. 한국미생물학회지, **8**, 77～84.

219. 신용두, 조덕현. 1970.
탁주 발효에 있어서 발효미생물군의 변동에 대하여. 한국미생물학회지, **8**, 53～64.

220. 이주식, 이태우. 1970.
탁주의 Microflora에 관한 연구. 한국미생물학회지, **8**, 116～133.

221. 박명삼, 나철호. 1970.
한국산 야생효모에 관한 연구(제2보), 야생효모와 *Drosophila*. 한국미생물학회지, **8**, 95～102.

222. 홍순우, 하영칠, 민경희. 1970.

탁주 및 탁주 원료의 화학 성분과 그 변화에 관한 연구.
한국미생물학회지. **8**, 107～115.

223. 김찬조, 최우영. 1970.
탁주 양조 중 Thiamin의 소장에 관한 연구.
한국농화학회지, **13**(1), 105～109.

224. 김찬조, 최우영. 1970.
탁주양조 중 Riboflavin의 소장에 관한 연구.
한국농화학회지. **13**(3), 219～222.

225. 정호권. 1970.
곡자의 개량에 관한 연구(제1보), 개량곡자의 제조 및 그 능력.
한국식품과학회지, **2**(1), 88～92.

226. 민경영, 정우태. 1970.
식품의 방부제에 관한 연구(1),
탁주 양조에 있어서 5-nitro-2-furaldehyde semicarbeazone의 방부 효과.
충북대학교 논문집. **4**, 311.

227. 김상재. 1971.
한국산 *Aspergillus*에 관한 분류학적 연구, 한국미생물학회지, **9**, 1～26.

228. 정기택, 유대식. 1971.
고구마 전분질 원료를 이용한 주류 제조에 관한 연구. 한국미생물학회지, **9(3)**, 103～120.

229. 김찬조, 최우영, 오만진. 1972.
탁주 양조 원료로서 고구마의 이용에 관한 연구. 한국농화학회지. **15**, 213.

230. 이재관, 정문식, 이용욱. 1972.
탁주의 세균오염도 조사 연구. 공중보건잡지. **9**, 373.

231. 박명삼. 1972.
한국산 야생효모에 관한 연구(제3보), 야생효모의 분포조사.
한국미생물학회지, **10**, 51～58.

232. 박명삼. 1973.
한국산 야생효모에 관한 연구(제4보), 발효사료의 제조에 대하여.
한국미생물학회지, **11**, 157～166.

233. 박윤중, 이양건, 오만진. 1973.
탁주효모에 관한 연구(제1보). 한국농화학회지, **16**(2), 78～84.

234. 박윤중, 이양건, 오만진. 1973.
탁주효모에 관한 연구(제2보), 탁주요의 발효에 미치는 효모 종류의 담금 조건의 영향. 한국농화학회지, **16**(2), 85～93.

235. 고춘명, 최태우, 유준. 1973.
한국고유주의 일종인 탁주(막걸리)에 대한 미생물학적 연구.
한국미생물학회지. **11.** 167～184.

236. 이성동, 유영홍. 1973.
주정발효용 효소제 배양 제조조건이 amylase활성에 미치는 영향.
한국식품과학회지, **5**, 224.

237. 김성열, 오만진, 김찬조. 1974.
감자를 이용한 탁주제조에 관한 연구. 한국농화학회지, **17**(2), 81～92.

238. 김찬조, 오만진, 김성열. 1975.
자외선조사에 의한 탁주효모의 변이주육성에 관한 연구(제1보), 변이주의 선정 및 동정. 한국농화학회지, **18**(1), 10～15.

239. 김찬조, 오만진, 김성열. 1975.
자외선 조사에 의한 탁주효모의 변이주육성에 관한 연구(제2보), 변이주의 생리적 성질에 관하여. 한국농화학회지, **18**(1), 16～22.

240. 김찬조, 오만진, 김성열. 1975.
자외선 조사에 의한 탁주효모의 변이주 육성에 관한 연구(제3보), 변이주의 생산능 및 변이주를 이용한 탁주양조에 대하여.
한국농화학회지, **18**(1), 23～29.

241. 강효원, 권태종, 이일근. 1975.
시판 정제효소제를 이용한 탁주제조에 관한 연구(제1보). 유산균의 첨가 효과. 한국산업미생물학회지. **3**, 35.

242. 강효원, 권태종, 이일근,. 1975.
시판 정제효소제를 이용한 탁주제조에 관한 연구(제2보). 탁주의 품질 검토. 한국산업미생물학회지. **3(1)**, 41～48.

243. 최경환, 김덕치, 서보인. 1975.
탁약주원료 대체에 관한 시험양조. 기술연구소보. **3**, 1.

244. 강연섭, 연두흠. 1975.
정제효소를 이용한 탁주제조 시험. 기술연구소보. **3**, 22.

245. 최경환, 오세복. 1975.
합성 탁주제조에 대하여. 기술연구소보. **3**, 33.

246. 이상영, 임동식, 박계인. 1975.
*Aspergillus kawachii*를 이용한 탁주 양조법에 따른 무기물의 변동.
한국미생물학회지. **13**, 116.

247. 윤복현, 박윤신, 이석건. 1975.
Aspergillus usamii shirousamii U_2 균의 국실배양에 의한 유기산 및 당화

효소 생성에 관한 연구. 한국식품과학회지, **7**, 238.

248. 김찬조. 1978.
한국주류성분에 관한 영구(제2보), Paper chromatography에 의한 유리 아미노산의 검색. 한국농화학회지, **9**, 59～ .

249. 조용학, 성낙계, 정덕화, 윤한대. 1979.
쌀 막걸리의 미생물학적 연구(제1보).
분리균주 M-80의 쌀막걸리 제국용으로서의 이용성.
한국산업미생물학회지. **7**(4), 217～223.

250. 성낙계, 정덕화, 심기환, 김영걸. 1979.
경상대학교 농업연구소보, **13**, 25.

251. 정덕화, 성낙계. 1980.
쌀 막걸리의 미생물학적 연구(제2보). 쌀 막걸리 제국 중 핵산분해효소 및 핵산관련 물질. 한국산업미생물학회지. **8**(1), 1～8.

252. 김영찬, 성낙계, 정덕화, 강인수. 1983.
쌀막걸리의 미생물학적 연구.
제4보 : 담금 중 핵산분해효소계의 성질 및 핵산관련 물질의 변화.
한국식품과학회지. **15**(3), 245～251.

253. 小泉武夫, 鈴木昌治, 野白喜久雄. 1984.
*Ustilaginoidea virens*と *Aspergillus oryzae*の 無蒸煮米 および 蒸米における増殖性と 酵素の 生産について, 醸協, **79**(7), 500～503.

254. 小泉武夫, 鈴木昌治, 角田潔和, 長坂進, 野白喜久雄. 1985.
麥 穗に 棲息する 絲狀菌について, 醸協, **80**(11), 807～811.

255. 신현경, 안병학. 1985.
아미노산의 종류에 따라 *Saccharomyces cerevisiae*가 생성하는 향기의 변화. 한국농화학회지, **28**(3), 196～201.

256. 정지흔, 정순택. 1985.
탁주 보존 중 품질변화와 미생물군 소장. 한국농화학회지, **28**(4), 252～260.

257. 이양순. 1986.
조선시대 술의 분류학적 고찰. 한국식품조리과학회지. **2**(1), 17～37.

258. 이원경, 김정림, 이명환. 1987.
국균을 달리한 탁주 양조 중 유리아미노산 및 유기산의 소장.
한국농화학회지. **30**, 323～327.

259. 장지현. 1989.
우리나라 술의 역사. 한국식문화학회지, 4, 271～.

260. 이철호, 이현덕, 김지용, 김기명. 1989.

탁주의 관능적 품질요소와 이들의 열처리에 의한 변화.
한국식문화학회지, **4**(4), 302～307.

261. 이성기, 김인호, 민병용. 1990.
Lysozyme 및 glycine의 첨가가 막걸리의 품질에 미치는 영향.
한국농화학회지, **33**(3), 252～256.

262. 배상면, 김현진, 오태광, 고영희. 1990.
저온 살균에 의한 탁주의 보존성 증진.
한국산업미생물학회지. **18**(3), 322～325.

263. 손순기, 노영흔, 김헌진, 배상면. 1990.
Rhizopus Koji를 이용한 무증자 쌀탁주 양조.
한국산업미생물학회지. **18**(5), 506～510.

264. 이철호, 태원택 김기명, 이현덕. 1991.
탁주의 저온 살균 조건에 관한 연구. 한국식품과학회지. **23**(1), 44～51.

265. 윤태헌, 이미경. 1991.
전통누룩으로 빚은 전통주의 품질평가 및 누룩의 문헌고찰.
(주)미원부설 한국음식문화연구원 연구보고서, p. 1.

266. 소명환. 1991.
*Aspergillus kawachii*와 *Aspergillus oryzae*의 병용에 의한 탁주의 품질개선.
한국식품영양학회지, **4**(2), 115～124.

267. 최선희, 김옥경, 이면환. 1992.
가스크로마토그래피에 의한 재래주 발효 중 알코올과 유기산 분석.
한국식품과학회지. **24**(3), 272～278.

268. 김정옥, 김종군. 1993.
전통이화주의 양조와 관련된 미생물 및 효소적 특성.
한국식품조리과학회지, **9**(4), 266～271.

269. 김정옥, 남상면, 김종군. 1993.
전통이화주의 양조 중의 화학성분 변화.
한국식품조리과학회지, **9**(4), 272～277.

270. 김경만, 전재근. 1993.
Single Chip Microcomputer를 이용한 탁주발효의 자동계측과 제어방법.
한국식품과학회지, **25**(4), 391～394.

271. 김성미. 1993.
「攷事十二集」의 조리 가공에 관한 분석적 연구(1).
동아시아 식생활학회지, **3(2)**, 1～13.

272. 김정옥, 김종군. 1994.

전통 이화주 양조 중의 주요성분(유기산, 알코올, Fusel oil) 및 관능적 품질 특성. 한국식품조리과학회지. **10**(1), 1～7.

273. 안은숙, 김문숙, 신동화. 1994.
식용 식물로부터 얻은 추출물의 두부, 어묵, 막걸리 변질균에 대한 항균성 검색. 한국식품과학회지, **26**(6), 733～739.

274. 이계호. 1994.
한국 약주 탁주의 특성과 신기술. 생물산업. **7**(4), 36～46.

275. 이미경, 이성우, 윤태헌. 1994.
전통누룩으로 빚은 발효주의 품질 평가. 한국식품영양학회지. **23**(1), 78～89.

276. 김정옥, 김종군. 1994.
전통 이화주 양조 중의 주요성분(유기산, 알코올, Fusel Oil) 및 관능적 품질 특성. 한국식품조리과학회지. **10**(1), 1～7.

277. 김태영, 윤인화. 1995.
전통누룩과 약탁주의 품질향상 및 산업화 기술 연구. 전통발효식품의 과학화 연구 보고서, 농촌진흥청 작물시험장.

278. 소명환. 1995.
곰팡이 균종을 달리한 밀가루 누룩의 탁주양조 적성
한국영양학회지, **8**(1), 6～12.

279. 조갑연, 하덕모. 1995.
누룩 중의 젖산균의 분리 및 동정, 한국농화학회지, **38**(2), 95～99.

280. 양지영, 이계호. 1996.
향토주인 산성 막걸리의 미생물학적 고찰과 저장성에 관한 연구.
한국식품과학회 **28**(4), 779～785.

281. 소명환, 이재우. 1996.
Rhizopus japonicus 누룩과 *Aspergillus oryzae* 누룩의 병용에 의한 탁주양조. 한국영양식량학회지. **25**(1), 157～162.

282. 조미경, 이원종. 1996.
비지와 막걸리박을 이용한 고식이섬유 빵의 제조.
한국식품영양과학회지. **25**(4), 632～636.

283. 이주선, 이택수, 박성오, 노봉수. 1996.
원료를 달리하여 담금한 탁주술덧의 향기 성분.
한국식품과학회지. **28**(2), 316～323.

284. 이주선, 이택수, 박성오, 노봉수. 1996.
원료를 달리하여 담금한 탁주 발효 과정중의 술덧의 향기 성분.
한국식품과학회지. **28**(2), 330～336.

285. 이주선, 이택수, 노봉수, 이동선. 1996.
멥쌀 탁주 술덧의 발효 과정 중 휘발성 향기 성분.
한국농화학회지, **39**, 249～254.

286. 박인선, 김정호, 김태진, 김남수, 노봉수. 1996.
Dual Cathods Electrode를 이용한 바이오센서로 탁주 중의 포도당 및 에탄올의 동시 측정. 한국식품과학회 **28**(5), 974～980.

287. 한은혜, 이택수, 노봉수, 이동선. 1997.
누룩 종류를 달리하여 담금한 탁주 발효 과정 중 술덧의 품질특성.
한국식품과학회지. **29**(3), 555～562.

288. 한은혜, 이택수, 노봉수, 이동선. 1997.
누룩 종류를 달리하여 담금한 탁주 술덧의 휘발성 성분.
한국식품과학회지. **29**(3), 563～570.

289. 송재철, 박현정, 신완철. 1997.
탁주 양조 중 Cyclodextrin의 첨가에 의한 주질 변화에 관한 연구.
한국식품과학회지, **29**(5), 895～900.

290. 김태영, 윤인화. 1997.
개량누룩을 이용한 전통주의 품질특성.
동아시아 식생활학회지. **7**(3), 399～404.

291. 송보현, 김정호, 최갑성. 1998.
전통 누룩과 전통주의 품질 향상 및 산업화 기술 연구 보고서(전통 약용주 기능성 향상 및 산업화 연구). p. 515～635.

292. 이택수, 최진영. 1998.
찹쌀 및 보리쌀 탁주 술덧의 발효 과정 중 휘발성 향기 성분의 특성.
한국식품과학회지. **30**(3), 638～643.

293. 안병학, 권동진, 박종현, 김선주. 1998.
전통누룩과 전통주의 품질향상 및 산업화 기술연구 보고서, (전통주 발효를 위한 효모 및 젖산균 응용연구) p. 217～249.

294. 소명환, 이영숙, 노완섭. 1999.
개량누룩에 의한 탁주양조 중 미생물과 중요성분 변화.
한국식품영양학회지. **12**(3), 226～232.

295. 소명환, 이영숙, 한성희, 노완섭. 1999.
개량누룩으로 제조한 탁주의 중요 향미 성분 분석.
한국식품영양학회지. **12**(4), 421～426.

296. 소명환, 이영숙, 노완섭. 1999.
개량누룩의 사용에 의한 탁주의 품질 개선.

한국식품영양학회지. **12**(4), 427~432.
297. 이택수, 한은혜. 2000.
Rhizopus japonicus 누룩으로 담금한 탁주 술덧의 발효 과정 중 휘발성향기 성분. 한국식품과학회지. **32**(3), 691~698.
298. 김현수, 유대식. 2000.
전통주류 향기 성분의 연구 개발 동향. 주류산업, **20**(2), 55-69.
299. 강선영, 유대식. 2000.
한국전통발효 효모인 *Saccharomyces coreanus*의 분류학적 특성.
계명대 기초과학연구논집, **19**(2), 43~47.
300. 좌미경, 임상빈, 목철균, 박영서. 2001.
초고압 처리에 의한 좁쌀탁주의 미생물 살균 및 효소 불활성화.
한국식품과학회지. **33**(2), 226~230.
301. 이택수, 한은혜. 2001.
Aspergillus oryzae 누룩으로 담금한 탁주 술덧의 발효 과정 중 휘발성 향기 성분. 한국식품과학회지. **33**(3), 366~372.
302. 박창숙, 이택수. 2002.
밀가루 누룩으로 담금한 탁주 술덧의 품질 특성.
한국식품과학회지. **34** (2), 296~302.
303. 김재호, 이대형, 최신양, 이종수. 2002.
전통 민속주의 생리기능성 탐색. 한국식품과학회지, **34**(1), 118~122.
304. 곽호열, 이상진, 이대열, 백낙훈, 홍성렬, 김계원, 백남인. 2008.
누룩(*Rhizopus oryzae* KSD-815)으로부터 분리한 지질화합물의 세포독성 및 항염증 활성. 한국농화학회지. **51**(2), 142~147.
305. 이상선, 김교숙, 엄창근, 홍인표. 2002.
각종 누룩 균을 이용한 실험실조건에서의 막걸리 제조.
한국균학회지, **30** (1), 61~65.
306. 유대식. 2002.
한국 고유 효모균 *Saccharomyces coreanus*의 생리적, 형태적 특성.
계명대 기초과학연구논집, **21**(2), 65~70.
307. 김소원, 김명애. 2002.
약과반죽에 사용된 주류의 종류가 약과의 조직과 품질에 니치는 영향.
한국조리과학회지. **18**(2), 232~237.
308. 서승보, 김재호, 김나미, 최신양, 이종수. 2002.
아카시아꽃(*Robinia psedo-acasis*)의 첨가가 전통주의 생리기능성에 미치는 영향. 한국미생물생명공학회지, 30, 410~414.

309. 유대식. 2003.
Saccharomyces coreanus IFO 1833의 생리적, 형태적 특성.
계명대 기초과학연구논집, **22**(2), 47~50.

310. 윤숙자. 2003.
막걸리와 물의 첨가비율에 따른 증편의 품질 특성.
한국식품조리과학회지. **19**(1), 11~16.

311. 신순영, 서수환, 조원대, 이효구, 황한준. 2003.
탁주 제조 시 율무 첨가에 따른 휘발성 성분의 분석.
한국식품영양학회지. **32**(8), 1206~1213.

312. 송재철, 박현정. 2003.
2단담금에서 무증자 발아현미를 이용한 막걸리 제조.
한국식품과학회지, **32**(6), 847~854.

313. 김태영, 김상범, 정용진, 신진숙, 박난영. 2003.
참외를 첨가한 탁주 술덧 식초의 품질 특성.
한국식품저장유통학회지, **10**(4), 522~526.

314. 박진호, 배상면, 육 철, 김재식. 2004.
묵은 쌀(古米)을 사용한 탁주의 발효 특성.
한국식품과학회지, **36**(4), 609~615.

315. 임상빈, 좌미경, 목철균, 박영서, 우건조. 2004.
초고압 처리한 좁쌀탁주의 저장 중 미생물수, 효소활성 및 품질변화.
한국식품과학회지, **36**(2), 233~238.

316. 박영규, 김희정. 2004.
지하수의 오존과 UV처리가 탁주의 품질 특성에 미치는 영향.
한국식품과학회지, **36**(2), 255~261.

317. 정은주, 백남수, 김영만. 2004.
벼 도정 부산물을 이용한 탁주 제조에 관한 연구.
한국식품영양학회지. **17**(2), 199~205.

318. 임용성, 배상면, 김근. 2004.
주박으로부터 효모포자의 생산.
한국미생물생명공학회지, **32**(2), 184~189.

319. 이택수, 최진연. 2005.
Aspergillus kawachii 누룩으로 담금한 탁주 술덧의 발효 과정 중 휘발성 향기 성분. 한국식품과학회지. **37**(6), 944~950.

320. 송재철, 박현정, 신완철. 2005.
탁주 2단 담금 시 aG-Hesperidine의 주질 변화.

한국식품영양학회지, **18**(3), 161~167.

321. 예은주, 김수정, 박창호, 배만종. 2005.
전통적 탁주증자법으로 처리한 홍삼의 일부 항산화 및 항암효과.
한국식품영양과학회지, **34**(5), 599~604.

322. 서미영, 이종경, 안병학, 차선광. 2005.
약 탁주 발효 과정 중 미생물 균총의 변화.
한국식품과학회지, **37**(1), 61~66.

323. 박제원. 2006.
막걸리 중 ochratoxin A 분석의 개선.
한국식품과학회지, **38**(1), 140~142.

324. 정진웅, 박기재, 김명호, 김동수. 2006.
탁주 분말을 첨가한 식빵의 품질 특성.
한국식품과학회지, **38**(1), 52~58.

325. 정진웅, 박기재, 기명호, 김동수. 2006.
분무 및 동결 건조 탁주 분말의 저장 중 품질변화.
한국식품과학회지, **38**(4), 513~520.

326. 이흥숙, 이택수, 노봉수. 2006.
효모종류를 달리한 탁주 술덧의 휘발성 성분.
한국식품과학회지, **38**(6), 593~599.

327. 박영석, 이윤정, 이기택. 2006.
유통 주류의 포름알데히드 및 아세트알데히드 함량 분석.
한국식품영양학회지. **35**(10), 1412~1419.

328. 송재철, 박현정, 신완철. 2006.
Carrageenan에 의한 탁주 고형물 침전 억제 및 품질 개선에 관한 연구.
한국식품영양학회지, **19**(3), 288~295.

329. 정진웅, 박기재, 김명호, 김동수. 2006.
율피가루를 첨가한 탁주의 품질 특성.
한국식품저장유통학회지, **13**(3), 329~336.

330. 김순미, 조우균 2006.
탁주 주박의 섭취가 스트렙토조토신으로 당뇨를 유발시킨 흰쥐의 혈당수준에 미치는 효과. 한국식생활문화학회지. **21**(6), 638~643.

331. 류희영, 금은주, 배경화, 김영관, 권인숙, 손호용. 2007.
시판 전통주의 항균, 항산화 및 항혈전 활성 평가.
한국미생물생명공학회지, **35**(3), 238~244.

332. 김철암, 김은수, 은종방, 왕승진, 왕명현. 2007.

홍국 쌀 첨가량을 달리하여 제조한 약주의 이화학적 및 관능적 특성 변화.
한국식품과학회지, **39**(3), 309~314.

333. 이흥숙, 이택수, 노봉수. 2007.
효모종류를 달리한 탁주 술덧의 휘발성 향기 성분.
한국식품과학회지. **39**(6), 593~599.

334. 김순미, 윤철호, 조우균. 2007.
주박 첨가에 따른 국수의 품질특성. 한국식생활문화학회지. **22**(3), 359~364.

335. 김지영, 성기욱, 배현웅, 이영현. 2007.
팽화미분 첨가에 따른 탁주 양조 중 pH, 산도, 색도, 환원당, 총당, 알코올 그리고 관능 성질 변화. 한국식품과학회지, **39**(3), 266~271.

336. 이흥숙, 이택수, 노봉수. 2007.
효모종류를 달리한 탁주 술덧의 휘발성 향기 성분.
한국식품과학회지. **39**(6), 593~599.

337. 김순미, 윤철호, 조우균. 2007.
주박첨가에 따른 국수의 품질특성.
한국식생활문화학회지. **22**(3), 359~364.

338. 김지영, 성기욱, 배현웅, 이영현. 2007.
팽화미분 첨가에 따른 탁주 양조 중 pH, 산도, 색도, 환원당, 총당, 알코올 그리고 관능 성질 변화. 한국식품과학회지, **39**(3), 266~271.

339. 김철암, 이완규, 이인숙, 왕명현. 2008.
더덕을 첨가하여 제조한 약주의 이화학적 관능적 및 항산화 특성 변화.
한국식품과학회지, **40**(2), 201~206.

340. 서동수, 김재호, 안병학, 이종수. 2008.
전통주의 항치매 활성과 심혈관질환 활성 및 항산화 활성 탐색.
한국미생물생명공학회지, **36**(4), 320~325.

341. 신미옥, 강대연, 김미향, 배송자. 2008.
막걸리 분획물에 의한 암세포 성장 억제 및 Quinone Reductase 활성 증가 효과. 한국식품영양과학회지. **37**(3), 288~293.

342. Jin, J. S., Y. Kim, Q. Jin, H. J. Eom, and N. S. Han. 2008.
Diversity analysis of lactic acid bacteria in *Takju*, Korean rice wine.
J. Microbio. Biotechnol. **18**(10), 1678~1682.

343. 김아람, 이소영, 김꽃봉우리, 송유진, 김진희, 김미경, 지경원, 안임숙, 안동현. 2008.
감초 첨가에 의한 탁주의 저장성 및 품질 증진 효과.
한국식품과학회지, **40**(2), 194~200.

344. 김혜련, 조성진, 이승주, 안병학. 2008.
첨가원료 종류에 따른 전통발효주의 이화학 및 관능특성.
한국식품과학회지, **40**(5), 551~557.
345. 성진희, 한명주. 2008.
인삼막걸리로 제조한 증편의 품질특성.
한국식품조리과학회지. **24**(6), 837~848.
346. 이기석, 배상욱, 강창민, 정성용. 2008.
탁주제조공장 폐수로부터 혼합균주에 의한 수소생산.
한국생물공학회지, **23** (3), 199~204.
347. 이특재, 황대연, 이충열, 손홍주. 2009.
한국 전통주인 막걸리의 발효 및 유통과정에서의 효모 및 총산과 유기산의 변화. 한국미생물학회지, **45**(4), 391~396.
348. 김혜련, 권영희, 조성진, 김재호, 안병학. 2009.
누룩에서 분리한 효모를 이용한 찹쌀발효주의 이화학적 특성 및 휘발성 향기 성분. 한국식품과학회지, **41**(3), 296~301.
349. 송정화, 이지수, 이은나, 이승환, 김재호, 이종수. 2009.
전통 구기자 탁주의 제조 및 품질 특성.
한국식품영양학회지. **22**(1), 86~91.
350. 이대형, 김재호, 이종수. 2009.
배 첨가가 막걸리의 품질과 생리 기능성에 미치는 영향.
한국식품영양학회지. **22**(4), 606~611.
351. 이현숙, 홍경화, 윤철호, 김재민, 김순미. 2009.
막걸리박 열수추출물이 *db*/*db* mouse에서 혈당에 미치는 영향.
한국식생활문화학회지. **24**(2), 219~223.
352. 이현숙, 홍경희, 김재영, 김동희, 윤철호, 김순미. 2009.
막걸리박 열수추출물 첨가 식이가 선천성 고혈압 쥐(SHR)의 혈압 저하에 미치는 영향. 한국식생활문화학회지. **24**(3), 338~343.
353. 이장운, 정진주, 최은주, 강성태. 2009.
허니컴방식 UV 살균기를 이용한 살균 탁주의 저장 중 품질 변화.
한국식품과학회지, **41**(6), 652~656.
354. 우관식, 고지연, 송석보, 이재생, 오병근, 김종래, 남민희, 류인수, 정헌상, 서명철. 2010.
수수 첨가량 및 누룩을 달리한 발효주의 이화학 특성.
한국식품영양과학회지. **39**(4), 548~553.
355. Seo, Ha Na, Bo Young Jeon, Aram Yun, and Doo Hyun Park. 2010

Effect of glasswort (*Salicornia herbacea* L.) on microbial community variations in the vinegar-making process and vinegar characteristics.
J. Microbiol. Biotechnol. **20**(9), 1322~1330.

356. Kim, Hye Ryun, Jae-Ho Kim, Dong-Hoon Bae, and Byung-Hak Ahn. 2010.
Characterization of *Yakju* brewed from glutinous rice and wild-type yeast strains isolated from *Nuruks*.
J. Microbiol. Biotechnol. **20**(12), 1702~1710.

357. 이홍숙, 박창숙, 최진영. 2010.
효모 종류를 달리한 탁주 술덧의 품질 특성.
한국식품과학회지, **42**(1), 56~62.

358. 신미옥, 김미향, 배송자. 2010.
막걸리의 혈행, 지질개선 효과 및 in vitro에서의 ACE 저해 효과.
생명과학회지, **20**(5), 710~716.

359. 조은경, 김희연, 변현지, 김수원, 최영주. 2010.
막걸리열수 추출물의 아질산염 소거능, 알코올 분해능 및 angiotensin converting enzyme저해 효과. 생명과학회지, **20**(5), 768~774.

360. 우관석, 이재생, 고지연, 송석보, 오병근, 강종래, 남민희, 류인수, 서명철. 2010.
누룩 및 조 첨가량에 따른 전통발효주의 이화학적 특성.
한국식품과학회지, **42**(3), 298-303.

361. 김지영, 이영현. 2010.
팽화차조 첨가에 따른 조 막걸리의 양조 중 pH, 산도, 색도, 아미노산, 환원당, 총당 및 알코올 함량 변화. 한국식품과학회지, **42**(6), 727~732.

362. 이미영, 성시열, 강현각, 변홍섭, 정상미, 송정화, 이종수. 2010.
충남지역 주요 전통주의 품질특성 및 생리기능성.
한국미생물생명공학회지, **38**(2), 177~182.

363. 백성열, 윤혜주, 최혜선, 홍승범, 구본성, 여수환. 2010.
충천지역 누룩에서 양조용 우수 곰팡이의 탐색 및 특성.
한국미생물생명공학회지, **38**(4), 373~378.

364. 우승미, 신진숙, 성종환, 여수환, 최지호, 김태영, 정용진. 1010.
누룩 종류에 따른 현미 탁주의 품질 특성.
한국식품영양과학회지. **39**(2), 301~307.

365. 최은주, 정진주, 이장운, 강성태. 2010.
자외선 살균이 청징 탁주의 저장 중 품질에 미치는 효과.

한국식품영양과학회지. **39**(3), 461~466.

366. 우관식, 고지연, 송석보, 이재생, 오병근, 강종래, 남민희, 류인수, 정헌상, 서명철. 2010.
수수 첨가량 및 누룩을 달리한 발효주의 이화학 특성.
한국식품영양과학회지. **39**(4), 548~553.

367. 여수환, 정용진. 2010.
국내 막걸리 산업의 현황과 발전 방안. 식품과학과 산업. **43**(4), 55~64.

368. 이계순, 김귀순, 박금순. 2010.
증편의 이용현황과 인지도 및 막걸리 종류를 달리한 증편의 기호도 및 구매도. 한국식품조리과학회지. **26**(6), 745~752.

369. 박상순, 윤진아, 김제중. 2010.
강낭콩을 첨가한 탁주 품질 특성. 동아시아식생활학회지, **20**(4), 575~581.

370. 하재호. 2011. 4. 11.
한국식품연구원 식품분석센터 발표문.

371. 이상진, 신우창. 2011.
막걸리의 건강 기능성. 식품과학과 산업. **44**(4), 2~11.

372. 김혜련, 안병학. 2011.
막걸리용 효모의 분리 및 선발. 식품과학과 산업. **44**(4), 12~17.

373. 염성관. 2011.
국내 막걸리 산업의 변천사. 식품과학과 산업. **44**(4), 18~27.

374. 전한영, 박성기. 2011.
전통주 등의 산업발전 기본계획. 식품과학과 산업. **44**(4), 28~32.

375. 유하나, 정장호. 2011.
연잎을 첨가한 탁주의 발효특성. 한국식품조리과학회지. **27**(5), 577~587.

376. 김상연, 김은경, 윤성준, 조남지, 정수경, 권상호, 장윤혁, 정윤화. 2011.
오이를 첨가한 막걸리의 발효기간 중 이화학적 및 미생물학적 특성.
한국식품영양과학회지. **40**(2), 223~228.

377. 전미향, 이원종. 2011.
블루베리 첨가 막걸리의 발효특성. 한국식품영양과학회지. **40**(3), 444~449.

378. 김경민, 정우재, 신정혜, 강민정, 성낙주. 2011.
설기떡을 이용한 흑마늘 막걸리의 제조와 품질 특성.
한국식품영양과학회지. **40**(5), 759~766.

379. 고유진, 강상동, 강상태, 류충호. 2011.
마늘 첨가 막걸리의 품질 특성 및 항알레르기 효과.
생명과학회지, **21**(11), 1592~1598

380. 이상진, 김지혜, 정용우, 박선영, 신우창, 박천석, 홍성렬, 김계원. 2011.
시중 유통 막걸리의 유기산 조성과 생리활성.
한국식품과학회지, **43**(2), 206～212.

381. 박찬우, 장세영, 박은지, 여수환, 김옥미, 정용진. 2011.
국내 시판 막걸리의 품질특성 비교.
한국식품저장유통학회지, **18**(6), 884～890.

382. 양희선, 은종방. 2011.
유자즙을 첨가하여 제조한 막걸리의 발효기간 중 이화학적 특성 및 제조된 막걸리의 관능적 특성. 한국식품과학회지, **43**(4), 438～445.

384. 양희선, 황수정, 이성희, 은종방. 2011.
건조유자과피를 첨가하여 제조한 막걸리의 발효기간 중 이화학적 특성 및 제조된 막걸리의 관능적 특성. 한국식품과학회지, **43**(5), 603～610.

385. 손홍석, 박병태, 고봉국, 이철호. 2011.
가수량을 달리하여 제조한 탁주의 품질 특성.
한국식품과학회지, **43**(4), 453～457.

386. 김창원, 최혁준, 한복경, 유승석, 김창남, 김병용, 백무열. 2011.
단백질분해가수분해효소를 이용한 탁주박의 가수분해 및 그 분해물의 특성.
한국식품과학회지, **43**(6), 729～734.

387. 한우철, 이재철, 손은희, 남궁승, 이제혁, 유진현, 장기효. 2011.
쌀의 전처리 과정을 달리하고 해당화로 가향한 탁주의 발효 특성 비교.
동아시아식생활학회지, **21**(4), 514～519.

388. 백성열, 김주연, 윤혜주, 최지호, 최한석, 정성태, 여수환. 2011.
황국균(*Aspergillus oryzae* NO41)을 이용한 곡류 낱알 누룩 제조 및 막걸리의 품질 특성. 동아시아식생활학회지, **21**(6), 877～881.

389. Yoonhwa Jeong. 2011.
Physicochemical and microbial properties of Korean traditional rice wine, *Makgeolli*, supplemented with back garlic extracts during fermentation. *J. Food Sci. Nutr.*, **16**, 142～149.

390. Ji-Eun Eom, Sang-Chul Kwon, and Gi-Seong Moon. 2012.
Detection of 1.4-dihydroxy-2-naphthoic acid from commerckal *Makgeolli* prouduct. *Prev. Nutr. Food Sci.*, 17, 83~86.

391. 권승직, 손재학. 2012.
PCR-DGGE를 이용한 누룩에서의 미생물 다양성 분석.
생명과학회지, **22**(1), 110～116.

392. 권승직, 안태영, 손재학. 2012.

PCR-DGGE를 이용한 막걸리발효에서 미생물 다양성 분석.
생명과학회지. **22**(2), 232~238.

393. Lee, Seung Gyu, Kang Wook Lee, Tae Heung Park, Ji Yeong Park, Nam Soo Han, and Jeong Hwan Kim. 2012.
Proteomic Analysis of Proteins Increased or Reduced by Ethanol of *Lactobacillus plantarium* ST4 Isolated from *Makgeolli*, Traditional Korean Rice Wine. *J. Microbiol. Biotechnol.* **22**(4), 516~525.

394. Hye-Ryun Kim, Ae Ran Lee, Jae-Ho Kim, Byung-Hak Ahn. 2012.
Microbial Dynamics of Commercial Makgeolli Depending on the Storage Temperature.
J. Microbiol. Biotechnol. **22**(8), 1101~1106.

395. HyeRyun Kim, Jae-Ho Kim, Dong-Hoon Bai, ByungHak Ahn. 2012.
Feasibility of Brewing Makgeolli Using *Pichia anomala* Y197-13, a Non-*Saccharomyces cerevisiae*.
J. Microbiol. Biotechnol. **22**(12), 1749~1759.

396. 민진홍, 남윤규, 주정일, 정재홍, 이종수, 김하근. 2012.
PCR-DGGE를 이용한 구기자-맥문동 막걸리의 발효 과정과 저장 기간 중 효모와 세균 균총의 변화. 한국미생물생명공학회, **40**(2), 111~116.

397. 김영헌, 민진홍, 강민구, 김재호, 안병학, 김하근, 이종수. 2012.
시판 막걸리의 이화학적 특성과 젖산균 함량 및 생리기능성.
한국미생물생명공학회지, **40**(4), 325~332.

398. 서원택, 조현국, 이주영, 김바오로, 조계만. 2012.
Rhizopus oryzae CCS01로 제조된 쌀누룩을 이용한 쌀-밀 막걸리의 품질 특성. 한국미생물학회지, **48**(2), 147~155.

399. 왕승진, 이형재, 조정용, 박근형, 문재학. 2012.
막걸리로부터 항산화 화합물의 단리, 정제 및 동정.
한국식품과학회지, **44**(1), 14~20.

400. 김동국, 백무열, 김혜경, 함영태, 김병용. 2012.
홍삼 농축액과 쌀 막걸리의 동시 발효를 통한 홍삼식초의 제조 및 품질 평가. 한국식품과학회지, **44**(2), 179~184.

401. 박찬우, 장세영, 박은지, 여수환, 정용진. 2012.
담금 유형에 따른 쌀 막걸리 술덧의 품질 특성.
한국식품과학회지, **44**(2), 207~215.

402. 김봉희, 은종방. 2012.
서류즙 농축액을 첨가하여 제조한 막걸리의 이화학적 및 관능적 특성.

한국식품과학회지, **44**(4), 417-421.

403. 김순미, 한아라. 2012.
쌀과 밀가루 배합비율을 달리하여 담금 막걸리 저장 중의 품질 특성 및 Biogenic Amine 함량 변화. 한국식품과학회지, **44**(5), 583~591.

404. 조현국, 서원택, 이주영, 조계남. 2012.
Rhizopus oryzae CCS01로 제조된 쌀누룩을 이용한 곡류 막걸리의 품질 특성. 한국식품영양과학회지. **41**(5), 1002~1008.

405. 하수정, 양승국, 인예원, 김윤지, 오세욱. 2012.
단양주방법으로 제조된 막걸리의 발효 과정 중 초고압 처리에 의한 미생물학적 및 이화학적 특성. 한국식품영양과학회지. **41**(8), 1176~1181.

406. 권상철, 전태욱, 박정섭, 곽준수, 김태영. 2012.
주박 추출물의 아황산염 소거와 Tyrosine, Xanthine Oxidase, ACE 저해효과. 한국식품영양과학회지. **41**(9), 1191~1196.

407. 강경은, 김혜경, 송경희, 이홍미. 2012.
새로운 막걸리 개발과 대중화를 위한 남녀의 연령별 소비형태 및 제안.
한국식품영양학회지. **25**(3), 419~429.

408. 왕승진, 이형재, 조정용, 장미영, 박근형, 문재학. 2012.
막걸리(탁주)의 쥐 혈장 과산화물 생성 억제효과.
한국식품저장유통학회지, **19**(1), 116~122.

409. 박지혜, 여수환, 최지호, 정석태, 최한석. 2012.
시판 무증자용 개량누룩 추출물로 처리한 쌀을 이용한 막걸리 제조.
한국식품저장유통학회지, **19**(1), 144~152.

410. 전명제, 김미향, 이동근, 황현정, 강민숙, 김보경, 이승우, 장혜지, 이상현. 2012.
전통막걸리로부터 분리된 효모균주를 이용하여 제조된 막걸리의 물성 분석.
한국생물공학회지, **27**(1), 21~27.

411. 백현, 최문섭, 오계현. 2012.
막걸리에서 분리한 젖산 세균인 *Lactobacillus casei* HK-9의 특성 및 항균활성. 한국생물공학회지, **27**(2), 161~166.

412. 김다래, 서보미, 노민희, 김영환. 2012.
무증자 발아흑미를 이용한 막걸리 제조 시 온도의 영향.
한국생물공학회지, **27**(4), 251~256.

413. 김영헌, 민진홍, 강민구, 김재호, 안병학, 김하근, 이종수. 2012.
시판 막걸리의 이화학적 특성과 젖산균 함량 및 생리기능성.
한국미생물생명공학회지, **40**(4), 325~332.

414. 백창호, 최지호, 최한석, 정석태, 김재현, 정용진, 여수환. 2013.
발효조건을 달리하여 제조한 현미 막걸리의 품질특성.
한국미생물생명공학회지, **41**(2), 168～175.

415. 권영희, 이애란, 김혜련, 김재호, 안병학. 2013.
쌀 품종을 달리한 입국의 제조 및 막걸리의 품질 특성.
한국식품과학회지, **45**(1), 70～76.

416. 김영헌, 민진홍, 강민구, 김재호, 안병학, 김하근, 이종수. 2012.
시판 막걸리의 이화학적 특성과 젖산균 함량 및 생리기능성.
한국미생물생명공학회지, **40**(4), 325～332.

417. Young-Ran Song, Do-Youn Jeong, Youn-Soo Cha, Sang-Ho Baik. 2013.
Exopolysaccharide Produced by *Pediococcus acidilactici* M76 Isolated from the Korean Traditional Rice Wine, *Makgeolli.*
J. Microbiol. Biotechnol. **23**(5): 681～688

418. 김보경, 강민숙, 전명정, 이상현, 김미향. 2013.
막걸리와 막걸리 침전물이 간 독성 및 혈청 지질한량에 미치는 영향.
생명과학회지, **23**(2), 282～289.

419. Su-Jeong Ha, Yun-Ji Kim, Se-Wook Oh. 2013.
Effect of high hydrostatic pressure(HHP) treatment on chemical and microbiological properties of *Makgeolli.*
J. Korean Soc. Appl. Biol. Chem. **56**, 325～329

420. 김상희, 박정미, 윤향식, 송달님, 송인규, 엄현주. 2013.
파프리카 막걸리의 생리활성 및 관능적 특성.
한국식품과학회지, **45**(5), 578～582.

421. 조준기, 조현주, 김영임, 윤진아. 2013.
으름 열매를 첨가한 막걸리의 이화학적 특성 및 생리활성.
한국식품과학회지, **45**(5), 619～627.

422. 정석태, 곽희정, 김순미. 2013.
시판누룩으로 제조된 막걸리의 특성과 biogenic amine생성.
한국식품과학회지, **45**(6), 727～734.

423. 진영, 황진아, 장윤희. 2013.
팥을 첨가한 막걸리의 품질 특성.
한국식품조리과학회지, **29**(6), 777～784.

424. 김은경, 장윤혁, 고재윤, 정윤화. 2013.
키위를 첨가한 막걸리의 품질 특성

한국식품영양과학회지, **42**(11), 1821～1823.

425. 이영승, 김한나, 엄태길, 김성환, 최근표, 김미숙, 유성률, 정윤화. 2013.
찹쌀 첨가에 따른 전통발효주의 품질 특성.
한국식품영양과학회지, **42**(11), 1829～1836.

426. 이하나, 이장미, 장윤희. 2013.
크랜베리를 첨가한 막걸리의 품질 특성.
동아시아식생활학회지, **23**(1), 85～91.

427. 조영희, 조정순, 김재영, 김업식, 최지호, 박지혜. 2013.
주박을 첨가한 설기떡의 품질 특성.
동아시아식생활학회지, **23**(2), 227～233.

428. 이장미, 이하나, 장윤희. 2013.
당귀 열 추출물을 이용한 막걸리의 품질 특성.
동아시아식생활학회지, **23**(3), 332～340.

429. 박지혜, 최지호, 여수환, 정석태, 최한식, 강지은, 김소라. 2013.
재래누룩 추출물을 열처리한 막걸리의 품질 특성.
동아시아식생활학회지, **23**(5), 620～628.

430. 김지영, 박금순. 2013.
반응 표면 분석을 이용한 천문동 첨가 막걸리 재료 혼합물 최적화.
동아시아식생활학회지, **23**(6), 799～809.

431. Eunkyong Kim, Yoon Hyuk Chang, Jae Youn Ko, and Yoonhwa Jeong. 2013.
Physicochemical and microbial properties of the Korean traditional rice wine, *Makgeolli.* supplemented with banna during fermentation.
Prev. Nutr. Food Sci., **18**(3), 203~209.

4.4 누룩과 막걸리 연구의 참고특허

앞 장에서 참고한 특허 목록이며 명기한 방법은 출원 번호, 출원 일자, 발명의 명칭, 출원인, 등록번호의 순서로 정리했다.

특1. 10-1956-0000147 1956-03-02 개량 탁주제조법 이병우 1000002000000

특2. 10-1957-0000834 1957-07-25 개량 탁주제조법 이병우 1000003450000

특3. 10-1962-0000093 1962-01-12 개량 탁주제조법 장재선 1000010130000

특4. 김익영. 1966.
서류를 원료로 한 주류 제조 방법. 한국특허 915. (1966. 10. 20)

특5. 김세인. 1966.
고구마 술의 제조방법. 특허. 811 (1966. 5. 20)

특6. 10-1969-0000682 1969-05-27 고구마를 원료로 한 약주 및 탁주의 제조법
허성철, 정영숙 1000032940000

특7. 10-1967-0000929 1967-10-27 탁주 제조법 김승태 1000028730000

특8. 10-1971-0001136 1971-08-16 부패되지 아니하는 병약탁주의 저장법
김성환 1000038410000

특9. 10-1971-0000898 1971-08-30 종합발효제를 이용한 탁약주의 제조방법
임병종 1000037070000

특10. 10-1968-0000840 1968-08-17 약탁주 제조법
김영준, 문명현 100003260000

특11. 10-1974-0001463 1974-02-13 탁약주 제조법 이한창 1000049550000

특12. 10-1970-0000294 1970-02-25 고구마 탁주 제조방법
양경식 1000035310000

특13. 10-1974-0004063 1974-11-14 고구마를 이용한 양조원료 제조방법
김복수, 이명우 1000047770000

특14. 10-2002-0030139 2002-05-30 탁주찌꺼기가 붙지 않는 가스 배출용 부직포 필터와 그 제조방법 (주)현우기술연구 1005093290000

특15. 20-2004-0028829 2004-10-12 부직포를 이용한 가스 배출용 패킹
(주)현우기술연구 2003726420000

특16. 10-2005-0071030 2005-08-03 가스 배출용 부직포 필터와 그 부직포필터의 제조 장치 및 그 장치를 이용한 부직포 필터의 제조방법
(주)현우기술연구 1005610380000

표 7-1 특허청 홈페이지의 막걸리와 관련된 특허 목록

출원번호	출원일자	발명의 명칭	출원인	등록번호(공고번호, 공개번호)
10-1945- 없음				
10-1946- 없음				
10-1947- 없음				
10-1948-0000221	1948-07-31	합성 약주 제조법	이복대	1000000120000
10-1948-0000272	1948-09-21	곡자 제조법	이두영	1000000460000
10-1948-0000273	1948-09-21	곡자 제조법	이두영	1000000470000
10-1948-0000361	1948-12-20	청주 대용 재제제주 제조법	조두호	1000000150000
10-1049-0000422	1049-11-03	합성 약주 발효법	조두호	1000000220000
10-1949-0000485	1949-12-17	합성 맥주 발효법	김종식	1000000320000
10-1950-0000091	1959-03-10	개량 약주 제조법	이용우	1000000350000
10-1951- 없음				
10-1952-0000037	1952-04-01	주정 제조법	김태련, 최삼	1000000680000
10-1952-0000108	1952009-05	주정 제조법	성명없음	1019540000260
10-1953- 없음				
10-1954-0000187	1954-06-26	과실주 제조법	이복대	1000001260000
10-1955-0000032	1955-01-21	종국 제조법	이두영	1000001120000
10-1956-0000146	1956-02-29	강력한 발효를 보유한 국자 제조법	이병우	1000002310000
10-1956-0000147	1956-03-02	개량 탁주 제조법	이병우	1000002000000
10-1957-0000502	1957-05-13	개량 약탁주 제조법	김광준	1000002980000
10-1957-0000834	1957-07-25	개량 탁주 제조법	이병우	1000003450000
10-1958-0001672	1958-11-15	간이주모 제조방법	이복대, 임병종	1000006940000
10-1959- 없음				
10-1960-0000027	1960-01-05	종국 제조법	이두영	1000007370000
10-1960-0000140	1960-01-22	종국 제조법	이두영	1000007350000
10-1960-0000567	1960-03-29	약탁주용 입국의 제조방법	김광준	1019600002223
10-1961-0000132	1961-01-23	주조용 인조미 제조법	기우경	1019610003025
10-1962-0000093	1962-01-12	개량 탁주 제조법	장재선	1000010130000
10-1962-0002108	1962-08-16	약탁주 제조법	문명현, 김원호, 이무성	1000010690000
10-1963-0000025	1963-2-20	약탁주 양조용 인조미 제조법	김중민	1000011540000

출원번호	출원일자	발명의 명칭	출원인	등록번호(공고번호, 공개번호)
10-1963-0000491	1963-08-24	약탁주 제조법	정순태	1000014190000
10-1963-0000250	1963-04-30	약탁주 품질 개량법	박병득	1000015360000
10-1964- 없음				
10-1965- 없음				
10-1966-0000952	1966-11-24	액체 종국의 제조방법	정순태	1000021950000
10-1967-0000929	1967-10-27	탁주 제조법	김승태	1000028730000
10-1968-0000840	1968-08-17	약탁주 제조법	김영준, 문명현	1000032560000
10-1969-0000579	1969-05-05	곡자의 제조방법	정순태	1000031140000
10-1969-0000682	1969-05-27	고구마를 원료로 한 약주 및 탁주의 제조법	허성철, 정영숙	1000032940000
10-1970-0000294	1970-02-25	고구마 탁주 제조방법	양경식	1000035310000
10-1971-0000898	1971-08-30	종합 발효제를 이용한 탁약주의 제조방법	임병종	1000037070000
10-1971-0001136	1971-08-16	부패되지 아니하는 병약탁주의 저장법	김성환	1000038410000
20-1972-0005319	1972-08-27	탁주의 탄산가스 취입 장치	김소갑, 김학도	2000097170000
10-1973- 없음				
10-1974-0001463	1974-02-13	탁약주 제조법	이한창	1000049550000
10-1974-0004204	1974-12-04	청량미를 갖는 막걸리의 제조방법	박동틸	1000048290000
20-1974-0002036	1974-04-15	냉탁주 보관함	김홍준	2000130960000
10-1974-0004063	1974-11-14	고구마를 이용한 양조원료 제조방법	김복수, 이명우	1000047770000
20-1975-0000447	1975-01-28	탁주 보온 저장통	이동수	2000135110000
20-1975-0004593	1975-08-20	탁주용 용기	이동수	2000142650000
10-1976- 없음				
10-1977-0001121	1977-05-06	탁주 제조용 항산화효소제 제조방법	조정욱, 이장근	1000057470000
20-1978-0000048	1978-01-06	탁주 여과 장치	윤대승	2000161200000
20-1978-0000366	1978-01-26	막걸리 용기의 병마개	이동수	2000159480000
20-1978-0000367	1978-01-26	막걸리 용기의 병마개	이동수	2000159490000
20-1978-0001964	1978-04-13	탁주 병마개	김복현	2000162660000
20-1978-0003806	1978-07-18	탁주 병마개	이희창, 김영긴	2000164230000

출원번호	출원일자	발명의 명칭	출원인	등록번호(공고번호, 공개번호)
20-1978-0004486	1978-08-29	개량 탁주 용기	박원규, 김형술	2000170540000
20-1978-0004736	1978-09-09	합성수지 간이 탁주용기	양주호	2000168350000
20-1978-0005327	1978-12-17	탁주 병마개	김종균	2000177520000
20-1978-0005647	1978-11-03	탁주병	김종균	2000169270000
20-1978-0005970	1978-11-22	탁주병의 속마개	김종균	2000179270000
20-1978-0006082	1978-11-29	탁주병의 마개	김종균	2000169510000
20-1979-0000995	1979-09-22	탁주 병마개	박병준	2000177550000
20-1979-0004958	1979-08-20	합성 수지 밀봉 용기	박노양	2000201520000
20-1979-0006970	1979-11-20	탁주 용기	박노양	2000203880000
20-1979-0007208	1979-11-29	탁주 병마개	김종균	2000194160000
20-1980-0000452	1980-01-25	밀봉용 안전 마개를 장설한 합성수지 용기	박노양	2000211350000
20-1980-0001363	1980-03-05	탁주 병마개	오일기업(주)	2000211350000
10-1980-0001801	1980-05-07	탁주 병마개 제조기의 원통형 필름 공급 및 절단장치	장성구, 박희복	1019820000320
20-1980-0002027	1980-03-27	탁주 병마개	김종균	2000210230000
20-1980-0003839	1980-06-14	탁주 병마개	김종균	2000214860000
20-1980-0007123	1980-11-04	탁주 병마개	김종균	2000210240000
20-1981-0000475	1981-01-23	탁주 병마개의 열 융착장치	이상권	2000218120000
20-1981-0002314	1981-03-30	막걸리병 홀더	한긍희	2000215520000
20-1981-0003478	1981-05-13	탁주 병마개	김종균	2000228800000
20-1981-0005880	1981-08-22	탁주 용기 병마개	박노양	2000286230000
20-1982-0000045	1982-01-06	탁주 병마개	연제한, 김영환, 강영호	2000311420000
20-1982-0000433	1982-01-20	합성 수지제 탁주 용기 성형 장치	정기영	2000259340000
20-1982-0003190	1982-04-20	탁주 용기의 봉합 장치	김종균	2000261610000
20-1982-0006671	1982-08-21	탁주병	김종균	2000282460000
20-1983-0004574	1983-05-25	탁주 병마개	최종호	2019850002642
20-1983-0006807	1983-08-02	탁주 맛을 오랫동안 보존시킬 수 있는 보관 장치	(주)배한산업	2000307810000
20-1984-0003256	1984-04-10	탁주 유리병 속마개	김영환	2000343510000
20-1984-0005846	1984-06-19	열 수축성 탁주 병마개	김종균	2000330410000
20-1984-0007085	1984-07-24	탁주 용기 마개	오일기업(주)	2000351540000

출원번호	출원일자	발명의 명칭	출원인	등록번호(공고번호, 공개번호)
10-1985- 없음				
10-1986-0000029	1986-01-07	전분으로부터 에탄올의 직접 발효 방법(탁주)	한국과학기술원	1000268420000
20-1986-0001982	1986-02-21	탁주 누출 방지 및 가스 배출용기 마개	김한수, 강병국	2000411770000
20-1986-0002207	1986-02-26	탁주 용기 가스배출 마개	김한수, 강병국	2000411750000
20-1986-0014469	1986-09-17	탁주 유리병의 왕관용 패킹	김영환	2000354740000
20-1986-0018285	1986-11-24	합성 수지제의 유리탁주 병뚜껑	김원규	2000490770000
20-1987-0000631	1987-01-22	탁주 용기의 봉합전 성형 장치	오일기업(주)	2000509550000
10-1987-0011638	1987-10-20	옥수수주 제조방법	이덕우, 박영준, 우창희	1000333200000
20-1988-0000325	1988-01-16	탁주용기의 지지틀	김종균	2019910001802
20-1988 0006814	1988-05-04	탁주 병마개	김종균	2000609490000
10-1989-0001470	1989-02-09	국화주의 제조방법	김광수	1000440860000
10-1989-0012327	1989-08-29	밀가루를 이용한 탁주 제조방법	대선제분(주), 이철호, 이동수	1000466270000
10-1989-0016020	1989-11-06	탁주의 개량된 제조방법 및 그 제조장치	㈜배한산업	1000457250000
10-1990-0003661	1990-03-19	인삼 발효주의 제조방법	문정숙, 노성현	1000573390000
20-1990-0005239	1990-04-20	탁주 병마개	유덕로	2000084560000
10-1990-0005420	1990-04-18	막걸리의 제조방법	이영하	1000549170000
10-1990-0005922	1990-04-23	쌀 막걸리제조의 원료 처리 및 자동화시스템	김봉노	1000545690000
20-1990-0008684	1990-06-20	탁주통 보관용기	금호케미칼(주)	2000691570000
10-1990-0017123	1990-10-23	생약을 첨가한 동동주 주조방법	김형기	1000578680000
10-1990-0018821	1990-11-20	탄산함유 병 쌀막걸리의 개량된 제조방법	(주)배한산업	1000582440000
20-1990-0019241	1990-12-07	위조 방지용 탁주 용기 뚜껑	박승원	2000757480000
20-1990-0019242	1990-12-07	위조 방지용 탁주 용기 뚜껑	박승원	2000757490000
20-1991-0005132	1991-04-15	위조 방지용 탁주 용기 뚜껑	박승원	2000821380000
10-1991-0012108	1991-07-12	오존을 이용한 막걸리 품질 개선방법	김병두	1000655800000
20-1991-0018772	1991-11-07	가스 유출속도를 배가시킨 탁주 용기 뚜껑	박승원	2000821370000

출원번호	출원일자	발명의 명칭	출원인	등록번호(공고번호, 공개번호)
10-1992-0002582	1992-02-20	팽화미분을 주재료로 한 탁약주 제조방법	점보식품(주)	1000825680000
10-1992-0010927	1992-06-23	녹두 곡주 제조방법	김남옥	1000815700000
20-1992-0002055	1992-02-11	탁주 용기의 압력 조절용 마개 필터	신후현	2000865130000
10-1992-0003467	1992-03-03	인삼잎을 주재로 한 탁주의 제법	김윤종, 김영민	1000784360000
10-1992-0003962	1992-03-11	막걸리의 제조 및 장기 저장 방법	조천영	1000855910000
20-1993-0002565	1993-02-24	막걸리 병마개	정수만	2000950010000
10-1993-0004754	1993-03-26	율무 누룩의 제조방법	황용철	1001026410000
20-1993-0005700	1993-04-12	탁주병 뚜껑의 배출공 천공장치	박승원	2000943740000
20-1993-0020877	1993-10-12	탁주 용기 뚜껑 결합구조	오귀남	2001124840000
10-1993-0028032	1993-12-16	막걸리 보관 방법 및 막걸리 보관용기	정가진	1001055530000
10-1994-0033197	1994-12-07	지골피 발효주의 제조방법(탁주)	대한민국 (농촌진흥청)	1001467220000
10-1994-0021627	1994-08-30	호박 발효주의 제조방법	박종희	1001445490000
10-1995-0009926	1995-04-26	캔막걸리의 제조법	박효만	1001470000000
10-1995-0019504	1995-07-04	막걸리와 그 혼합주 제조용 첨가제, 그 제조 방법 및 막걸리 혼합주의 제조방법	남종현, 류광영	1001663950000
10-1996-0011423	1996-04-16	유색현미 쌀겨 추출물을 이용한 유색술 및 그의 제조방법	대한민국 (농촌진흥청)	1002003250000
10-1996-0011424	1996-04-16	가정용 유색술 양조재료, 그를 이용한 술 및 그의 제조방법	대한민국 (농촌진흥청)	1002079340000
10-1996-0017402	1996-05-22	유색현미 탈지 쌀겨를 이용한 유색술의 제조방법	대한민국 (농촌진흥청)	1002003260000
20-1996-0024125	1996-08-10	용기 내부의 가스제거장치	이중형	2001340490000
20-1996-0028124	1996-09-04	탁주용기 캡 잠금장치	박종욱	2001239600000
10-1997-0005221	1997-02-21	밤을 원료로한 주류제조방법(밤탁주)	박광희	1002012150000
10-1997-0066105	1997-12-05	약·탁주의 저장성 연장방법	변유량	1002512870000
20-1998-0006189	1998-04-20	탁주병용 뚜껑	김종찬	2001854350000
20-1998-0008142	1998-05-18	발효가스를 방출하는 기능의 용기 마개	이선휘	2002013600000
10-1998-0018304	1998-05-21	탁주(濁酒)의 살균방법	최광자	1002511170000
20-1998-0018539	1998-09-28	탁주 병마개 구조	오일기업 주식회사	2003554560000
10-1998-0020661	1998-06-03	장기 저장을 할 수 있는 탁약주 제조방법	이동수	1002922270000
10-1998-0036697	1998-09-04	초음파를 이용한 막걸리의 제조방법	김일두	1002835940000

출원번호	출원일자	발명의 명칭	출원인	등록번호(공고번호, 공개번호)
20-1999-0013610	1999-07-12	탁주병 뚜껑	서동락	2001733460000
20-1999-0013945	1999-07-15	탁주병 뚜껑의 배출공 천공장치	방귀원	2001663230000
20-1999-0017678	1999-08-24	침전물을 저을 수 있는 병마개 구조	이우석	2001733580000
10-1999-0046126	1999-10-22	커피가 가미된 막걸리 제조법	송호섭	1003323760000
10-2000-0061722	2000-10-19	녹차성분을 함유한 탁주의 제조방법	김용두, 정형관	1003827850000
10-2000-0065617	2000-11-06	팽화 잡곡분을 주원료로 한 약·탁주 제조방법	삼보종합식품 주식회사	1003915090000
10-2000-0065618	2000-11-06	팽화 맥류분을 주원료로 한 약·탁주 제조방법	삼보종합식품 주식회사	1003915100000
10-2000-0065619	2000-11-06	팽화 미곡분을 주원료로 한 약·탁주 제조방법	삼보종합식품 주식회사	1003915110000
20-2001-0004317	2001-02-20	탁주병 뚜껑의 발효가스 배출장치	박종욱	2002330480000
20-2001-0005486	2001-02-28	탁주병 뚜껑의 결합구조	변용찬	2002343260000
20-2001-0017905	2001-06-15	탁주병 뚜껑	삼화왕관 주식회사	2002489610000
10-2001-0025292	2001-05-09	탁주의 제조방법	배혜정	1004008800000
10-2001-0051638	2001-08-27	오가피를 주재료로 한 생쌀탁·약주 제조방법	(주)자생당	1004577090000
10-2001-0053642	2001-08-31	고역가 글루코아밀라제를 생산하는 신규한 리조푸스속 균주 K S D-815	(주)국순당	1007810530000
10-2001-0054080	2001-09-04	프로폴리스 추출물이 함유된 막걸리의 제조방법	김원진	1004304320000
10-2001-0054953	2001-09-07	막걸리를 이용한 식초산 제조방법	김명호, 윤찬호, 조일출	1004796630000
10-2001-0064608	2001-10-19	무증자 발아현미를 이용한 탁주 및 약주의 제조방법	조은경, 박현정, 송재철	1004520500000
10-2002-0015257	2002-03-21	유산균이 생산하는 박테리오신을 이용한 탁주 및 약주의 제조방법	박현정, 조은경, 변유량, 송재철	1005194830000
10-2002-0029473	2002-05-28	혼탁성을 향상시킨 탁주 제조방법	대한민국 (관리부서: 국세청주류면허지원센터장)	1003549790000

출원번호	출원일자	발명의 명칭	출원인	등록번호(공고번호, 공개번호)
10-2002-0030139	2002-05-30	탁주찌꺼기가 붙지 않는 가스 배출용 부직포 필터와 그 제조방법	(주)현우기술연구	1005093290000
20-2002-0036511	2002-12-06	가스의 배출 구조를 갖는 용기 덮개	이길호	2003089620000
10-2002-0061870	2002-10-10	삼지구엽초 막걸리 및 그 제조방법	위귀일	1004847890000
10-2003-0004803	2003-01-24	뽕잎 및 막걸리가 함유된 면 및 면 제조방법	김동구	1004769960000
20-2003-0013244	2003-04-29	가스 배출구를 갖춘 막걸리 병마개	서동길	2003265410000
10-2003-0039180	2003-06-17	표고버섯을 이용한 주류의 제조방법	한영진	1005504610000
10-2003-0042881	2003-06-28	탁주의 제조방법	권오균	1006101540000
20-2004-0028829	2004-10-12	부직포를 이용한 가스 배출용 패킹	(주)현우기술연구소	2003726420000
20-2004-0030144	2004-10-26	탁주병용 마개	방귀원	2003746740000
20-2004-0034689	2004-12-07	가스 배출용 부직포 필터	(주)현우기술연구소	2003779890000
10-2004-0085575	2004-10-26	탁주병용 마개 및 그 제조 방법	방귀원	1006918640000
10-2004-0101583	2004-12-06	주박을 이용한 보습·미백·주름 개선의 기능성 천연화장료 및 그 제조방법	(주)미래기술연구소	1007363270000
20-2005-0011876	2005-04-26	녹차 분말과 솔잎 추출물로 빚은 약초누룩	김영대	2003947850000
20-2005-0019785	2005-07-07	가스 배출 통로를 갖는 용기 뚜껑용 패킹	영진디엔티(주)	2003968350000
20-2005-0025444	2005-09-02	이동식 탁주 제성기	이상철	2004049370000
20-2005-0035905	2005-12-21	이동식 탁주 제성기	이상철	2004111940000
10-2005-0071030	2005-08-03	가스 배출용 부직포 필터와 그 부직포 필터의 제조장치 및 그 장치를 이용한 부직포 필터의 제조방법	(주)현우기술연구	1005610380000
10-2005-0076000	2005-08-19	버섯을 이용한 약·탁주 제조방법	김일두	1007500450000
10-2005-0080771	2005-08-31	탁주 병 뚜껑용 패킹 및 이의 제조방법	길은주	1006318170000
10-2005-0080772	2005-08-31	탁주 병 뚜껑용 패킹 및 이의 제조방법	길은주	1007162080000
10-2005-0107820	2005-11-11	현미 막걸리의 제조방법	장기옥	1007769870000
10-2005-0113371	2005-11-25	2차 발효 막걸리 식품의 제조방법	김종견, 김성립, 김남직	1007958690000
10-2005-0115271	2005-11-30	산마를 이용한 탁주의 제조방법	대한민국(관리부서: 국세청주류면허지원센터장)	1005868010000

출원번호	출원일자	발명의 명칭	출원인	등록번호(공고번호, 공개번호)
10-2005-0124430	2005-12-16	탁주의 제조방법	한상교	1007942000000
10-2005-0129209	2005-12-24	해양 심층수를 이용한 막걸리 제조방법	서희동	1006733270000
10-2006-0009021	2006-01-27	저장성이 향상된 탁주의 제조방법	지경원, 안임숙	1006720160000
2-2006-0025359	2006-09-20	가스 배출용을 위한 통기성 병마개	(주)인터포어, 이경윤	2004343920000
20-2006-0026312	2006-09-28	막걸리 냉각장치	허남순	2004348730000
10-2006-0033181	2006-04-12	이동식 탁주 냉장 제성장치	이상철	1007557810000
10-2006-0052633	2006-06-12	상황버섯을 함유한 막걸리 및 그 제조방법	박효만, ㈜현우기술연구소	1006692320000
10-2006-0064509	2006-07-10	연근을 이용한 탁주와 동동주 제조 방법	한상철	1007731660000
10-2006-0066710	2006-07-18	연 막걸리의 제조방법	김경일	1007502840000
10-2006-0070233	2006-07-26	검은콩 탁주의 제조방법	조국환, 조재구, 오성천	1007603790000
10-2006-0072965	2006-08-02	가시오가피를 함유한 막걸리 및 그 제조방법	박효만, ㈜현우기술연구소	1006692330000
10-2006-0074370	2006-08-07	호박 막걸리의 제조방법	조윤재	1006719050000
10-2006-0103760	2006-10-23	청징(淸澄)한 황토 막걸리의 제조방법 및 그 막걸리	황용안	1007412650000
10-2006-0113897	2006-11-17	인삼 탁주 및 그 제조방법	최진순	1008151970000
10-2006-0113906	2006-11-17	약쑥 탁주 및 그 제조방법	최진순	1008151950000
10-2006-0113913	2006-11-17	순무 탁주 및 그 제조방법	최진순	1008151980000
10-2006-0116590	2006-11-23	혈전 용해능 및 세포 독성 활성이 있는 젖산 균주 및 이를 함유한 막걸리	한국식품연구원	1008059160000
10-2006-0133299	2006-12-24	해양 심층수를 이용하여 한약재 성분이 함유된 막걸리의 제조방법	서희동	1007029010000
10-2006-7020908	2006-10-09	액체국의 제조방법	아사히 비루가부시키가이샤	1020070030772
10-2007-0002956	2007-01-10	그린 음악에 의한 약탁주 제조 방법	박준철	1008495390000
10-2007-0022418	2007-03-07	와송을 첨가하여 제조된 술 및 이의 제조방법	이태희	1008655370000

출원번호	출원일자	발명의 명칭	출원인	등록번호(공고번호, 공개번호)
10-2007-0028481	2007-03-23	이동식 탁주 냉장 제성장치	이상철	1007948030000
10-2007-0033707	2007-04-05	활수기와 마이크로 버블기 처리에 의한 약탁주 및 그 제조 방법	김일두, 신영자	1008790060000
10-2007-0044141	2007-05-07	블루베리를 첨가한 병행복발효주의 제조방법	이병일	1008838620000
10-2007-0054239	2007-06-04	맑은 막걸리 제조방법	최경수	1008972280000
10-2007-0057323	2007-06-12	향 덧입힘 분말을 이용한 동동주의 제조방법과 그에 의해 제조된 동동주	정태용, 박윤돌	1009018110000
10-2007-0073513	2007-07-23	탁주 보관통 및 이동식 탁주 냉장 제성장치	이상준	1009084880000
10-2007-0090257	2007-09-06	차가버섯을 함유한 막걸리 및 그 제조방법	박효만	1008217130000
10-2007-0103869	2007-10-16	울금을 이용한 전통주 제조방법	김일두	1009572810000
10-2007-0111061	2007-11-01	급속 냉각 장치를 구비한 탁주 제성장치	이상철	1009354620000
10-2007-0111272	2007-10-31	생막걸리 제조방법	이순덕	1009037340000
10-2007-0117704	2007-11-19	고압 균질기로 살균한 발효주 제조방법	(주)롯데주류비지	1020090051356
10-2007-0132453	2007-12-17	콜로이드밀 및 고압 균질기를 활용한 탁주 제조방법	(주)롯데주류비지	1020090065033
10-2008-0000054	2008-01-02	탁주의 제조방법	주식회사 ㈜국순당	1009369940000
10-2008-0003730	2008-01-14	막걸리의 제조방법	김현풍	1009540890000
10-2008-0043620	2008-05-09	대추 탁주 제조방법	충청대학 산학협력단, 대보영농조합법인	1010017830000
10-2008-0073926	2008-07-29	유지방 가수분해물을 함유한 탁주의 제조방법	건국대학교 산학협력단	101013590000
10-2008-0074013	2008-07-29	아가콩을 이용한 기능성 탁주 제조방법	소이벤쳐(주)	1010371320000
10-2008-0083173	2008-08-26	현탁물질 제거장치	이승우	1010432030000
10-2008-0091184	2008-09-17	수액을 포함하는 탁주 및 이의 제조방법산림청국립산림과학원	강원대학교	1010342850000
10-2008-0108637	2008-11-03	상황버섯을 이용한 탁주의 제조방법	박승재	1020080107334
10-2008-0130783	2008-12-22	오미자가 첨가된 건강 증진 기능성 오미자 생막걸리 및 그 제조방법	홍승희	1010664590000
10-2008-0133488	2008-12-24	건강 기능 활성을 가지는 와이셀리 시바리아 148-2 균주 및 이를 포함하는 막걸리	한국식품 연구원	1010143170000

출원번호	출원일자	발명의 명칭	출원인	등록번호(공고번호, 공개번호)
10-2009-0042928	2009-05-18	막걸리의 제조방법	정완덕	1011338130000
10-2009-0045182	2009-05-22	울금을 이용한 탁주 및 그 제조방법	(주)우리술	1020100126111
10-2009-0055128	2009-06-19	유산균을 함유하는 쌀 개량 누룩 및 이를 이용한 쌀 막걸리의 제조방법	배상면	1010483940000
10-2009-0056227	2009-06-24	자색고구마 막걸리 제조방법	송우종	1011312950000
10-2009-0057428	2009-06-26	상황버섯 추출물을 함유한 발효주 및 증류주의 제조방법	차령농산 영농조합 법인	1011420510000
10-2009-0063483	2009-07-13	대추 추출물을 이용한 대추 탁주 및 그 제조방법	신현길	1011277340000
10-2009-0066025	2009-07-20	향미가 우수한 기능성 탁주의 제조방법	정재욱	1011216900000
10-2009-0068489	2009-07-27	통밀 막걸리 제조방법	임주원	1020110011041
10-2009-0073295	2009-08-10	항산화 및 미백 효능을 갖는 막걸리 농축액 함유 조성물	㈜아모레 퍼시픽	1011348900000
10-2009-0080846	2009-08-30	포도와 쌀을 이용한 탁주의 제조방법	백민주	1009410020000
10-2009-0087289	2009-09-16	감 막걸리 및 그 제조방법	오경석	1010955380000
10-2009-0090060	2009-09-23	관능성이 개선된 탁주 및 그 제조방법	서정옥	1020110032524
10-2009-0090061	2009-09-23	쌀 탁주를 이용한 고품질 발효식초 및 그 제조방법	서정옥	1020110032525
10-2009-0093882	2009-10-01	누룩 추출물을 함유하는 항 노화 및 미백용 화장료 조성물	㈜아모레 퍼시픽	1020110036299
10-2009-0098902	2009-10-16	현미 막걸리 제조방법	이상철	1011788090000
10-2009-0102644	2009-10-28	과일막걸리 및 그 제조방법	임효상	1010924820000
10-2009-0102645	2009-10-28	감 탁주 및 그 제조방법	김병호	1020110045898
10-2009-0106971	2009-11-06	산뽕잎의 효소 분해물 제조방법 및 이를 이용한 산뽕잎 막걸리의 제조방법	농업회사 법인(주) 청산녹수	1011592600000
10-2009-0106977	2009-11-06	초고압 처리 원료미를 이용한 막걸리 제조방법 농업회사법인	(주)청산녹수	1011592630000
10-2009-0106983	2009-11-06	막걸리 저장용기 농업회사법인	(주)청산녹수	1011592640000
10-2009-0106989	2009-11-06	균질화 숙성 막걸리 제조방법 농업회사법인 주식회사	청산녹수	1011072380000
10-2009-0108801	2009-11-11	쌀겨 유래 감마 오리자놀을 함유한 기능성 막걸리 및 그 제조방법	㈜청산녹수	1011967810000

출원번호	출원일자	발명의 명칭	출원인	등록번호(공고번호, 공개번호)
10-2009-0111101	2009-11-17	GABA를 함유하는 탁주 및 이의 제조방법	롯데칠성음료 주식회사	1020110054460
10-2009-0111957	2009-11-19	발효 가스 배출 조절용 패킹 및 이를 이용한 마개	(주)송원그룹	1011274150000
10-2009-0117648	2009-12-01	곡물 볶음분말을 사용하여 빚은 막걸리 제조방법	김여훈	1020110061107
10-2009-0124572	2009-12-15	뽕나무의 잎, 줄기, 뿌리 껍질 및 열매를 이용한 막걸리의 제조방법	농업회사법인 상상팜랜드(주), 이정호	1011705510000
10-2009-0125486	2009-12-16	감을 첨가한 감 막걸리의 제조방법	경상북도	1011502950000
10-2009-0132275	2009-12-29	모과 추출액이 함유된 막걸리 제조방법	이원우, 이창호	1011455120000
10-2009-0136402	2009-12-31	자황 고구마를 주재료로 한 막걸리의 제조방법	정두창	1011932870000
10-2010-0004906	2010-01-19	감을 이용한 막걸리 제조 방법	영남대 산학협력단, 청도군	1011702780000
20-2010-0005075	2010-05-14	막걸리의 침전물 혼합 및 공급장치	권영식	2004506620000
10-2010-0005123	2010-01-20	모시풀을 함유한 주류의 제조방법	양성규	1011379460000
10-2010-0005401	2010-01-21	생막걸리 및 그 제조방법	서주원	1012528100000
10-2010-0006003	2010-01-22	막걸리 제조용 포장 원료 및 그 제조방법	정기철	1012513180000
20-2010-0006204	2010-06-14	누름 캡 및 이를 포함하는 발효식 전통주 용기	씨제이제일제당(주)	2004635870000
10-2010-0010264	2010-02-04	장기보존 탁주의 제조방법 및 이에 사용되는 진공 저온 살균장치	박준명	1011605110000
10-2010-0011564	2010-02-08	생막걸리를 쉽게 빚을 수 있는 막걸리 키트	정해탁	1011891190000
10-2010-0011239	2010-02-06	청국장 함유 막걸리의 제조방법	김곤, 고철호	1011691890000
20-2010-0011808	2010-11-17	누름 캡 및 이를 구비한 발효식 전통주 용기	씨제이제일제당(주)	2004662450000
20-2010-0012199	2010-11-26	발효 막걸리병 마개	임형욱	2004653930000
10-2010-0015498	2010-02-22	백김치 막걸리의 제조방법	(주)한성식품	1010549410000
10-2010-0020657	2010-03-09	살균 사과 막걸리	황토 나누리 영농조합법인	1009837200000
10-2010-0021723	2010-03-11	우뭇가사리를 이용한 막걸리 및 그 제조방법	재단법인 포항태크노파크, 포항공대 산학협력단	1012327890000

출원번호	출원일자	발명의 명칭	출원인	등록번호(공고번호, 공개번호)
10-2010-0022380	2010-03-12	유기농 감귤탁주의 제조방법	(주)백록담	1010383220000
10-2010-0022986	2010-03-15	효모의 투입시기를 달리하여 제조한 각각의 술을 블렌딩하여 막걸리를 제조하는 방법	배상면	1011204210000
10-2010-0023600	2010-03-17	인삼을 통째로 이용한 막걸리 및 그 제조방법	김재우, (주)피앤라이프, 심상국, 홍종순, 김영태	1009761590000
10-2010-0024008	2010-03-18	오디 막걸리 제조방법	박동균	1020110105018
10-2010-0027133	2010-03-26	기능성 드라이 막걸리 제조방법	박진학	1010391300000
10-2010-0028673	2010-03-30	쌀을 이용한 먹는 누룩의 제조방법 및 이 방법에 의해 제조된 누룩	김성덕	1020110109105
10-2010-0028911	2010-03-31	팥을 함유하는 탁주의 제조방법	김순종	1020110109266
10-2010-0028912	2010-03-31	메밀누룩 및 그 제조방법	이진태	1011974690000
10-2010-0028926	2010-03-31	천년초 열매의 당침액을 이용한 유색 발효주 및 이 발효주의 제조방법	경기도	1011851820000
10-2010-0031582	2010-04-05	서목여두 발효 청국장 첨가 막걸리	정진욱, 정우봉호, 김철수	1012045900000
10-2010-0032698	2010-04-09	발효가스 배출조절용 패킹 및 이를 이용한 마개	(주)송원그룹	1011573900000
10-2010-0032849	2010-04-09	사과당액을 함유하는 탁주의 제조방법	예산군, 내추럴초이스(주), 예성주가영농조합법인	1012315800000
10-2010-0034478	2010-04-14	매생이 농축액이 첨가된 막걸리 제조방법	(주)엔존비엔에프	1012295580000
10-2010-0035702	2010-04-19	함초가 함유된 함초누룩 및 그 제조방법	샘표식품(주)	1010844260000
10-2010-0041047	2010-04-30	막걸리박 가수분해물을 유효성분으로 포함하는 면역활성 증강용 조성물	한경대학교 산학협력단	1011194140000
10-2010-0041793	2010-05-04	토종 벌꿀을 첨가하여 저장성을 향상시킨 막걸리	한경대학교 산학협력단, 강환구	1011915630000
10-2010-0044558	2010-05-12	막걸리, 막걸리와인 및 그 제조방법	남종현	1011528170000

출원번호	출원일자	발명의 명칭	출원인	등록번호(공고번호, 공개번호)
10-2010-0044805	2010-05-13	막걸리 침전물 혼합장치와 그 공급통	정화숙	1011678560000
10-2010-0048897	2010-05-26	모시를 이용한 막걸리 제조방법 및 그에 의한 모시막걸리	박종승	1010398820000
10-2010-0049438	2010-05-27	막걸리 칵테일 제조방법 및 그에 대해 제조된 막걸리 칵테일	여영주	1010175790000
10-2010-0049989	2019-05-28	막걸리를 첨가한 경질치즈의 제조방법	순천대 산학협력단	1012001830000
10-2010-0050115	2010-05-28	콩비지가 첨가된 막걸리 혼합물로 이루어진 기능성 사료 첨가제 및 그 제조방법	조병옥, (주)에버그린 씨엔씨	1011802970000
10-2010-0050554	2010-05-28	연을 함유하는 맑은 동동주의 제조방법 및 그로부터 제조된 맑은 동동주	이희석	1012285480000
10-2010-0053779	2010-06-08	고구마를 이용한 막걸리 제조방법 및 그에 의한 고구마 막걸리	오효준	1011652760000
10-2010-0057759	2010-06-17	사과술 가미 막걸리 및 그 제조방법	청송군	1012717650000
10-2010-0058955	2010-06-20	막걸리 정량 주입 장치	고민선	1011867030000
10-2010-0059599	2010-06-23	비살균 탁주의 제조방법	정철	1010092950000
10-2010-0060879	2010-06-26	콩을 이용한 막걸리 제조방법 및 그에 의한 콩막걸리	오효준	1020100081965
10-2010-0062439	2010-06-30	흑마늘 막걸리 제조방법	(재)남해마늘 연구소	1010422760000
10-2010-0064242	2010-07-05	피 막걸리 및 증류주 제조방법	이동훈	1012035300000
10-2010-0067067	2010-07-12	막걸리 제조장치	정필호	1012285910000
10-2010-0071824	2010-07-26	감 막걸리 및 그 제조방법	강성웅	1011789530000
10-2010-0072745	2010-07-28	막걸리의 제조방법	담양군, 담양죽순영 농조합법인	1012302800000
10-2010-0074970	2010-08-03	막걸리 제조용 발효 혼탁물	차광삼	1009946900000
10-2010-0075839	2010-08-06	솔잎 발효액을 함유하는 발효 솔 막걸리의 제조방법 및 이에 의해 재조된 솔잎 발효액을 함유 발효 솔 막걸리	(주)두루원	1012012390000
10-2010-0077750	2010-08-12	탁주병용 합성수지 마개	장형수	1012081870000
10-2010-0084695	2010-08-31	주박으로부터 추출한 식이섬유를 포함하는 계육 유화형 소시지 및 그 제조방법	건국대학교 산학협력단	1011896600000
10-2010-0085073	2010-08-31	막걸리의 디스펜서	석진엔지니어링(주)	1011922370000

출원번호	출원일자	발명의 명칭	출원인	등록번호(공고번호, 공개번호)
10-2010-0085076	2010-08-31	막걸리의 디스펜서	석진엔지니어링(주)	1011922360000
10-2010-0091067	2010-09-16	식품, 막걸리 보관용 항균성 유리	(주)금비	1010346850000
10-2010-0092958	2010-09-24	가스 배출용 패킹	임준모, 현봉석	1020110033099
10-2010-0096749	2010-10-05	장기보존이 가능한 생막걸리의 제조방법	이상우	1012189030000
10-2010-0100844	2010-10-15	입국제조장치 및 방법	(주)대하제어시스템, ㈜세홍산전	1010224580000
10-2010-0101361	2010-10-18	원적외선 기능수를 이용한 전통발효주 및 그 제조방법	백우현, 조정자	1012063350000
10-2010-0103423	2010-10-22	솔잎 첨가 막걸리의 제조방법	권상일	1012223940000
10-2010-0104863	2010-10-26	해조류 제조 막걸리 제조방법	㈜한진산업	1012546960000
10-2010-0110158	2010-11-08	율무 전처리방법 개량에 의한 율무 발효주 및 이 율무발효주의 제조방법	경기도	1012629590000
10-2010-0110257	2010-11-08	백련잎과 백련꽃을 이용한 탁주와 약주의 제조방법	김동교	1020120048851
10-2010-0111461	2010-11-10	바나나 막걸리 및 그의 제조방법	박문석	1012575590000
10-2010-0112342	2010-11-11	포도 탁주 제조방법	영천시(농업기술센터)	1020120050877
10-2010-0112419	2010-11-12	콩 쌀입국 및 콩 액화액을 이용한 콩 막걸리 및 그 제조방법	경기도	1012519200000
10-2010-0113337	2010-11-15	속성 쌀 막걸리 제조방법 및 이에 따른 쌀 막걸리	계명대학교 산학협력단	1012628260000
10-2010-0113683	2010-11-16	넘침 방지용 가압 버튼을 갖는 막걸리용 프라스틱병	오희원	1012989470000
10-2010-0116145	2010-11-22	흑막걸리 제조방법	배정준	1012538360000
10-2010-0118181	2010-11-25	안정화된 품질을 갖는 막걸리 제조방법	보해양조(주)	1012337580000
10-2010-0119009	2010-11-26	데커신 및/또는 데커시놀안젤레이드를 유효성분으로 함유하는 막걸리 및 그 제조방법	강재두, 경성대 산학협력단	1012339670000
10-2010-0126797	2010-12-13	콩 발효 막걸리	㈜푸전바이오테크	1012768960000
10-2010-0123206	2010-12-06	동아 막걸리 제조방법	조연수	1012800780000
10-2010-0130772	2010-12-20	솔잎 막걸리 제조방법	장연수	1012343750000

출원번호	출원일자	발명의 명칭	출원인	등록번호(공고번호, 공개번호)
10-2010-0131475	2010-12-21	동아를 이용한 막걸리 및 그의 제조방법	김인숙	1012811510000
10-2010-0134283	2010-12-24	막걸리의 제조방법	명품산업(주), 전위종	1020120072508
10-2010-0135491	2010-12-27	인삼 발효 막걸리의 제조방법	권상일	1012601250000
10-2010-0139585	2010-12-30	천년초를 이용한 쌀막걸리 제조방법	전남대 산학협력단	1012913090000
10-2011-0000474	2011-01-04	막걸리용 뚜껑	삼화왕관(주)	1013008480000
10-2011-0002101	2010-01-10	가정용 생막걸리 제조기	(주) 한동알엔씨, 에스씨종합건설(주), 한국기술산업(주)	1010331130000
20-2011-0002854	2011-04-05	가정용 생막걸리 제조기	김혁진	2004537450000
10-2011-0002922	2011-01-12	자양강장 한약재를 이용한 모주의 제조방법	(재)전주생물소재연구소, 전주시	1012913210000
10-2011-0003004	2011-01-12	막걸리의 용기	최기종, 박제명	1012374390000
20-2011-0006377	2011-07-13	막걸리 제조기	김창일	2004639340000
10-2011-0011158	2011-12-15	균일 혼합용 막걸리병	허재성	2004597760000
10-2011-0012654	2011-02-14	홍국 막걸리 및 그 제조방법	서상기, 박상준	1011692190000
10-2011-0025493	2011-03-22	가바(GABA)쌀을 이용한 막걸리의 제조방법	영남대 산학협력단	1012895900000
10-2011-0013181	2011-02-15	해바라기씨유와 막걸리박 식이섬유를 첨가한 저지방 계육 소시지의 제조방법	건국대 산학협력단	1012604870000
10-2011-0033066	2011-04-11	울금 막걸리의 제조방법 및 이에 의해 제조된 울금 막걸리	오성수	1012878070000
10-2011-0034537	2011-04-14	차이브 막걸리 및 그 제조방법	배태열	1011732420000
10-2011-0034552	2011-04-14	돼지감자를 이용한 막걸리 제조방법	(주)태강	1012655600000
10-2011-0037626	2011-04-22	보리가 첨가된 막걸리의 제조방법	(주)백록담	1010370480000
10-2011-0039968	2011-04-28	무화과 막걸리 제조방법	농업회사법인 유한회사 비파농산	1012637760000
10-2011-0041314	2011-05-02	아로니아 열매를 첨가한 병행복발효주의 제조방법	장진기	1012863820000

출원번호	출원일자	발명의 명칭	출원인	등록번호(공고번호, 공개번호)
10-2011-0046565	2011-05-18	베타글루칸을 함유하는 막걸리 제조방법 및 이에 의해 제조된 쌀막걸리	김은정, 김수열	1012899700000
10-2011-0047715	2011-05-20	탄산가스 분출 억제기능을 갖는 주류용 용기	구태창	1012927450000
10-2011-0048321	2011-05-23	막걸리의 제조방법	한경대 산학협력단	1012098930000
10-2011-0052584	2011-06-01	모과 탁주 제조방법	경상북도 (농업기술원)	1013026410000
10-2011-0057075	2011-06-13	연을 첨가한 막걸리 제조방법	시흥시	1011107860000
10-2011-0059902	2011-06-21	수박 막걸리의 제조방법	성숙자, 공점구	1010738300000
10-2011-0061807	2011-06-24	이중 숙성 기술을 이용한 저장선 증대를 위한 막걸리의 가공방법	농업회사 법인 ㈜청산녹수	1012137690000
10-2011-0061928	2011-06-24	안정성 및 생산성이 향상된 막걸리 제조방법	보해양조(주)	1012885010000
10-2011-0065688	2011-07-01	현미 막걸리를 위한 발효첨가제 및 이를 이용한 현미 막걸리의 제주방법	강원대 산학협력단	1012043670000
10-2011-0066053	2011-07-04	막걸리를 이용한 홍삼액의 제조방법	박정서	1011647910000
10-2011-0069500	2011-07-13	초미세 분말의 전분질을 이용한 막걸리 제조 방법	김포시 (농업기술센터)	1012519380000
10-2011-0069596	2011-07-13	분말가루를 이용한 막걸리 제조방법	김창일	1012907360000
10-2011-0072217	2011-07-21	해삼을 이용한 전통주 및 천연 양조식초제조방법	구익현	1012632580000
10-2011-0072844	2010-07-22	탁주 제조방법	최덕영	1011698960000
10-2011-0074722	2011-07-27	발효주 용기	권현옥	1011389020000
10-2011-0076696	2011-08-01	막걸리 술밥 찜장치	박종건	1012393620000
10-2011-0078373	2011-08-05	막걸리 및 그 제조방법	소영남	1011010100000
10-2011-0081104	2011-08-16	막걸리박에서 추출한 식이섬유를 함유하는 저지방 계육소세지 및 그 제조방법	건국대 산학협력단	1012701180000
10-2011-0104265	2011-10-12	해조류를 이용한 발효주 제조방법 및 이를 이용한 발효주	박진현	1011149140000
10-2011-0105694	2011-10-17	쑥부쟁이를 함유한 술 및 그 제조방법	송지호	1012978560000
10-2011-0106327	2011-10-18	전복 막걸리 및 그 제조방법	임채신	1012965060000
10-2011-0116759	2011-11-10	멍게 막걸리 제조방법	강평호	1012544320000
10-2011-0122160	2011-11-22	막걸리용 개량누룩의 제조방법	(주)농심	1012746380000

출원번호	출원일자	발명의 명칭	출원인	등록번호(공고번호, 공개번호)
10-2011-0132503	2011-12-12	배양미가 포함된 양조 재료 세트	농촌진흥청	1012777900000
20-2012-0004944	2012-06-12	막걸리 병 내부의 침전물 혼합 및 막걸리 넘침을 위하여 막걸리 병을 위하여 손쉽게 돌릴 수 있게 하는 막걸리 병 및 이에 사용되는 막걸리 병용 마개	오희원, 마기형	2004681740000
10-2012-0024750	2012-03-10	뽕나무 추출물을 함유한 막걸리 제조방법 및 이에 의하여 제조된 막걸리	손다니엘	1011726770000
10-2012-0025447	2012-03-13	꾸지뽕나무 열매를 이용한 막걸리의 제조방법	신경수	1012975300000
10-2012-0025624	2012-03-13	고로쇠 수액을 이용한 기능성 막걸리 제조방법	광양시	1012604710000
10-2012-0030268	2012-03-24	녹차 막걸리 제조방법	목포대 산학협력단	1012956580000
10-2012-0039304	2012-04-16	누룩 함유 전통주 제조용 조성물 제조방법, 그 제조방법으로 제조되는 조성물, 그 조성물로 전통주를 제조하는 방법, 그 방법으로 제조되는 전통주	소규섭	1011827350000
10-2012-0041171	2012-04-19	안동식혜를 혼합하여 건강 기능성이 향상된 안동식혜 막걸리 및 그 제조방법	김의광	1013022610000
10-2012-0058282	2012-05-31	장기보존이 가능한 기능성 막걸리의 제조방법	김형섭	1012017390000
10-2012-0060927	2012-06-07	기체를 이용한 막걸리 제조장치	농업회사법인 (주)대보름	1011882190000
10-2012-0078065	2012-04-22	알코올도수 18도 막걸리의 제조방법	(주)초가	1012567960000
10-2012-0078888	2012-07-19	발효주 제조 장치 및 이를 이용하는 발효주 제조방법	한국농수산 대학교 산학협력단	1012785080000
10-2012-0078928	2012-07-19	기능성 성분 함유 막걸리 제조용 반재품의 제조방법	한국농수산 대학교 산학협력단	1012782600000
10-2012-0081789	1012-07-26	탁주병 마개	㈜현우기술 연구소	1012502090000
10-2012-0107356	2012-09-26	막걸리 및 그의 제조방법	고승환	1012465770000
10-2013-0021708	2013-02-28	석이버섯 발효주의 제조방법 및 이에 의하여 제조된 석이버섯 발효주	이상권	1012976100000
10-2013-0045380	2013-04-24	꾸지뽕 열매를 이용한 막걸리 제조방법	홍대규, 홍창하	1012960730000

4.5 저자가 발표한 154편 논문 중 술과 관련된 논문

1. 정기택, 유대식. 1967.
   액체국 제조에 관한 연구, 이종(異種)균주의 혼합배양 시 국균의 이식방법에 관하여.
   경북대학교 논문집(자연과학편), **12**, 43~48.
2. 유대식, 정기택. 1968.
   *Aspergillus oryzae*의 alpha- 및 beta-amylase활성에 미치는 gibberellin의 영향에 관한 연구.
   한국미생물학회지, **6**, 68~74.
3. 정기택, 유대식. 1969.
   고구마 전분질 원료(물엿)를 이용한 주류제조에 관한 연구.
   양조시험소보. **2**, 19~ .
4. 정기택, 손태화, 서정훈, 유대식. 1969.
   사과酒 釀造에 關한 研究.
   경북대 생산기술, **1**, 81~89.
5. 정기택, 유대식. 1971.
   빌포싱 사과수 제조에 관한 연구.
   경북대 생산기술, **5**, 39~57.
6. 정기택, 유대식. 1971.
   고구마 전분질 원료를 이용한 주류 제조에 관한 연구.
   한국미생물학회지, **9(3)**, 103~120.
7. 유대식. 1978.
   酵母에 依한 果實酒中의 減酸效果에 關한 研究. 菌株의 分離 및 同定.
   산업미생물학회지. **6**(1), 23~26.
8. 유대식. 1978.
   酵母에 依한 果實酒中의 減酸效果에 關한 研究.
   Shizosaccharomyces japonicus var. *japonicus*의 釀造學的 性質.
   산업미생물학회지. **6**(1), 27~31.
9. 정기택, 홍순덕, 유대식, 송형익. 1978.
   果實酒(사과주) 釀造에 關한 研究.
   低濃度 酒淸 含有 사과주에 關하여.
   한국균학회지. **6**(1), 29~42.
10. 송형익, 유대식, 정기택. 1981.
    *Aspergilus*屬이 生成하는 pectin esterase의 酵素學的 研究.
    한국균학회지. **9**(1), 39~43

11. 유대식, 서영은. 1981.
빵酵母의 生育에 미치는 propionate의 影響.
계명대 기초과학연구논집, 1, 85～89.
12. 정기택, 유대식, 김재근, 김찬조. 1982.
사과주 釀造에 있어서 Malo-alcohol醱酵에 關한 硏究.
Malo-alcohol醱酵菌의 釀造學的 性質.
한국식품과학회지. **14**(3), 239～243.
13. 유대식, 고애현, 김재근. 1983.
耐酸性 Pectinase에 關한 硏究.
계명대 기초과학연구논집, 2, 45～49.
14. 정기택, 유대식, 김재근. 1983.
Malo-alcohol 醱酵에 關與하는 分裂酵母菌이 生成하는 malic enzyme의 酵素學的 性質.
한국식품과학회지. **15**(4), 404～408.
15. 정기택, 유대식, 송형익, 김재근, 김찬조. 1984.
Malo-alcohol 醱酵에 있어서 사과산의 代謝 經路.
한국식품과학회지, **16**(1), 90～94.
16. 유대식. 1995.
전통누룩의 특징과 개선 방향. 전통식품의 현황과 품질 개선,
한국식품과학회 심포지움 발표논문집. 243～256.
17. 유대식, 김현수, 홍진, 하현팔, 김태영, 윤인화. 1996.
누룩 미생물의 문헌적 고찰(1945년 이전을 중심으로).
한국영양식량학회지, **25**(1), 170～179.
18. 김현수, 현지숙, 김정, 하현팔, 유대식. 1996.
시판 전통 누룩의 일반적 특성.
계명대 기초과학 연구논집, **15**(2), 235～242.
19. 김현수, 현지숙, 김정, 하현팔, 유대식. 1997.
한국 전통누룩에서 분리한 유용 곰팡이의 특성.
한국 식품영양과학회지, **26**(5), 767～774.
20. 김현수, 현지숙, 김정, 하현팔, 유대식. 1997.
전통주의 특성 및 연구 동향, 전통누룩곰팡이의 연구 동향.
한국산업미생물학회, 생물산업지, **10**(3), 27～32.
21. 유대식, 김정, 김현수, 현지숙, 하현팔, 박문근. 1998.
한국 전통누룩 미생물의 문헌적 고찰(1945년 이후를 중심으로).
한국식품영양과학회지, **27**(4), 789～799.

22. 김현수, 현지숙, 김정, 하현팔, 유대식. 1998.
한국 전통누룩에서 분리한 유용 곰팡이의 효소학적 특성 및 동정.
한국산업미생물학회지, **26**(5), 456～464.

23. 유대식, 김태형. 1998.
전통누룩으로부터 분리한 *Aspergillus oryzae* NR3-6의 glucoamylase 생성의 최적배양조건.
계명대 기초과학연구논집, **17**(2), 95～101.

24. Yu, Tae Shick, Tae Hyun Kim, and Chong Yoon Joo. 1999.
Purification and characteristics of *Aspergillus oryzae* NR3-6 glucoamylase isolated from traditional Korean Nuruk.
J. Microbiol., **37**(2), 80～85.

25. 윤종국, 채순님, 허남응, 김현수, 유대식. 1999.
누룩 또는 밀기울 첨가식이로 성장시킨 흰쥐의 혈중 cholesterol 및 간 조직 유해산소 대사 효소 활성 변동.
한국식품영양과학회지, **28**(1), 212～217.

26. 유대식, 김현수. 1999.
전통주의 연구 개발 동향.
주류 산업, **19**(3), 62～81.

27. 김현수, 유대식. 2000.
전통주류 향기 성분의 연구 개발 동향.
주류 산업, **20**(2), 55～69.

28. 김현수, 유대식. 2000.
누룩 사상균으로부터 제조된 전통누룩의 휘발성 향기 성분.
산업미생물학회지, **28**(5), 303～308.

29. 이정훈, 유대식. 2000.
누룩으로부터 젖산 세균의 분리 및 특성.
한국생물공학회지, **15**(4), 359～365.

30. 정혁준, 유대식. 2000.
NTG에 의한 amylase활성이 높은 누룩사상균의 변이주의 분리.
한국식품영양과학회지, **29**(6), 987～994.

31. 강선영, 유대식. 2000.
한국전통발효효모인 *Saccharomyces coreanus*의 분류학적 특성.
계명대 기초과학연구논집, **19**(2), 43～47.

32. 정혁준, 유대식. 2001.
Aspergillus coreanus NR 15-1과 *Aspergillus oryzae* NR 2-5의

원형질체 형성의 최적조건.
한국산업미생물학회지, **29**(1), 12～17.

33. 유대식. 2003.
한국 고유 효모균 *Saccharomyces coreanus*의 생리적, 형태학적 특성.
계명대 기초과학연구논집, **21**(2), 65～70.

34. 유대식. 2003.
Saccharomyces coreanus IFO 1833의 생리적 특성.
계명대 기초과학연구논집, **22**(2), 47～50.

35. Yu, Tae-Shick, Hyun-Soo, Kim, and Jae-Dong, Lee. 2004.
A new species of Hyphomycetes, *Aspergillus coreanus* sp. nov., isolated from traditional Korean Nuruk.
J. Microbiol. Biotechnol., **14**(1), 182～187.

36. 이상훈, 정혁준, 여수환, 김현수, 유대식. 2004.
신종 누룩사상균 *Aspergillus coreanus* NR 15-1의 alpha-amylase의 효소학적 특성.
한국생물공학회지, **19**(4), 301～307.

37. Han, Young Jin, and Tae Shick Yu. 2005.
Chracterization of two form of glucoamylase from traditional Korean Nuruk fungi, *Aspergillus coreanus* NR 15-1.
J. Microbiol. Biotechnol. **15**(2), 239～246.